JURISDIÇÃO E COMPETÊNCIA DA JUSTIÇA DO TRABALHO

Atualizado de acordo com a EC n. 45/04 e as últimas decisões do STF — Acidentes do Trabalho

FRANCISCO ROSSAL DE ARAÚJO
coordenador

JURISDIÇÃO E COMPETÊNCIA DA JUSTIÇA DO TRABALHO

Atualizado de acordo com a EC n. 45/04 e as últimas decisões do STF — Acidentes do Trabalho

LTr 70 anos 2006

CETRA
CENTRO DE ESTUDOS DO TRABALHO

Dados Internacionais de Catalogação na Publicação (CIP)
(Câmara Brasileira do Livro, SP, Brasil)

Jurisdição e competência da justiça do trabalho: (atualizado de acordo com a EC. n. 45/04 e as últimas decisões do STF: acidentes do trabalho) / Francisco Rossal de Araújo, coordenador. — São Paulo: LTr, 2006.

Vários autores.
Patrocínio: CETRA — Centro de Estudos do Trabalho
ISBN 85-361-0815-0

1. Competência (Justiça do trabalho) — Brasil 2. Jurisdição trabalhista — Brasil 3. Justiça do trabalho — Brasil I. Araújo, Francisco Rossal de.

06-2298 CDU-347.98:331(81)

Índices para catálogo sistemático:

1. Brasil: Competência: Justiça do trabalho: Direito processual trabalhista 347.98:331(81)
2. Brasil: Jurisdição: Justiça do trabalho: Direito processual trabalhista 347.98:331(81)

(Cód. 3261.7)

LTr®
EDITORA LTDA.

Rua Apa, 165 — CEP 01201-904 — Fone (11) 3826-2788 — Fax (11) 3826-9180
São Paulo, SP — Brasil — www.ltr.com.br

Agosto, 2006

ÍNDICE

ÍNDICE

APRESENTAÇÃO

A Reforma do Judiciário trouxe significativas mudanças para a Justiça como um todo, com extraordinário reforço da competência da Justiça do Trabalho. A Emenda Constitucional n. 45 amplia o alcance da Jurisdição Trabalhista, traçando novos rumos institucionais e acadêmicos relacionados com o Direito do Trabalho. Essa realidade é resultado de uma persistente luta de todos os juízes trabalhistas do País, liderados pela Associação Nacional dos Juízes do Trabalho — ANAMATRA, e que teve sua origem em deliberações em diversos fóruns regionais, incluindo todos os operadores jurídicos.

Conquistada essa competência no plano formal, é necessário efetivá-la na prática dos processos trabalhistas, tornando-a presente para a sociedade. Daí porque é necessário o estudo científico das novas disposições constitucionais e seus reflexos na legislação infraconstitucional e na jurisprudência. Portanto, o Direito do Trabalho vive um excepcional momento de criação e recriação de sua doutrina e de seu aparato processual. Não é suficiente a consagração no texto constitucional, sendo necessário torná-la matéria viva nas lides do dia-a-dia e no âmbito das relações sociais.

A iniciativa do CETRA — Centro de Estudos do Trabalho — é de invulgar importância. Editar um livro sobre a competência ampliada da Justiça do Trabalho revela destemor em enfrentar uma temática tão complexa e inédita. A publicação do CETRA, na linha de duas publicações anteriores da ANAMATRA, diferencia-se por analisar a nova redação do art. 114 da Constituição de maneira sistematizada.

A presente publicação traz um seleto grupo de juristas, incluindo professores, juízes e advogados trabalhistas que se dedicam aos estudos dos temas tratados há muitos anos. Mais do que uma análise teórica, o leitor encontrará uma aplicação prática para as questões levantadas. Ressalte-se a característica plural das idéias apresentadas, tônica das atividades desenvolvidas no Centro de Estudos do Trabalho.

A iniciativa do CETRA deve ser multiplicada por todos aqueles que se interessam pelo Direito do Trabalho e pelo destacado papel que ele tem na valorização do trabalho e da dignidade humana.

Boa leitura!

Paulo Luiz Schmidt
Juiz do Trabalho

UM DIREITO DO TRABALHO MÍNIMO OU UM MÍNIMO DE DIREITO DO TRABALHO? BASES PARA UM NOVO DIREITO DO TRABALHO

Joe Ernando Deszuta(*)

I. INTRODUÇÃO

Tem-se verificado na produção doutrinária nacional e internacional certo debate sobre o que denominam de "Direito do Trabalho mínimo". Trata-se de enfoque que, ainda que respeitável, elege o Direito do Trabalho e sua forma de regulamentação como verdadeiro "bode expiatório" para justificar o alto índice de desemprego no Brasil e, por que não dizer, "no mundo da economia globalizada". A discussão tem renovada importância em face da modificação da competência da Justiça do Trabalho nos termos da emenda constitucional n. 45, verificando-se a necessidade do estabelecimento de novos paradigmas para o Direito do Trabalho, principalmente no que diz respeito à noção de relação de trabalho.

As ponderações que serão desenvolvidas neste texto têm por base a dissertação O Direito Social ao/do Trabalho: uma perspectiva garantista, defendida para a obtenção do título de Mestre em Direito Público pela Universidade Federal de Santa Catarina — UFSC, em dezembro/2000, cuja idéia central está também em uma redefinição do atual Direito do Trabalho, mas em sentido oposto àquele proposto pelo "Direito do Trabalho mínimo".

O estudo da Teoria Garantista é desenvolvida a partir da obra de *Luigi Ferrajoli*(1), traduzida para o espanhol; da obra de *Antonio Manuel Peña Freire*(2); da obra de *José Luis Serrano*(3) e da obra de *Sérgio Cademartori*(4). É construída nas seguintes bases: 1) o Positivismo Jurídico, não apenas formalista ou clássico, como orientação teórica;

(*) Juiz do Trabalho, Mestre em Direito Público (UFSC), Professor Universitário — graduação e pós-graduação, Pesquisador do CETRA — Centro de Estudos do Trabalho (POA).

(1) *Derecho y Razón — Teoría del garantismo penal*, 3ª ed. Madrid: Trotta, 1998, basicamente quanto aos capítulos 13 e 14, bem como de *Derechos y Garantías — La Ley del más débil*. Madrid: Trotta, 1999.

(2) *La garantía en el Estado constitucional de derecho*. Madrid: Trotta, 1997.

(3) *Validez y Vigencia — La aportación garantista a la teoria de la norma jurídica*. Madrid: Trotta, 1999.

(4) *Estado de Direito e Legitimidade — Uma abordagem garantista*. Porto Alegre: Livraria do Advogado, 1999.

2) o Constitucionalismo como um novo paradigma do Direito para o estabelecimento de uma normatividade superior — A Constituição — suprema, vinculante de todos os poderes públicos e privados, com limites formais e substanciais para a produção normativa; 3) os Direitos Fundamentais como limites materiais a todos os Poderes; 4) uma matriz liberal identificada com a busca da plena liberdade (prestações negativas) e com o comprometimento social para a implementação dos Direitos Sociais (prestações positivas), mas que não estende o garantismo ao direito de propriedade e às liberdades econômicas; 5) a centralidade da pessoa humana como categoria prevalente da Sociedade e da Organização Estatal.

É necessário, também, o estabelecimento de distinção para o que tem sido objeto de alguma confusão entre flexibilização, desregulamentação e globalização, na busca de um Estado mínimo (agora também de um Direito mínimo) e um mercado máximo, sinalizando para um retorno à barbárie e ao que se tem denominado de neofeudalismo[(5)]. Trata-se de um discurso cínico que promete a inclusão — desregulamentar para incluir!!?? — mas que na verdade promove a desagregação e a exclusão social, com absoluto desprezo aos Direitos Sociais e conseqüentemente, à Dignidade da Pessoa Humana e à Igualdade como princípios e valores de uma sociedade.

Serão abordados temas como a relação entre Direito e Poder, Direitos Sociais Fundamentais e Direito do Trabalho, Considerações sobre trabalho, produção, emprego e desemprego e, finalmente, um Direito do Trabalho mínimo ou um mínimo de Direito do Trabalho? Um novo Direito novo.

II. DIREITO E PODER

Nenhuma discussão razoável sobre Direito[(6)] pode prescindir de uma breve análise de sua relação com o Poder[(7)], além da evolução do Estado[(8)] — desde o Estado

(5) Trata-se de expressão utilizada por FARIA. O autor define um neofeudalismo jurídico *"...na linha do multilateralismo, das polaridades indefinidas ou da regionalização (...) Dito de outro modo, as instituições de direito surgidas com a 'economia-mundo' parecem desenvolver-se na perspectiva de uma regulação de caráter 'neofeudal'"*. FARIA, José Eduardo, *O Direito na Economia Globalizada*. São Paulo: Malheiros,1999, p. 322 e seguintes. Na mesma perspectiva vide GRAU, Eros Roberto. *O Direito posto e o Direito pressuposto*. São Paulo: Malheiros, 2000.

(6) Direito aqui entendido apenas como *"uma ordem da conduta humana"*, em que *"uma ordem é um sistema de regras"*. KELSEN, Hans, *Teoria Geral do Direito...*, p. 5.

(7) NORBERTO BOBBIO se reporta a três teorias fundamentais do PODER: 1) a substancialista, *"onde o poder é concebido como uma coisa que se possui e se usa como um outro bem qualquer"*, fazendo referência a HOBBES, segundo o qual *"o poder de um homem consiste nos meios de que presentemente dispõe para obter qualquer visível bem futuro"*; 2) a subjetivista, em que, com base em LOCKE, afirma que *"... por poder entende-se não a coisa que serve para alcançar o objetivo, mas a capacidade do sujeito de obter certos efeitos, donde se diz que 'o fogo tem o poder de fundir os metais' do mesmo modo que o soberano tem o poder de fazer as leis e, fazendo as leis, de influir sobre a conduta de seus súditos"*; 3) a relacional, em que, com esteio em DAHL, afirma que *"por poder se deve entender uma relação entre dois sujeitos, dos quais o primeiro obtém do segundo um comportamento que, em caso contrário, não ocorreria"*. Neste primeiro momento a noção que se atribui a PODER tem o mesmo sentido de ESTADO. BOBBIO, Norberto, *Estado, Governo e Sociedade*. São Paulo: Paz e Terra, 1990, p. 77-78.

(8) ESTADO na acepção de MAX WEBER, como *"um instituto político de atividade contínua quando e na medida em que seu quadro administrativo mantenha com êxito a pretensão ao monopólio legítimo*

Absolutista para o Estado de Direito com os desdobramentos do Estado de Direito em Estado Legislativo de Direito e Estado Constitucional de Direito.

O Estado absoluto traduz-se pela definição tradicional de soberania (potestas superiorem non recognoscens) em que não há reconhecimento de poder superior.[9] As monarquias absolutas do início da Idade Moderna na Europa originaram-se a partir de um duplo processo de unificação, ou seja, (1) unificação de todas as fontes de produção jurídica na lei, como expressão da vontade do soberano, restando rejeitadas ou enfraquecidas as demais Fontes de Direito (Direito Consuetudinário, Direito Científico, Direito Jurisprudencial) e (2) unificação de todos os ordenamentos jurídicos superiores e inferiores em ordenamento jurídico estatal, cuja expressão máxima é a vontade do soberano.[10] Dessa forma, sob o ponto de vista do Direito, "a monarquia absoluta é a forma de Estado em que não se reconhece mais outro ordenamento jurídico que não seja o estatal, e outra fonte jurídica do ordenamento estatal que não seja a lei. Nestas condições entende-se por que é possível dizer que o poder estatal é um poder absoluto: é absoluto porque tornou-se definitivamente o único poder capaz de produzir o direito, isto é, de produzir normas vinculatórias para os membros da sociedade sobre a qual impera, e, portanto, não conhecendo outros direitos senão o seu próprio, nem podendo conhecer limites jurídicos para o próprio poder".[11]

O Estado de Direito[12], por sua vez, — que representa a noção de Estado Moderno, estabelece-se a partir do momento em que o Direito é quem regula o exercício do Poder, ou seja, o poder é exercido per legem — por meio de leis genéricas e abstratas — e sub lege — em que todo o Poder se submete ao Direito.[13] BOBBIO[14] afirma que

---

da coação física para a manutenção da ordem vigente" "apud" CADEMARTORI, Sérgio, *Estado de Direito e Legitimidade — Uma abordagem garantista.* Porto Alegre: Livraria do Advogado, 1999, p. 14.

(9) BOBBIO, Norberto, *Direito e Estado no Pensamento de Emanuel Kant.* Brasília: Ed. da UnB, 1995, p. 11.

(10) BOBBIO, Norberto, *op. cit.*, p. 12.

(11) BOBBIO, Norberto, *op. cit.*, p. 13.

(12) ESTADO DE DIREITO, conforme lembra LARENZ, não é um termo tão unívoco como se poderia crer. *"La ciencia jurídica del siglo XIX lo há entendido de un modo diferente al de nuestra Ley Fundamental, que en parte es distinto tambíen de su significación en la concepción filosófica. En qué sentido concebimos las ideas de "derecho" y de "Estado" unidas entre sí?"* Com base em PLATÃO, KANT e HEGEL afirma, basicamente, que *"En sentido filosófico, el Estado de Derecho es un Estado en el cual no "dominan" los hombres, sino las leyes, entendiendo por tales las de la razón".* No contraponto, traz o pensamento de HUMBOLDT para dizer que *"Para él las primeras e indeclinables condiciones para que el hombre pueda cumplir sus fines son libertad para el pleno desarrollo de todas sus fuerzas, libre despliegue de la personalidad y por eso libertad de toda tutela estatal".* Lembra que a ciência jurídica do século XIX construiu um conceito de "Estado de Direito" como um "Estado de Leis" por influência do positivismo então dominante, mas não deixa de ressalvar que um e outro, na verdade, não se confundem e afirma que o "Estado de Direito" é uma exigência do "Direito Justo", entendido como *"... aquel Estado que, ante todo, pende dedicarse a la creación, desarrollo y ejecución del Derecho, en el sentido de ordenamiento encaminhado a la justeza — y con ello también al aseguramiento de la paz jurídica — y por encima de ello en toda su actividad, cualquiera que sea, continúa vinculado a su próprio Derecho y a los principios del derecho justo que están en la base de él".* LARENZ, Karl, *Derecho Justo — Fundamentos de Ética Jurídica.* Madrid: Civitas, 1993, p. 151-158.

(13) BOBBIO, Norberto, *op. cit.*, p. 15, afirma que *"O Estado moderno, liberal e democrático, surgiu da reação contra o Estado absoluto. Este nascimento, que tem como fases culminantes as duas revoluções inglesas do século XVII e a Revolução francesa, foi acompanhado por teorias políticas cujo propósito fundamental é o de encontrar um remédio contra o absolutismo do poder do príncipe."*

(14) BOBBIO, Norberto, *A Era dos Direitos.* Rio de Janeiro: Campus, 1992, p. 61.

"o primado do Direito (ius) sobre a obrigação é um traço característico do Direito romano, tal como este foi elaborado pelos juristas da época clássica. Mas trata-se, como qualquer um pode comprovar por si, de direitos que competem ao indivíduo como sujeito econômico, como titular de direitos sobre as coisas e como capaz de intercambiar bens com outros sujeitos econômicos dotados da mesma capacidade. A inflexão a que me referi, e que serve como fundamento para o reconhecimento dos direitos do homem, ocorre quando este reconhecimento se amplia da esfera das relações econômicas interpessoais para as relações de poder entre príncipe e súditos, quando nascem os chamados direitos públicos subjetivos, que caracterizam o Estado de Direito".

No Estado de Direito — tanto na versão de Estado Legislativo de Direito, como no de Estado Constitucional de Direito, o exercício do poder já não pode mais se fazer de forma absoluta e arbitrária, senão em obediência ao jurídico, em consagração ao princípio da legalidade. O poder é exercido em conformidade com a lei — de caraterísticas genéricas e abstratas que representam a vontade geral — e nos limites da lei.

O Estado de Direito é o Estado dos cidadãos(15). Há a transformação do súdito, que basicamente só tinha obrigações (mesmo no chamado Despotismo Ilustrado), para o cidadão, sujeito de direito. Nascem os direitos de liberdade — as chamadas liberdades negativas — e os Direitos de Igualdade com uma conotação apenas formal, em consagração ao princípio da legalidade — "igualdade perante a lei" — (16). Essa nova forma de organização estatal — que caracteriza o Estado burguês-liberal clássico — representa um avanço, na medida em que cria limites ao poder do soberano. Entretanto o estabelecimento do chamado "Estado de Leis" gera uma nítida confusão entre direito e lei, preponderantemente em face da influência do positivismo jurídico(17) então dominante. Na evolução dos fatos percebe-se que é justamente com a imposição de limites ao poder estatal, principalmente com os chamados direitos de liberdade ou de liberdade negativa — que podem ser resumidos na máxima de que "tudo que não é proibido é permitido", que a burguesia passa à condição de classe dominante, utilizando-se do Direito como forma, também, de manutenção do Poder. Com o liberalismo há prevalência da liberdade sobre a igualdade, eis que esta tem uma conotação meramente formal e não substancial.

---

(15) BOBBIO, *A Era dos Direitos*. Rio de Janeiro: Campus, 1992, p. 61.

(16) Conforme lembra SILVA, *"A afirmação do Art. 1º da Declaração dos Direitos do Homem e do Cidadão cunhou o princípio de que os homens nascem e permanecem iguais em direitos. Mas aí firmara a igualdade jurídica e formal no plano político, de caráter puramente negativo, visando a abolir os privilégios, isenções pessoais e regalias de classe. Esse tipo de igualdade gerou as desigualdades econômicas, porque fundada 'numa visão individualista do homem, membro de uma sociedade liberal relativamente homogênea'"*. SILVA, José Afonso da, *Curso de Direito Constitucional Positivo*. São Paulo: Malheiros, 1992, p. 195-196.

(17) BOBBIO lembra que não se pode confundir o "positivismo jurídico" com o "positivismo filosófico" quando afirma que *"A expressão 'positivismo jurídico' não deriva daquele 'positivismo' em sentido filosófico, embora no século passado tenha havido uma certa ligação entre os dois termos, posto que alguns positivistas jurídicos eram também positivistas em sentido filosófico: mas em suas origens (que se encontram no início do século XIX) nada têm a ver com o positivismo filosófico — tanto é verdade que, enquanto o primeiro surge na Alemanha, o segundo surge na França. A expressão 'positivismo jurídico' deriva da locução 'direito positivo' contraposta àquela de 'direito natural'"*. BOBBIO, Norberto, *O Positivismo Jurídico — Lições de Filosofia do Direito*. São Paulo: Ícone, 1995, p. 15.

Assim, a relação entre liberdade e igualdade passa a representar verdadeiro dilema, tanto no âmbito da Teoria Política quanto no âmbito da Teoria do Direito[18], sendo que BOBBIO[19] indica um ponto ótimo ou ideal de entrosamento na relação entre esses dois valores, quando afirma que "Os dois valores da liberdade e da igualdade remetem um ao outro no pensamento político na história. Ambos se enraizaram na consideração do homem como pessoa. Ambos pertencem à determinação do conceito de pessoa humana, como ser que se distingue ou pretende se distinguir de todos os outros seres vivos. Liberdade indica um estado; igualdade, uma relação. O homem como pessoa — ou para ser considerado como pessoa — deve ser, enquanto indivíduo em sua singularidade, livre; enquanto ser social, deve estar com os demais indivíduos numa relação de igualdade. (...) Afirmar a liberdade e a igualdade como valores significa que elas são, respectivamente, um estado do indivíduo e uma relação entre indivíduos, desejáveis de um modo geral."

A realidade demonstra, contudo, que, na formação e estruturação das diversas sociedades modernas, a prevalência da liberdade nem sempre implica implementação da igualdade[20].

Conseqüentemente, o Estado de Direito Liberal Clássico — que se fundamenta nos direitos de liberdade — passa a sofrer a pressão de grupos sociais que continuaram na condição de excluídos do processo de distribuição de riquezas. Começa-se a fundamentar as bases do chamado Estado Social (*Welfare State*) a partir das doutrinas Socialistas, com a busca de incorporação dos direitos de igualdade ou direitos sociais ao corpo de direitos fundamentais. A crise do Estado Legislativo de Direito representa a crise da Lei e do Direito como mecanismos de regulamentação e programação social. Estão na base dessa situação as experiências práticas de exercício totalitário do poder, ainda que formalmente legal, o caráter conflitivo da realidade social

---

(18) Conforme BOBBIO, "*... o liberalismo é uma doutrina só parcialmente igualitária: entre as liberdades protegidas inclui-se também, em geral, a liberdade de possuir e de acumular, sem limites e a título privado, bens econômicos, assim como a liberdade de empreender operações econômicas (a chamada liberdade de iniciativa econômica), liberdades das quais se originaram e continuam a originar as grandes desigualdades sociais nas sociedades capitalistas mais avançadas e entre as sociedades economicamente mais desenvolvidas e as do Terceiro Mundo. (...) Liberalismo e igualitarismo deitam suas raízes em concepções de sociedades profundamente diversas: individualista, conflitualista e pluralista, no caso do liberalismo; totalizante, harmônica e monista, no caso do igualitarismo. Para o liberal, a finalidade principal é a expansão da personalidade individual, abstratamente considerada como um valor em si; para o igualitário essa finalidade é o desenvolvimento harmonioso da comunidade*". BOBBIO, Norberto, *Igualdade e Liberdade*, 3ª ed. Rio de Janeiro: Edicuro, 1997, p. 42.

(19) BOBBIO, Norberto, *op. cit.*, p. 7.

(20) MERQUIOR, José Guilherme, *O Liberalismo — Antigo e Moderno*. Rio de Janeiro: Nova Fronteira, 1991, p. 223, lembra que "*Na medida em que a investida neoliberal significa um regresso ao liberalismo, senão ao* laissez faire, *esta parece estar muito bem entrincheirada numa época de liberalização corrente, como se tornou a nossa. No entanto, como os gloriosos acontecimentos da Europa oriental em 1989 tornaram espantosamente claro, a vontade contemporânea de liberdade é um movimento amplo e parece valorizar a liberdade civil e política tanto quanto mais altos padrões de vida dependentes de grandes influxos de liberdade econômica. Nem o surto ou renascimento de mais liberdades econômicas — a tendência liberista — significam o dobre de finados para impulsos igualitários, seja no campo da argumentação ou na prática. Como foi observado por alguns distintos sociólogos como Aron ou Dahrendorf, a nossa sociedade permanece caracterizada por uma dialética contínua, embora cambiante, entre o crescimento da liberdade e o ímpeto na direção a uma maior igualdade — e disso a liberdade parece emergir mais forte do que enfraquecida*".

e a ausência da propalada neutralidade do Direito(21). Cabe acrescentar que a crise da Lei e do Direito também tem fundamento em uma noção estreita de um positivismo jurídico identificado apenas como ciência da legislação positiva.(22)

É que o Estado Legislativo de Direito não consegue assegurar e garantir os valores essenciais do ordenamento instituído, uma vez que a lei se constitui em instrumento cujo conteúdo se torna disponível à vontade do Estado (na verdade do Governo). Verifica-se que aquele avanço do Estado de Direito, no sentido da delimitação e limitação do Poder pelo Direito, perde muito da sua substância, passando este a se constituir em um aparato de manutenção e de justificação do Poder.

Do esgotamento do Estado Legislativo de Direito advém a necessidade de construção de uma nova ordem a partir da noção de Estado Constitucional de Direito. Trata-se do estabelecimento de um plano de juridicidade superior e indisponível que vincula todos os Poderes do Estado — e também os Poderes privados, superando aquela noção de juridicidade frágil que até então era característica das normas constitucionais do Estado Liberal Clássico.(23) Ratificando este conceito, CADEMARTORI afirma que "... os poderes do Estado não podem dispor do sentido e conteúdo das normas constitucionais — pelo menos em condições de normalidade — e, precisamente por isso, do próprio Direito enquanto realidade constituída."(24)

A Constituição — antes admitida como texto essencialmente político ou como Carta Política ou Carta de Princípios — passa a ser admitida como a medula do ordenamento jurídico, irradiando sua força vinculante para todos os poderes. Deixa de ser norma de natureza política para se converter em norma jurídica. Não pode ser reduzida a um catálogo de promessas e intenções cujo cumprimento possa ficar ao alvedrio dos titulares do poder político. A Constituição é a norma fundamental do Estado e também da Sociedade.(25) (26)

Evidentemente que não pode haver uma mera mudança no sentido da troca de referencial, ou seja, uma simples substituição da norma infraconstitucional pela norma constitucional. Tal atitude implica a possibilidade de se repetir a mesma situação que terminou por marcar a crise da Lei e do Direito e, conseqüentemente, do Estado Legis-

---

(21) PEÑA FREIRE, Antonio Manoel, *La Garantía en el Estado Constitucional de Derecho*. Madrid: Trotta, 1997, p. 56.

(22) ZAGREBELSKI assim se refere a esta situação *"Una 'ciencia del derecho' reducida a esto no habría podido reinvindicar ningún valor autónomo (...) Pero esta vocación de la ciencia del derecho es la que há sido mantenida por el positivismo acrítico en el curso del siglo XIX — aun cuando existe distancia entre esta representación de la realidad y de la realidad misma — y todavía hoy suele estar presente, como un residuo, en la opinión que, por lo general inconscientemente, tienen de sí mismos los juristas prácticos (sobre todo los jueces). Pero es un residuo que sólo se explica por la fuerza de la tradición. El Estado constitucional está en contradicción con esta inercia mental"*. ZAGREBELSKI, Gustavo, *El Derecho Dúctil, Ley derechos e justicia*. Madrid: Trotta, 1995, p. 33.

(23) PEÑA FREIRE, Antonio Manuel afirma que *"El constitucionalismo de este siglo no es sino un intento de superar esta debilidade estructural de lo jurídico. La afirmación del carácter jurídico e inmediatamente vinculante de la constitución, su rigidez y la cualificación de determinados referentes jurídicos, como son los derechos fundamentales, vinculantes a todo poder, son ejemplo de este proceso"*, *op. cit.*, p. 59.

(24) CADEMARTORI, Sérgio, *op. cit.*, p. 28.

(25) LEDUR, José Felipe, *A Realização do Direito ao Trabalho*. Porto Alegre: Fabris, 1998, p. 62.

(26) Neste sentido CANOTILHO faz oportuna indagação sobre qual o *"referente da Constituição"* — O Estado ou a Sociedade? — argumentando que já a Declaração dos Direitos do Homem e do Cidadão de

lativo de Direito. Por outro lado, se o cerne da discussão está basicamente na limitação do Poder pelo Direito, poder-se-ia indagar, também, sobre a possibilidade de sucesso dessa mudança, eis que tais limites seriam impostos justamente pelos detentores daquele, conforme adverte PEÑA FREIRE(27), o que tornaria inócuo e sem qualquer efetividade o estabelecimento de limites jurídicos ao poder.

Essa mudança da concepção de Direito passa, necessariamente, pela modificação das relações existentes entre a Lei e o Estado e a Lei e os cidadãos. Questiona-se o princípio da legalidade — pilar do Estado de Direito — que já não comporta uma leitura tão liberal que, em linha de princípio, estabelece a liberdade do particular e a limitação ao poder do Estado. No que se refere ao particular, deve-se estar atento que, no Estado Constitucional da atualidade, a par da liberdade característica das liberdades individuais, há uma atuação estatal conformadora da autonomia privada e voltada para fins coletivos e sociais (função social da propriedade, por exemplo). Em determinados setores, o princípio da liberdade geral é substituído por proibições gerais, com permissões para casos excepcionais (situações relacionadas com o meio ambiente, por exemplo). Quanto aos poderes públicos, percebe-se que, malgrado a exigência de vinculação e regulamentação legal para a posse e o exercício do poder, há certa pulverização deste vínculo na medida em que o aparato estatal se tornou tão complexo para a gestão dos interesses públicos que não há possibilidade de a lei prever todas as situações do agir estatal, estabelecendo-se certa autonomia funcional da administração.(28) Assim, sem que haja propriamente uma inversão da autonomia privada para uma autonomia da administração, percebe-se certa flexibilidade na definição de uma e de outra.(29) Trata-se, em resumo, da submissão do público e do privado ao Estado Constitucional de Direito.

No Estado democrático e pluralista, a tensão de forças políticas e sociais estabelece-se como prática quotidiana para a defesa de determinados interesses de classes, verificando-se que a Lei já não pode representar a expressão de uma sociedade política harmônica e coerente, uma vez que seu conteúdo fica condicionado a determinados acertos de maiorias legislativas ocasionais e oportunistas — cada vez mais freqüentes. Ainda que a Lei se constitua em fonte estatal de Direito por excelência, há uma multiplicidade de fontes e até de ordenamentos paralelos que, por vezes, desafiam a unidade do ordenamento jurídico estatal. A função unificadora da Constituição(30) (31) pode ser entendida como uma tentativa de harmonizar e condicionar —

1789, em seu art. 16, referia a uma Constituição da Sociedade: *"A sociedade 'tem' uma Constituição; a Constituição é a Constituição da sociedade. Isto significava que nos esquemas políticos oitocentistas a Constituição aspirava a ser um 'corpo jurídico' de regras aplicáveis ao corpo social, sendo que apenas no início do século XIX é que a Constituição passa a ter como referente o Estado e não a sociedade".* CANOTILHO, J. J. Gomes, *Direito Constitucional e Teoria da Constituição.* Coimbra: Almedina, 1999, p. 84.

(27) PEÑA FREIRE, Antonio Manuel, *op. cit.*, p. 60.

(28) ZAGREBELSKI, Gustavo, *op. cit.*, p. 34 e seguintes.

(29) Conforme ZAGREBELSKI, Gustavo, *"La importancia de la transformación debe inducir a pensar nun auténtico cambio genético, más que en una desviación momentánea en espera y con la esperanza de una restauración. (...) Sin embargo, si de las afirmacciones genéricas se pasa a comparar los caracteres concretos del Estado de derecho decimonónico con los del Estado constitucional actual, se advierte que, más que una continuación, se trata de una profunda transformación que incluso afecta necesariamente la concepción del derecho", op. cit.*, p. 33-34.

(30) ZAGREBELSKI, Gustavo, *op. cit.*, p. 37 e seguintes.

(31) CANOTILHO, J. J. Gomes, por sua vez, faz referência, em relação à Constituição portuguesa, a cinco principais funções da "Constituição de 1976": (1) função de revelação de consensos fundamen-

mediante a previsão de um plano de juridicidade superior e vinculativo de todos os poderes públicos e privados — a produção do Direito em uma sociedade heterogênea e pluralista, inclusive com o estabelecimento de mecanismos que inviabilizem ou dificultem a disponibilidade do conteúdo da norma.(32) É nesse contexto que se justifica toda a teorização do Constitucionalismo sobre Constituição em sentido formal(33) e material(34), rigidez(35) e supremacia da Constituição.(36)

---

tais; (2) função de legitimação da ordem política; (3) função de garantia e proteção; (4) função de organização do poder político e (5) função de ordem e de ordenação, *op. cit.*, p. 1.334.

(32) CANOTILHO, J. J. Gomes, *op. cit.*, p. 39 e seguintes.

(33) Sem que haja perfeita sintonia na doutrina quanto ao conceito de Constituição em sentido formal, convém lembrar KELSEN, na seguinte passagem, *"Da Constituição em sentido material deve distinguir-se a Constituição em sentido formal, isto é, um documento designado como Constituição que — como Constituição escrita — não só contém normas que regulam a produção de normas gerais, isto é, a legislação, mas também normas que se referem a outros assuntos politicamente importantes e, além disso, preceitos por força dos quais as normas contidas neste documento, a lei constitucional, não podem ser revogadas ou alteradas pela mesma forma que as leis simples, mas somente através de processo especial submetido a requisitos mais severos. Estas determinações representam a forma da Constituição que, como forma, pode assumir qualquer conteúdo e que, em primeira linha, serve para a estabilização das normas que aqui são designadas como Constituição material e que são o fundamento de Direito positivo de qualquer ordem jurídica estadual".* KELSEN, Hans, *Teoria Pura do Direito.* São Paulo: Martins Fontes, 1999, p. 247-8; SILVA, quando afirma, com base em KELSEN, que Constituição em sentido formal é *".. a peculiar forma de existir do Estado, reduzida, sob forma escrita, a um ou mais documentos solenemente estabelecidos pelo poder constituinte e somente modificáveis por processos e formalidades especiais previstos no texto constitucional".* SILVA, José Afonso da, *Aplicabilidade das Normas Constitucionais.* São Paulo: Malheiros, p. 40. É em SILVA, Afonso, ainda, que se verifica o conceito de PINTO FERREIRA, com certa diferença, quando afirma que *"É a totalidade de preceitos jurídicos fundamentais delimitados por escrito pelo poder constituinte".* O primeiro conceito soma à "forma escrita" a noção de rigidez (dificuldade para as modificações), enquanto que o segundo conceito apenas se limita a considerar como formalmente constitucional todas as normas insertas na Constituição.

(34) A noção de Constituição em sentido material, ainda que em contraponto com seu sentido formal, admite variadas interpretações: Em KELSEN, *Teoria Pura...*, p. 247 *"a Constituição representa o escalão do direito positivo mais elevado. A Constituição é aqui entendida num sentido material, quer dizer: com esta palavra significa-se a norma positiva ou as normas positivas através das quais é regulada a produção das normas jurídicas gerais. Esta Constituição pode ser produzida por via consuetudinária ou através de acto de um ou de vários indivíduos a tal fim dirigido, isto é, mediante ato legislativo. Como, neste segundo caso, ela é sempre condensada num documento, fala-se de uma Constituição 'escrita', para distinguir de uma Constituição não escrita, criada por via consuetudinária".* SILVA, José Afonso da, *Curso de Direito Constitucional...*, p. 42, diz que *"A Constituição material é concebida em sentido amplo e em sentido estrito. No primeiro, identifica-se com a organização total do Estado, com regime político. No segundo, designa as normas constitucionais escritas ou costumeiras, inseridas ou não em um documento escrito, que regulam a estrutura do Estado, a organização de seus órgãos e os direitos fundamentais. Neste caso, a Constituição só se refere à matéria essencialmente constitucional."*

(35) CANOTILHO, J.J. Gomes, *op. cit.*, p. 989, ao referir-se sobre a rigidez constitucional da Constituição Portuguesa de 1976, afirma que *"Da leitura do art. 284 e ss. conclui-se que a Constituição é do tipo rígido, pois exige para a sua modificação um processo agravado em relação ao processo de formação das leis ordinárias. Todavia, ao contrário do que muitas vezes se afirma, não é a existência de um processo de revisão estabelecedor de exigências específicas para a modificação da Constituição que caracteriza a rigidez da Constituição. Este carácter deve procurar-se antes, em sede do poder constituinte. As normas de revisão não são o fundamento da rigidez da Constituição mas os meios de revelação da escolha feita pelo poder constituinte. Esta escolha de um processo agravado de revisão, impedindo a livre modificação da lei fundamental pelo legislador ordinário (Constituição flexível), considera-se uma* ***garantia da Constituição.*** *O processo agravado de revisão é, por sua vez, um instrumento dessa garantia — a rigidez constitucional é um limite absoluto ao poder de revisão, assegurando, dessa forma, a relativa estabilidade da Constituição".*

(36) SILVA afirma que *"A rigidez constitucional decorre da maior dificuldade para sua modificação do que para alteração das demais normas jurídicas da ordenação estatal. Da rigidez emana, como primordial conseqüência, o princípio da supremacia da Constituição que, no dizer de Pinto Ferreira,*

Quanto à advertência feita sobre a possibilidade de inocuidade e inefetividade dos limites jurídicos ao poder, convém trazer à lume a resposta de CADEMARTORI[37], com base em PEÑA FREIRE[38], quando diz que "... Impugnar a garantia jurídica na sua totalidade, por entendê-la ineficaz em casos extremos, é incorrer numa falácia de generalização apressada, isto é, generalizar uma conclusão pontual e somente válida sob condições nas quais se extrai, mas não necessariamente sob outras condições. Com efeito, concluir que a garantia constitucional é ineficaz em todos os casos somente porque o é em determinadas circunstâncias — por exemplo perante um poder violento expandido, é generalizar uma conclusão parcial e contextualizada e deduzir a desnecessidade da insuficiência".

Se uma norma constitucional nunca poderá ser totalmente eficaz, também é certo que a referida norma também não será completamente ineficaz. A efetividade dos limites impostos pela Constituição deve ser valorada dentro de seu contexto, no conjunto de referenciais e de significados que lhe dão sentido. É sob esse enfoque que o limite constitucional pode representar um expediente válido para a limitação do Poder.[39] Por outro lado, a efetividade de tais limites somente poderá ser alcançada a partir do que PEÑA FREIRE[40] denomina de garantia material, e FERRAJOLI[41], de garantia social, ou seja, a assimilação do sentimento que cada um tem de seus próprios direitos, de sua identidade e dignidade como cidadão, de onde deriva sua disposição para a luta na defesa e na realização dos direitos vitais próprios e alheios, individuais ou coletivos[42].

Os conceitos mencionados até então se encontram e se entrelaçam para dar suporte, em última análise, à supremacia jurídica da Constituição que corporifica o caráter vinculante a todos os poderes e o estabelecimento de um referencial jurídico superior para determinadas categorias jurídicas, tais como os chamados direitos fundamentais[43] [44] [45] que podem ser entendidos como direitos ou situações jurídicas

---

'é reputado como uma pedra angular, em que assenta o edifício do moderno direito político'". SILVA, José Afonso da, *Curso de Direito Constitucional Positivo*, p. 46-47.

(37) CADEMARTORI, Sérgio, *op. cit.*, p. 31.

(38) PEÑA FREIRE, Antonio Manuel, *op. cit.*, p. 62.

(39) PEÑA FREIRE, Antonio Manuel, *op. cit.*, p. 62.

(40) PEÑA FREIRE, Antonio Manuel, *op. cit.*, p. 61.

(41) FERRAJOLI, Luigi, *Derecho y Razón, Teoría del garantismo penal*, Madrid: Trotta, 1998, p. 944.

(42) Esta noção de assimilação do sentimento de luta pela defesa e realização dos direitos próprios e alheios é buscada por FERRAJOLI em JHERING, conforme admite o autor (p. 944). Nesse sentido JHERING afirma que *"a luta pelo direito é um dever do indivíduo para consigo mesmo. (...) a defesa do direito constitui um dever para com a comunidade."* JHERING, Rudolf von, *A luta pelo Direito*. Rio de Janeiro: Ed. Rio, 1980, p. 64.

(43) A expressão "Direitos Fundamentais" é utilizada em todo o trabalho com o mesmo significado de "Direitos Fundamentais da Pessoa Humana". Nesse sentido, SILVA, José Afonso da, *Curso de Direito Constitucional...* São Paulo: Malheiros, 1992, pp. 161-164, faz um apanhado das expressões utilizadas, desde "Direitos Naturais", "Direitos Humanos", "Direitos do Homem", "Direitos Individuais", Direitos Públicos Subjetivos", "Liberdades Fundamentais", "Liberdades Públicas" e "Direitos Fundamentais do Homem" e, após identificar objeções e insuficiências conceituais, opta pela expressão "Direitos Fundamentais do Homem", identificando-a com "Direitos Fundamentais da Pessoa Humana" ou com "Direitos

positivadas no ordenamento jurídico, destinados a assegurar a dignidade da pessoa humana, tanto na esfera de sua individualidade, quanto na esfera de suas relações. Nesse sentido, diz CADEMARTORI[46]: "Afirma-se, em conseqüência, que a forma constitucional cria um referente indisponível de legitimidade para o exercício do poder político (que FERRAJOLI chama de esfera do indecidível): a sua própria forma de exercício — submetida ao Direito, democrática, de garantia — e os âmbitos de exclusão, como é o caso dos direitos fundamentais"[47].

O Estado Constitucional de Direito, dessa forma, representa a vinculação de todos os poderes ao conteúdo da Constituição em seus vários aspectos, quer do ponto de vista jurídico-normativo, quer do ponto de vista axiológico, principalmente no que se refere aos chamados direitos fundamentais. Pode-se afirmar que, enquanto na evolução do Estado Absolutista para o Estado Legislativo de Direito há uma significativa mudança da noção de Poder — de Poder Estatal absoluto para Poder estatal legal (princípio da legalidade), na evolução do Estado Legislativo de Direito para o Estado Constitucional de Direito há uma nova conformação da noção de Poder — o Poder a ser limitado não é apenas o Estatal, mas também os Poderes Privados, principalmente o Poder Econômico.

Humanos Fundamentais"; esta expressão é utilizada como título de um livro de FERREIRA FILHO, Manoel Gonçalves. São Paulo: Saraiva, 1998.

(44) BONAVIDES, Paulo, *Curso de Direito Constitucional*, São Paulo: Malheiros, 1999, p. 514, indaga se *"Podem as expressões direitos humanos, direitos do homem e direitos fundamentais ser usadas indiferentemente?* "afirmando que *"Temos visto nesse tocante o uso promíscuo de tais denominações na literatura jurídica, ocorrendo porém o emprego mais freqüente de direitos humanos e direitos do homem entre autores anglo-americanos e latinos, em coerência, aliás, com a tradição e a história, enquanto a expressão direitos fundamentais parece ficar circunscrita à preferência dos publicistas alemães"*.

(45) Vide, também, PECES-BARBA, Gregório, *Curso de Derechos Fundamentales — Teoría General*, Madrid: Universidade Carlos III, 1999, pp. 21-38; CANOTILHO, J.J. Gomes, *Direito Constitucional e Teoria da Constituição*. Coimbra: Almedina, 1999, pp. 369-373; e MORAES, Guilherme Braga Peña de, — *Dos Direitos Fundamentais — Contribuição para uma teoria*. São Paulo: LTr, 1997, pp. 139 e seguinte-, onde enumeram conceitos afins e distinções entre "direitos fundamentais", "direitos Humanos", "direitos do Homem", "direitos fundamentais do Homem", "direitos do cidadão", "direitos originários ou primitivos", "direitos civis ou liberdades civis", "direitos dos povos", "direitos subjetivos públicos", "liberdades públicas", "direitos da personalidade", "situações funcionais", "interesses difusos", "garantias constitucionais", "remédios constitucionais", "direitos adquiridos" e "deveres fundamentais".

(46) CADEMARTORI, Sérgio, *op. cit.*, p. 29.

(47) FERRAJOLI, Luigi, *O Direito como Sistema de Garantias. in* OLIVEIRA JR., José Alcebíades, *O novo em Direito e Política*, Porto Alegre: Livraria do Advogado, 1997, p. 89 e seguintes, explica que *"Deste modo, os direitos fundamentais configuram-se como outros tantos vínculos substanciais impostos à democracia política: vínculos negativos, os gerados pelos direitos de liberdade, que nenhuma maioria pode violar; vínculos positivos, gerados pelos direitos sociais, que nenhuma maioria pode deixar de satisfazer. E a democracia política, como de resto o mercado, acaba por identificar-se com a esfera do decidível, por eles delimitada e vinculada. Nenhuma maioria, nem sequer a unanimidade, pode legitimamente decidir a violação de um direito de liberdade ou não decidir a satisfação de um direito social. Os direitos fundamentais, precisamente porque igualmente garantidos a todos e subtraídos à disponibilidade do mercado e da política, formam a esfera do indecidível que e do indecidível que não; e operam como fatores não só de legitimação, mas também, e sobretudo, de deslegitimação das decisões ou das não-decisões"*. Vide, também, FERRAJOLI, Luigi, *Derechos y Garantias. La ley del más Débil*. Madrid: Trotta, 1999, p. 24 e seguintes.

III — DIREITOS SOCIAIS FUNDAMENTAIS. DIREITO DO TRABALHO. EVOLUÇÃO E CONSTITUCIONALIZAÇÃO

Direitos Sociais, como categoria de direitos fundamentais, podem ser entendidos, segundo SILVA[48] como "prestações positivas estatais, enunciadas em normas constitucionais, que possibilitam melhores condições de vida aos mais fracos, direitos que tendem a realizar a igualização de situações sociais desiguais. São, portanto, direitos que se conexionam com o direito de igualdade".

Os direitos sociais — ao contrário dos direitos de liberdade e que impunham ao Estado/Entes públicos uma obrigação negativa — alinham-se aos direitos de igualdade e buscam do Estado/Entes públicos obrigações positivas, a fim de tentar equalizar situações sócio-econômico-culturais desiguais. Trata-se, na linguagem que se consagrou em âmbito universal, dos chamados direitos de segunda geração[49]. Ocorre um rompimento daquela concepção de direitos individualista, advinda da Revolução Francesa, para o estabelecimento de uma concepção coletiva, inclusive porque os problemas a serem resolvidos passaram a ter uma dimensão coletiva.[50]

Registre-se que, mesmo havendo críticas à expressão direitos sociais, essa denominação firmou-se por estar vinculada ao momento histórico — identificado como questão social, representado pelo conflito existente entre o avanço do liberalismo político/econômico e a situação de penúria da classe trabalhadora. Tal contexto, ainda que envolvendo uma ampla e complexa problemática social, teve, no movimento dos trabalhadores, um de seus significativos avanços na busca de soluções. Conforme afirma HOBSBAWM[51] "Mais do que qualquer outra força, o movimento operário ajudou a romper a camisa-de-força individualista de natureza político-jurídica, que confinava os direitos humanos do tipo da Declaração francesa e da Constituição norte-americana. Compare-se a Declaração Universal dos Direitos Humanos das Nações Unidas, que suponho ser o atual documento-padrão desta natureza, com a Carta de Direitos norte-americana. Se a Declaração das Nações Unidas inclui direitos econômicos, sociais e educacionais — e ao fazê-lo aproxima-se mais de Tom Paine do que de Madison, este fato se deve primordialmente à intervenção histórica dos movimentos operários."

Do ponto de vista da positivação/constitucionalização, verifica-se que o documento que representa o marco da inserção dos direitos sociais ao corpo dos direitos fundamentais é a Constituição Francesa de 1848 [52] [53], quando garante, mesmo de

---

(48) SILVA, José Afonso da, *Curso de Direito Constitucional...*, p. 258.

(49) toma-se a referência de BOBBIO, Norberto, na obra *A Era dos Direitos*, p. 69.

(50) LEDUR, José Felipe, *op. cit.*, p. 37 e seguintes.

(51) HOBSBAWM, Eric J., *Mundos do Trabalho — Novos Estudos sobre a História Operária*. Rio de Janeiro: Paz e Terra, 1987, p. 426.

(52) FERREIRA FILHO, Manuel Gonçalves, *op. cit.*, p. 45 e seguintes; OLVERA, Óscar Rodríguez, *Teoría de los Derechos Sociales en la Constitución Abierta*. Granada: Comares, 1998, p. 14 e seguintes.

(53) Refira-se a ressalva feita por FERREIRA FILHO, Manuel Gonçalves, quando afirma "antecedentes" na Declaração francesa de 1793 quando nos arts. 21 — "Os socorros públicos são uma dívida

maneira pouco consistente, a proteção do "... cidadão na sua pessoa, sua família, sua propriedade, seu trabalho, e pôr ao alcance de cada um a instrução indispensável a todos os homens (...) por uma assistência fraternal, assegurar a existência dos cidadãos necessitados, seja procurando-lhes trabalho nos limites de seus recursos, seja dando-lhes, à falta de trabalho, socorro àqueles que estão sem condições de trabalhar".

Contudo, é a Constituição Política dos Estados Unidos Mexicanos (1917) que vai estabelecer o primeiro documento de caráter constitucional com reconhecimento formal e material dos direitos sociais. A uma conflituosidade de natureza preponderantemente agrária, somam-se demandas de natureza social representadas por matérias de âmbito trabalhista e educacional que culminam com a primeira positivação/constitucionalização dos direitos sociais[54][55]. A Constituição de Weimar (1919) representa o marco do Constitucionalismo Social Continental Europeu e serve de modelo para as demais constituições que foram sendo editadas na Europa, chegando a influenciar, também, a Constituição brasileira de 1934. O sentido social faz-se presente a partir do conteúdo de vários artigos: (art. 153) "A propriedade acarreta obrigações. Seu uso deve visar ao interesse geral"; (art. 155) a repartição das terras; (art. 156) possibilidade de socialização de empresas; (art. 157) a proteção ao trabalho; (art. 159) o direito de sindicalização; (art. 161) a previdência social e (art. 165) a co-gestão das empresas.[56] Assim, a Constituição de Weimar representa um momento histórico e institucional de conciliação entre os velhos princípios liberais e a nova ordem social que se estabelece a partir da segunda década do século XX.[57]

---

sagrada. A sociedade deve a subsistência aos cidadãos infelizes, seja procurando-lhes trabalho, seja assegurando os meios de existência aos que não têm condições de trabalhar" e 22 — A instrução é necessidade de todos. A sociedade deve favorecer com todo o seu poder os progressos da razão pública e pôr a instrução ao alcance de todos os cidadãos.", bem como na Constituição Brasileira do Império (1824), art. 179, no 31 — "A Constituição também garante os socorros públicos" e no 32 — "A instrução primária é gratuita a todos os cidadãos"; Vide, também, JUCÁ, Francisco Pedro, *A Constitucionalização dos Direitos dos Trabalhadores e a Hermenêutica das Normas Infraconstitucionais.* São Paulo: LTr, 1997. Verifica-se, então, que já a Constituição brasileira de 1824 fazia referência a Direitos Sociais na qualidade de direitos fundamentais positivados/constitucionalizados.

(54) OLVERA, Óscar Rodriguez, *op. cit.*, p. 18 e seguinte. *"En la historia del constitucionalismo continental europeo fue la Constitución de Weimar la que inició el proceso de positivación expresa, con su capítulo económico y social, amplia y detallada de esos derechos, lo cual no significa que haya sido la primera Constitución en hacerlo, pues la que innovó en este concepto fue la Constitución Política de los Estados Unidos Mexicanos de 1917 aún vigente."*

(55) Anote-se que o próprio OLVERA, Óscar Rodriguez, registra que CASCAJO CASTRO refere que o primeiro documento constitucional a reconhecer a positivação dos direitos sociais seria a Constituição de Weimar; FERREIRA FILHO, Manuel Gonçalves também discorda da afirmação de OLVERA ao dizer que *"Não há razão para isso, mesmo sem registrar que sua repercussão imediata, mesmo no âmbito da América Latina, foi mínima. Na verdade, o que essa Carta apresenta como novidade é o nacionalismo, a reforma agrária e a hostilidade em relação ao poder econômico, e não propriamente o direito ao trabalho, mas um elenco dos direitos do trabalhador (título VI)";* Estamos com aqueles que têm a Constituição mexicana como o marco de positivação/constitucionalização dos direitos sociais na medida em que se trata de um marco cronológico, não necessariamente vinculado a eventual repercussão internacional.

(56) FERREIRA FILHO, Manuel Gonçalves, *op. cit.*, p. 48 e seguintes.

(57) OLVERA, Óscar Rodriguez, *op. cit.*, p. 21.

Constata-se que os direitos de liberdade foram inicialmente positivados por declarações e por documentos de âmbito internacional para depois integrarem os textos das constituições nacionais. Verifica-se, por outro lado, que em relação aos direitos sociais, de maneira geral, a situação deu-se em sentido contrário tanto que o primeiro documento internacional de reconhecimento de direitos humanos de conteúdo social foi elaborado pela a OIT (Organização Internacional do Trabalho), cujo texto se encontra na parte XIII do Tratado de Paz de Versalles, de 1919. Foi com a Declaração Universal dos Direitos Humanos de 1948 que o processo socioconstitucional se fortaleceu e, a partir daí, generalizou-se para atingir um âmbito supranacional. Seguem-se a edição de outros documentos, tais como: A Declaração Americana dos Direitos e Deveres do Homem (1948), a Carta Social Européia (1961), o Pacto Internacional de Direitos Econômicos, Sociais e Culturais (1966) e a Convenção Americana sobre Direitos Humanos (1969)[(58) (59)]. Contemporaneamente, os direitos sociais devem ser entendidos desde uma noção de Estado como instrumento social e com deveres fundamentais — tanto negativos quanto positivos — para a implementação dos direitos do homem contextualizado, cuja titularidade é tanto individual quanto coletiva. Tais direitos, com uma tendência universalista, voltam-se para a garantia de um piso social básico.[(60)] Trata-se pois: a) de uma concepção de Estado que deve ter uma postura tanto de abstenção como de intervenção; b) de uma mudança da concepção de generalidade e de abstração para uma concepção do homem contextualizado, ou seja, do reconhecimento de direitos à pessoa humana como trabalhador, mulher, criança, idoso, consumidor e outros; c) do reconhecimento e entrecruzamento de direitos que servem tanto ao grupo quanto ao indivíduo; d) do reconhecimento da necessidade de garantia de um piso social básico que ultrapasse a mera necessidade biológica, a fim de qualificar e dignificar a existência da pessoa humana; e) do reconhecimento, tal qual em relação aos demais direitos fundamentais, de uma tendência e de um potencial universalista.

Cabe ressaltar que, mesmo apresentando-se como óbvia a conclusão de que os direitos sociais são efetivamente direitos fundamentais — tanto que a Constituição da República Federativa do Brasil reserva título e capítulo expresso e específico para isso (Título II, Capítulo II) — não pode deixar de ser mencionada a existência de doutrina contrária a essa concepção, restando dificultada, ainda hoje, a efetividade destes direitos sociais.

Nesse sentido, conforme bem lembra LEDUR [(61)], com base em PECES-BARBA e PERES LUÑO, "Os Direitos econômicos, sociais e culturais, historicamente, tiveram mais dificuldade de se consolidar do que os direitos civis e políticos. É sabido que

---

(58) OLVERA, Óscar Rodriguez, *op. cit.*, p. 22 e seguintes.

(59) OLVERA, Óscar Rodriguez, *op. cit.*, p. 23, diz que *".... el Pacto Internacional de 1966, en vigor a partir de 1976, que en conjunto con los demás documentos, incluyendo la Carta de las Naciones Unidas de 1945, influyeron para que en los ámbitos estatales se iniciara o ampliara el reconocimiento y protección de los derechos sociales".*

(60) OLVERA, Óscar Rodriguez, *op. cit.*, p. 256 e seguintes.

(61) *Apud* OLVERA, Óscar Rodriguez, *op. cit.*, p. 38.

a incorporação destes últimos ao direito positivo, por meio de Declarações de Direitos, ocorreu com um acentuado caráter individualista, de matriz liberal. Este fato contribuiu negativamente para a afirmação dos direitos de segunda geração, na proporção em que seu conteúdo social, mobilizado para o combate às desigualdades entre as pessoas, requeria a intervenção do Estado no domínio privado."

Verifica-se, então, que os direitos sociais, malgrado a evolução doutrinária e também de positivação constitucional, gozando do mesmo *status* dos direitos de liberdade, não têm, de uma forma geral, o mesmo respaldo de efetividade. Tal fato pode ser atribuído não só a uma prevalência da matriz liberal na concepção da tutela e da efetividade dos direitos, mas também ao reconhecimento da capacidade de mobilização social mais direta das classes alta e média (a quem serve esta base abstencionista do Estado) em detrimento da classe baixa (a quem serviria a base intervencionista do Estado).[62] Além disso, verifica-se que a imposição de restrições — um não-fazer — para a manutenção do que já existe ou já se constituiu (direitos de liberdade e de propriedade, por exemplo) se efetua com melhores resultados — inclusive com menos recursos e com menor desgaste político — do que implementar atos que demandem compromissos positivos — um fazer — (em relação a políticas sociais que, em última análise, implicam produzir riqueza a ser distribuída para todos). Tanto que hoje prevalece, de forma hegemônica, um liberalismo político e econômico voltado para um Estado mínimo e de amplos espaços para o privado. Segundo FERRAJOLI[63] "El paradigma constitucional nació, en efecto, únicamente con referencia a los derechos de liberdad. Y no se ha desarrollado, junto a un constitucionalismo liberal, un constitucionalismo económico, político y social".[64] Esta afirmação não significa, necessariamente, que os direitos de primeira geração sejam efetivos em uma sociedade, e que os direitos de segunda geração (incluindo o Direito ao Trabalho) não o sejam. Constata-se, na verdade, um grau de maior efetividade daqueles em relação a estes justamente em face da prevalência de uma matriz de caráter liberal sobre uma matriz de caráter social.

---

(62) Tem-se por oportuna e atualizada a pergunta formulada por HOBSBAWM, Eric J., *op. cit.*, p. 391, feita em 1977, quando indaga "Deveriam os Pobres se Organizar?", apontando para uma estagnação dos chamados "movimentos de esquerda". Diz o autor que *"Houve um tempo, talvez de meados do século XIX até meados do séculos XX, em que os movimentos de esquerda — quer se denominassem socialistas, comunistas ou sindicalistas — , como todos os que acreditavam no progresso, sabiam exatamente onde queriam chegar e, com a ajuda da história, exatamente que estratégias e que esforços deveriam ou precisavam empreender para alcançar seu objetivo. Agora isto não acontece mais. Sob este aspecto, é obvio que não estão sozinhos. Os capitalistas, tanto quanto os socialistas, estão igualmente perplexos em relação à compreensão de seu futuro, e da mesma forma desorientados quanto ao fracasso de seus teóricos e profetas. Os liberais se inclinam a previsões apocalípticas. A Igreja Católica, que manteve o século XIX sob controle com surpreendente sucesso, está sucumbindo visivelmente a este final do século XX. Ao final do mais extraordinário período de transformação nos assuntos humanos, os velhos pontos de referência desapareceram, os novos ainda não são reconhecidos como tais, e a aventura intelectual através da paisagem repentinamente alienada da sociedade humana torna-se extraordinariamente enigmática para todos*".

(63) FERRAJOLI, Luigi, *El Estado constitucional de derecho hoy: El modelo y su divergencia de la realidad. In* IBÁÑEZ, Perfecto Andrés. *Corrupción y Estado de derecho — el papel de la jurisdicción.* Madrid: Trotta, 1996, p. 15-29.

(64) "O paradigma constitucional nasceu, com efeito, unicamente com referência aos direitos de liberdade. E não se desenvolveu no constitucionalismo liberal um constitucionalismo econômico, político e social".

Nessa vertente de direitos fundamentais, não pode deixar de ter lugar de destaque, conforme já referido, o chamado movimento operário — naquele denominado de QUESTÃO SOCIAL[65], não só para a afirmação de um Direito ao Trabalho e de um Direito do Trabalho[66], mas para a busca de uma Justiça Social. Nesse sentido, pode-se afirmar que a capacidade de mobilização dos trabalhadores não significa apenas a busca de trabalho digno ou de melhor remuneração pelo trabalho, mas representa a testa de um movimento social mais amplo que estabelece uma virada na concepção dos direitos — que passam de uma noção individualista para uma noção coletiva. Trata-se da perseguição de uma reforma ou de uma transformação social para o reconhecimento dos direitos do homem em seu sentido tanto individual quanto social. Tal mobilização possibilita, também, um dos poucos ambientes onde certas minorias — mulheres emancipadas, judeus, negros, por exemplo — puderam reivindicar sua aceitação, por seus méritos e por sua condição de seres humanos, no sentido de romper com a discriminação formal[67]. HOBSBAWM[68] afirma que "... podemos dizer que uma das principais forças que impulsionaram o progresso da civilidade nos 150 anos entre a revolução norte-americana e a Primeira Grande Guerra, período em que ela sem dúvida progrediu, foi a que encontrou expressão organizada nos movimentos operários e socialistas do mundo ocidental".

Essa relação entre a mobilização dos trabalhadores e a busca da transformação social determina, entre outros acontecimentos, o surgimento de um direito novo denominado Direito do Trabalho[69][70] que, evidentemente sem esgotar ou abranger todas as

---

(65) CESARINO JUNIOR, A. F. e CARDONE, Marly A. *Direito Social*, vol. I. São Paulo: LTr, 1993, p. 20, após referir definições de vários autores sobre o que seja a "questão social", adota a definição de CATHREIN, nos seguintes termos: *"Pelo nome de questão social se entende a questão de como se possa obter remédio para os males e perigos gravíssimos pelos quais a sociedade é afligida, hoje, entre os povos civilizados, e especialmente de como restabelecer estavelmente a paz entre os ricos e os pobres e entre os capitalistas (aos quais pertencem também os possuidores de latifúndios) e os operários e proletários"*. Registre-se a não concordância integral com a definição posta na medida em que não se trata de "restabelecer a paz", senão da busca de "estabelecer", na medida do possível, esta "paz" que, na verdade nunca existiu.

(66) Deixa-se claro que o Direito ao Trabalho — como Direito Social Fundamental — é figura distinta do Direito do Trabalho — como conjunto de normas (princípios e regras) que regulam as relações entre empregado e empregador. A noção do primeiro é mais abrangente no sentido de abarcar a atividade humana "produtiva" de uma forma geral, enquanto que o segundo se restringe ao "trabalho humano subordinado e não-eventual". Faz-se a referência de forma alternativa (ao/do) apenas para efeitos deste estudo e na medida em que se pretende demonstrar que o Direito do Trabalho deve ser visto como um referencial substantivo para qualquer trabalho que tenha como base a dignidade da pessoa humana.

(67) HOBSBAWM, Eric J. *op. cit.*, p. 429.

(68) HOBSBAWM, Eric J. *op. cit.*, p. 430.

(69) Adota-se a definição proposta por GENRO, Tarso, *Direito Individual do Trabalho*, São Paulo: LTr, 1994, como um *"conjunto de princípios e normas jurídicas, reguladoras das relações individuais e coletivas que se estabelecem entre aqueles que alienam a disponibilidade de sua força de trabalho com subordinação jurídica e aqueles que a adquirem mediante retribuição"* — na medida em que identifica, com precisão, o objeto do Direito do Trabalho, ou seja, **o trabalho subordinado.** Faça-se apenas a ressalva de que se adota entendimento de que os princípios também se constituem em normas, tal qual exposto por ALEXY, Robert (*El concepto y la validez del derecho*, Barcelona: Gedisa, 1997); Veja-se também a concepção de DWORKIN, Ronald, (*Los Derechos em serio*, Barcelona: Planeta-agostini, 1993) sobre princípios.

(70) CESARINO JUNIOR, A.F., *op. cit.*, p. 20, sempre defendeu a denominação de DIREITO SOCIAL para o que hoje se consagrou como DIREITO DO TRABALHO principalmente porque o termo "social" se

facetas que envolvem a questão social, pode ser identificado como um direito social por excelência, inclusive porque, além de ser um "direito que regulamenta o conflito"[(71)], é definido como um direito que "tem sujeitos próprios, os economicamente débeis, que chamamos hipossuficientes, e se refere a um estado de fato determinado, a hipossuficiência ou debilidade econômica"[(72)].

No âmbito nacional é com a Constituição de 1934 que se inaugura o constitucionalismo social no Brasil.[(73)] [(74)] A Constituição do Império (1824), outorgada por D. Pedro I, "caracterizou-se pelo absolutismo na organização dos Poderes e acentuado liberalismo no tocante aos direitos individuais"[(75)], com desprezo significativo aos direitos sociais. A Primeira Constituição Republicana (1891) também descuidou os direitos sociais, prevalecendo entendimento de que "O papel do Estado nos regimes livres é assistir como simples espectador à formação dos contratos e só intervir para assegurar os efeitos e as conseqüências dos contratos livremente realizados. Por esta forma o Estado não limita, não diminui, mas amplia a ação de liberdade e de atividade individual, garantindo os seus efeitos"[(76)]. Verifica-se, então, que essas duas Constituições tiveram franca influência liberal, sendo que, enquanto a primeira foi influenciada pelo pensamento francês, a segunda o foi pelo pensamento norte-americano.

---

coloca em contraponto à noção "individualista" oriunda da Revolução Francesa e em face da pretensão ao estabelecimento do "equilíbrio social", voltado para a solução da "questão social".

(71) CARRION, Eduardo K. Machado, *op. cit.*, p. 98, afirma que *"O direito do Trabalho caracteriza-se por excelência como um direito que regulamenta o conflito. Entretanto, não é um direito que se dissolve no conflito, devendo manter uma certa autonomia com relação ao conflito, sob pena de perder sua função regulamentadora"*.

(72) CESARINO JUNIOR, A. F., *op. cit.*, p. 24.

(73) A referência feita por FERREIRA FILHO, Manuel Gonçalves, *op. cit.*, p. 45 e por JUCÁ, Francisco Pedro, *op. cit.*, p. 43 e seguintes quanto aos antecedentes na Constituição do Império (1824) apenas indicam precedentes quanto aos direitos sociais, mas sem significar o nascimento de um constitucionalismo social. Diz o segundo *"O corte da primeira Constituição brasileira evidente é o próprio da época, e está restrita aos denominados direitos individuais, civis e políticos*".

(74) Sobre o tema vide, também, WOLKMER, Antonio Carlos, *Constitucionalismo e Direitos Sociais no Brasil*. São Paulo: Acadêmica, 1989. O autor se coloca entre aqueles que admitem a *"revolução de 30"* como marco inicial de uma *"política social"*. Após afirmar que não há consenso quando *"ao ponto inicial de uma política social"*, trazendo as referências de Evaristo de Moraes Filho — *O problema do Sindicato Único no Brasil* — e Ângela de C. Gomes — *Política e Legislação Social no Brasil* —, diz que *"Parece que, mesmo admitindo algumas iniciativas legais de seguro e assistência aos trabalhadores antes de 1930, na verdade, tratava-se apenas de medidas legislativas 'assistemáticas', ou seja, esparsas concessões benevolentes das classes dominantes, alcançando áreas isoladas da classe trabalhadora, que pautavam por mera proteção e segurança física do operariado, ameaçado pelas péssimas condições de trabalho e pelos baixos salários. Foi, sem sombra de dúvida, com a 'outorga' paternalista do período provisório que se promoveu todo um conjunto gradativo de Direitos Sociais, abrangendo as regulamentações laborais das inúmeras e diversas categorias profissionais"*.

(75) CARVALHO, Kildare Gonçalves, *Direito Constitucional Didático*. Belo Horizonte: Del Rey, 1999, p. 154, aponta como principais destaques desta Constituição: 1) a existência de um Poder moderador; 2) sua característica de semi-rigidez e 3) a existência de uma Declaração de direitos Individuais de cunho liberal, malgrado a inclusão de direitos sociais relacionados com a garantia dos socorros públicos e com a instrução primária gratuita.

(76) Texto extraído por NASCIMENTO, Amauri Mascaro, *Curso de Direito do Trabalho*. São Paulo: Saraiva, 1992, p. 44, dos Documentos Parlamentares.

Com a Constituição de 1934, após os acontecimentos que cercaram a Revolução de 30, inaugura-se uma nova época constitucional no Brasil identificada com o "constitucionalismo do Estado social"(77), que se projeta também nas Constituições de 1946 e de 1988, com flagrante influência do constitucionalismo alemão — Constituição de Weimar (1919) e Lei Fundamental de Bonn (1949)(78). Diz BONAVIDES (79)"Em 1934, 1946 e 1988, em todas essas três Constituições domina o ânimo do constituinte uma vocação política, típica de todo esse período constitucional, de disciplinar no texto fundamental aquela categoria de direitos que assinalam o primado da Sociedade sobre o Estado e o indivíduo ou que fazem do homem o destinatário da norma constitucional. Mas o homem-pessoa, com a plenitude de suas expectativas de proteção social e jurídica, isto é, o homem reconciliado com o Estado, cujo modelo básico deixava de ser a instituição abstencionista do século XIX, refratária a toda intervenção e militância na esfera dos interesses básicos, pertinentes às relações do capital com o trabalho."

Trata-se, no âmbito nacional, do estabelecimento de um aparelhamento constitucional voltado para o social, com o surgimento de imagens novas de matéria constitucional, tais como: (1) a subordinação do direito de propriedade ao interesse social ou coletivo, (2) o estabelecimento da ordem econômica e social, (3) a instituição da Justiça do Trabalho, (4) a fixação de um salário mínimo e de férias anuais ao trabalhador, (5) a indenização por dispensa sem justa causa, (6) o amparo à maternidade e à infância. Enfim, coloca a família, a educação e a cultura sob a proteção especial do Estado.(80) (81) (82)

Especificamente em relação à Constituição Federal de 1988, verifica-se uma normatividade — TÍTULO II (DOS DIREITOS E GARANTIAS FUNDAMENTAIS), Capítulo II (DOS DIREITOS SOCIAIS)(83) nos arts. 6º, 7º, 8º, 9º, 10 e 11, além do TÍTULO VII

---

(77) BONAVIDES, Paulo, *op. cit.*, p. 327-336, estabelece três "épocas constitucionais do Brasil": 1) O constitucionalismo do Império: a presença da inspiração francesa e inglesa; 2) O constitucionalismo da Primeira República: a adoção do modelo americano, com o federalismo e o presidencialismo; e 3) O constitucionalismo do Estado social: o advento da influência das Constituições de Weimar e Bonn. Afirma que "*Com a promulgação da nova Constituição de 16 de julho de 1934, inaugurou o Brasil a terceira grande época constitucional de sua história; época marcada de crises, golpes de Estado, insurreição, impedimentos, renúncia e suicídio de Presidentes, bem como queda de governos, repúblicas e Constituições. Sua mais recente manifestação formal veio a ser a Carta de 5 de outubro de 1988*".

(78) Não há referência às Constituições de 1937 e de 1967-69 propositadamente na medida em que estas Constituições registram momentos de flagrante retrocesso de nossa frágil e combalida democracia, além de um vazio em termos de legitimidade a dar força a um constitucionalismo.

(79) BONAVIDES, Paulo, *op. cit.*, p. 333.

(80) BONAVIDES, Paulo, *idem*, p. 334-335.

(81) Vide Constituição da República dos Estados Unidos do Brasil, promulgada em 16.7.34 —TÍTULO IV (DA ORDEM ECONÔMICA E SOCIAL), arts. 115-143, em especial arts. 115, 120, 121 parágrafos e alíneas e 123, além do art. 122 que instituiu a "Justiça do Trabalho", mas ainda em caráter administrativo; TÍTULO V (DA FAMÍLIA, DA EDUCAÇÃO E DA CULTURA), arts. 144-157.

(82) Vide Constituição dos Estados Unidos do Brasil, promulgada em 18.9.46 — TÍTULO V (DA ORDEM ECONÔMICA E SOCIAL), arts. 145-162, em especial os arts. 145, 157, incisos, 158 e 159, além do art. 94, V, do Capítulo IV, que agregou a Justiça do Trabalho ao Poder Judiciário; TÍTULO VI (DA FAMÍLIA, DA EDUCAÇÃO E DA CULTURA), arts. 163-175.

(83) Recentemente, na convocação extraordinária do Congresso Nacional no recesso de 1999/2000 houve inclusão da moradia no art. 6º, como direito social. Emenda Constitucional 26 de 14.2.2000.

(DA ORDEM ECONÔMICA E FINANCEIRA), Capítulo I (DOS PRINCÍPIOS GERAIS DA ATIVIDADE ECONÔMICA) no art. 170 "caput" e incisos III, V, VI, VII e VIII e do TÍTULO VIII (DA ORDEM SOCIAL), Capítulo II (DA SEGURIDADE SOCIAL), arts. 194/204, Capítulo III (DA EDUCAÇÃO, DA CULTURA E DO DESPORTO), arts. 205/217, Capítulo IV (DA CIÊNCIA E TECNOLOGIA), arts. 218 e 219, Capítulo V (DA COMUNICAÇÃO SOCIAL), arts. 220/224, Capítulo VI (DO MEIO AMBIENTE), art. 225, Capítulo VII (DA FAMÍLIA, DA CRIANÇA, DO ADOLESCENTE E DO IDOSO), arts. 226/230 e Capítulo VIII (DOS ÍNDIOS), arts. 231 e 232, que representam uma forte estrutura de positivação/constitucionalização de significativos Direitos e Garantias Sociais. Comprova-se, dessa forma, que o Corpo Constituinte que elaborou a Constituição Federal de 1988 fez uma indesmentível e irrevogável opção por um constitucionalismo social, ou seja, por uma Constituição do Estado Social. Neste sentido, BONAVIDES[84] afirma que "A Constituição de 1988 é basicamente em muitas de suas dimensões essenciais uma Constituição do Estado Social. Portanto, os problemas constitucionais referentes a relações de poderes e exercício de direitos subjetivos têm que ser examinados e resolvidos à luz dos conceitos derivados daquela modalidade de ordenamento".

Note-se, ainda, não ser por mero acaso que a Constituição de 1988 se estrutura de forma diferente da tradição estabelecida nas constituições pretéritas, quer em relação à ordem das matérias constitucionais, quer em relação à qualificação dessas matérias. Os Direitos e Garantias Fundamentais, por exemplo, deslocam-se da parte final para a parte inicial do texto constitucional[85] [86].

---

(84) BONAVIDES, Paulo, *op. cit.*, p. 336. Complementando o pensamento, *"Uma coisa é a Constituição do Estado liberal, outra a Constituição do Estado social. A primeira é uma Constituição antigoverno e anti-Estado; a segunda uma Constituição de valores refratários ao individualismo no Direito e ao absolutismo no Poder".*

(85) CARVALHO, Kildare Gonçalves, *Direito Constitucional Didático...*, p. 199. "Essa colocação topográfica da declaração de direitos no início da Constituição, seguindo modelos de Constituições do Japão, México, Portugal e Espanha, dentre outras, tem especial significado, pois revela que todas as instituições estatais estão condicionadas aos direitos fundamentais, que deverão observar. Assim, nada se pode fazer fora do quadro da declaração de direitos fundamentais: Legislativo, Executivo e Judiciário, orçamento, ordem econômica, além de outras instituições são orientados e delimitados pelos direitos humanos".

(86) No mesmo sentido é a afirmação de SILVA NETO, Manoel Jorge e, *Curso de Direito Constitucional do Trabalho*. São Paulo: Malheiros, 1998, p. 70, quando afirma que *"Portanto, cerebrina não é a constatação de mudança da 'residência' constitucional dos direitos trabalhistas, máxime porque insubstituível o papel dos direitos e garantias fundamentais à planificação de um direito político assentado, designadamente, na valorização do indivíduo"*. SÜSSEKIND, Arnaldo, *Direito Constitucional do Trabalho*. Rio de Janeiro: Renovar, p. 15, tem posicionamento diverso ao afirmar que *"A vigente Carta Magna brasileira tratou separadamente da ordem econômica e dos direitos sociais, versando sobre estes no Título II e VIII e sobre aquela no Título VII. Rompeu, assim, a tradição, constitucional brasileira, que, desde 1934, vinha elencando os direitos individuais e coletivos do trabalho e a previdência social juntamente com a disciplinação da ordem econômica. Afigura-se-nos, porém, que esse divórcio é desaconselhado pelo entrelaçamento existente entre os direitos sociais-trabalhistas e a ordem econômica, porque possuem alguns princípios comuns e devem seguir a diretriz segundo a qual a finalidade do desenvolvimento econômico há de ser o processo social"*. Ainda que se possa concordar com a motivação deste doutrinador, não há como concordar com seu posicionamento, reafirmando-se o acerto do Constituinte em sua opção de elevar os direitos sociais à categoria de Direitos Fundamentais, tal qual a tendência constitucional contemporânea mais progressista.

Por outro lado, os direitos sociais deixam de fazer parte da Ordem Econômica e Social para passarem a integrar o Título dos Direitos e Garantias Fundamentais, significando que aqueles direitos e garantias são FUNDAMENTAIS e, como tal, devem ser interpretados. Trata-se de uma opção do Constituinte que não pode ser desprezada, tanto que BONAVIDES[(87)] insiste que "... o novo texto constitucional imprime uma latitude sem precedentes aos direitos sociais básicos, dotados agora de uma substantividade nunca conhecida nas Constituições anteriores, a partir de 1934.". Esses direitos formam "a espinha dorsal do Estado social brasileiro na última versão que lhe é dada por uma constituinte republicana"[(88)].

Deixando de lado eventuais definições reducionistas [(89)] sobre o Direito do Trabalho, interessa a este estudo, neste momento, uma etapa mais avançada, ou seja, o processo de positivação/constitucionalização do Direito do Trabalho[(90)] no Brasil. Percebe-se, como não poderia deixar de ser, que a constitucionalização do Direito do Trabalho segue os mesmos passos dos direitos sociais como um todo. É oportuno registrar que o movimento das classes trabalhadoras — ou movimento operário — constituiu um carro chefe para a afirmação dos direitos sociais, na medida em que a questão social significou o enfrentamento entre os detentores do capital e os trabalhadores[(91)] com o nascimento de um Direito novo, identificado como Direito do Trabalho.

SÜSSEKIND[(92)], ao fazer referência às constituições brasileiras anteriores e posteriores a 1930, estabelece um divisor de águas na evolução dos direitos sociais do trabalhador nas Constituições. Quanto às primeiras, afirma que consagram uma filosofia liberal, com desprezo pelos direitos sociais trabalhistas: A Constituição do Império (1824), por influência dos ideais da Revolução Francesa; a Primeira Constituição Republicana (1891), por influência da Constituição norte-americana.[(93)] [(94)] Em relação às

---

(87) BONAVIDES, Paulo, *op. cit.*, p. 339.

(88) No mesmo sentido afirma ROMITA, Arion Sayão, *Os Direitos Sociais na Constituição e Outros Estudos.* São Paulo: LTr, 1993, p. 12, *"A orientação do texto de 1988 merece, portanto, encômios, porque o relevo por ele atribuído aos direitos sociais confere eminente dignidade ao ser que trabalha e constitui inegável fonte de inspiração para o legislador infraconstitucional, além de conter diretriz heurística endereçada à tarefa do intérprete".*

(89) Isto é, numa definição livre, se se trata de *"uma disciplina que legaliza a exploração capitalista"* ou de *"uma disciplina que supera a luta de classes e põe termo à questão social".*

(90) Repisa-se que o Direito ao Trabalho — como Direito social fundamental — é figura distinta do Direito do Trabalho — como conjunto de normas (princípios e regras) que regulam as relações entre empregado e empregador —. A noção em relação ao primeiro é mais abrangente no sentido de abarcar a atividade humana "produtiva" de uma forma geral, enquanto que o segundo restringe-se ao "trabalho humano subordinado e não-eventual". Faz-se a referência de forma alternativa (ao/do) apenas para efeitos deste estudo e na medida em que se pretende demonstrar que o Direito do Trabalho deve ser visto como um referencial substantivo para qualquer trabalho que tenha como base a dignidade da pessoa humana.

(91) vide o já citado CESARINO JUNIOR, A. F. e CARDONE, Marly, *Direito Social...*, p. 20.

(92) SÜSSEKIND, Arnaldo, *Direito Constitucional do Trabalho...*, p. 25-37.

(93) SÜSSEKIND, Arnaldo, *idem, ibidem*, afirma que *"A mensagem do Presidente ARTUR BERNARDES propondo emenda constitucional não cogitou da questão social, apesar da vigência do Tratado de Versailles, assinado por plenipotenciários do Governo brasileiro. Mas a famosa conferência de RUI BARBOSA no Teatro Lírico, em 1920, defendendo a competência do Congresso Nacional para legislar sobre a proteção ao trabalho, irradiou, desde então, ampla adesão à sua proposição. Eis por que a reforma de 1926 atribuiu competência ao Congresso para 'legislar sobre o trabalho' (art. 34, no 28)".*

(94) MAGANO, Octavio Bueno e MALLET, Estêvão, *O Direito do Trabalho na Constituição.* Rio de Janeiro: Forense, 1993, p. 10-11, afirmam que *"A Constituição de 1891 trouxe poucas inovações de ordem*

Constituições Brasileiras posteriores a 1930, este autor continua: "Depois da revolução de 3 de outubro de 1930, todas as Constituições dispuseram sobre os direitos sociais do trabalhador. (....) Não obstante derrotada pelas forças armadas do Governo Provisório, a revolução paulista de 9 de julho de 1932 forjou, entretanto, a consciência nacional no sentido da constitucionalização do País".

É novamente a Constituição de 1934, então, a precursora no reconhecimento de direitos sociais trabalhistas — ao estabelecer que a ordem econômica deve ser organizada conforme os princípios da Justiça e as necessidades da vida nacional, de modo que possibilite a todos existência digna (art. 115), promovendo a proteção social do trabalhador com o reconhecimento de vários direitos (dentre eles, conforme art. 121, salário mínimo; fixação da jornada de trabalho em 8 horas; repouso hebdomadário; férias remuneradas; indenização por despedida sem justa causa; proibições de discriminação salarial em face de idade, sexo, nacionalidade ou estado civil, bem como de trabalho para menores de 14 anos e de restrição quanto ao trabalho para menores de 16 anos, de 18 anos e para mulheres; instituição da pluralidade sindical e reconhecimento das convenções coletivas). É criada a Justiça do Trabalho (art. 122), mas apenas como órgão vinculado à Administração.

A Constituição de 1937 preserva "o núcleo dos direitos sociais inaugurados em 1934", [95] malgrado sua característica autoritária e a influência "dos ideais corporativistas[96]. As alterações que se produzem, no âmbito do Direito do Trabalho, estão no sentido de "considerar o trabalho um dever social, considerando a greve e o *lockout* recursos anti-sociais, o que encerra visão totalitária" [97], com significativo retrocesso à liberdade sindical, em que os sindicatos passam a desenvolver atividades preponderantemente assistencialistas.[98]

A reconstitucionalização ocorrida em 1946 — que significa a redemocratização do País e a manutenção daquela mesma linha de uma estrutura comprometida com um Estado Social, em termos de Direito do Trabalho, mantém direitos já consagrados constitucionalmente (repouso semanal remunerado, indenização em face de despe-

---

social, consistindo a principal delas no reconhecimento da liberdade de associação. (...) As maiores alterações vieram com a reforma constitucional de 1926, consagradora de duas noções cardiais para o direito social: a do bem público e a do Direito do Trabalho". Tais "situações", entretanto, apenas confirmam o imenso desprezo daquela Carta Constitucional em relação aos direitos sociais.

(95) JUCÁ, Francisco Pedro, *op. cit.*, p. 55.

(96) MAGANO, Octavio Bueno e MALLET, Estêvão, *op. cit.*, p. 14. Os autores afirmam, com base em Marcelo Caetano, que *"Os postulados básicos do corporativismo resumem-se nos seguintes princípios: A atividade econômica deve guiar-se por padrões morais; não há duas classes sociais irredutivelmente opostas, mas número indefinido de grupos econômicos operando em colaboração harmônica; a atuação social do indivíduo há de se desenvolver através do seu grupo econômico; o interesse nacional coloca-se acima de todos os interesses particulares; O Estado tem deveres a cumprir na vida econômica e social".*

(97) JUCÁ, Francisco Pedro, *op. cit.*, p. 55.

(98) Cumpre observar que a Justiça do Trabalho, ainda sem fazer parte do Poder Judiciário, foi instalada sob a vigência da Carta de 1937, em 1º de maio de 1941 com a seguinte estrutura: um Conselho Nacional no Rio de Janeiro e oito Conselhos Regionais do Trabalho e Juntas de Conciliação e Julgamento nas capitais dos Estados.

dida, férias remuneradas, salário mínimo), além de instituir ou elevar à Constituição outros direitos (salário superior para o trabalho noturno, instituição de seguro em face de acidente do trabalho, assistência aos desempregados, estabilidade no emprego, participação nos lucros). Em sede de direito coletivo, ainda que mantida a chamada inspiração corporativista, institui o direito de greve.(99)

A Constituição de 1967 (além da Emenda Constitucional n. 1, de 1969)(100), sob influência da Doutrina da Segurança Nacional, não introduz inovações significativas no âmbito do Direito do Trabalho em termos substanciais. Apenas institui o direito ao salário-família(101) e o Fundo de Garantia por Tempo de Serviço(102), além de reduzir a idade mínima para o ingresso no mercado de trabalho para doze anos. No âmbito do Direito Coletivo, o direito de greve sofreu significativa limitação. No âmbito da competência da Justiça do Trabalho ficou o Tribunal Superior do Trabalho como última instância, salvo quanto às matérias que tratam de ofensa à Constituição. A competência para julgar os dissídios entre servidores públicos (evidentemente "Celetistas") e a União, autarquias federais e empresas federais passou a ser da Justiça Federal Comum. JUCÁ(103) afirma, a despeito da orientação marcadamente autoritária, que "Há uma inovação importante e relevante na Carta de 1967/69, porquanto, ao tratar no Título III da Ordem Econômica e Social, estabelece quadro principiológico, orientadores e condicionantes que estão contidos nos cinco incisos do art. 160, e, obviamente, igualmente se aplicam ao art. 165 que enlista os direitos dos trabalhadores." (104)

Sem adentrar na discussão relacionada com o acerto ou não do Poder Constituinte no sentido da elaboração de uma Constituição rígida, escrita, codificada, democrática e prolixa(105), tem-se que a Constituição de 1988, ao ser elaborada com

---

(99) A Justiça do Trabalho é incorporada ao Poder Judiciário (art. 94, V), em composição paritária, com competência preponderante para apreciar e julgar os dissídios individuais e coletivos oriundos das relações entre empregados e empregadores, "além de outras controvérsias oriundas de relação de trabalho..." (art. 123).

(100) Leva-se em conta aqui apenas a Constituição de 1967 com a redação dada pela Emenda Constitucional número 1, de 17.10.69 e alterações posteriores.

(101) Trata-se, na verdade, de direito de natureza previdenciária, ainda que paga pelo empregador.

(102) O trabalhador poderia optar entre o regime da CLT (estabilidade) ou pelo regime do Fundo de Garantia por Tempo de Serviço, sendo que tal "opção" se converteu, no mais das vezes, em "regra", atingindo e enfraquecendo significativamente o instituto da estabilidade no emprego cujo golpe derradeiro foi dado pela Constituição de 1988 (art. 7º, I) ao estabelecer o que denominou de "relação de emprego protegida contra despedida arbitrária ou sem justa causa...", além de transformar o antigo regime optativo do FGTS em "regra" (art.7º, III) para os "trabalhadores urbanos e rurais" (art. 7º, *caput*).

(103) JUCÁ, Francisco Pedro, *op. cit.*, p. 61.

(104) Diz o art. 160: A Ordem econômica e social tem por fim realizar o desenvolvimento nacional e a justiça social, com base nos seguintes princípios: I — liberdade de iniciativa; II — valorização do trabalho como condição da dignidade humana; III — função social da propriedade; IV — harmonia e solidariedade entre as categorias sociais e de produção; V — repressão ao abuso do poder econômico, caracterizado pelo domínio dos mercados, a eliminação da concorrência e o aumento arbitrário dos lucros; e VI — expansão das oportunidades de emprego produtivo.

(105) Faz-se o "enquadramento" da Constituição a partir da tipologia expressa por BONAVIDES, Paulo, *op. cit.*, p. 65-74, onde os "contrários" seriam, respectivamente, flexível ou semi-rígida, costumeira, legal, outorga ou pactuada, e concisa; SILVA, José Afonso da, *Direito Constitucional...*, p. 42, fala em materiais/formais; escritas/não-escritas; dogmáticas/históricas; democráticas/outorgadas; rígidas/flexíveis/semi-rígidas.

tais características, deve ser interpretada e aplicada dentro desses parâmetros, principalmente no que se refere aos aspectos relacionados com sua rigidez[(106)] e prolixidade[(107)]. Em relação ao Direito ao e do Trabalho, verifica-se que o conjunto de normas dos arts. 6º (especificamente direito social ao trabalho), 7º (direitos sociais trabalhistas individuais), 8º (direito coletivo), 9º (direito de greve), 10 e 11 (direito de representação paritária e dos trabalhadores) encerram significativo conteúdo social constitucional.

Constata-se, ainda, que a norma do art. 6º da Constituição Federal[(108)] arrola o trabalho como um direito social que, sem dúvida, também é um direito fundamental a ser garantido na forma desta Constituição. Trata-se, pois, de direito que deve ser garantido no contexto de todo o conjunto de normas constitucionais. Ressalta-se que não se trata de qualquer trabalho, mas de trabalho digno, voltado para a dignidade da pessoa humana. Neste sentido, conforme bem refere LEDUR[(109)] "A expressão 'na forma desta Constituição' não deve escapar da atenção do intérprete. O direito ao trabalho, assim como os demais direitos previstos no art. 6º da Constituição, não é uma expressão solta no ar, sem conseqüências possíveis no âmbito jurídico-constitucional. Ao contrário, aponta expressamente a outras normas da Constituição. É na forma dessas normas que o direito ao trabalho deve ser realizado. Dentre elas, citam-se o princípio fundamental do valor social do trabalho (art. 1º, IV); a liberdade do exercício de qualquer trabalho, ofício ou profissão, atendidas as qualificações profissionais que a lei estabelecer (art. 5º, XIII); os direitos trabalhistas previstos no art. 7º; a competência da União para legislar sobre o direito do trabalho (art. 22, I); a competência da Justiça do Trabalho para julgar, na forma da lei, controvérsias oriundas da relação de trabalho; observância no exercício do poder normativo, das disposições legais e convencionais mínimas de proteção ao trabalho (art. 114, *caput* e § 2º); valorização do trabalho humano como princípio fundamental da atividade econômica (art. 170, *caput*); a responsabilidade do Estado como agente normativo e regulador da atividade econômica (art. 174, *caput*); o cumprimento da função social da propriedade rural mediante atendimento dos seguintes requisitos: observância das disposições que regulam as

---

(106) SILVA, José Afonso da, *Curso de Direito Constitucional...*, p. 43, diz que *"Rígida é a constituição somente alterável mediante processos, solenidades e exigências formais especiais, diferentes e mais difíceis que os de formação das leis ordinárias ou complementares"*. Vide, também, o argumento de CANOTILHO, J. J. Gomes, *op. cit.*, p. 989.

(107) A Constituição de 1988 recebeu incontáveis críticas de alguns doutrinadores, por se apresentar excessivamente prolixa ou analítica, com indicação do exemplo de concisão da Constituição dos Estados Unidos da América, mas por certo acostumados àquela noção de Constituição desde uma visão liberal. PINTO FERREIRA, *Curso de Direito Constitucional*, São Paulo: Saraiva, 1993, p. 76, por exemplo, diz que *"A nova Constituição tem trezentos e quinze artigos, sendo uma das maiores Constituições do mundo. É considerada uma Constituição analítica, pela quantidade de artigos, todavia seria mais razoável que o legislador constituinte adotasse o modelo de Constituição sintética (de poucos artigos), como já ensinava Rui Barbosa"*.

(108) Diz o Art. 6º: "São direitos sociais a educação, o trabalho, o lazer, a segurança, a previdência social, a proteção à maternidade e à infância, a assistência aos desamparados, na forma desta Constituição". Acrescido agora do direito à moradia, conforme Emenda Constitucional n. 26 de 14.2.2000.

(109) LEDUR, José Felipe, *op. cit.*, p. 106-107, nota de rodapé 2.

relações de trabalho e exploração que favoreça o bem-estar dos trabalhadores (art. 186, III e IV); o primado do trabalho como base da ordem social (art. 193); a promoção da integração ao mercado de trabalho (art. 203, III); a qualificação para o trabalho como um dos objetivos educacionais, para o que são responsáveis o Estado, a família e a sociedade (art. 205, *caput*); formação para o trabalho a ser prevista no plano nacional de educação (art. 214, IV); idade mínima de quatorze anos para a admissão ao trabalho (art. 227, § 3º, I); proteção contra despedidas arbitrárias ou sem justa causa (art. 10 do ADCT)."

De todas as normas supramencionadas, verifica-se que aquelas expressas no art. 7º é que se revestem de maior substantividade, ou seja, conformam um patrimônio jurídico e econômico que, de maneira concreta, delineiam parâmetros para um trabalho digno, que leva em conta a centralidade da pessoa humana.

Assim, ainda que o Direito ao Trabalho — como atividade humana produtiva — tenha significado mais amplo do que o Direito do Trabalho — na verdade direito voltado ao trabalho humano subordinado, tem-se que os valores, princípios e regras deste devem servir como uma espécie de piso mínimo, de referência substancial, capaz de dar suporte para a busca daquele. Tem-se, então, que o direito fundamental ao trabalho, entendido como trabalho digno, está ancorado em dois princípios que se constituem nos pilares que fundam e justificam o Estado Social: o princípio da Dignidade da Pessoa Humana e Princípio da Igualdade.

Evidentemente, a evolução histórica e a construção teórica do Estado Social e dos Direitos Sociais — tornada realidade em alguns países, promessas em outros e absolutamente distante noutros tantos — além de nunca ter deixado de se constituir em um contraponto ao liberalismo e ao individualismo, passa a ter um discurso contrário ainda mais forte com o neoliberalismo.

Se é certo que o Direito do Trabalho — como sistema de normas positivadas e caracterizado pela definição hoje aceita — tem sua gênese, desenvolvimento e consagração coincidente com o progressivo amadurecimento do capitalismo industrial[110], também é certo que este Direito do Trabalho já não consegue mais responder à demanda de conflituosidade que o desenvolvimento da sociedade pós-industrial passou a gerar no âmbito das relações existentes entre o capital e o trabalho. A situação posta conduz à necessidade de uma reestruturação do conceito de Direito do Trabalho para alcançar o Direito ao Trabalho, na qualidade de direito social fundamental. Isso pode ser alcançado não só a partir da reelaboração da legislação social — evidentemente pela via do Poder Legislativo, conforme os mecanismos que o próprio Estado de Direito possibilita — mas também por uma leitura dos direitos sociais a ser feita pelo Judiciário, dentro dos postulados do Estado de Direito, numa concepção que se pode identificar como Garantista.

---

(110) GENRO, Tarso, *Direito Individual...*, p. 27.

IV. CONSIDERAÇÕES SOBRE O TRABALHO, PRODUÇÃO, EMPREGO/DESEMPREGO

Falar sobre a relação capital/trabalho significa, para muitos, adentrar em discurso de uma doutrina rançosa e decadente — geralmente vinculada ao socialismo — em que os exemplos práticos terminaram por produzir estrondosos fracassos na organização da sociedade, tanto na busca da tão almejada Igualdade, quanto, e principalmente, em relação à Liberdade; isso sem falar no total esquecimento da dimensão representada pela Solidariedade. Com a derrocada dos países do Leste Europeu — representada perante os olhos de todos pela queda do muro de Berlim, muitos alardearam a vitória do Capitalismo sobre o Socialismo como forma de organização da produção[111]. A realidade tem demonstrado, entretanto, que, para aqueles que trabalham (ou querem trabalhar) em qualquer parte do planeta, em especial nos países periféricos, não houve vitórias.

Sem aprofundar a discussão ideológica estabelecida entre Capitalismo e Socialismo, verifica-se, ainda que se tenha firmado uma hegemonia do capitalismo, que o tema capital/trabalho se faz mais atual do que nunca. Trabalho, produção, emprego/desemprego representam a pauta de discussão sobre a legitimação/deslegitimação do Poder e a possível efetividade dos direitos sociais.

O Trabalho — O trabalho humano, em seu sentido lato, constitui-se em modalidade produtiva que acompanha o homem desde os primórdios de sua existência. Há, entretanto, várias modalidades de trabalho, apenas para a subsistência, trabalho escravo, trabalho servil, trabalho subordinado, trabalho autônomo, que em cada momento histórico têm determinada acolhida ou repúdio na sociedade. O trabalho escravo, por exemplo, já foi tido como legítimo na Antigüidade e até mesmo em civilizações modernas. O trabalho servil foi legítimo durante toda a Idade Média. Em determinadas sociedades tribais, o trabalho apenas para subsistência se constitui no único tipo de atividade. Assim entendido, o trabalho pode ser conceituado genericamente como sendo "o objetivamente correlativo do impulso, isto é, a aplicação da força impulsiva a qualquer produção ou realização de um fim humano".[112]

O significado etimológico do termo trabalho não se firma de maneira unívoca. MORAES FILHO[113] cita vários autores que buscam identificar a origem da palavra. Afirma, com base na lição do Padre MAGNE, que a opinião dominante indica, como

(111) Neste sentido, vide as ponderações de ANTUNES, Ricardo, nos artigos "A crise vista em sua Globalidade" e "A prevalência da lógica do Capital" *in Adeus ao Trabalho? — Ensaio sobre a metamorfose e a centralidade do Mundo do Trabalho.* São Paulo: Cortêz — Campinas: Ed. da UNICAMP, 1999, p. 105-113 e 135-140.

(112) Conforme NATORP, Paul, *apud* MORAES FILHO, Evaristo de, *Introdução ao Direito do Trabalho.* São Paulo: LTr, 1991, p. 17.

(113) MORAES FILHO, Evaristo de, *op. cit.*, p. 17. Diz o autor: "segundo *Tilgher*, os gregos (a antigüidade em geral) conceberam o trabalho como um castigo e como uma dor; basta lembrar que o termo grego *pónos*, que significa trabalho, tem a mesma raiz que a palavra latina *poena.* Em ambos está presente a mesma idéia de tarefa penosa e pesada, como em fadiga, trabalho, pena. Para *Lucien Fèbvre*, a palavra veio do sentido de tortura — *tripaliare*, torturar com *tripalium*, máquina de três pontas. Na observação de *Robertis*, não possui a antigüidade uma palavra equivalente à nossa

origem, o neutro latim *palum* (fonte do português pau). Na diacronia passa pelo adjetivo *tripalis* — composto de três paus-(relacionado a um cavalete de três paus utilizado para dominar o cavalo quando da aplicação da ferradura) e leva à dedução do neutro *tripalium* (ou *trepalium*) e, por assimilação, à *trapaliare* e trabalho. Verifica-se, de qualquer forma, que a origem etimológica de trabalho está relacionada com as noções de fadiga, esforço, sofrimento "em suma, valores negativos, dos quais se afastavam os mais afortunados."[114]

O significado filosófico que se traz à baila tem escopo no pensamento desenvolvido por BAGOLINI[115] com uma necessária complementariedade entre trabalho, *otium* e participação[116]. Neste sentido a noção de trabalho não pode estar diretamente relacionada com um sentido prático e contingente, mas deve sim ser examinada em sua complexidade heterogênea também em relação ao não-trabalho, ou seja, ao tempo livre, ao *otium* e à participação política na sociedade. Verifica-se, então, que o trabalhar e o não-trabalhar têm significados próprios e distintos, não implicando o segundo na negação do primeiro.

Sob um enfoque sociológico, tem-se que "É a partir do trabalho, em sua cotidianidade, que o homem torna-se ser social, distinguindo-se de todas as formas não humanas"[117]. O significado sociológico do trabalho, aqui proposto, deve levar em conta uma renovada discussão que, atualmente, é travada no âmbito da sociologia do trabalho: centralidade do trabalho[118] em oposição ao fim do trabalho[119][120]. O mundo

---

trabalho, na qual se destacam as notas de fadiga e de pena, mas igualmente de força e altivez, exaltada vigorosamente pela consideração social".

(114) MORAES FILHO, Evaristo de, *idem, ibidem.*

(115) BAGOLINI, Luigi, *O Trabalho na Democracia: Filosofia do Trabalho.* São Paulo: LTr — Brasília: Ed. da UnB, 1981.

(116) BAGOLINI, Luigi, *op. cit.*, p. 27/28, afirma que do ponto de vista ideológico o significado *"da palavra trabalho varia com a mudança das perspectivas e dos coeficientes ideológicos de quem a usa e, portanto, com a mudança das situações ambientais, sociais e econômicas com as quais tais perspectivas estão relacionadas."* O autor, entretanto, diferencia ideologia de filosofia para dizer que esta "... implica uma problemática teórica que é irredutível em termos de finalidade do agir humano, contingentes, momentâneos e mutáveis" para afirmar que sob este aspecto o trabalho deve "... ser considerado (para poder ser considerado o mais profundamente possível) além de suas manifestações contingentes e práticas..". Já o *otium* (p. 51) é entendido como *"... um deixar que a consciência humana se expanda através de certos comportamentos artísticos, filosóficos, religiosos, desinteressadamente culturais, simpáticos no convívio com os outros, etc., de per si não exclusivamente redutíveis a termos de trabalho e em relação aos quais o trabalho poderá ser apenas um meio."*. A participação anunciada por BAGOLINI (p. 72) está relacionada com *"... uma participação na vida política não-profissional, mas intencionalmente vivida como* leisure-time *e não como* work time".

(117) ANTUNES, Ricardo, *Adeus ao Trabalho?...*, p. 121.

(118) conforme ANTUNES, Ricardo, *Os Sentidos do Trabalho — Ensaio sobre a afirmação e a negação do Trabalho.* São Paulo: Boitempo, 1999, p. 214: *"Ao contrário daqueles autores que defendem a perda da centralidade da categoria trabalho na sociedade contemporânea, as tendências em curso, quer em direção à maior intelectualização do trabalho fabril ou ao incremento do trabalho qualificado, quer em direção à desqualificação ou à sua subproletarização, não permitem concluir pela perda desta centralidade no universo de uma sociedade produtora de mercadorias".*

(119) RIFKIN, Jeremy, *O fim dos Empregos — O declínio inevitável dos níveis de empregos e a redução da força global de trabalho.* São Paulo: Makron Books, 1995, — traz uma análise assustadora sobre o "fim do trabalho". Afirma que *"Desde seu início, a civilização tem se estruturado, em grande parte, em função do conceito do trabalho. Do caçador/colhedor Paleolítico e fazendeiro Neolítico, ao artesão medieval e operário da linha de montagem do século atual, o trabalho tem sido parte integral da*

do trabalho nos últimos duzentos anos experimentou grandes metamorfoses que, geralmente, foram sendo impostas pelo capital, a ponto de ser vaticinado o fim do próprio trabalho. Para ANTUNES[121], "complexificou-se, heterogeneizou-se e fragmentou-se ainda mais o mundo do trabalho", contudo tal situação não pode representar, de maneira alguma, o fim do trabalho e da centralidade dessa categoria na sociedade contemporânea. É ainda ANTUNES quem afirma "O que dizer de uma forma de sociabilidade que desemprega ou precariza mais de 1 bilhão de pessoas, algo em torno de um terço da força humana mundial que trabalha? Isso porque o capital é incapaz de realizar sua autovalorização sem utilizar-se do trabalho humano. Pode diminuir o trabalho vivo, mas não eliminá-lo. Pode precarizá-lo e desempregar parcelas imensas, mas não pode extingui-lo." Deve-se, assim, reafirmar o trabalho como categoria social fundante e conformadora da sociedade contemporânea.

O significado jurídico-trabalhista deve desdobrar-se em dois enfoques. O primeiro, em sentido mais amplo, quer significar o trabalho humano como princípio (e, portanto, como norma) fundamental de todo o Ordenamento Jurídico (Art. 1º, inciso IV, da Constituição Federal). O segundo, em sentido mais restrito, representa, na atualidade, o objeto mesmo do Direito do Trabalho, ou seja, trata-se do trabalho humano pessoal, subordinado e realizado por conta alheia. Diz CESARINO JUNIOR[122] que "Do ponto de vista jurídico-social, só se considera o trabalho prestado a outrem em vista de retribuição. Daí o definirmos: trabalho é o desenvolvimento da atividade humana em proveito de alguém que o retribui".

É esse significado jurídico-trabalhista que, mercê da alteração constitucional de competência da Justiça do Trabalho (Emenda Constitucional 45), merece ser revisitado para uma noção mais ampla. Agora já não é necessariamente a subordinação (dependência) que define a competência da Justiça do Trabalho, mas sim, para efeitos de relação de trabalho, um certo grau de pessoalidade.

A Produção — Ainda que se possa, no curso da história, relacionar sempre trabalho com produção, verifica-se que é a partir da chamada Primeira Revolução Industrial[123] (período que medeia 1780 e 1840), na Inglaterra, que esta relação

---

existência diária. Agora, pela primeira vez, o trabalho humano está sendo sistematicamente eliminado do processo de produção. Em menos de um século, o trabalho 'em massa' no setor do mercado será provavelmente eliminado em praticamente todas as nações industrializadas do mundo".

(120) DE MASI, Domênico, em *O futuro do Trabalho — Fadiga e ócio na sociedade pós-industrial*, Rio de Janeiro: José Olímpio — Brasília: Ed. da UnB, 1999, tem uma proposta mais sedutora ao propor um desencantamento do conceito de trabalho e de valorização do conceito de ócio.

(121) ANTUNES, Ricardo, *Os sentidos do Trabalho...*, p. 214.

(122) CESARINO JUNIOR, A. F. e CARDONE, Marly, *Direito Social...*, p. 93.

(123) RIFKIN, Jeremy, *op. cit.*, p. 63-64, afirma que *"Na Primeira Revolução Industrial, a energia movida a vapor foi usada para a extração de minério, na indústria textil e na fabricação de uma grande variedade de bens que anteriormente eram feitos a mão (...) A Segunda Revolução Industrial ocorreu entre 1860 e a I Guerra Mundial. O petróleo passou a competir com o carvão e a eletricidade foi efetivamente utilizada pela primeira vez, criando uma nova fonte de energia para operar motores, iluminar cidades e proporcionar comunicação instantânea entre as pessoas (...) A Terceira Revolução Industrial surgiu imediatamente após a II Guerra Mundial e somente agora está começando a ter um impacto significativo no modo como a sociedade organiza sua atividade econômica (...)".*

assume especial conotação. Trata-se, no dizer de *Louis Auguste Blanqui*, da "passagem da raça humana, do patamar do artesanato para o da grande produção burguesa e fabril".[124]

O surgimento da fábrica — com seu espaço próprio, máquinas, equipamentos e técnicas — supera a produção artesanal e anuncia um novo modelo produtivo, com uma nova relação entre aquele que produz (trabalhador-operário) e o proprietário dos bens (proprietário-patrão). Esse período é marcado pelo nascimento de uma classe operária — ainda sem organização suficiente para fazer frente à exploração a que eram submetidos os trabalhadores, inclusive mulheres e crianças — e por um Estado Absenteísta, fruto do liberalismo político e econômico.

Cabe registrar que não é por mera coincidência que o Estado Moderno e o Direito Moderno também surgem neste momento histórico, com características essencialmente liberais. Enquanto do ponto de vista da política, o Estado Liberal representa uma forma de limitar o Poder Estatal, tornando-o preferencialmente absenteísta, do ponto de vista da economia, a industrialização representa o surgimento de uma forma de poder (poder econômico), que se institui pela acumulação de capital. Nesse sentido, apresenta-se absolutamente pertinente a assertiva de RAMOS[125] quando diz que "Sem pecar pelo reducionismo, podemos afirmar que, pelo menos nos últimos duzentos anos, é o modo de acumulação de capital que induz o modo de regulamentação política e social. Isso porque a lógica de acumulação foi determinante para a instituição do Estado e do Direito modernos. Em outras palavras, o modo de acumulação determina o modo de regulamentação." Calha aqui a lembrança de GRAU[126], quando afirma a existência de um direito do modo de produção capitalista e que "O direito moderno é instrumento de que se vale o Estado para defender o capitalismo dos capitalistas".

No período que vai de 1860 ao início do século XX, acontece o desenvolvimento da Segunda Revolução Industrial — marcada com o surgimento da eletricidade e do aço para proporcionar um franco desenvolvimento da siderurgia norte-americana — que implementa uma nova forma de produção. Esse novo modelo, que leva a denominação de taylorismo/fordismo[127], "baseava-se na produção de massa de mercadorias, que se estruturava a partir de uma produção mais homogeneizada e enormemente verticalizada. (...) Esse padrão produtivo estruturou-se com base no trabalho parcelar e fragmentado, na decomposição de tarefas, que reduzia a ação operária a um

(124) *Apud* MELLO, Prudente José Silveira *in* ARRUDA JUNIOR, Edmundo Lima de e RAMOS, Alexandre (organizadores), *Globalização, Neoliberalismo e o Mundo do Trabalho*. Curitiba: Edijeb, 1998, p. 271.
(125) RAMOS, Alexandre, *Contrato Temporário de Trabalho — Combate ao desemprego ou redução do custo da força de trabalho?* São Paulo: LTr, 1999, p. 46.
(126) GRAU, Eros Roberto, *O Direito posto e o Direito pressuposto*. São Paulo: Malheiros, 2000, p. 83/106.
(127) O modelo de produção denominado taylorismo/fordismo tem base nos estudos de FREDERICK WINSLOW TAYLOR, nascido em 1856 e morto em 1915, cujo trabalho mais conhecido é intitulado *Princípios de Administração Científica* e estudos e prática de JOHN FORD basicamente na indústria automobilística do início do século XX.

conjunto repetitivo de atividades cuja somatória resultava no trabalho coletivo produtor dos veículos."[128] HARVEY[129] afirma que, para FORD "produção de massa significava consumo de massa, um novo sistema de reprodução da força de trabalho, uma nova política de controle e gerência do trabalho, uma nova estética e uma nova psicologia, em suma, um novo tipo de sociedade democrática, racionalizada, modernista e populista." O modelo de produção taylorista/fordista, em resumo, tem as seguintes bases 1) produção parcelada a partir de rotinas específicas para cada setor/trabalhador; 2) produção padronizada e em massa; 3) controle de qualidade realizado por um setor específico e *a posteriori*; 4) concentração na empresa de todas as áreas da atividade econômica; 5) formação de estoques em face da capacidade produtiva da empresa.

O sistema de produção vigente experimenta um revés no início do século XX, logo após o término da Primeira Grande Guerra. Somente com a necessária intervenção estatal (Keynesianismo) é que ocorre a sua recomposição para um período de franca expansão — que vai de 1945 até o início da década de 70. É no período reconhecido como da Terceira Revolução Industrial, iniciado com o pós-guerra, que atinge seu melhor momento (anos 60). Esse período é marcado pelo fortalecimento da classe trabalhadora e dos sindicatos e pela forte presença do Estado, tanto que "Além de fortalecer a negociação, o Estado estabelecia regulações, colocava-se como parceiro e avalista dos acordos, seu poder era exercido direta ou indiretamente sobre os acordos salariais, assumindo, além disso, uma variedade de obrigações para o crescimento da produção e do consumo de massa, com investimento público em setores como o transporte, em equipamentos públicos, etc., que também garantiam um emprego relativamente pleno. Os governos buscavam fornecer um forte complemento ao salário social com gastos de seguridade social, assistência médica, educação, habitação, etc."[130] [131]

Cria-se a ilusão de que esse sistema de compromisso e regulação poderia representar um sistema de metabolismo social do capital de forma efetiva, duradoura e definitivamente controlado, desde um compromisso entre capital e trabalho pela mediação do Estado.[132]

O período do pós-guerra abriga o início da Terceira Revolução Industrial, principalmente com o desenvolvimento da computação e de outras tecnologias. Enquanto os Estados Unidos, com suas técnicas de produção, representam o vigor da indústria

(128) ANTUNES, Ricardo, *Os Sentidos do Trabalho...*, p. 36-37.
(129) HARVEY, *apud* MIQUELUZZI, Oswaldo, *in* ARRUDA JUNIOR, Edmundo Lima de e RAMOS, Alexandre, *Globalização, Neoliberalismo e O mundo do Trabalho...* p. 258.
(130) MIQUELUZZI, Oswaldo, *in* ARRUDA JUNIOR, Edmundo Lima e RAMOS, Alexandre, *Globalização, Neoliberalismo e o Mundo do Trabalho...*, p. 259-260.
(131) Cabe registrar que no período de 1945-1955, conforme RIFKIN, Jeremy, *op. cit.*, p. 71, *"os Estados Unidos tiveram mais de 43 mil greves, na mais concentrada onda de confrontos entre empregados e empregadores na história industrial"*; Conforme MELLO, Prudente José Silveira, *op. cit.*, p. 274, *"Durante o ano de 1950 houve um movimento grevista na Toyota, em razão de demissões em massa. A greve foi derrotada. Nos anos de 1952/1953, novamente o movimento seria derrotado, em nova luta sindical de 55 dias, que envolveu várias empresas"*.
(132) ANTUNES, Ricardo, *Os Sentidos do Trabalho...*, p. 38.

mundial, o Japão, derrotado e ocupado, desenvolve um novo modelo de produção, com destaque para a indústria automobilística. O toyotismo (ou ohnismo, de Taiichi Ohno, engenheiro que o criou na fábrica da Toyota) busca a adequação de uma produção flexível — mais modelos e menor quantidade — podendo-se dizer que "O trabalho deixou de ser fragmentado para ser polivalente (cada empregado chega a operar cinco máquinas), integrado em equipe de oito trabalhadores, com ritmo intenso, flexível e estressante"[(133)]. Além disso, no toyotismo, com a produção voltada para as necessidades do mercado, há a eliminação ou redução substancial de estoques (*just in time*[(134)] e *kamban*[(135)]). O controle de qualidade opera-se por meio de CCQs (círculos de controle de qualidade na busca do *kaizen*[(136)]) dentro de cada grupo para a busca da Qualidade Total[(137)]. Pode-se arrolar as seguintes características do toyotismo: 1) a produção é voltada para a necessidade e ao "gosto" do mercado, com grande variedades e pequenas quantidades; 2) esta produção direcionada leva à eliminação de estoques; 3) o trabalho/trabalhador é polivalente; 4) o trabalho em equipe proporciona já um controle de qualidade pelos círculos de controle de qualidade; 5) a empresa concentra apenas os processos centrais e principais da produção, terceirizando os demais processos.

No ocidente, o toyotismo e a acumulação flexível emergem de um quadro de crise do modelo de acumulação capitalista do taylorismo/fordismo, que, por sua vez, também está situado num quadro maior da crise estrutural do capital[(138)]. Trata-se de

---

(133) MELLO, Prudente José Silveira, *op. cit.*, p. 274.

(134) **JUST-IN-TIME**, Conforme RIFKIN, Jeremy, *op. cit.*, p. 106, *"O conceito de* just-in-time *surgiu de uma visita de Taiichi Ohno, da Toyota Motors, aos Estados Unidos, nos anos 50. Ohno ficou muito mais impressionado com os gigantescos supermercados americanos do que com suas fábricas de automóveis. Mais tarde descreveu sua surpresa diante da velocidade e da eficiência com que os supermercados mantinham as prateleiras abastecidas com os produtos que os clientes desejavam, nas exatas quantidades necessárias: 'Um supermercado é onde o cliente pode conseguir (1) o que é necessário; (2) no momento em que é necessário; (3) na quantidade necessária;... Esperávamos que isto pudesse nos ajudar na abordagem de nossa meta* just-in-time *e, em 1953, efetivamente aplicamos o sistema em nossas oficinas mecânicas na fábrica principal"*.

(135) **KANBAN**, Conforme ANTUNES, Ricardo, *Os Sentidos do Trabalho...*, p. 54 o Toyotismo *"funciona segundo o sistema de* kanban, *placas ou senhas de comando para a reposição de peças de estoque"*. RAMOS, Alexandre, *Contrato Temporário de Trabalho...*, p. 50, nota de rodapé, atribui equivocadamente o conceito de *kaizen* para *kanban*.

(136) **KAIZEN**, Conforme RIFKIN, Jeremy, *op. cit.*, p. 104, *"O conceito de aperfeiçoamento contínuo é chamado de* Kaizen *e é considerada a chave do sucesso dos métodos japoneses de produção."* RAMOS, Alexandre, *Contrato Temporário de Trabalho...*, p. 50, nota de rodapé, atribui equivocadamente o conceito de *kanban* para *kaizen*.

(137) Enquanto QUALIDADE TOTAL quer representar o resultado da "Organização científica do trabalho" é interessante registrar o que ANTUNES, Ricardo, *Os Sentidos do Trabalho...*, p. 50, chama de *"A falácia da qualidade total"*. Após afirmar que redução da durabilidade dos produtos se encaixa como uma necessidade do circuito produtivo, diz o autor que *"... o apregoado desenvolvimento dos processos de qualidade total converte-se na expressão fenomênica, involucral, aparente e supérflua de um mecanismo produtivo que tem como um dos seus pilares mais importantes a taxa decrescente do valor de uso das mercadorias, como condição para a reprodução ampliada do capital e seus imperativos expansionistas"*, denunciando verdadeiro paradoxo entre o que é chamado de "qualidade total" e a lógica de produção e de reposição de produtos no mercado.

(138) ANTUNES, Ricardo, *Os Sentidos do Trabalho...*, p. 29-30 identifica os seguintes traços da crise: *"1) Queda da taxa de lucro, dada, dentre outros elementos causais, pelo aumento do preço da força de trabalho, conquistado durante o período pós-45 e pela intensificação das lutas sociais dos anos 60, que objetivavam o controle social da produção. A conjugação destes elementos levou a uma*

uma reação e de uma reorganização do capital frente ao contra-poder que emerge das lutas sociais e de todo o contexto da crise estrutural do capital que se instala, desde o final da década de 60/início da década de 70[(139)]. ANTUNES[(140)] define este contexto como "uma mutação no interior do padrão de acumulação (e não no modo de produção), visando a alternativas que conferissem maior dinamismo ao processo produtivo, que então dava claros sinais de esgotamento".

O Emprego/Desemprego — A noção de trabalho e de produção encontra-se estreitamente relacionada com a noção de emprego/desemprego, sendo certo que não se confundem. Trabalho tem uma abrangência mais ampla do que o emprego, verificando-se que esta modalidade de trabalho (força de trabalho alienada em favor de um terceiro) é relativamente nova e nasce no contexto do surgimento da Revolução Industrial.

Com o fim da produção artesanal e o início, ainda que incipiente, da produção fabril, grande parte do trabalho humano converte-se em emprego. Nasce aqui uma relação (empregado-empregador) mais ou menos tensionada no curso da história. A estrutura de produção capitalista, ainda que não prescinda da necessidade da força de trabalho, desde sua versão inicial, não esconde o desejo e a busca de "fábricas sem trabalhadores"[(141)]; ao mesmo tempo os trabalhadores, de uma forma geral, também não escondem o desejo de alcançarem um trabalho sem patrão. Trata-se, então, desde sempre, de uma relação conflituosa e por isso necessita de uma regulamentação que é implementada pelo Direito do Trabalho.

Constata-se que, mesmo no período inicial de expansão do modelo taylorista/fordista (até início da década de 20) e no período de "compromissos e regulações",

---

redução dos níveis de produtividade do capital, acentuando a tendência decrescente da taxa de lucro; 2) o esgotamento do padrão de acumulação taylorista/fordista de produção (que em verdade era a expressão mais fenomênica da crise estrutural do capital), dado pela incapacidade de responder à retração do consumo que se acentuava. Na verdade, tratava-se de uma retração em resposta ao desemprego estrutural que então se iniciava; 3) hipertrofia da esfera financeira, que ganhava relativa autonomia frente aos capitais produtivos, o que também já era expressão da própria crise estrutural do capital e seu sistema de produção, colocando-se o capital financeiro como um campo prioritário para a especulação, na nova fase do processo de internacionalização; 4) a maior concentração de capitais graças às fusões entre as empresas monopolistas e oligopolistas; 5) a crise do welfare state *ou do "Estado do bem-estar social" e de seus mecanismos de funcionamento, acarretando a crise fiscal do Estado capitalista e a necessidade de retração dos gastos públicos e sua transferência para o capital privado; 6) incremento acentuado das privatizações, tendência generalizada às desregulamentações e à flexibilização do processo produtivo, dos mercados e da força de trabalho, entre tantos outros elementos contingentes que exprimiam esse novo quadro crítico".*

(139) ANTUNES, Ricardo, *Os Sentidos do Trabalho...*, p. 48.

(140) ANTUNES, Ricardo, *idem*, p. 36.

(141) Basta que se verifiquem as relações de trabalho existentes no curso da Primeira Revolução Industrial, ver HOBSBAWM, Eric, *op. cit.*, ou mesmo no curso da Segunda Revolução Industrial, reproduzida de forma real e crua nas páginas do romance Germinal, por *Emile Zola*, ou mesmo e já na Terceira Revolução Industrial, quando com o surgimento do computador falava-se na *"fábrica automática "*ou *"a ameaça e promessa de máquinas operadas sem trabalhadores está mais próxima do que nunca"*, conforme RIFKIN, *O fim dos empregos*, p. 71. É ainda RIFKIN, Jeremy, *op. cit.*, p. 72, quem afirma que *"O sonho dos empresários de uma fábrica sem trabalhadores aproximou-se mais um pouco da realidade no início da década de 1960, com a introdução do computador na fábrica".*

com franca intervenção do Estado (Keynesianismo), toda a reorganização da produção e do capital se volta naturalmente para a eliminação de postos de trabalho[142]. O Toyotismo, no Japão, reaprendido pelo ocidente, vai significar — com suas técnicas próprias — também um duro golpe na instituição do emprego. A partir do final da década de 70 (governos de Tatcher, Reagan e Kohl), e mais significativamente, desde 1989 — com o chamado Consenso de Washington —, o neoliberalismo afirma-se como política econômica dominante não só nos países centrais, mas principalmente também nos países periféricos — tais quais o Brasil e demais países latino-americanos —, impondo às economias significativos níveis de desemprego.[143]

O capital organiza-se de tal forma em alguns setores (principalmente setor financeiro e de seguros) que a produção de bens passa a ser secundária e, apesar de uma aparente melhora de acesso aos bens de consumo, conduz para um acentuado processo de conflito e exclusão social. O desempregado, naturalmente excluído em uma sociedade de consumo, representa, na ótica dos governos neoliberais em geral, um número ou um percentual e, na ótica dessa sociedade excludente, um incompetente, um fracassado ou um inútil, um verdadeiro estorvo para o bom funcionamento do sistema[144].

V. UM DIREITO DO TRABALHO MÍNIMO OU UM MÍNIMO DE DIREITO DO TRABALHO? UM NOVO "DIREITO NOVO"

A "Teoria do Direito do Trabalho Mínimo" [145], pelo que se percebe, funda-se basicamente em três conceitos: globalização, flexibilização e desregulamentação,

---

(142) Conforme RIFKIN, Jeremy, *op. cit.*, p. 72, *"Entre 1956 e 1962, mais de 1,5 milhão de trabalhadores perderam seus empregos no setor industrial dos Estados Unidos".*

(143) Para que se tenha uma idéia de percentuais de desemprego tome-se, em quatro períodos distintos, os seguintes exemplos: Alemanha (60/67 = 0,8; 74/79 = 3,5; 80/89 =6,8 e 90/95 = 5,3), Inglaterra (60/67 = 1,5; 74/79 = 4,2; 80/89 = 9,5 e 90/95 = 9,20), Estados Unidos (60/67= 5,0; 74/79 = 6,7; 80/89 = 7,2 e 90/95 = 6,5) e Espanha (60/67 = 2,3; 74/79 = 5,3; 80/89 = 17,5 e 90/95 = 19,2) — Conforme FARIA, José Eduardo, *O Direito na Economia Globalizada.* São Paulo: Malheiros, 1999, p. 234.

(144) FORRESTER, Viviane, *O Horror Econômico*, São Paulo: Unesp, 1997, p. 14-15, lembra, com propriedade, que *"Não se sabe se é cômico ou sinistro, por ocasião de uma perpétua, irremovível e crescente penúria de empregos, impor a cada um dos milhões de desempregados — e isso a cada dia útil de cada semana, de cada mês, de cada ano — a procura efetiva e permanente desse trabalho que não existe. Obrigá-lo a passar horas, durante dias, semanas, meses e, às vezes, anos se oferecendo todo dia, toda semana, todo mês, todo ano, em vão, barrado previamente pelas estatísticas. Pois, afinal, ser recusado a cada dia útil de cada semana, de cada mês e, às vezes, de cada ano, será que isso constituiria um emprego, um ofício, uma profissão? Seria isso uma colocação, um job, ou mesmo uma aprendizagem? Seria um destino plausível? Uma ocupação razoável? Uma forma realmente recomendável de emprego do tempo?"* A autora, após criticar um certo *"otimismo reconfortante das filas de espera das agências de emprego"* arremata para dizer que *"Todas essas recusas, essas rejeições em cadeia, não seria sobretudo uma encenação destinada a persuadir esses solicitantes de sua própria nulidade? Para inculcar no público a imagem de seu fracasso a propagar a idéia (falsa) da responsabilidade, culpada e castigada, daqueles que pelo erro geral ou pela decisão de alguns, pela cegueira de todos, inclusive a deles?"*

(145) PAIVA, Mário Antônio Lobato de. "Direito do Trabalho Mínimo", Artigo publicado *in Justiça do Trabalho* — Revista de Jurisprudência Trabalhista da HS Editora, n. 196, p. 43 e ss. O mesmo tema é retomado, com acréscimos, na *Revista Síntese Trabalhista*, n. 139 — janeiro/2001, Porto Alegre: Editora Síntese, p. 36 e seguintes, em co-autoria com GÓIS, Ancelmo Cesar Lins de e SARDEGNA, Miguel Angel.

alinhando-se ao conteúdo do discurso neoliberal insistentemente difundido. Produz, contudo, inevitável confusão entre uns e outros, para justificar uma certa postura determinista e conformista do tipo: "não há outra saída" ou "trata-se de um processo irreversível".(146)

Podem ser apontados, além desta confusão, outras situações pouco explicadas ou mesmo inexplicáveis, tais como: 1) a adesão a uma lógica no mínimo sofismática: "Quanto mais flexibilização e desregulamentação mais empregos"(!!??), cuja estatística nunca chega a ser demonstrada de uma forma confiável (verifica-se que os índices variam mais pelo método adotado — noção de trabalho "por conta própria", emprego, subemprego, busca de seguro-desemprego); 2) a utilização do comparativo estrangeiro, principalmente de países da Europa e dos Estados Unidos, sendo certo que uma coisa é a flexibilização "deles" e outra coisa é a "nossa". A Alemanha, ainda que admitindo certa flexibilização, continua a ter a maior remuneração/hora do trabalhador assalariado, mantendo um sistema de seguridade social abrangente e inclusivo que, a despeito de representar um ônus social, neutraliza os efeitos do desemprego. A Espanha, ainda que tenha aderido francamente à flexibilização, não teve resultados significativos para o combate do desemprego em função desta situação, somente passando a obter resultados a partir do investimento maciço na criação de empregos, principalmente no setor de serviços. A França, na contramão da tendência restritiva de Direitos, reduziu a carga horária semanal de seus trabalhadores para o combate ao desemprego. A situação dos Estados Unidos não pode servir de comparativo para a nossa Economia e para o nosso Direito, sendo certo que o desemprego chegou a níveis razoáveis em face do crescimento econômico implementado; 3) um certo cinismo intelectual para a utilização da expressão "Direito do Trabalho da Classe Dominante" (!!??) para justificar sua eliminação, quando se sabe que o "Direito do Trabalho" em jogo é aquele do verdadeiramente hipossuficiente, inclusive sem qualquer capacidade de mobilização social ou de "livre contratação com o possível patrão"; 4) o estabelecimento de verdadeira confusão entre o Direito do Trabalho como normatividade reguladora da inescapável relação conflituosa entre o capital e o trabalho e a Justiça do Trabalho como órgão estatal de solução de eventual lide trabalhista, quando é certo que a existência do primeiro — ainda que possa ser simplificado ou racionalizado — não tem relação direta com a Justiça do Trabalho. Oxalá fosse o Direito do Trabalho integralmente observado para que a Justiça do Trabalho, por verdadeira ociosidade, pudesse ser extinta.

Vamos, então, ao estabelecimento das devidas distinções entre aqueles conceitos iniciais, a fim de se poder entender o que efetivamente é o discurso neoliberal que, mesmo no bojo de uma globalização, apesar de induzir a uma flexibilização e tentar uma desregulamentação, não pode se confundir com estes.

---

(146) Conforme adverte SODRÉ, Nelson Werneck, *A Farsa do Neoliberalismo*, Rio de Janeiro: Graphia, 1999, p. 3-4, *"Seria o 'fim da história'. Isso importava em afirmar que os países do G-7 exerceriam,* ad infinitum, *o seu domínio, que não poderia sofrer contestações. (...) Isto é, em linguagem simples: os ricos permaneceriam indefinidamente ricos e os pobres, indefinidamente pobres. Não haveria salvação".*

Conforme sustenta PINAUD[147], a globalização "Sempre existiu nos vários trajetos do pensamento humano, e até em algumas experiências históricas (pan-helenismo), o impulso de ultrapassar os limites da cidade, feudos, baronias ou de um país e atingir dimensões globais".[148] Desde esse enfoque, percebe-se que globalização (ou mesmo a globalização em curso) não precisa estar necessariamente atrelada a uma globalização neoliberal, voltada essencialmente para a especulação financeira, ou seja, vincular tal conceito unicamente como fundamento e como resultado do neoliberalismo.[149] Se a globalização, como processo de intercâmbios, é efetivamente irreversível, tem-se que deve ser aproveitada para a "mundialização da cidadania, a globalização da democracia como valor universal"[150]. Enfim, importa relacioná-la a um sentido agregador e de solidariedade entre os povos, desvinculando-a do neoliberalismo[151].

A flexibilização pode ser entendida como um processo de ajustamento das instituições jurídicas às novas realidades da sociedade, vinculado essencialmente às questões relacionadas ao emprego/desemprego e aos processos de produção, de forma a mais rapidamente poder responder às flutuações do mercado.[152] MACCALÓZ[153] atribui ao termo flexibilização, num primeiro momento, um sentido mais brando e específico quando afirma ser "a faculdade do uso da lei existente, orientada pelo discernimento dos interessados ou em hipóteses previstas na própria lei. Por esse caminho, não havia a determinação de extinguir a legislação, ela permaneceria aí como uma sugestão às partes, ou mesmo de caráter impositivo nas condições previamente estabelecidas."O mesmo sentido perpassa a lição de CALHEIROS BOMFIM[154] ao

---

(147) PINAUD, João Luiz Duboc, *in* MACCALÓZ, Salete Maria, *Globalização, Neoliberalismo e Direitos Sociais*, Rio de Janeiro: Destaque, p.109-110 e também *in* ARRUDA JUNIOR, Edmundo Lima de e RAMOS, Alexandre, *Globalização, Neoliberalismo e o Mundo do Trabalho...*, p. 291-298.

(148) PINAUD, João Luiz Duboc completa seu pensamento para afirmar que *"Curiosamente a idéia da universalização é anterior, inclusive, à própria formação dos Estados Nacionais. O homem não ligado apenas à sua aldeia, seu reino ou sua nação porque pertencente a um mundo maior"*.

(149) Neste sentido se apresenta oportuna a indagação de ARRUDA JUNIOR, Edmundo Lima de, *Globalização, Neoliberalismo e o Mundo do Trabalho...*, p. 18, quanto à possibilidade de pensar o significante globalização num sentido único e unilateral para se chegar à conclusão de que na verdade há processos de globalização.

(150) ARRUDA JUNIOR, Edmundo Lima de, *op. cit.*, p. 18.

(151) SOUZA, Sérgio Alberto de, *Direito, Globalização e Barbárie*, São Paulo: LTr, 1998, p. 49, afirma que o conceito de globalização utilizado na atualidade tem uma conotação ideológica bastante intensa e diz que *"o último produto ideológico intensamente trabalhado e propagado, o último entorpecente das mentes, vem sendo o conceito de globalização, com tudo que ele encerra e mais tudo o que pretende alcançar. É o produto de uma época histórica de transição, quando uma época entra em crise e os modelos padrões e significações sofrem distorção inevitável"*.

(152) MANNRICH, Nelson, *A modernização do contrato de trabalho*, São Paulo: LTr, 1998, p. 75. Para este autor, que identifica flexibilização com desregulamentação, "A flexibilização apresenta-se com vários significados e vasta amplitude. Do ponto de vista psicológico e sociológico, consiste na capacidade de renúncia a determinados costumes e de adaptação a novas circunstâncias. Do ponto de vista jurídico, deve ser analisada em confronto com certos princípios imbuídos de alguma rigidez. A flexibilização tem mais conotação ideológica, representando uma postura negativa de reação a alguma prática ou comportamento rígido, de um conceito ou ação positiva.

(153) CALHEIROS BOMFIM, Benedito, *in* MACCALÓZ, Maria Salete, *Globalização, Neoliberalismo e Direitos Sociais...*, p. 10.

(154) CALHEIROS BOMFIM, *op. cit.*, p. 43. *"Na flexibilização sobrevive a legislação de proteção ao trabalho com algumas normas gerais irrenunciáveis e outras que admitem as adaptações precitadas"*.

afirmar que a flexibilização apenas significa uma fenda no princípio da inderrogabilidade das normas e no da inalterabilidade *in pejus* das condições contratuais, tal qual permite a norma do art. 7º, incisos VI, XIII e XVI, da Constituição Federal.

A desregulamentação, por sua vez, constitui um processo mais radical, avançando para uma verdadeira desconstitucionalização dos direitos, na busca do restabelecimento de um Estado mínimo. Em termos de direitos sociais, mais especificamente de Direito do Trabalho, conforme CALHEIROS BOMFIM(155) "Na desregulamentação o Estado não intervém nas relações de trabalho, para que a autonomia privada, coletiva ou individual, disponha sem limitações legais, sobre as condições de trabalho".

Conforme já afirmado, a positivação/constitucionalização dos direitos fundamentais — dentre eles os direitos sociais — representa um avanço no processo histórico para a conquista e afirmação destes, justamente porque a elevação à categoria de norma constitucional implica reconhecimento de um plano superior de juridicidade que, num Estado Constitucional de Direito, significa a vinculação de todos os poderes — públicos e privados — aos valores, princípios e regras constitucionais. É nos termos já observados que se institui um Estado de feições sociais comprometido com a busca da dignidade da pessoa humana, com a paz, com a liberdade, com a igualdade substancial e com a solidariedade, dentre outros valores. Para tanto, deve haver a necessária superação do Estado Liberal Clássico, com sua bandeira preponderantemente libertária e individualista.

Mesmo que se possa identificar um significativo desenvolvimento teórico e prático do constitucionalismo social — nos países periféricos este desenvolvimento se dá mais no âmbito de um discurso do que na prática, conforme se verifica pela situação do Brasil e México —, o certo é que o liberalismo, principalmente em face da hegemonia político-econômica anglo-americana, nunca foi superado. Importa apontar sua revitalização sob a nova roupagem do neoliberalismo.

A imposição do discurso neoliberal vai-se enraizando na sociedade a partir de alguns mitos e confusões conceituais desde um bombardeio de informações (na verdade desinformações) operadas pela mídia oficial(156) e por especialistas de ocasião(157).

---

(155) CALHEIROS BOMFIM, *idem, ibidem*.

(156) Recordem-se, por exemplo, do bombardeio que significou o noticiário sobre o chamado "Custo Brasil" sobre a competitividade dos produtos brasileiros em relação aos demais países; sobre as reiteradas manipulações a respeito de emprego, desemprego e subemprego; sobre a chamada "abertura da economia"; sobre as privatizações em geral.

(157) Talvez o mais significativo representante desta linhagem esteja na figura do sociólogo JOSÉ PASTORE com a coletânea de artigos que compõe seu livro *A Agonia do Emprego*, São Paulo: LTr, 1997, em que elege a desregulamentação (disfarçada de flexibilização) como a solução para quase todos os problemas relacionados com o emprego e com o trabalho. Síntese deste pensamento pode ser lida na matéria intitulada "Por uma Política de Empregos", p. 31-33, em que, após insistir com sua tabelinha do Custo Brasil, arremata com o seguinte parágrafo conclusivo *"Temos de encontrar mecanismos intermediários. Isso permitirá ampliar o emprego legal e diminuir o ilegal. Se não foi possível mudar a Constituição desta vez, ela terá de ser mudada mais tarde. Já não é mais possível querermos viver na base do garantismo que, na prática, enrijece, discrimina e joga os trabalhadores para o mercado informal. É imperioso flexibilizar o nosso mercado de trabalho."*

Há uma proposital confusão entre globalização, flexibilização, desregulamentação e desconstitucionalização para, na verdade, estabelecer-se um renovado modelo capitalista, mais concentrador, mais excludente, mais perto da barbárie.

Trata-se de um modelo que chega a desprezar o princípio da legalidade — pilar do Estado de Direito Moderno — na busca do que chama de "Estado Mínimo", com retorno aos padrões medievais[158] para a construção de um "neofeudalismo"[159], ou seja, representa a negação do Estado de Direito (limitação do Poder Estatal pela Lei) e mais ainda do Estado Constitucional de Direito (limitação não só do Poder Estatal, mas também dos Poderes Privados), para a retomada de padrões anteriores até mesmo ao Estado Absolutista. Conforme jocosa afirmação de VERÍSSIMO[160], "De uma hora para outra o capitalismo ganhou, além de vastos novos mercados, um prontuário limpo, carta de recomendação (nada o desabona), porte de arma e *habeas corpus* preventivo".

O que se percebe é que as metamorfoses do capitalismo não têm sido acompanhadas com mudanças suficientemente adequadas no âmbito do trabalho — salvo aquelas impostas pelo próprio capital e sob uma ótica estritamente capitalista. O Direito do Trabalho — basicamente identificado como um direito do trabalhador-empregado — não se apresenta capaz de cumprir com sua vocação de busca de uma justiça social, tanto que sua principal matriz — o emprego — encontra-se em um constante e crescente processo de escassez e até com franca possibilidade de extinção. A esta altura, temos de concordar com parte da conclusão do Professor PAIVA, mas apenas quanto à necessidade "... da construção de um novo modelo de Estado, de sociedade e de economia..." e também acrescentar essa necessidade em relação ao Direito do Trabalho. Faz-se, entretanto, a seguinte indagação: seria o caso de UM DIREITO DO TRABALHO MÍNIMO OU DE UM MÍNIMO DE DIREITO DO TRABALHO?, como forma de alcançar aquele novo modelo.

Temos que a discussão de um novo Direito do Trabalho, ou um novo "Direito novo" deve levar em conta pauta já proposta por GENRO[161], acrescentando-se consi-

---

(158) Conforme GRAU, Eros Roberto, *O direito posto e o direito pressuposto*..., p. 83-106. É importante a distinção feita entre regulamentação/desregulamentação e regulação/desregulação, sendo que, enquanto o primeiro conceito está relacionado com a regulamentação estatal, o segundo está relacionado com a auto-regulação. Para GRAU, a Teoria da Regulação (ou auto-regulação, ou regulação do mercado) reconduz o direito às *"corporações de ofício"* e à Idade Média.

(159) Conforme FARIA, José Edurado, *O direito na Economia Globalizada*..., p. 322 e seguintes — com a afirmação da produção de um direito *"na linha do multilateralismo, das 'polaridadades indefinidas' ou da regionalização"*.

(160) VERÍSSIMO, Luis Fernando, prefácio *in* SODRÉ, Luis Werneck, *A farsa do Neoliberalismo*...

(161) GENRO, Tarso, *Revista Democracia & Mundo do Trabalho — Um Futuro por Armar*, Porto Alegre: Genro, Camargo, Coelho, Maineri & Advogados Associados S/C, 1998. É bem verdade que GENRO também busca inspiração na obra de ANTONIO BAYLOS — *Derecho del Trabajo: Modelo para Armar*, Madrid: Trotta, 1991 — e este, por sua vez, busca inspiração em UMBERTO ROMAGNOLI, dentre outros, — *El Derecho, El Trabajo y La Historia*. Madrid: CES, 1997. Faz-se referência apenas a "parte do pensamento" porque a proposta do autor apresenta-se bastante mais ampla, inclusive em um sentido de verdadeira mudança da Sociedade, do Estado e do Direito.

derações postas por outros autores em análises similares ou conexas(162), além de outros fundamentos que serão desenvolvidos a seguir.

Em termos gerais, pode-se dizer que se trata de um Direito do Trabalho mais abrangente e voltado para a criação de novas formas protetivas, capaz de recompor o equilíbrio entre o trabalho e o capital, para os trabalhadores, empregados ou não, comprometido com um novo tipo de economia e também com um novo modo de vida(163). É a busca, também, do rompimento com uma certa "subjetividade capitalística"(164). Definido por GENRO(165), um Direito do Trabalho que deve servir "como um impulsionador de novas relações sociais, que subvertam a acumulação sem trabalho e criem instituições que funcionem como mediações do presente com a utopia, afrontando seus limites atuais. O Direito do Trabalho aceitaria, assim, o desafio de trabalhar com categorias econômicas, o que foi proposto de forma irracional pelo neoliberalismo, para buscar um sentido inverso ao do projeto neoliberal."

Propõe aquele autor(166), como pauta de discussão para esse novo Direito do Trabalho, os seguintes itens: 1) uma tutela laboral de prestação autônoma, independente e intermitente, que caracteriza um grande contingente de profissionais inscritos no mercado; 2) uma tutela laboral da prestação de serviços por "contrato de equipe", que se dá entre duas empresas, em situação econômico-financeira desigual, ou entre uma empresa e uma cooperativa de trabalho; 3) uma tutela laboral para remuneração dos serviços sem qualificação, cujo valor mínimo deve ser pautado pelo Estado, já que são serviços que tendem a ser degradados na nova ordem (serviços tais como de limpeza, atividades manuais subsidiárias nas empresas altamente qualificadas, cozinha, prestações domésticas de todos os tipos, etc); 4) uma tutela laboral especial

---

(162) MANNRICH, Nelson, *A modernização do Contrato de Trabalho...* ; RIEGEL, Estevão e outros, *Globalização, Neoliberalismo e o Mundo do Trabalho...* ; FERRARI, Irany e outros, *História do trabalho, do Direito do Trabalho e da Justiça do Trabalho....* ; RAMOS, Alexandre, *Contrato Temporário de Trabalho — Combate ao Desemprego ou redução do Custo da Força de Trabalho?*; SINGER, Paul, *Globalização e Desemprego, Diagnósticos e Alternativas.*

(163) GENRO, Tarso, *Revista Democracia & Mundo do Trabalho....*, p. 49.

(164) A expressão é de MORAIS, José Luiz Bolzan — *A subjetividade do Tempo — Uma perspectiva transdisciplinar do Direito e da Democracia* — Porto Alegre: Livraria do Advogado — Santa Cruz do Sul: Edunisc, 1998, p. 20, para sintetizar o protótipo do ser humano-trabalhador-cidadão produzido desde o sistema de produção fabril, ou seja, *"Vive-se nestes momentos a (de) formação do homem como trabalhador vinculado ao sistema fabril e sua lógica."*

(165) GENRO, Tarso, *Revista Democracia & Mundo do Trabalho, Um Futuro por Armar*, p. 47. GENRO afirma que caberia a esse Direito — e também a esse Estado — responder às seguintes indagações: 1) Como proteger a verdadeira autonomia do prestador mais fraco, anunciada nas novas formas de produzir?; 2) Como contornar a redução da oferta de trabalho produtivo e instaurar o 'direito ao trabalho' produtivo e universal?; Qual a postura do Direito do Trabalho, em relação às novas formas de cooperação no processo do trabalho?; Como determinar a valoração social do trabalho não criador de valores economicamente mensuráveis? As novas formas de articulação dos agentes econômicos (que proporcionam a redução substancial do proletariado clássico e o deslocamento deste do centro da cultura política insurgente) exige um novo tipo de autonomia regrada dos novos trabalhadores perante o capital?

(166) GENRO, Tarso, *Revista Democracia & Mundo do Trabalho, Um futuro por Armar*, p. 63. Esta mesma pauta é repisada por RIEGEL, Estevão no texto Globalização, neoliberalismo e flexibilização: Direitos e Garantias *in* ARRUDA JUNIOR, Edmundo Lima de, e RAMOS, Alexandre, Globalização, *Neoliberalismo e o Mundo do Trabalho...*, p. 133-144.

para incitar a utilização do tempo livre ou de ocupação da mão-de-obra excedente em serviços comunitários ou de interesse social (recuperação da natureza, trabalhos culturais e de lazer, etc), e demais trabalhos sociais de exigência periódica ou intermitente (visa com isso a estimular uma rede de solidariedade, de proteção da natureza e de defesa da qualidade de vida, tarefas que hoje já são realizadas, espontaneamente, por associações civis e representam, nos países altamente desenvolvidos, uma parte razoável do PIB); 5) uma tutela laboral coletiva de porte constitucional, que vise a socializar os postos de trabalho com a reorganização, gradação e redução da jornada laboral, nos setores diretamente atingidos pela revolução microeletrônica, da informática e da digitalização, pois o direito ao trabalho produtivo ou útil deve se configurar como princípio de um novo Direito do Trabalho; 6) uma tutela constitucional da reinserção produtiva, dos "sem trabalho" ou "sem emprego" (visa a combinar a ação pública, que direciona a economia num sentido social, com emergência de novos tipos de empresa: empresas privadas de interesse público, empresas estatais sob controle social, empresas públicas (ou instituições) não-estatais sob controle da sociedade); 7) uma tutela, garantida a sua remuneração contínua (combinando prestações pagas pelo Estado e pelo tomador de serviços) do prestador intermitente-permanente, independentemente da natureza dos serviços.

MANNRICH[(167)], por sua vez, após afirmar que "estamos presenciando novo modelo de relações do trabalho"[(168)] e aprofundar o estudo dos tipos de contrato de trabalho, propõe a retipificação de várias formas de contratação com a finalidade básica de "geração de empregos e de melhoria da condição social do trabalhador"[(169)], ressalvando que o Direito do Trabalho não deve perder "seu particularismo, sua vocação protecionista"[(170)]. Compete ao Estado estabelecer os mecanismos necessários para favorecer o empregado sem que tal signifique a paralisação da gestão empresarial.

FERRARI[(171)] faz referência a importante estudo realizado na França, sob a Presidência de JEAN BOISSONNAT, que projeta o futuro do trabalho — e o trabalho do futuro — sob a denominação de "O trabalho e o emprego, na França, no horizonte 2015", onde restam identificadas na atualidade três funções de trabalho — função de produção, função de distribuição e função de inserção. (1) A função de produção está relacionada com as transformações operadas no desenvolvimento econômico, inclusive em relação aos vários setores da economia, e seus reflexos no emprego/desemprego; (2) a função de distribuição relaciona-se com a remuneração do trabalhador e com a relação trabalho/não-trabalho;(3) a função de inserção diz respeito à inserção social, com a dignidade do homem pelo trabalho. Afirma, ainda, que "O contrato de trabalho está se desfigurando. Apregoa-se, então, o contrato de atividade, para proteção do trabalho e não mais do emprego."[(172)]

---

(167) MANNRICH, Nelson, *A Modernização do Contrato de Trabalho*. São Paulo: LTr, 1998.
(168) MANNRICH, Nelson, *op. cit.*, p. 225.
(169) MANNRICH, Nelson, *op. cit.*, p. 226.
(170) MANNRICH, Nelson, *idem, ibidem.*
(171) FERRARI, Irany e outros, *História do Trabalho, do Direito do Trabalho e da Justiça do Trabalho.* São Paulo, LTr, 1998.
(172) FERRARI, Irany, *op. cit.*, p. 71.

Já RAMOS[173], após concluir que o chamado contrato temporário de trabalho em nada contribui para a complexa problemática do desemprego, afirma que "Um novo protecionismo deve surgir, não o protecionismo para a empresa, que, para os juristas liberais, parece ser a ponte que conduzirá a sociedade ao paraíso, mas um novo protecionismo para o trabalhador, para o cidadão, para o ser humano que tem como única fonte de sobrevivência sua força de trabalho. Esse é o moderno Direito do Trabalho que se deve defender."

Ampliando essa idéia, SINGER[174] propõe "uma solução não-capitalista para o desemprego" a partir da reinserção dos socialmente excluídos na economia desde um novo setor "... formado por pequenas empresas e trabalhadores por conta própria, composto de ex-desempregados, que tenha um mercado protegido da competição externa para os seus produtos."[175] Esse novo setor está fundado em uma forma de cooperativismo de produção e de consumo, dentro de uma economia solidária inclusiva.[176]

Verifica-se, dessa forma, ainda que sem eco no âmbito das políticas sociais que vêm sendo adotadas pelos sucessivos governos, que há uma significativa parcela de operadores do Direito do Trabalho, bem como da área da Sociologia do Trabalho e da Economia, que discutem o tema relacionado com o trabalho e com o Direito do Trabalho sob um enfoque mais inclusivo, abrangente e humanizado.

Como proposta de discussão de um novo "Direito Novo", sob uma perspectiva garantista, acrescenta-se, ainda, os seguintes elementos: (1) a existência de um Estado Constitucional de Direito que se funda em uma Constituição vinculante e suprema; (2) a existência de uma Constituição fundada em valores e princípios sociais comprometidos com os Direitos Fundamentais que vinculam todos os Poderes — públicos e privados; (3) a noção de um positivismo[177] que se firma desde uma concepção que estabelece vínculos, não apenas formais, mas necessariamente materiais, para a produção normativa; (4) o estabelecimento de conceituação precisa e específica no âmbito da Teoria do Direito quanto à vigência, validade, eficácia, efetividade e eficiência, libertando o Direito de vínculos excessivamente formais e descomprometido quanto ao conteúdo; (5) a existência de um Direito do Trabalho fundado no

---

(173) RAMOS, Alexandre, *Contrato Temporário de Trabalho...*, p. 127.

(174) SINGER, Paul, *Globalização e Desemprego — Diagnósticos e Alternativas.* São Paulo, Editora Contexto, 1999.

(175) SINGER, Paul, *op. cit.*, p. 122.

(176) SINGER, Paul, *op. cit.*, p. 124-125, argumenta, em relação às cooperativas, que "O compromisso básico dos cooperados seria o de dar preferência aos produtos da própria cooperativa no gasto da receita obtida da venda de seus produtos a outros cooperados" e, em relação à economia solidária, que "o ponto de partida da economia solidária é o reconhecimento que a causa maior da debilidade da pequena empresa e do autônomo é o seu isolamento. O pequeno só é pequeno porque está sozinho".

(177) BONAVIDES, Paulo, *op. cit.*, p. 532-545 fala em um "pós-positivismo" dizendo que *"Em suma, o pós-positivismo, de raízes manifestamente axiológicas, elaborou uma metodologia que fez da hermenêutica o capítulo mais importante do novo Direito Constitucional. Max Scheler e Nicolai Hartmann, na Filosofia, e Kaufmann, Holstein e Smend, no Direito, foram os grandes precursores desse movimento de renovação e antagonismo à escola positivista".*

Constitucionalismo Moderno e no Estado Constitucional de Direito; (6) a existência de um Direito do Trabalho fundado e comprometido com os Direitos Fundamentais e com os princípios da Dignidade da Pessoa Humana e da Igualdade. Passa-se a desenvolver, sucintamente, esta breve pauta, evidentemente sem a pretensão de esgotar a discussão, mas apenas para lançar um foco de luz sobre o tema, fundamentado na concepção garantista.

1) O Estado Constitucional de Direito e a Constituição. A existência de um Estado Constitucional de Direito, que se funda em uma Constituição vinculante e suprema, representa a síntese de toda a teorização do moderno Constitucionalismo. Nesse aspecto, ainda que a prática jurídica não corresponda, verifica-se que já existe UM ESTADO CONSTITUCIONAL DE DIREITO, cuja CONSTITUIÇÃO FEDERAL DE 1988 — rígida, além de vinculante e suprema em relação a todos os Poderes, quer públicos, quer privados, diga-se de passagem, apresenta-se como norma fundamental do Estado e da Sociedade brasileiros.

2) Fundamentos da Constituição. A Constituição Federal de 1988, ratifica-se, apresenta-se como um sistema de garantias em relação também aos Direitos Sociais, com evidente compromisso e inspiração nos Direitos Fundamentais. Trata-se de normatividade superior que, repisa-se, vincula não só os Poderes Públicos, mas também os Poderes Privados, relativizando o princípio da Legalidade — marco da liberdade geral — sob o enfoque de que "tudo que não é proibido é permitido". Nesse aspecto, o Garantismo, ainda que sob uma matriz liberal, "incorpora valores do Estado Social e não estende o garantismo ao direito de propriedade e às liberdades econômicas".

3) Um Positivismo Crítico — A noção de um Positivismo Crítico firma-se numa concepção que estabelece vínculos não apenas formais, mas necessariamente materiais, para a produção normativa. Ainda que o Garantismo tenha por fundamento o positivismo jurídico, constata-se que este positivismo agrega, como traço específico do Estado Constitucional de Direito, a chamada "produção do direito sobre o direito", ou seja, a produção normativa não se sustenta apenas pelos vínculos formais, mas deve necessariamente observar o compromisso com o conteúdo dessas normas. Trata-se, conforme reiteradamente afirmado, de um "positivismo crítico"[(178)], de um "pós-positivismo[(179)]" ou ainda de um "positivismo corregido o ético."[(180)]

4) Uma conceituação Garantista — Trata-se da redefinição de categorias jurídicas cujos conceitos encontram-se excessivamente vinculados ao modelo Positivista clássico. Essa conceituação garantista proposta liberta o direito de vínculos meramente formais para buscar compromissos substanciais. Refuta-se a confusão (ou redução) de um conceito ao outro para se afirmar a existência de distinção precisa entre tais categorias jurídicas, sendo que, para o Garantismo, enquanto a VIGÊNCIA significa a existência específica da norma jurídica, mas apenas em termos formais

---

(178) Cf. FERRAJOLI, Luigi, *Derechos y Garantías*..., p. 15-35.

(179) Cf. BONAVIDES, Paulo, *op. cit.*, p. 532-545.

(180) Cf. PECES-BARBA, Gregório. [epílogo: Desacuerdos e acuerdos con una obra importante]. ZAGREBELSKI, Gustavo, *El Derecho Dúctil — ley, derechos, justicia*..., p. 157-173.

(elaboração pelo órgão competente/em conformidade com o procedimento prescrito), a VALIDADE significa, além da conformação formal, a pertinência substancial entre normas inferiores e superiores (coerência substancial de conteúdo/significado comprometido com os valores e princípios positivados na Constituição). Diversa, ainda, é a noção de EFICÁCIA, que pode estar relacionada (1) à efetividade (alcance dos fins expressos na norma), (2) ao cumprimento (observância/cumprimento da norma pelos destinatários), (3) à sanção (incidência da sanção correspondente na hipótese de descumprimento/violação) e (4) à eficiência/ineficiência (alcance dos fins expressos na norma numa relação custo/benefício).(181)

Esta situação possibilita, ao operador do Direito, uma série de relações possíveis entre as distintas categorias representadas pela vigência/não-vigência, validade/invalidade, eficácia/ineficácia e justiça/injustiça, sendo certo que, para o Garantismo, apenas se apresenta impossível a relação não-vigência/validade na medida em que a vigência da norma se constitui pré-requisito da validade.

Verifica-se, então, que também no âmbito do Direito do Trabalho somente podem prevalecer as normas VÁLIDAS, ou seja, aquelas normas comprometidas formal e substancialmente com os VALORES E PRINCÍPIOS positivados na Constituição, permitindo ao operador do Direito a deslegitimação das normas inválidas, ainda que vigentes.(182)

5) Um Direito do Trabalho fundado no Constitucionalismo Moderno(183). O estudo até agora desenvolvido deixa evidente que o Garantismo somente pode alcançar relativo grau de satisfação dentro de um contexto que valorize o Constitucionalismo como teoria e, evidentemente, o Estado Constitucional de Direito como prática. Conforme CANOTILHO(184) "Constitucionalismo é a teoria (ou ideologia) que ergue o princípio do governo limitado indispensável à garantia dos direitos em dimensão estruturante da organização político-social de uma comunidade." Acrescenta, ainda, o constitucionalista português, agora com base em NICOLA MATEUCCI(185), que "Neste sentido, o constitucionalismo moderno representará uma técnica específica de limitação do poder com fins garantísticos"(186) (187).

---

(181) Vide SERRANO, Jose Luis. *Validez y Vigencia — La aportación garantista a la teoria de la norma jurídica...*, p. 17-25.

(182) Neste sentido pode-se argumentar, por exemplo, pela invalidade/incoerência/inconstitucionalidade do art. 2º, II, Lei n. 9.601/98 quando estabelece uma redução de direitos do "trabalhador temporário", com flagrante ofensa aos princípios da Dignidade da Pessoa Humana e dos valores sociais do trabalho (Art. 1º, III e IV, da Constituição Federal), além do princípio da igualdade (Art. 5º, *Caput*, inciso, I), bem como dos valores representados pelos objetivos fundamentais inscritos nos incisos I, III e IV, do Art. 3º da Constituição Federal.

(183) Fala-se aqui, com CANOTILHO, J. J. Gomes, *op. cit.*, p. 47-48, em "constitucionalismo moderno" em uma acepção histórico-descritiva para *"designar o movimento político, social e cultural que, sobretudo a partir de meados do século XVIII, questiona nos planos político, filosófico e jurídico os esquemas tradicionais do domínio político, sugerindo, ao mesmo tempo, a invenção de uma nova forma de ordenação e de fundamentação do poder político".*

(184) CANOTILHO, J. J. Gomes, *op. cit.*, p. 47.

(185) Ver, também, sobre constitucionalismo; MATEUCCI, Nicola, *Organización del Poder y Libertad — História del constitucionalismo moderno*, Madrid: Trotta, 1998.

(186) CANOTILHO, J. J. Gomes, *op. cit.*, p. 47.

(187) Neste sentido, também, FERRAJOLI, Luigi, *Derechos y Garantías...*, p. 65-68.

Ora, tratando-se de Direito do Trabalho, tem-se que essas noções de constitucionalismo e de Estado Constitucional de Direito devem ser radicalmente observados, evidentemente desde uma ótica garantista que, ainda que dentro do contexto liberal, reelabore a leitura dos direitos sociais. Para tanto, impõe-se uma significativa alteração da cultura liberal dos constitucionalistas nacionais relativamente aos direitos sociais.(188) Cabe registrar que, no âmbito do Direito do Trabalho, não há uma tradição de juristas voltados para o estudo do Constitucionalismo e do Direito Constitucional com vistas à garantia dos direitos(189) sociais, salvo raras exceções(190). Tem-se, então, verdadeiro dilema representado por uma cultura e uma leitura liberal diante de uma Constituição que avança de forma significativa para uma concepção social(191), cabendo, aos operadores do Direito, encontrar um ponto de equilíbrio capaz de responder a esta situação. Logo, o Garantismo apresenta-se como alternativa que agrega condições capazes de alcançar dito equilíbrio.

6) Um Direito do Trabalho fundado e comprometido com os Direitos Fundamentais. Se se atribui ao trabalho, sob qualquer enfoque, uma posição de destaque no fundamento da sociedade contemporânea, parece desarrazoada a forma como esta questão tem sido discutida e tratada no âmbito do Direito do Trabalho e também das políticas sociais.

---

(188) Esta "cultura liberal" traduz-se (1) pelo desprezo com que analisam os Direitos Sociais, com lamentável esvaziamento das normas constitucionais que tratam da matéria (ver BASTOS, Celso Ribeiro e MARTINS, Yves Gandra, *Comentários à Constituição de 1988*..., por exemplo; (2) pela crítica sistemática a uma Constituição analítica (ver PINTO FERREIRA, *Curso de Direito Constitucional*..., que invoca o pensamento de Rui Barbosa — noutra época e noutro momento histórico — para desmerecer a atual Constituição Federal em face de seu tamanho; (3) pelo equívoco de interpretar uma "Constituição Social" a partir de uma matriz essencialmente liberal. Ressalva seja feita em relação a uma minoria de constitucionalistas nacionais, podendo-se, por todos, indicar o nome de BONAVIDES, Paulo, *Curso de Direito Constitucional*...., p. 336, quando afirma que *"Constituição de 1988 é basicamente em muitas de suas dimensões essenciais uma Constituição do Estado social. Portanto, os problemas constitucionais referentes a relações de poderes e exercício de direitos subjetivos têm que ser examinados e resolvidos à luz dos conceitos derivados daquela modalidade de ordenamento. Uma coisa é a Constituição do Estado liberal, outra a Constituição do Estado social. A primeira é uma Constituição antigoverno e anti-Estado; a segunda uma Constituição de valores refratários ao individualismo do Direito e ao absolutismo no Poder"*.

(189) Pode-se arrolar as seguintes obras: SILVA, Floriano Corrêa Vaz da, *Direito Constitucional do Trabalho*, São Paulo: LTr, MAGANO, Octavio Bueno e MALLET, Estevão, *O Direito do Trabalho na Constituição*, São Paulo: LTr, 1993; SÜSSEKIND, Arnaldo, *Direito Constitucional do Trabalho*, Rio de Janeiro: Renovar, 1999, além de algumas coletâneas de estudos sobre Direito Constitucional, uma coordenada por RODRIGUES, Aluisio, São Paulo: LTr, 1993 e outra por ROMITA, Arion Sayão (1991).

(190) Dentre estas exceções podem ser citados JUCÁ, Francisco Pedro, *A Constitucionalização dos Direitos dos Trabalhadores e a Hermenêutica das Normas Infraconstitucionais*, São Paulo: LTr, 1997; LEDUR, José Felipe, *A realização do Direito ao Trabalho*, Porto Alegre: Fabris, 1998; ARRUDA, Kátia Magalhães, *Direito Constitucional do Trabalho — Sua eficácia e o impacto do modelo neoliberal*, São Paulo: LTr, 1998; SILVA NETO, Manoel Jorge e, *Curso de Direito Constitucional do Trabalho*, São Paulo: Malheiros, 1998. Fala-se em exceção porque estes autores não se limitam a meros comentários aos direitos trabalhistas previstos na Constituição, chegando a analisar e a desenvolver temas relacionados ao Constitucionalismo, à Constituição e aos Direitos Fundamentais.

(191) Cumpre registrar que o próprio liberalismo tem reelaborado suas teses, ora em sentido mais conservador, ora em sentido mais progressista. Neste particular, vale a leitura de MERQUIOR, José Guilherme, *O liberalismo — Antigo e Moderno*, Rio de Janeiro: Nova Fronteira, 1991. Vide, em especial, as obras de RAWLS, John, *Teoria de la Justicia*, Buenos Aires: Editora Fondo de Cultura Económica de Argentina, 1993 e DWORKIN, Ronald, *Los derechos en serio*. Barcelona: Planeta-Agostini, 1993.

Uma primeira reflexão que deve ser trazida é a relacionada com o alargamento da noção de trabalho, inclusive no âmbito do Direito do Trabalho, para além da simples relação empregatícia, conforme se tem insistido no curso deste estudo. Para que haja esta reelaboração do paradigma representado pelo trabalho, é necessário que se busque um referencial mais amplo, identificado com o atual estado da civilização, na figura dos Direitos Fundamentais. Resta ultrapassada a noção já fragilizada do trabalho subordinado e elementar à construção de todo o Direito do Trabalho.

Apresenta-se, pois, significativa a alteração Constitucional — art. 114, I, da Constituição Federal, em face da Emenda Constitucional n. 45 — que atribui competência à Justiça do Trabalho para apreciar e julgar ações oriundas das RELAÇÕES DE TRABALHO.(192)

Importa, também, uma releitura dos princípios que fundam o Direito do Trabalho, sem que se perca toda a construção já realizada nessa seara, na direção da máxima valorização de DOIS princípios positivados na Constituição Federal, ou seja, o Princípio da Dignidade da Pessoa Humana e o Princípio da Igualdade. Isso significa que, ainda que pareça óbvio, não pode haver elaboração de normatividade (ou mesmo o estabelecimento de contratos) sem que se tenha em conta estes dois princípios.

Conforme já referido insistentemente, tem-se que, para o Garantismo os Direitos Fundamentais constituem-se em limites substanciais para o estabelecimento da produção normativa — limites estes que podem representar uma atitude negativa do Estado (quanto aos Direitos Fundamentais de primeira geração, ou direitos de liberdade) ou em uma atitude positiva do Estado (quanto aos Direitos Fundamentais de segunda geração, ou direitos de igualdade). Neste contexto, é evidente que uma proposta garantista de Direito ao/do Trabalho passa, também, pela necessária mudança de paradigma para focalizar os Direitos Fundamentais como limites à produção normativa relacionada a este ramo do Direito.(193)

Quanto aos princípios, cumpre em primeiro lugar, registrar que se entendem os princípios e as regras como diferentes espécies de normas, podendo-se, com CANOTILHO(194), dizer que "Os princípios interessar-nos-ão, aqui, sobretudo na sua qualidade de verdadeiras normas, qualitativamente distintas das outras categorias de normas ou seja, das regras jurídicas. (.....) Em primeiro lugar, os princípios são normas jurídicas impositivas de uma optimização, compatíveis com vários graus de concretização, consoante os condicionalismos fácticos e jurídicos; as regras são normas que prescrevem imperativamente uma exigência (impõem, permitem, proíbem), que é ou não é cumprida (nos termos de DWORKIN: *Aplicable in all-or-nothing fashion*); a convi-

---

(192) *Vide*, ainda, texto de ARAÚJO, Francisco Rossal de, "Natureza Jurídica da Relação de Trabalho" e de Vargas, Luiz Alberto, — "Novo Paradigma para a Interpretação Constitucional da Relação de Trabalho", nesta mesma edição.

(193) Nesse aspecto pode-se novamente discutir a validade/pertinência/constitucionalidade de legislação que simplesmente ignore o Trabalho como Direito Fundamental Social positivado na Constituição Federal.

(194) CANOTILHO, J. J. Gomes, *op. cit.*, p. 1.087-1.088.

vência dos princípios é conflitual (Zagrebelski), a convivência de regras é antinómica; os princípios coexistem, as regras antinómicas excluem-se. Conseqüentemente, os princípios, ao constituírem exigências de optimização, permitem o balanceamento de valores e interesses (não obedecem, como as regras, à 'lógica do tudo ou nada'), consoante seu peso e a ponderação de outros princípios eventualmente conflituantes; as regras não deixam espaço para qualquer outra solução, pois, se uma regra vale (tem validade), deve cumprir-se na exacta medida de suas prescrições, nem mais nem menos. Como se verá mais adiante, em caso de conflito entre princípios, estes podem ser objeto de ponderação, de harmonização, pois eles contêm apenas 'exigências' ou 'standards' que, em 'primeira linha' (*prima facie*), devem ser realizados; as regras contêm 'fixações normativas' definitivas, sendo definitivas, sendo insustentável a validade simultânea das regras contraditórias. Realça-se também que os princípios suscitam problemas de validade e peso (importância, ponderação, valia); as regras colocam apenas questões de validade (se elas não são correctas devem ser alteradas)."[195]

Tal entendimento apresenta-se fundamental para que o Direito ao/do Trabalho possa se realizar de uma forma mais ampla e efetiva, conforme se tem insistido neste estudo, a partir de uma perspectiva garantista. Ainda que distintos, verifica-se que o princípio da Dignidade da Pessoa Humana e o princípio da Igualdade se imbricam e se complementam, remetendo-se um ao outro com significativa freqüência, na busca da realização dos direitos sociais, máxime quando se propõe um enfoque garantista. São, dessa forma, analisados conjuntamente.

O conceito de Dignidade da Pessoa Humana é daqueles em que o seu sentido contrário diz mais do que o positivo, ou seja, definir e delimitar seu conteúdo apresenta-se mais complexo do que identificar o seu esvaziamento. LEDUR[196] afirma que "A dignidade humana, do ponto de vista filosófico, pode ser definida, em termos sucintos, como o valor da consciência de ser e do ser (consciência ontológica) e da conseqüente capacidade de agir e de incidir livremente no mundo exterior, sob imperativo categórico."A noção de dignidade da pessoa humana evolui de uma conotação apenas de valor moral para se firmar como núcleo dos direitos fundamentais do cidadão[197] e também como princípio fundamental[198] que impõe ao Estado tanto atitudes positivas quanto atitudes negativas.

Neste sentido, RIZZATO NUNES[199] ao tratar dos princípios da Dignidade, Igualdade e Proporcionalidade, afirma que o primeiro é que deve ser a diretriz para a harmo-

---

(195) Conforme sugere o próprio CANOTILHO, J.J. Gomes, veja-se ALEXY, Robert, *El Concepto y La Validez del Derecho...*, p. 159-177; DWORKIN, Ronald, *Los Derechos en Serio...*, p. 72-83; GRAU, Eros Roberto, *A ordem Econômica na Constituição de 1988 — Interpretação e crítica*. São Paulo: Revista dos Tribunais, 1991, p. 91-134.

(196) LEDUR, José Felipe, *op. cit.*, p. 90.

(197) LEDUR, José Felipe, *op. cit.*, p. 79-82 e 85.

(198) A Constituição Federal de 1988 acolhe a Dignidade da pessoa humana como princípio fundamental em seu art. 1º, inciso III. Já a Constituição Alemã de 1949 atribui à Dignidade da pessoa humana tanto um caráter de princípio, quanto de regra, conforme ALEXY, Robert, citado por LEDUR, José Felipe, *op. cit.*, p. 84.

(199) NUNES, Luiz Antônio Rizzatto, *O princípio Constitucional da Dignidade da pessoa Humana — Doutrina e Jurisprudência*. São Paulo: Saraiva, 2002, p. 55.

nização entre os princípios, dizendo que "Agora, realmente é a dignidade que dá o parâmetro para a solução do conflito de princípios; é ela a luz de todo o ordenamento. Tanto no conflito em abstrato de princípios como no caso real, concreto, é a dignidade que dirigirá o intérprete — que terá em mãos o instrumento da proporcionalidade — para a busca da solução."

O princípio da Igualdade aqui invocado, na linha dos Direitos Sociais Fundamentais, diz respeito àquela noção de Igualdade desde a concepção de um Estado Social, ou seja, trata-se da Igualdade Social, com a qual se compromete a Constituição Federal de 1988 em seu art. 3º, Incisos I, III e IV, na qualidade de objetivos fundamentais a serem alcançados. Não se trata simplesmente da igualdade meramente formal e típica do Estado Liberal (igualdade perante a lei), tampouco da igualdade econômica ou diretamente relacionada aos bens materiais (igualdade de fato) — ainda que esta seja a mais desejável,[(200)] mas sim, da igualdade social ou de oportunidades[(201)].

Tem-se, dessa forma, sem que se possa desprezar a real abrangência do princípio da Dignidade da Pessoa Humana, que, para este estudo, interessa mais a situação voltada para os Direitos Fundamentais Sociais, principalmente relacionada com o Trabalho, do que as demais variantes. Aqui o princípio da Dignidade da Pessoa Humana já se entrecruza com o princípio da Igualdade Social.[(202)] Insiste-se, com LEDUR[(203)],

---

(200) BOBBIO, Norberto, *Igualdade e Liberdade...*, p. 43-44, observa que *"A tendência no sentido de uma igualdade cada vez maior, como já havia observado ou temido Tocqueville no século XIX, é irresistível: o igualitarismo, apesar da aversão e da dura resistência que suscita em cada revolta da história, é uma das grandes molas do desenvolvimento histórico. A igualdade entendida como equalização dos diferentes é um ideal permanente e perene dos homens vivendo em sociedade."*

(201) BOBBIO, *Igualdade e Liberdade...*, identifica os vários sentidos de igualdade. Quanto à igualdade de oportunidades ou igualdade social (p. 30-32), após indagar sobre os limites desta igualdade, afirma que *"...não é supérfluo, ao contrário, chamar a atenção para o fato de que, precisamente a fim de colocar indivíduos desiguais por nascimento nas mesmas condições de partida, pode ser necessário favorecer os mais pobres e desfavorecer os mais ricos, isto é, introduzir artificialmente, ou imperativamente, discriminações que de outro modo não existiriam, como ocorre, de resto, em certas competições esportivas, nas quais se assegura aos concorrentes menos experientes uma certa vantagem em relação aos mais experientes. Desse modo, uma desigualdade torna-se um instrumento de igualdade pelo simples motivo de que corrige uma desigualdade anterior: a nova igualdade é o resultado da equiparação de duas desigualdades."*

(202) CANOTILHO, J. J. Gomes, *op. cit.*, p. 336, por exemplo, ao invocar o princípio da democracia social em relação à Constituição Portuguesa, recorre ao princípio da dignidade da pessoa humana e ao princípio da igualdade para afirmar que *"Desde logo, a dignidade da pessoa humana (cf. art. 1º) é considerada noutros países como um princípio objectivo e uma 'via de derivação' política dos direitos sociais."*, inclusive referindo-se a uma "dignidade social" enquanto que *"Do princípio da igualdade (dignidade social, art. 13), deriva-se a imposição, sobretudo dirigida ao legislador, no sentido de criar condições sociais (cfr, também, art. 9º/d) que assegurem uma dignidade social em todos os aspectos..."*.

(203) LEDUR, José Felipe, *op. cit.*, p. 95-104. Concordamos integralmente com a assertiva do autor, apenas fazendo o reparo de que (1) o princípio da dignidade da pessoa humana já estava incorporado ao nosso Direito Constitucional desde 1934, quando o art. 115 da Constituição enunciava que "art. 115. A ordem econômica deve ser organizada conforme os princípios da justiça e as necessidades da vida nacional, de modo que possibilite a todos existência digna. Dentro destes limites, é garantida a liberdade econômica". A Constituição de 1946 é que vai, no art. 145, relacionar a "existência digna" ao trabalho, enunciado que "art. 145. A ordem econômica deve ser organizada conforme princípios de justiça social, conciliando liberdade de iniciativa com a valorização do trabalho humano. Parágrafo

quanto à necessária conexão entre o princípio da Dignidade da Pessoa Humana (art. 1º, Inciso, III, da Constituição Federal) — acrescentando-se o princípio da igualdade (art. 3º, I, III e IV da Constituição Federal), com o direito ao/do trabalho (arts. 6º e 7º, da Constituição Federal, além do art. 170, *caput*). Tem-se como indispensável que toda e qualquer normatividade voltada para a regulação das relações de trabalho deve levar em conta esta situação.

Num enfoque garantista — que desde sempre se firma a partir de uma noção de centralidade da pessoa humana e de uma noção de Estado Constitucional de Direito como instrumentos voltados para a busca do equilíbrio entre a liberdade plena e a igualdade substancial — ocorre uma imposição constitucional para que o Estado institua políticas sociais que promovam a criação de trabalho digno (no âmbito do Poder Executivo), uma imposição constitucional estabelecendo limites materiais na elaboração de normatividade que regule as relações de trabalho (no âmbito do Legislativo) e uma imposição constitucional voltada para o controle jurisdicional da constitucionalidade a partir de uma noção de validade/pertinência/constitucionalidade entre a legislação infraconstitucional e os valores e princípios constitucionais enunciados (no âmbito do Poder Judiciário). Também ficam vinculados a esses princípios os poderes privados, principalmente o poder econômico.

Os princípios da dignidade da pessoa humana e da igualdade, ainda que não se revelem estranhos ao Direito do Trabalho[204], não têm merecido estudos mais aprofundados dos operadores da área do Direito Social, sequer sendo admitidos como "princípios específicos do Direito do Trabalho".[205] Cabe registrar, entretanto, que, do

---

único. A todos é assegurado trabalho que possibilite existência digna. O trabalho é obrigação social"; (2) temos que a norma do art. 7º se constitui no substrato material mínimo e paradigmático de que deve se revestir todo e qualquer trabalho, independentemente da existência de relação empregatícia, tal qual já abordado neste capítulo quando do exame do direito social ao trabalho como direito fundamental.

(204) Na verdade são princípios que fundam, legitimam e justificam o próprio Direito ao/do Trabalho.

(205) Em breve apanhado, verifica-se que SÜSSEKIND, Arnaldo, *Instituições de Direito do Trabalho*, São Paulo: LTr, 1993, p. 128-129, arrola o princípios da proteção, além de "outros, que dele são filhos legítimos", envolvendo os sub-princípios da irrenunciabilidade, do "in dubio pro misero", da norma mais favorável, da condição mais benéfica, da primazia da realidade, da integralidade e da intangibilidade, da não-discriminação, da continuidade da relação de emprego e da irredutibilidade salarial; NASCIMENTO, Amauri Mascaro, *Curso de Direito do Trabalho...*, p. 225-233, fala em "Princípios gerais do direito do trabalho" com algumas subdivisões tais quais "princípios universais do direito do trabalho" arrolando (1) a liberdade de trabalho, (2) de organização sindical, (3) das garantias mínimas do trabalhador, (4) da multinormatividade do direito do trabalho, (5) da norma mais favorável, (6) da igualdade salarial, (7) da justa remuneração, (8) do direito ao descanso, (9) do direito ao emprego, (10) do direito à previdência social e (11) da condição mais benéfica; VILHENA, Paulo Emílio Ribeiro de, *in* BARROS, Alice Monteiro de, *Curso de Direito do Trabalho — estudos em homenagem a Célio Goyatá*, São Paulo: LTr, 1993, p. 116-131, refere-se a princípios de direito, princípio jurídico e princípios do Direito do Trabalho, estabelecendo o princípio (1) *pro operario* com o corolário da norma mais favorável e da condição mais benéfica; (2) o princípio da irrenunciabilidade dos direitos e (3) o princípio da continuidade da relação de emprego. ARAÚJO, Francisco Rossal de, *A boa-fé no contrato de emprego*, São Paulo: LTr, 1996, p. 73-92, arrola os princípios (1) da proteção, (2) da continuidade, (3) da irrenunciabilidade, (4) da não-discriminação, (5) da primazia da realidade e (6) da imodificabilidade lesiva e da irredutibilidade salarial. Por todos, refira-se, ainda, o clássico PLÁ RODRIGUEZ, Américo, *Princípios de Direito do Trabalho*, São Paulo: LTr, 1993, que propõe (1) princípio da proteção que envolve as noções de *in dubio, pro operario*, da norma mais favorável e da condição mais benéfica; (2) princípio da irrenunciabilidade dos direitos; (3) princípio da continuidade da relação de emprego; (4) princípio da primazia da realidade; (5) princípio da razoabilidade e (6) princípio da boa-fé.

conjunto de princípios que norteia o Direito do Trabalho, sob qualquer classificação, infere-se a busca da Dignidade da Pessoa Humana e da Igualdade, ainda que de forma ideal e tangencial. Tem-se, então, em um enfoque garantista do Direito ao/do Trabalho, que esses princípios devem se constituir em núcleo essencial para nortear o Direito ao/do Trabalho em suas várias perspectivas, ou seja, no âmbito da implementação de políticas sociais pelo Executivo, no âmbito da produção do Direito pelo Legislativo e no âmbito da aplicação do Direito (validade/pertinência) e do controle da constitucionalidade do Direito produzido.

Entendidos os Direitos Fundamentais em toda a sua abrangência e plenitude — ou seja, incluindo-se neles necessariamente os Direitos Sociais, pode-se afirmar que a civilização pode se realizar exclusivamente a partir da garantia desses direitos. Nesse aspecto, a noção de um Direito ao/do Trabalho alargado e a retomada da centralidade do trabalho como categoria social representam, pela regulamentação e pela garantia, a possibilidade de inclusão e de participação social, justamente porque buscam a reinserção do trabalhador na economia formal[206], com uma provável diminuição de tensão social e de violência. Assim, ao invés da desregulamentação e da desconstitucionalização que conduz à barbárie, deve-se buscar a regulamentação e a constitucionalização dos direitos e das garantias sociais, como forma de emancipação e de progresso da civilização.

Desde esse enfoque, constrói-se um novo modelo de relação Direito/Estado (Direito/Poder), ou seja," De este modo la relación entre Estado de Derecho y principio de mayoria, o, dicho de forma más simples, entre Derecho y Política, aparece invertida si se la compara con las imágenes politicistas de la democracia, porque el Derecho ya no puede ser concebido como instrumento de la Política, sino que, por el contrario, es la Política la que tiene que ser asumida como instrumento para la actuación del Derecho." [207] Propõe-se, pois, uma inversão da prática jurídica que se tem implementado no Brasil, em que, ao invés de os governos se adaptarem ao conteúdo das Constituições — traçando então seu plano de governo — são as Constituições que sofrem "adaptações" para se adequar aos projetos governistas de ocasião.

As noções acima postas e propostas representam, em linhas gerais, a perspectiva garantista do Direito do Trabalho — ou de um Garantismo Social — desde um direito essencialmente comprometido com a Dignidade da Pessoa Humana e com a

(206) Nesse aspecto pode-se apontar alguns efeitos reflexos desta inclusão: 1) O estabelecimento de uma competitividade dentro do mercado, gerando riqueza e distribuição (via impostos) para todos, em detrimento da economia informal; 2) a diminuição da participação estatal em programas meramente assistenciais (tipo seguro-desemprego, frentes de trabalho, etc.) na medida em que o próprio cidadão, pelo trabalho, assume suas necessidades para uma vida digna, inclusive contribuindo para a formação de receitas necessárias à utilização daqueles ainda excluídos.

(207) FERRAJOLI, Luigi. *In:* IBÁÑEZ, Perfecto Andrés. *Corrupción y Estado de derecho — El papel de la jurisdicción.* Madrid: Trotta, 1996, p. 24. "Deste modo, a relação entre Estado de Direito e princípio da maioria, ou, dito de forma mais simples, entre Direito e Política, aparece invertida se se a compara com as imagens politicistas da democracia, porque o Direito já não pode ser concebido como instrumento da Política, senão que, ao contrário, é a política a que tem que ser assumida como instrumento para a atuação do Direito".

Igualdade Social. Reafirma-se a necessidade de prevalência das normas jurídicas sociais inscritas na Constituição e consagradas no ordenamento jurídico trabalhista brasileiro. Portanto, trata-se, antes de mais nada, de uma perspectiva abrangente, inclusiva, solidária e comprometida — sem esquecer as lições do passado — com o presente e o futuro dos homens.

VI. CONSIDERAÇÕES FINAIS

À guisa de considerações finais, podem ser arroladas as seguintes proposições:

1. A evolução do Estado de Direito para atingir o que presentemente é chamado de Estado Constitucional de Direito significa a retomada da idéia de Direito, necessária à legitimação e ao exercício do Poder. Trata-se, conforme reiteradamente afirmado, da prevalência da Constituição — rígida, vinculante e suprema — como norma fundamental do Estado e da Sociedade. O Brasil, com a Constituição de 1988, incorpora valores e princípios do moderno Constitucionalismo, ainda que a prática constitucional da grande maioria dos operadores do Direito se apresente insensível a essa situação.

2. A base teórica do Positivismo Jurídico — reelaborada para um Positivismo Crítico (ou Pós-positivismo) comprometido com valores e com princípios — significa atribuir conteúdo às normas, conteúdos esses que encontram não só limitações formais (geralmente relacionados com a competência do órgão e com a observância de procedimentos estabelecidos), mas também materiais (direitos fundamentais, liberdade, dignidade da pessoa humana, igualdade, paz, por exemplo).

3. Adotar os Direitos Fundamentais, inclusive os Direitos Fundamentais Sociais — como limites materiais e obrigações impostos pela Constituição — e reelaborar os conceitos de vigência, validade e eficácia — como poderoso instrumental colocado à disposição dos operadores do Direito, principalmente em face da possibilidade da deslegitimação do Direito inválido — significa "levar a sério"[208] a Constituição e tornar efetivos os direitos, mormente num país sem tradição e sem prática constitucional como se revela o Brasil. Tal significa, na metafórica afirmação de BONAVIDES[209], que "Os direitos fundamentais são a bússola das Constituições".

4. Perceber o Direito ao Trabalho (art. 6º da Constituição Federal) como Direito Social Fundamental, e os direitos trabalhistas (art. 7º, da Constituição Federal) já como conteúdo do significado de trabalho digno (art. 1º, incisos III e IV e 170 da Constituição Federal), quer significar que o Estado e a Sociedade não estão comprometidos com qualquer trabalho, mas sim com o TRABALHO DIGNO, necessário à dignidade da pessoa humana e ao alcance da igualdade substancial dos cidadãos.

5. Entendendo-se as relações existentes entre Trabalho — em seus variados sentidos — e produção, e as metamorfoses que ocorreram em relação a esta, pode-se

---

(208) Parafraseando DWORKIN, Ronald, *Los Derechos en serio*...

(209) BONAVIDES, Paulo. *op. cit.*, p. 553.

afirmar a necessidade de um "novo" Direito do Trabalho — na linha de ampliação de tutelas — justamente em face do esvaziamento do Trabalho como emprego. Se se retoma o Trabalho como categoria central da organização social e produtiva, evidencia-se a necessidade de se retomar uma regulamentação mais ampla, sempre com o norte do princípio da Dignidade da Pessoa Humana e do princípio da Igualdade, em sentido absolutamente oposto à flexibilização, desregulamentação e desconstitucionalização.

6. Contextualizar a alteração de competência da Justiça do Trabalho num sentido abrangente e inclusivo para dar real suporte à noção de Relação de Trabalho, até mesmo com a possibilidade de alargamento da noção de proteção, sempre com o norte nos Direitos Fundamentais e nos princípios da Dignidade da Pessoa Humana e da Igualdade.

7. Falar, então, sobre uma perspectiva garantista do Direito do Trabalho ou sobre um Garantismo Social significa (1) voltar os olhos para a Constituição Federal de 1988, reconhecendo a posição que lhe cabe em um Estado Constitucional de Direito; (2) interpretar a Constituição como norma fundamental do Estado e da Sociedade que vincula todos os Poderes Públicos e Privados; (3) interpretar a Constituição como consagradora e, ao mesmo tempo, como resultado da Teoria dos Direitos Fundamentais, para assegurar a dignidade da pessoa humana, na esfera individual, na esfera de suas relações; (4) interpretar e observar os Princípios Fundamentais (art.1º), dentre os quais o da Dignidade da Pessoa Humana (Inciso III) e os valores sociais do trabalho (IV), além de os objetivos fundamentais (art. 3º, I, III e IV) como normas jurídicas; (5) significa interpretar a Constituição em sua função mais elementar, ou seja, interpretá-la como um conjunto de normas que organiza o Estado e a Sociedade, incorporando valores e princípios a serem observados por todos; (6) significa pensar e trabalhar o Direito, em especial o Direito do Trabalho, como normatividade comprometida com vínculos formais e materiais em relação aos valores e princípios constitucionais consagrados na Constituição, ou seja, inverter a funesta e perversa lógica de que a Constituição é que deve se adaptar aos Planos de Governo e projetos econômicos; (7) significa recolocar o Trabalho como categoria central da organização social e produtiva e o Direito ao/do Trabalho como normatividade protetiva e inclusiva, capaz de reinserir a massa de excluídos na economia formal, em atitude absolutamente contrária à desregulamentação/desconstitucionalização. Cumpre, uma vez mais, lembrar BONAVIDES[210], em sua invejável lucidez, quando adverte que "quem governa com grandes omissões constitucionais de natureza material menospreza os direitos fundamentais e os interpreta a favor dos fortes contra os fracos. Governa, assim, fora da legítima ordem econômica, social e cultural e se arreda da tridimencionalidade emancipativa contida nos direitos fundamentais da segunda, terceira e quarta gerações."

8. Verifica-se, então, que o Garantismo atribui ao Direito uma função diversa daquela que é atribuída normalmente pela Teoria Jurídica Tradicional, inclusive esta-

---

(210) BONAVIDES, Paulo. *Op. cit.*, p. 553-554.

belecendo uma nova relação entre Direito e Poder (ou Direito/Estado). Para o Garantismo, o Direito e o Estado representam a instrumentalização da busca do bem comum, voltado para valores e princípios, tais quais: a dignidade da pessoa humana, a igualdade, a liberdade, a paz. Por outro lado, sob esse enfoque, é a Política que deve servir ao Direito, e não o Direito servir à Política, conforme sói acontecer.

9. A Teoria Geral do Garantismo, dessa forma, apresenta-se como um aparato teórico capaz de reelaborar, no âmbito da Teoria Política, a relação Direito/Poder e, no âmbito da Teoria Jurídica, as noções de vigência, validade e eficácia normativas, de forma a fornecer aos operadores do Direito um instrumental legítimo e elaborado para a realização do Direito válido e para a deslegitimação do Direito inválido, sempre voltado para a centralidade da pessoa humana.

10. Cumpre lembrar que, enquanto BOBBIO[211], sempre oportuno, acenando para um progresso moral da humanidade — afirma que "uma coisa é falar de direitos do homem, direitos sempre novos e cada vez mais extensos, e justificá-los com argumentos convincentes; outra coisa é garantir-lhes uma proteção efetiva", verifica-se que, no Brasil, em flagrante retrocesso, além de não se implementar a garantia do Direito Posto, tem havido um discurso e uma prática desregulamentadora — que retoma e impõe padrões de um neofeudalismo. Tal circunstância impõe aos operadores do Direito uma atitude urgente de defesa do ordenamento jurídico, desde sua Norma Fundamental. Entende-se que o Garantismo pode contribuir de forma definitiva nesta tarefa.

11. Verificando-se que o Direito do Trabalho se apresenta como alvo preferencial dessa desregulamentação, percebe-se a necessidade de imediata mobilização de todos — não só dos operadores, mas de toda a sociedade — para a defesa do DIREITO na busca da Justiça Social como condição absoluta para a paz e o convívio na Sociedade.

VII. REFERÊNCIAS BIBLIOGRÁFICAS

ALEXY, Robert. *El Concepto y la Validez del Derecho* [Tradução: Jorge M. Seña]. Barcelona: Gedisa, 1997.

ANDRÉS IBÁÑEZ, Perfecto. *Prólogo de Derechos y Garantías — La ley del más débil.* Madrid: Trotta, 1999.

ANTUNES, Ricardo. *Adeus ao Trabalho? — Ensaio sobre as metamorfoses e a centralidade do Mundo do Trabalho*, 6ª ed. São Paulo: Cortez; Campinas: Ed. da UNICAMP, 1999.

_______. *Os sentidos do Trabalho — Ensaio sobre a afirmação e a negação do trabalho.* São Paulo: Boitempo Editorial, 1999.

ARAÚJO, Francisco Rossal de. *A boa-fé no Contrato de Emprego.* São Paulo: LTr, 1996.

(211) BOBBIO, Norberto. *A era dos Direitos...*, p. 63.

ARRUDA JUNIOR, Edmundo Lima de, RAMOS, Alexandre Luiz. *Globalização, Neoliberalismo e o Mundo do Trabalho.* Curitiba: IBEJ, 1998.

BAGOLINI, Luigi. *O Trabalho na Democracia: filosofia do trabalho.* [Tradução: João da Silva Passos]. São Paulo: LTr; Brasília: Ed. da UnB, 1981.

BAYLOS, Antonio. *Derecho del Trabajo: Modelo para armar.* Madrid: Trotta, 1991.

BOBBIO, Norberto. *Teoria do Ordenamento Jurídico.* [Tradução: Maria Celeste Cordeiro Leite dos Santos], 9ª ed. Brasília: Ed. da UnB, 1997.

______. *A Era dos Direitos.* [Tradução: Carlos Nelson Coutinho]. Rio de Janeiro: Campus,1992.

______. *Estado, Governo, Sociedade — para uma teoria geral da política.* [Tradução: Marco Aurélio Nogueira], 3ª ed. Rio de Janeiro: Paz e Terra, 1986.

______. *Direito e Estado no Pensamento de Emanuel Kant.* [Tradução: Alfredo Fait], 3ª ed. Brasília: Ed. da UnB, 1995.

______. *O Positivismo Jurídico — Lições de Filosofia do Direito.* São Paulo: Ícone, 1995.

______. *IGUALDADE E LIBERDADE.* [Tradução: Carlos Nelson Coutinho], 3ª ed. Rio de Janeiro: Ediouro, 1997.

______. *Teoria General del Derecho.* Bogotá: Temis, 1987.

BONAVIDES, Paulo. *Curso de Direito Constitucional.* 8ª, ed. São Paulo: Malheiros, 1998.

CADEMARTORI, Sergio. *Estado de Direito e Legitimidade — Uma Abordagem Garantista.* Porto Alegre: Livraria do Advogado, 1999.

CALHEIROS BOMFIN. *Globalização, neoliberalismo e direitos sociais.* [Maria Salete Maccalóz, *ET AL*]. Rio de Janeiro: Destaque, 1997.

CANOTILHO, J.J. Gomes. *Direito Constitucional e Teoria da Constituição.* 3ª, ed. Coimbra: Almedina, 1999.

CARRION, Eduardo Kroeff Machado. *Apontamentos de Direito Constitucional.* Porto Alegre: Livraria do Advogado, 1997.

CARVALHO, Kildare Gonçalves. *Direito Constitucional Didádico,* 6ª ed. Belo Horizonte: Del Rey, 1999.

CESARINO JUNIOR, A.F. e CARDONE, Marly A. *Direito Social,* vol. I, 2ª ed. São Paulo: LTr, 1993.

DE MASI, Domênico. *O Futuro do Trabalho — Fadiga e ócio na sociedade pós-industrial.* [Tradução: Yadyr A. Figueiredo], 2ª ed. Rio de Janeiro: José Olímpio; Brasília, DF: Ed. da UnB, 1999.

DINIZ, Maria Helena. *Norma Constitucional e Seus Efeitos.* São Paulo: Saraiva, 1992.

DWORKIN, Ronald. *Los Derechos en Sério.* [Tradução: Marta Gustavino]. Barcelona: Planeta-Agostini, 1993.

FARIA, José Eduardo. *O Direito na Economia Globalizada.* São Paulo: Malheiros, 1999.

FERRARI, Irany, NASCIMENTO, Amauri Mascaro, MARTINS FILHO, Ives Gandra. *História do Trabalho, do Direito do Trabalho e da Justiça do Trabalho.* São Paulo: LTr, 1998.

FERRAJOLI, Luigi. *Derecho y Razón, — Teoria del garantismo penal.* [Tradução: Perfecto Andrés Ibáñez, Alfonso Ruiz Miguel, Juan Carlos Bayón Mohino, Juan Terradillos Basoco, Rocío Cantarero Bandrés], 3ª ed. Madrid: Trotta, 1998.

______. *Derechos y garantías — La ley del más débil.* [Tradução: Perfecto Andrés Ibáñez]. Madrid: Trotta, 1999.

______. "O Direito Como Sistema de Garantias". *In:* OLIVEIRA JUNIOR, José Alcebíades de. *O Novo em Direito e Política.* Porto Alegre: Livraria do Advogado, 1997.

______. "El Estado Constitucional de Derecho hoy: El modelo y su Divergencia de la realidad". *In:* IBÁÑEZ, Perfecto Andrés. *Corrupción y Estado de Derecho — El papel de la jurisdicción.* [Tradução: Perfecto Andrés Ibáñez]. Madrid: Trotta, 1996.

FERRAZ JR., Tércio Sampaio, Apresentação à obra de BOBBIO, Norberto. *Teoria do Ordenamento Jurídico,* 9ª ed. Brasília: Ed. da UnB, 1997.

FERREIRA FILHO, Manoel Gonçalves. *Direitos Humanos Fundamentais.* São Paulo: Saraiva, 1998.

FORRESTER, Viviane. *O Horror Econômico.* [Tradução: Álvaro Lorencini]. São Paulo: Unesp, 1997.

GENRO, Tarso. Revista Democracia & Mundo do Trabalho, Publicação de Genro, Camargo, Coelho, Maineri e Advogados Associados S/C, Porto Alegre: 1998.

______. *Direito Individual do Trabalho,* 2ª ed. São Paulo: LTr, 1994.

GRAU, Eros Roberto. *O Direito posto e O Direito pressuposto,* 3ª ed. São Paulo: Malheiros, 2000.

______. *A Ordem Econômica na Constituição de 1988 — Interpretação e crítica,* 2ª ed. São Paulo: Revista dos Tribunais, 1991.

HOBSBAWM, Eric J. *Mundos do Trabalho — Novos estudos sobre a história operária.* [Tradução: Wandea Barcellos e Sandra Bedran]. Rio de Janeiro: Paz e Terra, 1987.

JUCÁ, Francisco Pedro. *A Constitucionalização dos Direitos dos Trabalhadores e a Hermenêutica das Normas infraconstitucionais.* São Paulo: LTr, 1997.

KELSEN, Hans. *Teoria Geral do Direito e do Estado,* 3ª ed. [Tradução: Luis Carlos Borges]. São Paulo: Martins Fontes, 1998.

______. *Teoria Pura do Direito,* 6ª ed., 3ª tiragem [Tradução: João Baptista Machado]. São Paulo: Martins Fontes, 1999.

LARENZ, Karl. *Metodología de la Ciência del Derecho.* [Tradução: Marcelino Rodríguez Molinero]. Barcelona: Ariel, 1994.

______. *Derecho Justo — Fundamentos de ética jurídica.* [Tradução: Luis Díez-Picazo]. Madrid: Civitas, 1993.

LEDUR, José Felipe. *A Realização do Direito ao Trabalho.* Porto Alegre: Fabris, 1998.

MACCALÓZ, Maria Salete. *Globalização, Neoliberalismo e Direitos Sociais.* [Maria Salete Maccalóz, *et al.*]. Rio de Janeiro: Destaque, 1997.

MAGANO, Octavio Bueno e MALLET, Estêvão. *O Direito do Trabalho na Constituição.* Rio de Janeiro: Forense, 1993.

MANNRICH, Nelson. *A Modernização do Contrato de Trabalho.* São Paulo: LTr, 1998.

MATTEUCCI, Nicola. *Organización del Poder y Liberdad — História del constitucionalismo moderno.* [Tradução: Francisco Javier Ansuátegui Roig y Manuel Martínez Neira]. Madrid: Trotta, 1998.

MELLO, Prudende José Silveira. *Globalização, Neoliberalismo e o Mundo do Trabalho.* [Org.: Edmundo Lima de Arruda Junior e Alexandre Ramos]. Curitiba: EDIBEJ, 1998.

MERQUIOR, José Guilherme. *O liberalismo — Antigo e Moderno.* [Henrique de Araújo Mesquita]. Rio de Janeiro: Nova Fronteira, 1991.

MIQUELUZZI, Oswaldo. *Globalização, neoliberalismo e o mundo do Trabalho.* [Org.: Edmundo Lima de Arruda Junior e Alexandre Ramos]. Curitiba: EDIBEJ, 1998.

MORAES, Guilherme Braga Peña de. *Dos Direitos Fundamentais — Contribuição para uma teoria.* São Paulo: LTr, 1997.

MORAES FILHO, Evaristo de. *Introdução ao Direito do Trabalho.* São Paulo: LTr, 1991.

MORAIS, José Luiz Bolzan de. *A Subjetividade do Tempo — Uma perspectiva transdisciplinar do Direito e da Democracia.* Porto Alegre: Livraria do Advogado; Santa Cruz do Sul: Edunisc, 1998.

NASCIMENTO, Amauri Mascaro. *Curso de Direito do Trabalho,* 10ª ed. São Paulo: Saraiva, 1992.

NUNES, Luiz Antônio Rizzatto. *O princípio Constitucional da dignidade da pessoa humana: doutrina e jurisprudência.* São Paulo: Saraiva, 2002.

OLIVEIRA JUNIOR, José Alcebíades de. "Cidadania e Novos Direitos" *in O novo em Direito e Política.* Porto Alegre: Livraria do Advogado, 1997.

OLVERA, Óscar Rodríguez. *Teoría de los Derechos Sociales en la Costitución Abierta.* Granada: Comares, 1998.

PASTORE, José. *A Agonia do Emprego.* São Paulo: LTr, 1997.

PECES-BARBA, Gregorio. [epílogo de] ZAGREBELSKI, Gustavo. *El Derecho Dúctil — ley, derechos, justicia.* Madrid: Trotta, 1995.

______. *Curso de Derechos Fundamentales — Teoria General.* [com a colaboração de Rafael de Asís Roig, Carlos R. Fernandez Liesa e Ángel llamas Cascón]. Madrid: Universidade Carlos III y Boletín Oficial del Estado, 1999.

PEÑA FREIRE, Antonio Manuel. *La Garantía en el Estado constitucional de derecho.* Madrid: Trotta, 1997.

PINAUD, João Luiz Duboc. *Globalização, Neoliberalismo e Direitos Sociais.* [Org.: Maria Salete Maccalóz *et al.*]. Rio de Janeiro: Destaque, 1997.

PINTO FERREIRA. *Curso de Direito Constitucional,* 6ª ed. São Paulo: Saraiva, 1993.

PLÁ RODRIGUEZ, Américo. *Princípios de Direito do Trabalho.* [Tradução: Wagner D. Giglio]. São Paulo: LTr, 1993.

RAMOS, Alexandre. *Contrato Temporário de Trabalho — Combate ao Desemprego ou redução do custo da força de trabalho?* São Paulo: LTr, 1999.

______. *Globalização, neoliberalismo e o mundo do trabalho.* [Org.: Edmundo Lima de Arruda Junior e Alexandre Ramos]. Curitiba: EDIBEJ, 1998.

RIEGEL, Estevão Torelly. *Globalização, neoliberalismo e o mundo do trabalho.* [Org.: Edmundo Lima de Arruda Junior e Alexandre Ramos]. Curitiba: EDIBEJ, 1998.

RIFKIN, Jeremy. *O Fim dos Empregos — O Declínio Inevitável dos Níveis dos Empregos e a Redução da Força Global de Trabalho.* [Tradução: Ruth Gabriel Bahr]. São Paulo: Makron Books, 1995.

ROMAGNOLI, Umberto. *El Derecho, El Trabajo y La Historia.* [Tradução: Marina Tomadini]. Madrid: CES, 1997.

ROMITA, Arion Sayão. *Os Direitos Sociais na Constituição e Outros Estudos*. São Paulo: LTr, 1993.

SERRANO, Jose Luis. *Validez y Vigencia — La aportación garantista a la teoria de la norma jurídica*. Madrid: Trotta, 1999.

SINGER, Paul. *Globalização e Desemprego — Diagnósticos e Alternativas*. São Paulo: Contexto, 1999.

SILVA, José Afonso da. *Curso de Direito Constitucional Positivo*, 8ª ed. São Paulo: Malheiros, 1992.

______. *Aplicabilidade das Normas Constitucionais*, 3ª ed., 3ª tiragem. São Paulo: Malheiros, 1999.

SILVA NETO, Manoel Jorge e. *Curso de Direito Constitucional do Trabalho*. São Paulo: Malheiros, 1998.

SODRÉ, Nelson Werneck. *A Farsa do Neoliberalismo*, 6ª ed. Rio de Janeiro: Graphia, 1999.

SÜSSEKIND, Arnaldo, MARANHÃO, Délio e VIANNA, Segadas. *Instituições de Direito do Trabalho*, 14ª ed. São Paulo: LTr, 1993.

______. *Direito Constitucional do Trabalho*. Rio de Janeiro: Renovar, 1999.

VERÍSSIMO, Luis Fernando. [prefácio de] *A farsa do Neoliberalismo*, 6ª ed. Rio de Janeiro: Graphia, 1999.

VILHENA, Paulo Emílio Ribeiro. *Curso de Direito do Trabalho — Estudos em homenagem a Célio Goyatá*. [Coord.: Alice Monteiro de Barros], vol. I. São Paulo: LTr, 1993.

ZAGREBELSKI, Gustavo. *El Derecho Dúctil — Ley, derechos, justicia*. [Tradução: Marina Gascón]. Madrid: Trotta, 1995.

ELEMENTOS PARA UMA TEORIA DA JURISDIÇÃO

João Paulo Lucena(*)

1. INTRODUÇÃO

Ao mesmo tempo em que proibiu a defesa privada, o Estado assumiu a obrigação de distribuir a justiça, o que é hoje funcionalmente realizado por meio do seu poder-dever denominado Judiciário. Como conseqüência imediata, o mesmo Estado deve reconhecer a todos os entes sem exceção, pessoas naturais ou jurídicas, personalizadas ou não, nacionais ou estrangeiras, o direito universal de provocá-la, preventiva ou repressivamente[1].

O corolário contemporâneo dessa obrigação estatal é o princípio da garantia do livre acesso à Justiça, também denominado princípio da inafastabilidade do controle jurisdicional, direito de petição, direito de demandar ou princípio da proteção judiciária, elencado como uma das garantias fundamentais do indivíduo e elevado ao *status* de disposição maior por boa parte das cartas constitucionais modernas e declarações de direitos humanos do mundo, conforme bem registrou o constitucionalista lusitano GOMES CANOTILHO[2]:

> "Desta imbricação entre direito de acesso aos tribunais e direitos fundamentais resultam dimensões ineliminàveis do núcleo essencial da garantia institucional da via judiciária. A garantia institucional conexiona-se com o dever de uma garantia jurisdicional de justiça a cargo do Estado. Este dever resulta não apenas do texto da Constituição, mas também de um princípio geral ("de direito", das "nações civilizadas") que impõe um dever de proteção através dos tribunais como

---

(*) Advogado. Mestrando em Direito Público pela UFRGS, Especialista em Direito Processual Civil pela PUCRS, Especialista em Direito e Processo do Trabalho pela UNISINOS. Professor em cursos de pós-graduação. Autor dos livros *Natureza Jurídica da Jurisdição Voluntária*. Porto Alegre: Ed. Livraria do Advogado, 1996; *Comentários ao Código de Processo Civil — Arts. 1103 a 1220*. Obra Coletiva, volume XV. São Paulo: RT, 2000 e *Visões Críticas do Processo Civil Brasileiro — Estudos em Homenagem ao Professor José Maria Rosa Tesheiner*. Co-autor. Porto Alegre: Livraria do Advogado, 2005.

(1) ARAKEM DE ASSIS. Garantia de Acesso à Justiça: Benefício da Gratuidade. *Garantias Constitucionais do Processo Civil*, coordenação de CRUZ E TUCCI, José Rogério (Org.), p. 09.

(2) GOMES, CANOTILHO, *Direito Constitucional e Teoria da Constituição*, p. 464.

um corolário lógico: (1) do monopólio de coação física legítima por parte do Estado; (2) do dever de manutenção da paz jurídica num determinado território; (3) da proibição da autodefesa a não ser em circunstâncias excepcionais definidas na Constituição e na lei."

Entretanto, sob pena de tornar-se vazia e inócua, desprovida de funcionalidade, da garantia fundamental do acesso à Justiça deduz-se um segundo postulado a ela inafastavelmente vinculado: *o princípio da efetividade dos provimentos judiciais*, leia-se *instrumentalidade do processo*, constituindo uma das mais significativas preocupações dos processualistas contemporâneos(3).

Afirma ATHOS GUSMÃO CARNEIRO que ao direito subjetivo de "ação", pelo qual alguém pede ao Estado que lhe faça justiça, corresponde a atividade estatal da "jurisdição", pela qual o Estado cumpre o dever de, mediante um devido processo legal, administrar justiça aos que a solicitaram. Dessa forma, a jurisdição é, com a administração e o legislativo, forma de exercício da soberania estatal(4).

Entretanto, um longo caminho foi percorrido desde as primeiras noções de atividade jurisdicional até o conceito moderno de função estatal, hoje ocupando uma função tão importante na pacificação das relações sociais quanto à sobrevivência do homem enquanto ser civilizado.

2. FUNDAMENTOS HISTÓRICOS DA ATIVIDADE JURISDICIONAL

"O Direito utilizado por um povo constitui uma das expressões mais significativas do grau da sua cultura"(5).

Afirma HELMUC COING(6) que aqueles que buscarem compreender qualquer ordenamento jurídico deverão desdobrar seu estudo para o conteúdo das normas e instituições, para as condições temporais em que esse ordenamento surgiu e para a questão da efetividade desse ordenamento na sociedade em que surgiu. Em outros termos, deverá certificar-se de que aquelas normas e instituições ainda se encontram atuantes; se não, por que deixaram de prevalecer ou, ainda, por que não exercem mais sua influência com igual intensidade.

Ou ainda a figura imaginada por BRUNO PARADISI(7), na qual ordem jurídica se assemelharia a um imenso relógio, repleto de engrenagens, algumas com movimento rápido e visível, outras de giro moroso e quase imperceptível, e outras, enfim, com

(3) WATANABE, Kasuo. *Da Cognição no Processo Civil*, p. 19.
(4) *Jurisdição e Competência*, p. 3.
(5) CRUZ E TUCCI, Rogério Lauria e AZEVEDO, Luiz Carlos. *Lições de História do Processo Civil Romano*. São Paulo: RT, 1996, p. 29.
(6) *Apud* CRUZ E TUCCI, Rogério Lauria e AZEVEDO, Luiz Carlos, ob. cit., p. 22
(7) *Apud* CRUZ E TUCCI, Rogério Lauria e AZEVEDO, Luiz Carlos, ob. cit., p. 22.

um andar tão lento que para medi-las há que se considerar um larguíssimo lapso de tempo. São justamente estas últimas engrenagens que representam os institutos jurídicos com maior longevidade e estabilidade e que realmente influenciam o pensamento jurídico em maior profundidade e dimensão.

Pode-se dizer que a atividade jurisdicional está inclusa dentre as instituições de maior elaboração e complexidade formuladas pela sociedade humana, portando em sua essência milênios de sabedoria transmitida entre povos e civilizações há muito desaparecidos. O estudo da sua gênese, portanto, é imprescindível para qualquer um que pretenda, de fato, entendê-la em toda a sua plenitude e verdadeiro significado(8).

2.1. Raízes Remotas da Jurisdição

O Direito antecedeu o surgimento do próprio Estado ao manifestar-se, na sua forma mais arcaica, como um modelo de comportamento nos pré-históricos grupamentos humanos em que o homem reagia basicamente por instinto, valendo-se das armas naturais que a natureza punha à sua disposição. Afirma LETOURNEAU(9) que "o instinto reflexo de defesa é a raiz biológica das idéias de direito e de justiça. Ele é evidentemente a base da primeira das leis, aquela do Talião".

Ao que acrescenta KOURKOUNOV(10):

"A origem do direito depende da observação consciente de certas regras, reconhecidas obrigatórias, mas a matéria destas normas jurídicas primitivas não é criada conscientemente".

À medida que as primeiras culturas passaram a apresentar maiores sinais de organização, ainda antes do aparecimento da escrita, espontaneamente surgiu a necessidade de uma normação mínima da conduta pessoal que permitisse a convivência dos integrantes do grupo social. E é a *defesa privada*, executada pelo próprio indivíduo ou por alguém em nome dele, a primeira manifestação do *direito de ação*, antes do aparecimento do Estado primitivo como forma de organização social munida do poder de coerção.

---

(8) Vide textos de referência complementar em BORGES, Marcos Afonso. *Breve Notícia sobre a Evolução Histórica do Direito Processual Civil, REPRO* n. 50; LISBOA, Celso Anicet. *O Processo como Manifestação Primígena do Direito e as Grandes Codificações na Antiguidade Pré-Romana — Os Grandes Sistemas Jurídicos Contemporâneos — Common Law e Civil Law, REPRO* n. 86; PACHECO, Silva. *Evolução do Processo Civil Brasileiro*; FIUZA, César (Coord.). *Direito Processual na História*; CRUZ E TUCCI e AZEVEDO. *Lições de História do Processo Civil Romano*; OLIVEIRA, Eduardo Ribeiro. *Sobre o Conceito de Jurisdição. REPRO*, São Paulo: RT, n. 16, outubro-dezembro de 1979, p. 135-155.

(9) "L'instinct réflexe de défense est la racine biologique des idées de droit et de justice. Il est évidemment la base de la première des lois, celle du talion" *Apud* BAETHGEN, Walter Eduardo. *Teoria Geral do Processo: A Função Jurisdicional.* Porto Alegre: UFRGS, 1982, p. 16.

(10) "L'origin du droit dépend de l'observation consciente de certaines règles, reconnues obligatoires, mais la matière de ces normes juridiques primitives n'est pas creé consciemment..." (*Cours de théorie générale du droit.* Paris: Giard, 1903, p. 153-157), *apud* ARRUDA ALVIM, José Manoel de. *Código de Processo Civil Comentado.* São Paulo: RT, 1975, v. 1, p. 92.

Registra JOHN GILISSEN que não se pode estudar a história do Direito senão a partir da época em relação à qual remontam os mais antigos documentos escritos conservados, sendo esta época diferente para cada povo e para cada civilização[11]. A palavra oral e as fórmulas pactuais não foram suficientes para garantir as relações político-econômicas que começavam a nascer, fazendo-se necessário o registro das normas de comportamento, até então dádivas divinas ditadas na palavra dos sacerdotes[12]. Com o surgimento da escrita, gravaram-se as férreas normas da legislação mosaica[13] expressas no Pentateuco[14] e na Lei do Talião, consagrada no ordenamento babilônico, mas comum a todos os povos da época.

Conforme vão se sofisticando as relações sociais nos primórdios da civilização, pelo Código de Hamurábi, uma das primeiras composições da lei escrita, chegam-nos notícias de tribunais já minimamente organizados por volta dos anos de 1711 e 1669 a.C., em que se identifica não a manifestação jurisdicional como modernamente é conhecida, mas sim uma rústica forma de arbitramento.[15]

Todavia, como curioso fenômeno social, a defesa privada, considerada como garantia e execução pessoal do Direito e oriunda fundamentalmente da ausência de um poder central organizado, marcou, por meio da vingança e das lutas de sangue o início dos Direitos romano e germânico, aflorando nas primeiras leis escandinavas e transportando-se com os povos e os séculos, para cristalizar-se no Cristianismo e nas ordens jurídicas modernas, embora sob formas mais condizentes com as atuais necessidades de segurança social[16].

Historicamente e como manifestações de maior importância, ao Código de Hamurábi seguiram-se a legislação brâmane[17] do Código de Manú na Velha Índia e a Lei

---

(11) GILISSEN, John. *Introdução Histórica ao Direito*, 2ª ed., Lisboa: Calouste Gulbenkian, 1995, p. 31. E acrescenta o autor: "Antes do período histórico, cada povo já tinha, no entanto, percorrido uma longa evolução jurídica. (...). Ora, no momento em que os povos entram na história, a maior parte das instituições civis existem já, nomeadamente o casamento, o poder paternal e ou maternal sobre os filhos, a propriedade (pelo menos mobiliária), a sucessão, a doação, diversos contratos tais como a troca e o empréstimo. Do mesmo modo, no domínio daquilo a que chamamos direito público, uma organização relativamente desenvolvida dos grupos sociopolíticos existe já em numerosos povos sem escrita.

É preciso portanto distinguir a pré-história do Direito e a história do Direito, distinção que repousa no conhecimento ou não da escrita. O aparecimento da escrita e, em conseqüência dos primeiros textos jurídicos, situa-se em épocas diferentes para as diversas civilizações; assim para os Egípcios, a transição data de cerca de 28 ou 27 séculos antes da nossa era; para os Romanos, cerca dos séculos VI ou V antes da nossa era; para os Germanos, do século V da nossa era; para certos povos da Austrália, da Amazônia, da Papuásia, da África Central, data do século XIX ou mesmo do século XX."

(12) ALTAVILA, Jayme de. *Origem dos Direitos dos Povos*. 4ª ed. São Paulo: Melhoramentos, 1964, p. 10-12.

(13) Relativo ao profeta e legislador bíblico Moisés, personagem do Velho Testamento.

(14) Os cinco primeiros livros do Velho Testamento, atribuídos a Moisés: o Gênese, o Êxodo, o Levítico, o Números e o Deuteronômio; Tora.

(15) BAETHGEN, W. E., ob. cit., p. 9.

(16) BAETHGEN, W. E., ob. cit., p. 12.

(17) "1. Sacerdote que oficiava os sacrifícios de Veda: o que supervisionava a correta execução dos ritos. 2. Membro da mais alta casta dos hindus, a dos homens livres, os nobres arianos" (*Dicionário Aurélio*).

das XII Tábuas na Roma de 450 a.C.[18], substituindo-se, pouco a pouco, a justiça privada pela justiça maior do Estado antigo que se formava.

E sobre este conturbado período leciona ALF ROSS:

"Mesmo entre os povos muito primitivos pode-se, por vezes, encontrar um chefe, um grupo de anciões, um conselho de sacerdotes ou um tribunal de algum tipo, que, em caso de dúvidas, decide que sanções devem ser aplicadas. Isto poderia ser considerado como o primeiro gérmen de uma autoridade pública. A partir daí desenvolve-se paulatinamente um poder judicial organizado e estabelecido e, posteriormente, grupos especiais, cuja função é legislar e executar as decisões compulsoriamente. Deste modo cria-se gradativamente um mecanismo jurídico e um sistema de autoridades públicas que reivindicam o monopólio do exercício da força. Assim, de forma gradual, o Direito e o costume se diferenciam: por um lado, as normas que são respaldadas pelo exercício organizado da força, e por outro, as normas que só encontram respaldo nas reações espontâneas não violentas (desprezo, exposição ao ridículo etc.)"[19]

No que se refere ao mundo romano, ainda nesta época se confundem na mesma pessoa a autoridade **política,** a **justiça** e o **sacerdócio.** À medida que se expandem as fronteiras, a jurisdição passa a ser delegada pelo soberano, que reserva para si a faculdade de avocar a distribuição da justiça sempre que desejar[20].

FOUSTEL DE COULANGES[21] nos descreve este período de intensa agitação histórica em que, passo a passo, concretizou-se o fenômeno que podemos chamar de **secularização do Direito** Erro! Indicador não definido.[22], como instituto imprescindível à vida social:

"A revolução que derrubou o domínio da classe sacerdotal e elevou a classe inferior ao nível dos antigos chefes das gentes assinala o começo de novo período na história das cidades. Realizou-se uma espécie de renovação social. Não é apenas uma classe de homens que no poder substitui outra classe. São os

(18) "Exaltada como fonte de todo o Direito Romano (*fons omnis publici privatique iuris*), a lei das XII tábuas tem inequívoca relevância para o estudo do processo de época antiga, sobretudo no que se refere à citação e ao processo executivo (tábuas 1, 2 e 3). A reconstrução desse monumento legislativo republicano, que desapareceu após o incêndio de Roma provocado pela invasão gaulesa do século IV AC, foi possível a partir de algumas referências feitas por Cícero, Festo, Dionísio de Halicarnasso, Varrão, Aulo Gélio e, especialmente, por Gaio, que escreveu um comentário em seis volumes dedicados à lei das XII tábuas, possivelmente destinado ao ensino nos cursos jurídicos. Tais livros não sobreviveram à reforma de Justiniano no século VI. A notícia de sua existência se encontra no *Index auctorum* que foi descoberto em Firenze junto com o Digesto." CRUZ E TUCCI, Rogério Lauria e AZEVEDO, Luiz Carlos, ob. cit., p. 29.

(19) *Direito e Justiça*, p. 118-119.

(20) PRATA, Edson. *Jurisdição Voluntária*. São Paulo: EUD, 1979, p. 63, 355 p.

(21) COULANGES, Foustel de. *A Cidade Antiga*. São Paulo: Hemus, 1986. p. 253-254, 310 p.

(22) ARRUDA ALVIM, José Manuel de. *Código de Processo Civil Comentado*. São Paulo: RT, 1975. 4v., v.1, p. 91. Considera-se secularização o fenômeno histórico dos últimos séculos, pelo qual as crenças e instituições religiosas se converteram em doutrinas filosóficas e instituições leigas (Nota do Autor).

velhos princípios que se põem de lado, e regras novas que passarão a governar as sociedades humanas."

....

"O governo também mudou de natureza. Sua função já não era mais o cumprimento regular das cerimônias religiosas, mas principalmente manter a ordem e a paz internas, a dignidade e o poder no exterior. O que ficara outrora em segundo plano passou para o primeiro. A política passou à frente da religião, e o governo dos homens tornou-se negócio humano."

Os altos governadores romanos passaram também a enfeixar a execução das funções que, modernamente, têm sua acepção nos poderes Legislativo, Executivo e Judiciário(23).

Confunde-se ainda o Direito com a Religião e a Moral.

Desde a segunda metade do século V a.C., vigoravam os primados estabelecidos pela Lei das XII Tábuas, conhecidos como *jus quiritium* e marcados por um extremo grau de formalismo verbal. O processo era regido por um sistema de procedimentos conhecidos como *legis actiones*(24).

Entre o primeiro e o terceiro séculos depois de Cristo, o Direito Romano atinge a sua era clássica, com a substituição das *legis actiones* pelo procedimento formulário, após a edição da *Lex Aebutia* e da *Lex Julia Judiciorum Privatorum* por Gaio, confirmando práticas que haviam se desenvolvido à margem do antigo sistema.

Até a ascensão de Diocleciano em 284 d.C., os primeiros magistrados romanos não chegavam a conhecer o mérito do litígio e tampouco o julgavam, mas concediam o direito de ação ao postulante e redigiam a **fórmula**, encaminhando o julgamento ao *judex*, que então **dizia** o Direito. Nesta época são publicadas as primeiras consolidações de leis privadas no *Codex Gregorianus* e no *Codex Hermogenianus*.

O processo romano, essencialmente oral, dividia-se em dois momentos: o primeiro, *in jure*, frente ao pretor, e o segundo, *in judicium*, diante do juiz. Nascem daí os conceitos básicos da jurisdição: *a notio* e o *judicium*, ou o **conhecimento** e o **julgamento** do feito(25). O procedimento integral era denominado *ordo judiciorum privatorum*.

Segundo BONUMÁ(26), o conhecimento desta *jurisdictio* simplificada desenvolveu-se com a expansão dos domínios de Roma e o alargamento do poder de *imperium*, ou poder de mando, que era a concessão ao funcionário do Estado da efetiva faculdade de julgar a controvérsia e **impor** a sua decisão(27).

---

(23) No Direito Romano *"la función judicial es siempre una función administrativa también."* SCIALOJA. *Procedimiento Civil Romano. Apud* ARRUDA ALVIM, ob. cit. p.130.

(24) CAPPELLETTI *and* PERILLO. *Civil Process in Italy,* p. 2, 451 p.

(25) PRATA, E. Ob. cit., p.15.

(26) BONUMÁ, João. *Direito Processual Civil.* V.1, São Paulo: Saraiva, 1964. p. 300-305.

(27) Para CRUZ E TUCCI, Rogério Lauria e AZEVEDO, Luiz Carlos, ob. cit., p. 43, o *imperium* era exclusivo do *Rex*, podendo ser transferido de forma limitada a outros órgãos, e que a função jurisdi-

Este *imperium* poderia ser *merum* ou *mixtum,* sendo o primeiro outorgado a magistrados ligados unicamente à justiça penal, e o segundo, abrangendo a jurisdição penal e civil, contenciosa ou não, era privilégio dos governadores das províncias face a importante natureza do poder delegado, que tinha como limite último a decisão de vida e morte sobre os condenados.

Com o tempo, o magistrado passou a julgar pessoalmente a causa, unindo-se, no cível, a *jurisdictio* simples ao *imperium mixtum* para munir de força o julgado.

Não havia separação entre Executivo e Judiciário no Direito Público Romano.

A partir da autoritária Lei das XII Tábuas, ainda fortemente marcada pela brutalidade e primitivismo, transpirante de espírito romano, conforme se organizavam os povos e se fortalecia a soberania, a justiça privada foi se atenuando mais e mais na proporção em que o Estado teocrático se imiscuía progressivamente no âmbito das relações privadas, primeiro como árbitro e mais tarde impondo a sua solução. Afirma CRETELLA JUNIOR[28] que "a importância da Lei das XII Tábuas é incontestável. Os próprios romanos, aceitando a observação do historiador TITO LÍVIO, consideravam-na como a *fons omnis publici privatique juris*, fonte de todo o direito público e privado. (...) O caráter tipicamente romano é visível em todas as disposições da Lei, exceto no que se refere ao direito sagrado, de inspiração grega. No mais, em tudo se reflete o traço primitivo, prático, concreto, imediatista e violento do povo romano."

Surge então o germe de *interesse social*, excludente dos conflitos e da perturbação da ordem pública que representava a justiça privada, e oriundo de mais dois fatores que vieram somar-se aos anteriores: *a proibição expressa pelo Estado e a renúncia do indivíduo de realização da justiça particular.*

2.2. A Jurisdição na Idade Média

Obedecendo às curiosas oscilações pendulares da história humana, com eventuais períodos de avanço e recuo do processo civilizatório, encontramos no período medieval, após a queda de Roma em 476 d.C. e tracionado pelas invasões bárbaras, um retrocesso das instituições jurídicas devido à influência de costumes típicos do Direito Germânico arraigados profundamente nos procedimentos de justiça da Península Ibérica [29].

---

cional era inerente à condição de magistrado, não existindo um poder judicial autonomamente organizado, porquanto os romanos encartavam o mister de distribuir justiça entre as funções de natureza administrativa. Por tal motivo, mesmo sendo uma das formas de manifestação da *potestas publicas*, a *jurisdicio*, possuindo característica peculiar ao sistema do *ordo judiciorum privatorum*, consistia no poder atribuído a certo magistrado de declarar (não de julgar) a norma jurídica aplicável a um determinado caso concreto.

(28) CRETELLA JÚNIOR, ob. cit., p. 43-44.

(29) BAETHGEN, W.E., ob. cit., p.16-17.

A civilização clássica ainda sobreviveria de forma precária por mais um milênio no Império Romano do Oriente, particularmente em Beirute e Constantinopla, onde sob as ordens de Justiniano a lei romana é codificada no *Corpus Juris Civilis* no século VI[30].

O Estado Medieval agitava-se em tempos difíceis e instáveis, em que o advento do Cristianismo, das invasões bárbaras e do feudalismo transformaram o poder central do imperador num pulverizar de poderes menores, hierarquicamente indefinidos e submetidos a uma infindável gama de direitos comunais distintos e característicos de cada feudo[31]. O costume é a principal fonte de Direito na Europa Ocidental entre o século X e o século XIII, como bem define JOHN GILISSEN[32]:

> "O costume constitui uma fonte muito conservadora do direito, sendo muito lenta a sua evolução. Os princípios do direito costumeiro medieval são buscados nos direitos romano e germânico, mas sobretudo nas particularidades dos institutos medievais (feudalismo, regime senhorial, regime dominial, desenvolvimento das cidades comerciais, etc.)"

Dentro de um mesmo território poderiam coexistir vários "tribunais senhoriais" com distintas competências para julgar, definidas pela categoria dos delitos cometidos e por acordos realizados entre os senhores feudais.

A Justiça estava vinculada à propriedade da terra e variava conforme as relações de força entre os senhores dos feudos nas disputas por mais propriedades, poder e jurisdição sobre os vassalos que as acompanhavam. Ante a ausência de um forte poder centralizador no regime feudal, persistia o uso das **lutas de sangue** entre as partes litigantes, numa verdadeira ressurreição da justiça privada. As disputas, entretanto, eram presenciadas por um árbitro.

Dessa forma, os senhores feudais exerciam a Justiça em sua plenitude, incluindo os pequenos e grandes crimes, estabelecendo as penas e garantindo a execução

(30) O *Corpus Juris Civilis* era pouco conhecido no Ocidente, onde os dominadores bárbaros editaram nesta época leis especiais para os seus súditos de origem romana, mesclando institutos jurídicos de ambas as culturas. Assim a *Lex Romana Visigothorum* e a *Lex Romana Burgundiorum* em 506 d.C., e o posterior Edito de Rothar, de 643 d.C. CAPPELLETTI *and* PERILLO. Ob. cit., p. 08-09. "Além de ter consolidado a autonomia imperial, Justiniano se tornou famoso pela grande obra legislativa que empreendeu — o Código Justinianeu ou Código de Justiniano, ou ainda *Corpus Juris Civilis* que abrange as *Institutas*, ou Instituições (*Institutiones*), o *Digesto* ou *Pandectas* (533), este último repositório de jurisprudência, o *Código* (529) e as *Novelas*. (...) Para a elaboração de tão grande obra, Justiniano designou uma comissão de 10 membros, com o objetivo de organizar um repositório jurídico em 12 livros (que, segundo alguns autores, teria sido inspirado na Lei das XII Tábuas). Presidida por Triboniano, essa comissão deveria refundir os códigos anteriores — *gregoriano, hermogeniano e teodosiano* —, além de acrescentar-lhe as constituições mais recentes. (...) As Institutas são um verdadeiro Manual de Direito Romano elaborado para o uso dos estudantes de Direito de Constantinopla." *Institutas do Imperador Justiniano*. São Paulo: RT, 2000, p. 6-7.

(31) DALLARI, Dalmo de Abreu. *Elementos de Teoria Geral do Estado*, 16ª ed. São Paulo: Saraiva, 1991, p. 59.

(32) GILISSEN, John. Ob. cit., p. 17.

das sentenças, sem o direito à apelação até o século XIII. O rude Direito Bárbaro imposto pelas legiões de invasores era exercido por assembléias populares, titulares da jurisdição e constituídas de homens livres, liderados por um senhor feudal, que dirigia os debates e as provas. As assembléias eram soberanas e acima delas nenhum poder existia.

São também comuns nesta época certos tipos de **tribunais populares privados**, com a escolha de um árbitro pelas partes, resumindo-se a um sistema judiciário pragmático e sem qualquer registro formal, em que as sessões eram realizadas diante do maior número possível de testemunhas de prestígio social, como forma de garantia de cumprimento das mediações celebradas.

Também vigorava o instituto germânico do **penhor privado**, pelo qual o credor se apossava dos bens do presumido devedor, obrigando-o a comparecer perante o juiz e apresentar a sua defesa.

No século X, a decisão das lides resolvia-se pela produção da **prova**, que constituía basicamente na apresentação de testemunhas juramentadas, que eram mais valoradas conforme o seu maior posicionamento na hierarquia social, ou pelo seu sexo masculino. Como vã tentativa de remediarem-se os falsos juramentos, surgiu o instituto dos "*conspurgadores — juratores, conjuratores*"[(33)] que, através de novo juramento, abonavam outras testemunhas já juramentadas.

Num estrato mais elevado da escala social, os julgamentos eram sempre realizados dentre pares, ou seja, nobres julgados por nobres e clérigos por clérigos[(34)].

Preponderava de forma absoluta o sombrio e arbitrário sistema dos **Juízos de Deus**, nos quais, após a produção da prova, submetia-se o réu ao julgamento de Deus, sendo que o próprio Senhor deveria indicar a inocência ou culpa do réu manifestando-se através de sinais, após o que era proferida a sentença pelos juízes em deliberação secreta. O julgamento de Deus poderia ser por meio dos **ordálios**, espécies de irracionais e torturantes provas através da água quente ou gelada, ou do ferro em brasa, realizadas em público freqüentemente dentro de igrejas, ou dos **combates judiciários**, com caráter sagrado, em que duelavam as partes ou os campeões por elas indicados.

Os ordálios foram extintos pela Igreja no século XI e os duelos continuaram generalizados até o século XIII, sempre assistidos por um juiz que declarava o resultado. A partir de então os sistemas de provas irracionais são substituídos por juízes e árbitros para investigar a verdade e decidir tendo em conta regras de Direito com fundamento em princípios de justiça e de eqüidade[(35)].

---

(33) SANTOS, Moacyr Amaral. *Primeiras Linhas de Direito Processual Civil*, 12ª ed. São Paulo: Saraiva, 1985, v. 2, p. 381-382.
(34) GARNOT, Benoit. *La Justice en France de L'An Mil à 1914*. Paris: Éditions Nathan, 1993, p. 40.
(35) GILISSEN, ob. cit., p. 241.

Difundido pelos ocupantes bárbaros, o processo germânico mesclou-se ao Direito remanescente da Roma Imperial, dando origem a um novo processo de natureza mista, denominado **Direito Romano-Barbárico**. O puro Direito Romano cuja influência foi decrescendo com o tempo[36], protegido pela Igreja, resistiu em alguns bolsões isolados como Roma e Ravena, ressurgindo e adaptando-se ao Direito Germânico a partir do século XI com a criação das Universidades[37]. Ali nasceram as escolas dos **Glosadores** ou **Escola de Bolonha**, dos **Comentadores** ou **Pós-Glosadores** e dos **Canonistas**, todos personagens de um novo ordenamento jurídico que foi batizado pelos historiadores de **Direito Romano-Canônico**.

A força dos reis era quase que apenas moral.

Na França, somente a partir do reinado de Luís VI, no início do século XII, é que o soberano passou a responder pela figura de justiceiro máximo, pela *Curia Regis* [38], uma assembléia periódica formada pelos grandes barões do reino, afirmando-se pouco a pouco sobre os "tribunais senhoriais ", agora restritos a pequenos cantões ou feudos [39].

Pouco a pouco se recuperaram os meios romanos de prova. No procedimento jurisdicional restaurou-se a oralidade e foram reforçados os poderes de condução do processo pelo juiz que, entretanto, resumia-se a mero **somador** das provas legalmente pré-tarifadas. O magistrado declarava o resultado na sentença sem qualquer manifestação de sua convicção pessoal, ainda que incoerentes os resultados do processo[40]. Nos séculos XIV e XV desenvolveu-se o processo com caráter **inquisitório**, consagrando a iniciativa do juiz na busca das provas e reforçando progressivamente a tendência de tornar-se secreto, escrito e não contraditório. Esta evolução do processo é acompanhada pelo desenvolvimento do sistema de provas com a maior valorização daquela testemunhal, bem como pelo completo desaparecimento dos duelos judiciários.

A Igreja participa então da resolução dos conflitos promovendo reconciliações públicas e subordinando-se cada vez mais à autoridade real, a qual nos casos de "abuso" assume a posição de tribunal de última instância[41].

---

(36) GILISSEN, *ob. cit.*, p. 337.

(37) "Cerca de 1100, dá-se na Itália um 'renascimento' do Direito Romano, na seqüência do seu ensino nas universidades nascentes. À medida que estas se multiplicam na Europa, o estudo e o ensino do Direito Romano desenvolvem-se; durante seis séculos, até o fim do século XVIII, só o Direito Romano é ensinado aí, ao lado do Direito Canônico; embora as primeiras cátedras de Direito moderno apareçam no século XVII, não conseguirão eclipsar o Direito Romano senão no começo do século XIX. Todo o ensino do Direito é feito em latim". GILISSEN, ob. cit., p. 337.

(38) Conselho do rei com certa competência judiciária, no início da Idade Média.

(39) GARNOT, B. Ob. cit., p. 40 e 59.

(40) SANTOS, Moacir Amaral. *Primeiras Linhas de Direito Processual Civil*, p. 381-382.

(41) "*Si la justice ecclésiastique se trouve progressivement subordonnée à la justice royale, par le moyen de la notion d'"abus", qu'il s'agissse d'abus de compéance (par exemple, faire arrêter un bourgeois) ou d'abus de jugement (par exemple, une peine disproportionnée au délit), le principe*

O paulatino crescimento da confiança dos indivíduos na justiça do Estado passa a registrar um grande incremento a partir do momento em que é reconhecido como básico o *direito à liberdade e à integridade física das gentes*, constituindo importantíssimo precedente histórico o fato que se dá no ano de 1215, quando a Magna Carta inglesa proíbe a detenção imotivada, gravando de forma pioneira o princípio da jurisdicionalidade e seus três preceitos fundamentais(42):

d) a imunidade do cidadão quanto às detenções arbitrárias;

e) a necessidade de um juízo legal — imparcial e independente — para atribuição do delito;

f) e a presunção de inocência até que um juízo legal atribua a culpa.

Assim, ao final da Idade Média e numa mirada geral pela Europa, veremos como conseqüência das relações naturais entre os povos e impulsionado pelo emergente movimento da Renascença, o redescobrimento do *Corpus Juris Civilis* e a difusão, a partir da Península Itálica, do Direito Romano-Canônico em todas as direções do continente(43). Ao que corrobora a lição de FRANZ WIEACKER(44):

> "O humanismo — a quem se deve o regresso às antigas fontes, a crítica textual e a reforma do ensino — era, ele mesmo, apenas um capítulo circunscrito de uma renovação geral da vida nos inícios da época moderna: ou seja, o regresso à exemplaridade dos antigos, que tinha a sua pátria na Itália — onde o progresso de formas próprias de vida pôde ser ingenuamente expresso com o recurso a uma palavra da esfera da religião, ou seja, com um 'renascimento' (*rinascimento)*, da mesma forma que o homem espiritual renascera em Cristo. No resto da Europa, apenas se substituíram as autoridades medievais pelas da antigüidade, não se deixando ainda ao pensamento o livre curso para a completa autonomia."

2.3. A Idade Moderna e a Conquista dos Direitos Fundamentais

O alvorecer da Era dos Descobrimentos encontrará o Direito Romano-Canônico adotado por praticamente todo o bloco continental europeu, onde já predominavam os reinados absolutistas como forma de governo e organização estatal.

---

des tribunaux de conciliation, fonctionnant en marge des organes de justice officiels, reste très employé jusqu'à la fin du Moyen Age." GARNOT, B. Ob. cit., p. 44-45.

(42) FERRAJOLI, Luigi. *Derecho y Razón — Teoria del Garantismo Penal.* Madrid: Editorial Trotta, 1998, p. 539. "Nenhum homem livre será detido ou sujeito à prisão, ou privado dos seus bens, ou colocado fora da lei ou exilado, ou de qualquer modo molestado e nós não procederemos ou mandaremos proceder contra ele, se não mediante um julgamento regular pelos seus pares e de harmonia com a lei do país.", *in* GOMES CANOTILHO, *Direito Constitucional e Teoria da Constituição*, p. 460.

(43) SANTOS, M.A. Ob. cit., p. 381-382.

(44) WIEACKER, Franz. *História do Direito Privado Moderno*, 2ª ed. Lisboa: Calouste Gulbenkian, 1993, p. 282.

A ascensão do Estado nacional soberano, iniciada de modo incisivo durante os últimos séculos da Idade Média, alcança o seu apogeu na Idade Moderna, ressaltando o advento do movimento Iluminista e do Direito Natural, a abolição de antigas tradições jurídicas e o fortalecimento da crença nos códigos[45]. Nesse aspecto, as idéias do Iluminismo muito favoreceram a teoria da codificação na medida em que tinham como um dos seus fundamentos a racionalização do Direito[46].

No que tange ao sistema jurisdicional a concentração de poderes na pessoa do rei conferia aos parlamentos a função de órgãos jurisdicionais centrais, como se observa nitidamente nos tribunais da Câmara dos Lordes inglesa e no Parlamento de Paris. Predomina uma confusa miríade de tribunais surgidos ao acaso e um forte papel da figura do juiz no desenvolvimento do Direito, que muitas vezes tendia a transformar-se no próprio legislador, como no caso dos *arrêts de règlement*[47]. O processo jurisdicional é lento, caro, confuso e burocrático, além de secreto muitas vezes como no caso do Direito Romano-Canônico erudito. A necessidade de abolição deste labirinto de tribunais e parlamentos é premente e urge a sua substituição, em grande escala, por uma nova hierarquia de tribunais racional, uniforme e abrangendo todos os cidadãos[48].

Ressalta INGO SARLET[49] a importância das Declarações de Direito inglesas do século XVII, em especial a *Petition of Rights* de 1628 e firmada por Carlos I, o *Habeas Corpus Act*, de 1679 e subscrito por Carlos II, o *Bill of Rights*, de 1689, promulgado pelo Parlamento e resultado da Revolução Gloriosa e, por último, o *Establishment Act*, de 1701, o qual definiu as leis da Inglaterra como direitos naturais de seu povo. Afirma o autor que nesses documentos os direitos e liberdades reconhecidos aos cidadãos ingleses, tais como o princípio da legalidade penal, a proibição de prisões arbitrárias e o *habeas corpus*, o direito de petição e até mesmo certa liberdade de expressão, surgem como enunciações gerais do Direito costumeiro, resultando da progressiva limitação do poder monárquico e da afirmação do Parlamento perante a coroa inglesa. Conclui que as declarações inglesas do século XVII significaram *a evolução das liberdades genéricas no plano do Direito público*, implicando expressiva ampliação, tanto no que diz respeito ao conteúdo

---

(45) CAENEGEN, R.C. van. *Uma Introdução Histórica ao Direito Privado*. São Paulo: Martins Fontes, 2000, p. 45 e 161.

(46) ANDRADE, Fábio Siebeneichler de. *Da Codificação — Crônica de um Conceito*. Porto Alegre: Livraria do Advogado, 1997, p. 63.

(47) "Em princípio, a tarefa dos tribunais era aplicar o direito às disputas concretas; cabia ao legislador estipular as normas legais. Em geral os antigos tribunais limitavam-se à sua tarefa judicial. Na França, no entanto, os muitos *arrêts de règlement* (decisões reguladoras) pronunciados pelos parlamentos constituíam uma exceção à regra. Essas decisões estabeleciam normas gerais de Direito aplicáveis a todos, de modo que dentro da jurisdição do parlamento correspondiam a uma espécie de legislação. Eram pronunciadas durante o litígio, quando surgia uma nova questão de Direito. Embora também sejam encontradas no século XV, é na época moderna que se tornam importantes." CAENEGEN, R.C. van, obra citada, p. 137, 138 e 180.

(48) CAENEGEN, R.C. van, ob. cit., p. 179-180.

(49) SARLET, Ingo Wolfgang. *A Eficácia dos Direitos Fundamentais*, p. 45.

das liberdades reconhecidas, quanto no que toca à extensão da sua titularidade à totalidade dos cidadãos ingleses.

Até o século XVIII, os diferentes poderes do Estado continuavam confundidos, desconhecendo-se na administração da justiça o caráter de serviço público, mas sim de um ofício privado, cuja delegação era herdada ou adquirida pelo juiz, o qual era remunerado pelo interessado em obter a solução para o seu litígio(50). Algumas vezes os juízes eram funcionários executivos com delegação judiciária ou juízes investidos de funções administrativas e eclesiásticas. As ordenações régias, confundindo ainda a trilogia Direito-Moral-Religião, estabeleciam, além das leis civis e penais, normas substantivas e adjetivas, e até preceitos de higiene, administração pública e poder de polícia(51).

Já na América, as colônias espanholas e lusitanas conservaram a mesma estrutura judiciária de suas metrópoles, reproduzindo os princípios do Direito Romano-Canônico, estreitamente ligado à língua latina e base de quase todas as posteriores codificações dos países americanos independentes. O sistema jurídico latino-americano, considerado um subgrupo do sistema romanista europeu no que tange ao Direito Privado, caracterizava-se também por uma forte influência da *common law*(52) no campo do Direito Público(53), daí sendo recepcionados os antigos conceitos da Carta Magna inglesa no que se refere aos direitos dos súditos.

Em muitas nações de formação hispânica, por diferentes motivos históricos e atravessando a barreira do tempo, observa-se ainda hoje uma estrutura judicial semelhante ao juízo romano-canônico do século XIII, preservado através das "*Leyes de Enjuiciamento*"(54).

Sendo a justiça privada gradativamente substituída pela atividade estatal, assume o governo organizado a obrigação de prestar a tutela jurídica, substituindo o interessado na atuação da lei, função essa especialmente definida após a consagração da Teoria Tripartite de MONTESQUIEU no século XVI, pela qual, idealmente,

---

(50) BAETHGEN, W.E. Ob. cit., p. 17.

(51) BONUMÁ, João. Ob. cit., p. 300-305.

(52) "Uma segunda família de Direito é a da **common law**, comportando o Direito da Inglaterra e os Direitos que se modelaram sobre o Direito inglês. As características tradicionais da **common law** são muito diferentes das da família de Direito Romano-Germânico. A **common law** foi formada pelos juízes, que tinha de resolver litígios particulares, e hoje ainda é portadora, de forma inequívoca, da marca desta origem." DAVID, René. *Os Grandes Sistemas do Direito Contemporâneo*. Lisboa: Meridiano, 1978, p. 47.

(53) VILLELA, Anna Maria. "Direito Romano e Sistema Jurídico Latino-Americano" *in: Direito e Integração*. LANDIM José Francisco Paes (Org.). Brasília: UNB, 1981, p. 05-13.

(54) COUTURE, Eduardo J. *Fundamentos do Direito Processual Civil*. São Paulo: Saraiva, 1946, p.180. Sobre este fenômeno o registro de EDUARDO CAMBI: "Ainda, como conseqüência inevitável da globalização econômica, agora no plano cultural, e interpenetração dos modelos jurídicos da *civil law* e da *common law*. Exemplo disto é a *Nueva Ley de Enjuiciamento Civil* espanhola, de 07.01.2000, que, mesmo mantendo-se fiel ao modelo germânico-romanístico, prevê institutos típicos do modelo anglo-saxão, como a *cross-examination*. Não se trata, com certeza, de fenômeno isolado nem tão recente,

conjugam-se um poder legislativo, um executivo e um judiciário, independentes e harmônicos entre si.

Uma nova era inicia-se a partir da Declaração da Independência Americana em 1776 e a Declaração dos Direitos do Homem e do Cidadão pelos revolucionários franceses de 1789, impregnadas de idéias de sistematização da separação dos poderes do Estado difundidas por MONTESQUIEU a partir de 1748, abrindo outro capítulo na história das nações e das relações entre o Judiciário como poder político independente das demais funções do Estado moderno. Desta forma, a Teoria Tripartite, conjugada com as idéias republicanas de Estado democrático e respeito às liberdades básicas do indivíduo, foi adotada pelo Movimento Constitucionalista do século XVI, cristalizada nas declarações das colônias inglesas na América do Norte a partir de 1776 e na Declaração dos Direitos do Homem e do Cidadão, aprovada na França em 1789, desenvolvendo-se, a partir daí, a doutrina conhecida como **sistema de freios e contrapesos** (*checks and balances*), marco inicial para o reconhecimento de uma função estatal independente e voltada para um único objetivo: a distribuição da justiça.

O contraste entre o processo na antiga Roma e o moderno processo civil nos Estados que herdaram o sistema da "*Civil Law*"(55) tornou-se cada vez maior a partir do século XIX até nossos dias, quando conscientemente os codificadores modernos passam a ensaiar um retorno ao **pragmatismo** e **satisfatividade** das clássicas idéias romanas em detrimento da herança medieval(56).

2.4. A Revolução Francesa e a Separação dos Poderes do Estado

A experiência jurisdicional desenvolvida na França após a Revolução de 1789 acabou servindo como modelo para ordenamentos jurídicos no mundo todo, especialmente na América Latina, naqueles países que utilizaram as codificações napoleônicas de 1806 como paradigma na elaboração de suas próprias legislações.

---

bastando lembrar da influência paulatina das *class actions* norte-americanas no ordenamento processual brasileiro, sobretudo a partir das duas últimas décadas do século passado." *Jurisdição no Processo Civil.* Curitiba: Juruá, 2002, p. 122.

(55) Também conhecida como **Família de Direito Romano-Germânico**, agrupando os países nos quais a ciência do Direito se formou sobre a base do Direito Romano. *"As regras de Direito são concebidas nestes países como sendo regras de conduta, estreitamente ligadas a preocupações de justiça e de moral. Determinar quais devem ser estas regras é a tarefa essencial da ciência do Direito; absorvida esta tarefa, a "doutrina" pouco se interessa pela aplicação do Direito que é assunto para os práticos do Direito e da administração. Uma outra característica dos Direitos da família romano-germânica reside no facto destes direitos terem sido elaborados, antes de tudo, por razões históricas, com vista a regular as relações entre os cidadãos; os outros ramos do Direito só mais tardiamente foram desenvolvidos, partindo dos princípios do "Direito Civil", que continua a ser o centro por excelência do Direito."* DAVID, René. Ob. cit., p. 45.

(56) CAPPELLETTI *and* PERILLO. Ob. cit., p. 26.

As primeiras notícias desta concepção chegam-nos por ARISTÓTELES[57], que admitia a existência de três órgãos estatais separados: **um poder deliberante**, uma **autoridade** e o **juiz**.

Ultrapassando os séculos, esta idéia foi abordada por MAQUIAVEL[58] e LOCKE[59], encontrando configuração final com MONTESQUIEU em *"De L'Esprit des Lois"*[60], na qual idealizou o sistema em que se conjugam, então entendidos como poderes, um **Legislativo**, um **Executivo** e um **Judiciário**. Estes seriam todos independentes e harmônicos entre si como forma de garantia da liberdade individual, enfraquecendo o poder absoluto do Estado e complementando a função limitadora da Constituição.

Entre os séculos XV e XVII, disciplinada pela ordenações régias, a jurisdição era exercida por delegação do rei, que personificava a própria figura da Justiça.

Em 1522, a venalidade dos cargos, até então clandestina, foi oficializada por Francisco I, passando então a ser também hereditários, a partir de 1604, para aqueles súditos preenchedores de certos atributos mínimos de religião, moral, família e fortuna, mediante o pagamento de uma taxa anual à coroa de Henrique IV [61]. Dessa forma verdadeiras dinastias de magistrados, em sua maior parte oriundas da burguesia comerciante em ascensão e com forte espírito corporativo, passaram a preencher as cortes de Justiça, quando membros dos Parlamentos gozavam de grande prestígio social e de inúmeros privilégios, notadamente os fiscais, que lhes proporcionavam um faustoso estilo de vida e o acesso aos círculos intelectuais[62].

O processo inquisitório e o sistema das provas legais foram acrescidos de normas solidificadas pela jurisprudência, embora sem regulamentação real, o que somente ocorreu após a Revolução de 1789[63]. A partir de 1670 a filosofia absolutista passou a refletir-se também na organização da Justiça com as Ordenanças Criminais de Colbert, numa primeira tentativa de sistematização das normas processuais.

Mas a organização judiciária francesa somente mudará de forma radical após 1789, com o final do *"Ancien Régime"*, e no dizer de GARNOT [64], "com o retorno parcial a princípios ainda mais tradicionais" apesar da idéia inicial de tornar o exercício da Justiça claro e transparente aos olhos do público e independente do poder real[65].

---

(57) ARISTÓTELES. *A Política*.
(58) MAQUIAVEL. *O Príncipe*.
(59) LOCKE, John. *Segundo Tratado Sobre o Governo*.
(60) MONTESQUIEU, Barão de. *Do Espírito das Leis*. Rio de Janeiro: Tecnoprint, s.d., p. 524. Capítulo 6.
(61) É a denominada *"paulette"*, taxa anual para o exercício da função, com direito à transmissão da mesma, vigente entre os séculos XVII e XVIII.
(62) GARNOT, B. Ob. cit., p. 78.
(63) GARNOT, B. Ob. cit., p. 46.
(64) Ob. cit., p. 50.
(65) Apesar do séculos, o aparelho jurisdicional francês parece não ter se desvencilhado de alguns dos antigos vícios do *Ancien Régime* como testemunham BURGELIN e LOMBARD: "Ils est rassurant

Conforme nos relata CHIOVENDA(66), a Teoria Tripartite da Separação dos Poderes, em suas primeiras aplicações na França, foi entendida em sentido rígido e mecânico, onde a cada órgão deveria corresponder **uma única função** e lhe era defeso ingerir na atividade do outro. Isso dependia, em parte, dos inconvenientes causados pelo Parlamento, o mais importante órgão jurisdicional francês em relação aos demais, identificados na Administração e no próprio poder do rei.

Daí o princípio de que os "juízes não poderiam, sob pena de felonia, turbar de qualquer maneira as operações dos corpos administrativos por causa de suas funções."(67)

Concomitantemente é formulado o sistema da **jurisdição dúplice**, com o **contencioso administrativo**, em face da desconfiança que possuía a Administração revolucionária em relação à magistratura por entendê-la não identificada com os ideais burgueses(68). Dessa forma foi retirado do Judiciário o controle da legalidade dos atos administrativos e criou-se o Conselho de Estado para resolver as questões entre a Administração e seus administrados, distorcendo-se a concepção tripartite dos poderes(69).

A venda dos cargos foi suprimida e o juiz passou a ser primeiramente eleito e, mais tarde, nomeado por mérito, tendo seu número sido sensivelmente diminuído. Nessa época, a fonte de sua autoridade repousa sobre a soberania popular proclamada pelos revolucionários. Ao que ilustra CAENEGEN(70):

> "A prática jurídica tornou-se mais democrática: se a justiça não devia ser confiada ao povo, devia ao menos ser colocada ao seu alcance. O método mais radical era o de eleger juízes para um mandato temporário (um sistema ainda usado em alguns estados dos Estados Unidos da América) e abandonar todas as qualificações para a profissão jurídica, em especial a formação em Direito. Por um breve

---

que la profession de magistrat soi demeurée attirante, notamment dans les jeunes générations. Il y a un demi siècle, la magistrature se recrutait, en grande partie, dans le milieu judiciaire. Rares étaient les vocations provenant d´autres origins. C´etait un monde fermé, presque inconnu du grand public. A present, c´est par milliers que l´on compte les candidates aux concours d'accès à la magistrature, venant de toutes les milieux sociaux. Vouloir être juge n´est plus manifester une originalité: c'est exprimer le désir d'exercer un état qui permet de jouer un rôle effectif dans la vie sociale. Pourtant, malgré cet aspect positif et encourageant l'institution judiciaire reste désespérément obscure. Tous les sondages montrent, avec régularité, l'impopularité de la justice. Elle est mise pratiquement au dernier rang, dans la considération, des institutions de notre pays." *Le Procès de la Justice.* Paris: Le Grand Livre du Mois, 2003, p. 152.

(66) CHIOVENDA, Giuseppe. *Instituições de Direito Processual Civil*, v. 2. São Paulo: Saraiva, 1949, p. 17.

(67) Decreto de 16-24 de agosto de 1790, tratando sobre a organização judiciária, Título II, art. 13; Constituição de 1795, art. 203. GARSONNET, E. *Précis de Procédure Civile*, 5ª ed. Paris: Librairie de la Société du Recueil Général des Lois & des Arrêts, 1904, p. 11.

(68) No mesmo sentido, veja-se manifestação do próprio Montesquieu: "*...o poder de julgar, tão terrível entre os homens, não estando ligado nem a uma certa situação nem a uma certa profissão, torna-se, por assim dizer, invisível e nulo. Não se tem constantemente juízes diante dos olhos e teme-se a magistratura mas não os magistrados" Do Espírito das Leis, apud* PRATA, ob. cit., p. 35.

(69) ARAÚJO, Justino Magno. Aspectos da Jurisdição na Civil e na *Common Law. Revista AJURIS*, Porto Alegre, v. 14, n. 40, p. 184-201, jul./1987.

(70) CAENEGEN, R.C. van, ob. cit., p. 181.

período, a Revolução Francesa empregou um sistema assim (Constituição de 1791, III, 2 e 5). A Constituição do Ano VIII (13 de dezembro de 1799) readotou o sistema conservador tradicional de juízes profissionais, que haviam sido formados em Direito e designados em regime vitalício pelo primeiro cônsul. O impopular sistema de vendas dos cargos de juiz já fora evidentemente abandonado bem antes."

Entretanto, como bem define conhecida citação, o juiz não era nada mais que "*la bouche de la loi* "(71), ou um burocrata limitado à decisão dos conflitos entre particulares(72).

Estas restrições perduraram até nosso século, onde as encontramos em extratos escolhidos das lições de processo civil do professor GARSONNET, em Paris, no ano de 1904:

> "...ao Judiciário, dependente do Poder Executivo, é defeso elaborar seus regulamentos, opor-se à execução das leis, apreciar sua constitucionalidade ou opor-se à aplicação das mesmas... Os tribunais não devem interpretar, obstruir a execução ou pronunciar a nulidade de um ato administrativo... Estas soluções não contradizem o princípio da separação dos poderes... A justiça civil não anula nem fere o ato administrativo, ela se contenta em não aplicá-lo e em recusar sua concorrência com a autoridade administrativa... Ela exerce seu império sobre os fatos em que a Administração não intervem como potência pública..."(73)

Dessa forma complementa ARRUDA ALVIM(74):

> "a tripartição dos poderes foi o instrumento histórico que serviu à burguesia para garantir-se contra os poderes, ou melhor, contra o Poder do Estado, o que vale dizer contra a sua soberania. Para muitos, o próprio MONTESQUIEU estava ciente de que a tripartição não correspondia a qualquer exigência científica, e

---

(71) No mesmo sentido LOUIS ALTHUSSER, *apud* SILVA, Ovídio Baptista da. *Curso de Processo Civil*, v. 1. Porto Alegre: Fabris, 1987, p. 18: "os juízes não são senão... a boca que pronuncia as palavras da lei...".

(72) A respeito, veja-se o que dispõe o art. 127 do Código Penal Francês: *"Seront coupables et punis de la dégradation civique: Les juges qui se seront immiscés dans l'exercice du pouvoir législatif soit par règlements contenant des dispositions législatifs, soit en déliberant sur le point de savoir si les lois seront publiées ou executées..."* GARSONNET, ob. cit., p. 11. Bastante ilustrativo desta situação é o registro de LOPES, José Reinaldo Lima, *O Direito na História,* 2000, p. 259: "Nos primeiros tempos da Revolução Francesa o confronto com a justiça do Antigo Regime, acostumada a sobrepor a tradição, a doutrina e seus próprios costumes à lei, foi inevitável. A Lei n. 16, de 24 de agosto de 1790 dispôs nos arts. 11 e 12: 'Os tribunais não poderão participar direta nem indiretamente do Poder Legislativo, nem suspender a execução dos decretos do corpo legislativo sancionados pelo rei, sob pena de indiciamento criminal. Serão obrigados a mandar transcrever pura e simplesmente em registro próprio e publicar dentro de oito dias as leis que lhes forem enviadas'. A Constituição de 3 de setembro de 1791 dispunha no art. 3º do título III, capítulo V: 'Os tribunais não podem imiscuir-se no exercício do Poder Legislativo nem suspeder a execução das leis.' No mesmo sentido o Código Penal punia com a degradação cívica e como criminosos 'os juízes, os procuradores-gerais ou do rei ou seus substitutos, os oficiais de polícia que interfiram no exercício do Poder Legislativo, seja por regulamentos que contenham disposições legislativas, seja impedindo ou suspendendo a execução de uma ou diversas leis, seja deliberadamente sobre saber se as leis devem ser publicadas ou executadas' (art. 127, par. 1)"

(73) Ob. cit.

(74) ARRUDA ALVIM. Ob. cit., p. 98.

não passava de mero instrumento destinado a embasar definitivamente a posição da burguesia como classe social."

E continua o autor:

"Sem embargo desta controvérsia, o fato histórico indiscutível e, portanto, o dado básico do problema, é o de que a tripartição dos poderes consistiu, historicamente, no mais perfeito instrumento de construção do Estado de Direito (Legislativo, Executivo, Judiciário). Valeu este princípio aos juristas como o mais eficaz e lógico instrumento para a elaboração do Estado de Direito, tendo-se em vista as condicionantes históricas da época."

As exigências sociais e políticas modernas obrigaram a uma evolução do conceito clássico da teoria de MONTESQUIEU sobre a tripartição dos poderes[75], quando o Estado atual, uno na origem e essência, realiza seus fins ainda dividido por meio dos três primitivos poderes, hoje interpretados também como **deveres** do poder central, e que exercem, conforme sua competência principal, respectivamente, as atividades executiva, legislativa e jurisdicional, essa última abrangendo não só as relações entre particulares, mas também aquelas entre estes e o Estado.

Registra-se, assim, uma trajetória coincidente entre a história dos direitos fundamentais e a gênese do Estado constitucional contemporâneo, tendo sido decisiva a contribuição francesa para o processo de constitucionalização e reconhecimento de direitos e liberdades fundamentais nas Constituições do século XIX[76].

E é K. STERN[77] quem sintetiza em três etapas básicas o desenvolvimento histórico dos direitos fundamentais:

a) uma pré-história que se estende até o século XVI;

b) uma fase intermediária, que corresponde ao período de elaboração da doutrina jusnaturalista e da afirmação dos direitos naturais do homem;

c) e a fase da constitucionalização, iniciada em 1776, com as sucessivas declarações de direitos dos Estados americanos.

Vale salientar, como observa CRÉMIEU[78], o *caráter lentamente progressivo de substituição da justiça privada pela função estatal*, resultado tanto de um ato de autoridade emanado do poder público[79] quanto de uma renúncia do sujeito portador da

---

(75) CAPPELLETTI, Mauro. Repudiando Montesquieu? A expansão e legitimidade da "justiça constitucional". *Revista da Faculdade de Direito da UFRGS*. Porto Alegre. v. 20 (2001), p. 261-291. Também JORGE MIRANDA quando afirma: "A crescente complexidade das funções assumidas pelo Estado — da garantia da segurança perante o exterior, da justiça e da paz civil à promoção do bem-estar, da cultura e da defesa do ambiente — decorre do alargamento das necessidades humanas, das pretensões de intervenção dos governantes e dos meios de que se podem dotar; e é ainda uma maneira de o Estado ou os governantes em concreto justificarem sua existência ou a sua permanência no poder." *In Teoria do Estado e da Constituição*. Rio de Janeiro: Forense, 2002, p. 231.

(76) SARLET, Ingo, ob. cit., p. 48.

(77) *Staatsrecht III/1*, p. 56, *apud* SARLET, Ingo, ob. cit., p. 39.

(78) BAETHGEN, W.E. Ob. cit., p. 25-30.

(79) É interessante a colocação de REINHOLD ZIPPELIUS quando refere o efeito sobre os indivíduos do excesso de regulamentação estatal no Estado de Direito: "La libertad individual no sólo se garantiza

pretensão, culminando com o *status* atual de *direito inderrogável do indivíduo* presente na quase totalidade dos contemporâneos ordenamentos constitucionais.

Ao término deste breve escorço histórico, podemos então sintetizar a evolução da atividade jurisdicional, desde o alvorecer da civilização humana até nossos dias:

> "Justiça (defesa) privada pura e simples? justiça privada com procedimento legal? composição voluntária? a composição obrigatória? jurisdição como ato do poder-dever público e garantia fundamental do indivíduo."

3. A ATIVIDADE JURISDICIONAL NO ESTADO CONTEMPORÂNEO

A visão clássica da tripartição dos poderes evoluiu para adaptar-se ao Estado social moderno, uno em sua origem e essência, a realizar seus fins por meio de três funções distintas, denominadas, conforme sua competência principal, de Executivo, Legislativo e Judiciário. A importância da concepção de MONTESQUIEU é fundamental para a compreensão plena da atividade jurisdicional pois, diferente de LOCKE que parecia ver no Judiciário apenas uma extensão do Executivo, MONTESQUIEU fez dele um poder distinto, independente dos demais, como bem expressou DIETER BRÜGGENAN:

> "Se aqui e agora podemos atribuir um sentido à divisão dos poderes, dito sentido corresponde ao ofício do juiz. Em função dele, a divisão do poder é hoje mais pura. Os poderes legislativo e executivo aparecem na atualidade entrecruzados; nas constituições de nossos dias não se encontram suficientemente separados, mais ainda, ali onde se reclama a constitucionalidade de suas competências, têm que acudir ao juiz para que decida."(Tradução do Autor)[80]

Com a modernização das instituições, o Judiciário, subordinado à lei, passou a reger não só as relações entre os particulares, mas também aquelas havidas entre estes e a Administração (controle jurisdicional dos atos administrativos) e o Legislativo (controle da constitucionalidade das leis).

---

dividiendo las competencias de regulación dentro de la organización estatal. El grado de libertad de que disfruta el individuo en el Estado depende también de la relación entre las facultades de regulación estatales y no estatales entre sí y su distribuición. En otras palabras: se trata de determinar en qué extensión los procesos de la vida social se hallan sometidos a la regulación estatal o si se han dejado a uma autorregulación mediante la autonomía privada o a través de corporaciones e instituciones "autónomas", a saber, el derecho de disponer sobre sus propios asuntos. La libertad e independencia de los individuos se ven amenazadas también por un exceso de regulación y previsión estatales, aun cuando estas se ejerzan, bajo los principios y controles del Estado del derecho y la prohibición de exceso, los cuales deben otorgar la mayor libertad posible a los ciudadanos, deben ser respetados cuando se decida si determinadas situaciones han de ser sometidas a la regulación estatal." *Teoría General del Estado*, 2ª ed. México: Porrúa, 1989, p. 288.

(80) *Apud* CUEVA, Mario. *La Idea del Estado*, 4ª ed. México: UNAN, 1994, p. 95-96. E sobre a assertiva comenta MARIO DE LA CUEVA: "De todo lo expuesto deducimos que la doctrina del *Espíritu de las Leyes* constituyó en el siglo XVIII la versión final, más humana y más completa y

Essa divisão, amoldada ao dinamismo da realidade político-social, não é rígida, existindo casos de atuação de um poder na área de outro, o que não é admitido pela corrente jurídico-doutrinária que insiste na idéia de separação radical dos poderes do Estado. JORGE MIRANDA(81) corrobora que a tripartição das funções do Estado não esgota, nos dias de hoje, as atividades do Estado ou não as reflete com suficiente clareza e homogeneidade, sendo mister ter em conta zonas de fronteira entre três funções fundamentais e até **funções complementares**, **acessórias** ou **atípicas**.

Tais situações de **interferência funcional, interpenetração dos poderes, desvios de atuação dos seus papéis originários** ou **funções estatais anômalas** como preferem alguns autores(82), sempre existiram entre os órgãos do Estado e, como ensina COUTURE(83), "o Poder Judiciário é historicamente anterior ao Legislativo" e "Os Parlamentos até o século XVIII, como hoje a Câmara dos Lordes, eram tribunais reais que tinham a seu cargo o Poder Judiciário"(84).

ALCALÁ-ZAMORA qualifica de "gris" esta zona onde se dá a intersecção entre as atividades das três funções do Estado.

Ainda o professor GARSONNET(85), em suas preleções universitárias no primeiro decênio do século XX, vinculava a atividade judiciária à Administração que, juntamente com o Legislativo, constituiria os dois verdadeiros poderes do Estado(86).

---

la más difundida en Europa y en América; y fue también su pensamiento el que se elevó en la Asamblea Nacional Constituyente de 1789 a la categoria de uno de los derechos fundamentales del hombre y del ciudadano, según se desprende del artículo dieciséis de la Declaración: 'La sociedad en la cual no está asegurada la garantía de los derechos ni determinada la separación de los poderes, no tiene constitución."

(81) Ob. cit., p. 237.

(82) Tratando da distinção da Jurisdição das demais funções do Estado, afirma BECERRA BAUTISTA: "Como función del Estado, debe distiguirse de las otras dos que agotan las funciones estatales: de la legislativa y de la ejecutiva. El órgano legislativo crea las normas abstractas; el ejecutivo, las promulga y vela por su complimiento.

Esta división aparentemente clara da orígen, sin embargo, a multitud de problemas cuando se trata de delimitarla.

Sin entrar en detalles, deve decirse que en la actualidad ya la división de poderes no tiene el respecto rígido que inicialmente tuvo, pues se busca la coordinación de las actividades del Estado para satisfacer las necesidades que tiene encomendadas. Por eso no puede existir separación absoluta de poderes ya que se interfieren y unas funciones que teóricamente corresponderían a uno de los poderes, las ejercen otros y viceversa." *El Proceso Civil en México*, p. 08-09.

(83) PRATA, Edson. Ob. cit., p. 31.

(84) Afirma REINHOLD ZIPPELIUS: "En las democracias occidentales, la división de poderes rige como principio, pero no se ha puesto rigurosamente en práctica según su modelo típico-ideal. Por lo general, sólo se mantiene estrictamente la independencia de los jueces frente a las intromisiones del poder ejecutivo. En lo demás, el esquema de división de poderes no excluye ciertas invasiones por encima de los límites fundamentales de competencia, ni siquiera desde sus inicios, históricamente hablando." *Ob. cit.*, p. 297.

(85) "Il existe dans toute société civilisée deux pouvoirs, le pouvoir législatif et le pouvoir exécutif: le premier fait des lois, le second les applique, et, suivant qu'il s'agit de les faire servir à la haute direction des affaires politiques, au règlement des détails de la vie publique ou au jugement des contestations, il s'appelle le gouvernement, l'administration ou la justice. (...) Du pouvoir exécutif depend le pouvoir ou l'autorité judiciaire, que beaucoup d'auteurs considérent comme un troisième pouvoir distinct des deux prècedentes, et qui a pour mission rendre la justice..." (GARSONNET, E. *Précis de procédure civile,* 5. ed. Paris: Société du Recueil Général des Lois & des Arrêts, 1904, v. 1.585, p. 9).

(86) Vide OVÍDIO BAPTISTA em *Teoria Geral do Processo.* Porto Alegre: Lejur, 1983, p. 18: "A teoria da *separação dos poderes*, atribuída a MONTESQUIEU, na verdade é mais um mito que uma realidade.

Como conseqüência do fenômeno, vemos o Judiciário dividido em duas funções: uma, *lato sensu*, é a **função jurisdicional** realizando a prestação da Justiça, e a outra, a **função judiciária *stricto sensu***, cuida das atividades não compreendidas na jurisdição, mas a ela afetas por motivos orgânicos e subjetivos(87).

Daí a diferença entre o ato jurisdicional e o ato judiciário.

Dessa forma podemos citar como exemplos atuais de *funções estatais anômalas* a nomeação pelo Presidente da República dos juízes das instâncias supremas, as atribuições judiciais do Legislativo no julgamento dos casos de *impeachment*, ou as atividades legislativas do Judiciário na elaboração dos seus regimentos internos ou no preenchimento das lacunas da lei.

Ou ainda o Senado no julgamento do Presidente da República, Vice-Presidente, Ministros de Estado, Ministros do Supremo Tribunal Federal, Procurador-Geral da República e o Advogado-Geral da União nos crimes de responsabilidade, após a Câmara de Deputados declarar a *admissibilidade* das acusações apresentadas contra essas autoridades.

Também o Tribunal de Contas exerce função anômala como órgão colegiado e "preposto do Legislativo", e, no dizer de ATHOS CARNEIRO(88), encarregado da fiscalização do orçamento e integrado, na esfera federal, por ministros que gozam das garantias e prerrogativas dos seus pares do Supremo Tribunal Federal. O Tribunal Marítimo, embora vinculado ao Ministério da Marinha, é órgão auxiliar do Poder Judiciário, e suas decisões referem-se às responsabilidades técnicas por acidentes de navegação e constituem, em juízo, unicamente elemento de prova com presunção de certeza.

Quanto ao Judiciário, são anômalas as funções de elaboração de regimentos internos dos seus tribunais e, segundo FREDERICO MARQUES, o exercício pelo juiz da atividade disciplinar quanto ao desempenho dos advogados em comarcas onde não haja representação da Ordem dos Advogados do Brasil, e a remessa ao Procurador-Geral do Estado dos autos do inquérito policial quando o promotor de justiça se haja recusado a oferecer denúncia(89).

A norma geral é que sejam justificadas essas intersecções sem que haja abuso ou violação da harmonia e independência entre os Poderes, expressão de garantia da liberdade individual do modelo tripartite e todas manifestações distintas do exercício da soberania do Estado único.

O célebre filósofo francês não o defendeu, e nem considerou o judiciário como um *poder*, de vez que, ao referir-se ao poder judicial (*puissance de juger*) num estado democrático, MONTESQUIEU (*L'esprit des lois*, XI, 6) afirma tal poder 'invisível e nulo...'".

(87) MARQUES, José Frederico. *Ensaio sobre a Jurisdição Voluntária,* 2ª ed. São Paulo: Saraiva, 1959, p. 35-36, 321p.

(88) *Jurisdição e Competência*, p. 13.

(89) *Apud* OVÍDIO BAPTISTA, *Curso de Direito Processual*, p. 39.

3.1. A Jurisdição no Estado Tripartite

Para que se possa avançar no estudo da atividade jurisdicional, faz-se necessário esboçar as básicas distinções entre a atividade jurisdicional e as demais atividades estatais legislativa e administrativa.

Sistematizando a ação jurídica do Estado, ALDO SANDULLI(90) considera que toda a atividade do Estado se realiza sempre por meio de um procedimento, visando à produção de um ato jurídico, que poderá ser a *lei*, a *sentença* ou o *ato administrativo*, dependendo da atividade pela qual for exercitado e subjazendo em todos eles o conceito da unidade estatal.

Entretanto, apesar de presente o princípio da privacidade das funções na maioria absoluta das cartas constitucionais modernas, este há muito perdeu sua rigidez, especialmente no que tange às relações do Judiciário com os demais poderes estatais(91). De forma a sistematizar este raciocínio, vale reproduzir a classificação feita por JORGE MIRANDA com base nas características fundamentais de cada uma das funções do Estado contemporâneo(92):

Funções	Critérios Materiais	Critérios Formais	Critérios Orgânicos
Função política (legislativa e governativa *stricto sensu*)	Definição primária e global do interesse público; interpretação dos fins do Estado e escolha dos meios adequados para os atingir; direção do Estado	Liberdade ou discricionariedade máxima, o que não significa não subordinação a regras jurídicas (às da Constituição, desde logo); liberdade de escolha, senão quanto ao conteúdo, pelo menos quanto ao tempo e às circunstâncias, ou não havendo esta (v.g., promulgação obrigatória), ausência de sanções jurídicas específicas	— Órgãos (políticos ou governativos) e colégios em conexão direta com a forma e o sistema de governo — Havendo pluralidade de órgãos, ausência de hierarquia e apenas relações de responsabilidade política

---

(90) *Apud* MORAES, Maria Amália Dias de. *O conceito de jurisdição.* Tese de Mestrado em Direito Privado. Faculdade de Ciências Jurídicas e Sociais. UFRGS. Porto Alegre, 1989.

(91) MORAES: "O princípio da plenitude lógica da ordem jurídica não significa a preexistência de regra escrita para toda situação da vida de relações ou para todo e qualquer litígio, mas, forçosamente, que o sistema contém em si os elementos necessários à sua explicitação. Junte-se a isso a utilização cada vez mais ampla das cláusulas gerais, como política e técnica de elaboração legislativa, e a autorização de julgamento por eqüidade, quando o caso, para se ter como evidente que o processo de criação do Direito não se esgota na ortodoxia do procedimento legislativo. Há, sem dúvida, um processo de apuração e depuração do Direito, uma tarefa também construtiva do sistema na atividade jurisdicional." (Ob. cit., p. 7-11).

(92) Sobre o tema é interessante a manifestação de DINAMARCO, Cândido, *A Instrumentalidade do Processo*, p. 315: "A jurisdição não é *um poder*, mas *uma das expressões do poder estatal*, que é *uno*. (v. concls. nn. 21 e 27). Conseqüentemente, não se justifica a busca obstinada de diferenças substanciais (ontológicas) entre ela e as outras manifestações desse poder (administração, legislação); as diferenças são meramente funcionais e metodologicamente é muito mais útil a busca de que todas têm em comum, ou seja, a busca da essência do conceito de poder e dos desdobramentos que daí decorrem (v. n. 15). O que distingue a jurisdição está nas suas *características externas*, representadas pelos objetivos em razão dos quais é exercida e pelo seu exercício sempre ligado a casos concretos: tal é a 'perspectiva funcional da jurisdição'".

Funções	Critérios Materiais	Critérios Formais	Critérios Orgânicos
Função administrativa	Satisfação constante e quotidiana das necessidades coletivas; prestação de bens e serviços	— Iniciativa (indo ao encontro das necessidades) — Parcialidade (na prossecução do interesse público), o que não impede imparcialidade no tratamento dos particulares	— Dependência funcional, com sujeição, no interior de cada sistema ou aparelho de órgãos e serviços, a ordens e instruções (hierarquia descendente) e a recurso hierárquico (hierarquia ascendente) — Coordenação e subordinação, com mais ou menos centralização e concentração ou descentralização e desconcentração
Função jurisdicional	Declaração do direito; decisão de questões jurídicas, seja em concreto perante situações de vida, seja em abstrato	— Passividade (implicando necessidade de pedido de outra entidade, definição do objeto do processo através do pedido e necessidade de decisão) — Imparcialidade (posição *super partes*)	— Independência de cada órgão, sem prejuízo de recurso para órgãos superiores (hierarquia apenas ascendente) — Em princípio, atribuição a órgãos específicos, os tribunais formados por juízes

3.2. A Jurisdição e a Atividade Legislativa

Fruto da concepção franco-revolucionária de atividade judicial, por muito tempo entendeu-se o magistrado como reprodutor e aplicador mecânico das palavras da lei, vedado de qualquer interferência ou manifestação no campo dos demais poderes-deveres do Estado, enquanto ao Legislativo era reservada a exclusiva tarefa de criação da lei e, por conseqüência, do Direito objetivo.

Na formulação de CHIOVENDA, partilhada por inúmeros outros doutrinadores, a função legislativa apenas **dita** as normas reguladoras das atividades dos cidadãos e dos órgãos públicos, enquanto a jurisdição **atua** essas mesmas normas[93].

Para CALAMANDREI, a legislação, em suma, estabelece o sistema da legalidade, enquanto a jurisdição o mantém em sua integridade real e efetiva.

DE PINA e LARRAÑAGA, em obra conjunta sobre o Direito processual mexicano, afirmam ser objeto da função legislativa a criação do Direito, considerada como a formação da lei e a determinação das normas subsidiárias, enquanto é objeto do Judiciário a aplicação do Direito, aí compreendido o juízo e a execução do julgado[94].

---

(93) CHIOVENDA. *Instituições de Direito Processual Civil*, v. 2. São Paulo: Saraiva, 1969, p. 06.
(94) DE PINA, Rafael e LARRAÑAGA, José Castillo. *Instituciones de Derecho Procesal Civil*, 6ª ed. Mexico: Porrua, 1963, p. 55.

Disse LIEBMAN que no ato de interpretação judicial não há criação do Direito, mas uma **declaração** na qual deduz uma regra concreta já contida na preexistente norma abstrata(95).

No mesmo sentido EDSON PRATA assevera que o Legislativo elabora as normas gerais e abstratas com o objetivo de regular a atividade das pessoas e dos órgãos públicos, sendo, por essência, **criador** do Direito. Já o Judiciário tem por escopo **atuar** a norma legal nos casos concretos que lhe são submetidos, distribuindo justiça aos requerentes e declarando a lei aplicável ao caso concreto(96).

Modernamente predomina a corrente doutrinária que aceita a criação do Direito também pelo magistrado na falta do texto legal ou quando da interpretação por eqüidade(97), o que o aproxima do básico conceito de legislador.

Essa expansão da criatividade judicial constitui fenômeno típico do século XX numa revolta contra o formalismo e o positivismo jurídicos, deflagrada pelas grandes conquistas liberais na área da política social, economia e setor público, o que veio colidir de frente com o antigo dogma do juiz como simples declarador do Direito(98).

O magistrado, para PLAUTO FARACO DE AZEVEDO, embora também submetido ao Direito, encontra-se a ele vinculado de forma especial, o que foi negado pela filosofia neokantiana, para a qual o juiz "era destinatário da norma e seu executor, como qualquer outro funcionário e como qualquer outro membro da comunidade jurídica". Registra o renomado pesquisador que os juízes e tribunais não cessam jamais de exercer o poder criativo no exercício das suas funções, eis que é inviável a separação absoluta entre as atividades legislativa e judiciária. Essa seria uma utopia silogística da lei, apenas acidentalmente realizável, quando o normal é a rebelião dos fatos cotidianos contra essa perspectiva simplista(99).

Assim, concorda AMARAL SANTOS com a observação particular de que o magistrado **cria o Direito mas não a norma**, que é extraída do ordenamento jurídico em

---

(95) LIEBMAN. *Manuale de Diritto Processuale Civile*, v. 1. Milano: Giuffrè, 1957, p. 7. No original: "Secondo la natura propria della funzione giurisdizionale, il giudice no crea, non pone liberamente questa regola concreta, ma si limita a dedurla logicamente dalla norma astratta; in questo senso l'attività del giudice è meramente dichiarativa, perchè el fato cade sotto l'impero della norma anche prima di divenire oggetto dei giudizio, e il giudice dà soltanto forma espressa ad una regola concreta logicamente contenuta nella formula astratta della legge".

(96) Ob. cit., p. 110-111.

(97) "Conjunto de princípios imutáveis de justiça que induzem o juiz a um critério de moderação e de igualdade, ainda que em detrimento do Direito objetivo. Sentimento de justiça avesso a um critério de julgamento ou tratamento rigoroso ou estritamente legal" (*Dicionário Aurélio*).

(98) Segundo PLAUTO FARACO DE AZEVEDO, "O positivismo jurídico é o esvaziamento do poder do juiz" *Justiça Distributiva e Aplicação do Direito*. Porto Alegre: Fabris, 1983, p. 117.

(99) "Talha-se a realidade das coisas ora em arestas vivas ora em contornos vagos e indefinidos, exigindo, quase sempre, árduo e complicado labor na aplicação satisfatória da regra à especificidade do caso. A hipótese legal rarissimamente deixa de diferir, em tal ou qual ponto, daquela que se apresenta ao julgador ou ao intérprete, requerendo um processo de adaptação que, não raras vezes, ultrapassando as raias do comum, se eleva a altitude verdadeiramente criadora" (Ob. cit., p. 92-93).

que já se encontra em **estado latente**, informando-se para isso nas disposições concernentes aos casos análogos, aos costumes e aos princípios gerais do Direito(100).

CARNELUTTI afirmou que no preenchimento da lacuna legal se forma *ex-novo* para o juiz um mandato concreto para a composição de um conflito que não está diretamente regulado pelo Direito(101). Aqui haverá *criação* e não *declaração* do Direito, sem prejudicar essa assertiva o fato de não ser livre o julgador, visto que ele sempre estará aplicando uma regra.

Entretanto, essa norma que vive em estado amorfo na consciência dos cidadãos **não é direito**, mas **mandato**, que somente se converterá em Direito quando for agregado à sentença judicial(102).

Derrubado o mito da subserviente interpretação do juiz à letra da lei, sabemos hoje que o Direito não é mais prisioneiro dos códigos e temos na doutrina e na jurisprudência o reconhecimento pacífico de fontes de Direito(103), constituindo a criatividade indissociável fator da atividade jurisdicional.

Qual a diferença, então, entre o juiz e o legislador?

ZANZUCCHI localiza-a no chamado "terreno nebuloso", de indistintas fronteiras, em que se dá a intersecção das atividades estatais. Nessa "zona gris" em que se interpenetram Judiciário e Legislativo, ou essas funções e a Administração, estaria a atividade que excepcionalmente o juiz exercita como legislador e, na concepção do processualista, também a jurisdição voluntária, atividade que considera substancialmente administrativa(104).

Para PRIETO-CASTRO, a resposta final está na soma de pequenas diferenças somente encontradas após detalhada comparação entre os **órgãos, objetos, procedimentos** e **fins** de cada uma das duas atividades(105).

Especificamente quanto ao Direito pátrio, ATHOS GUSMÃO CARNEIRO entende ser exercício de atividade legislativa pelo Judiciário, porque não vinculada ao caso

---

(100) AMARAL SANTOS, Moacyr. Ob. cit., p. 69.

(101) Também CAPPELLETTI, em *Juízes legisladores?*

(102) De la jurisdicción. *Sistema de Derecho Procesal Civil*, v. 1. Buenos Aires: Uteha, 1944, p. 158-159. Ainda nesta mesma obra declara CARNELUTTI: "O conjunto de normas materiais é um sistema rígido; o conjunto das relações sociais é uma massa em movimento. Faz falta inserir naquele sistema juntas elásticas, se se quer evitar que o Direito comprima a Sociedade ou que esta infrinja o Direito. O procedimento de analogia, se é fielmente aplicado, longe de atenuar esta rigidez, a agrava mediante sua proibição às normas excepcionais. É necessário que, pelo menos nos extremos em que a matéria social é mais rebelde à regra geral, intervenha o juízo de eqüidade. Se o Direito Objetivo quer permanecer jovem, há de consentir, sem excesso e porém sem defeito, esta infiltração da eqüidade, que é a sua própria substância vital. O instrumento para esta alimentação do Direito é, precisamente, o processo dispositivo" (tradução do autor).

(103) No mesmo sentido DOURADO DE GUSMÃO, Paulo. *Filosofia do Direito*. Rio de Janeiro: Forense, 1985, p. 142.

(104) ZANZUCCHI, Marco Tullio. Giurisdizione (civile) contencioza e giurisdizione volontaria. *Diritto Processuale Civile*, 6ª ed. Milano: Giuffrè, 1964, t. 1, p. 44.

(105) PRIETO-CASTRO, L. *Derecho Procesal Civil*. Madrid: Revista de Derecho Procesal Privado, 1964, p. 88-90.

concreto, a ação direta de inconstitucionalidade, pela qual o Supremo Tribunal Federal pode declarar, em tese, a inconstitucionalidade da lei ou de ato normativo federal ou estadual que aquele pretório julgar infringente aos princípios da Constituição Federal[(106)].

Não esqueçamos também a faculdade nitidamente legislativa que têm os tribunais judiciários de elaborar e votar os seus próprios regimentos internos.

Na ótica de FREDERICO MARQUES, além de genérica e abstrata, a norma legal é sempre **constitutiva**, mesmo quando repetir ou declarar princípios já existentes. Na jurisdição há aplicação individualizada da norma geral e abstrata contida nos preceitos legais, sendo o juiz a viva *vox juris* que transforma o comando concreto entre as partes. Somente existirá constitucionalidade na função jurisdicional nos casos das **disposições em branco** que a lei permite ao juiz completar, supondo uma preexistência da norma a ser aplicada, embora não formulada de forma explícita[(107)].

JOÃO BONUMÁ aceita o limitado exercício da função legislativa pelo juiz na hipótese de lacunas do ordenamento jurídico e no julgamento por eqüidade, o qual informa ser criação do Código Suíço das Obrigações, reproduzida no art. 114 do Código de Processo Civil Brasileiro de 1946[(108)]. Afirma esse jurista que graças a esta "ampliação" da função judiciária, prolonga-se o tempo de aplicação útil das leis, que se adaptam à regência de situações novas, imprevistas ou imprevisíveis ao legislador na época da edição da norma.

MONTELEONE, em trabalho sobre as relações entre a jurisdição e lei no Estado de Direito, afirma que tanto legislação quanto jurisdição participam do movimento de criação da ordem jurídica, ainda que em medida quantitativamente diversa, estando ambas sujeitas a limites essenciais e consistindo a real diferença entre elas na **qualidade do objeto** sobre o qual o legislador e o juiz são chamados a se pronunciar. O objeto seria o **problema abstrato** para o Legislativo e os **litígios concretos** para o Judiciário, com a natural conseqüência de que o ato legislativo provê e é eficaz para uma série indefinida de casos futuros, enquanto o ato jurisdicional provê para um caso concreto e é eficaz tão-somente para ele[(109)].

---

(106) Jurisdição: noções fundamentais. *Revista Ajuris*, Porto Alegre, v. 7, n. 20, p. 22-48, nov./1980.

(107) FREDERICO MARQUES. *Instituições de Direito Processual Civil*. v. 1. 2ª ed. Rio de Janeiro: Forense, 1962. p. 290-291. No mesmo sentido TESHEINER, *Jurisdição Voluntária*, p. 23.

(108) "Quando autorizado a decidir por eqüidade, o juiz aplicará a norma que estabeleceria se fosse legislador" BONUMÁ, João. Ob. cit., p. 306.

(109) MONTELEONE, Girolamo. Note sui rapporti tra giurisdizione e legge nello stato di diritto. *Rivista Trimestrale di Diritto e Procedura Civile*, Milano, v. 4, n. 1, mar. 1987, p. 1-19. E assim acrescenta o autor: "Se, pois, se identifica o direito positivo somente com os conteúdos normativos emanados do legislador, deve-se perguntar se esses seriam na verdade a única segurança e garantia da honra, da liberdade e dos direitos dos cidadãos. Longe querer diminuir o valor da lei e a certeza do direito, mas não se pode, hoje, negligenciar o fato, depois das experiências históricas vividas e aquelas ainda em curso, que a norma pode ser injusta ou sem sentido, e que sua força pode ser usada conscientemente pelo legislador, não para proteger, mas para infringir sistematicamente a dignidade, a honra, a liberdade e os direitos da pessoa. Quem então poderá acusar de arbítrio aquele juiz que, chamado a "aplicar" a norma manifestamente iníqua e persecutória, emitida em uma situação ditatorial e opressiva, procura reduzir seu alcance e atenuar-lhe os efeitos? (...) E assim como a liberdade do cidadão exige que o juiz não se torne legislador arbitrário, igualmente exige que o legislador não traia a sua função, tornando-se

Já em 1920, BENJAMIN CARDOZO, célebre juiz da Suprema Corte dos Estados Unidos, referindo-se aos sistemas da *common* e da *civil law*, pregava o afastamento do fetiche de máximas implacáveis como a divisão dos poderes governamentais. Afirmava o magistrado que tanto o legislador quanto o juiz, este com limites mais estreitos, legislam dentro dos limites de suas competências. O juiz legisla apenas para suprir lacunas e espaços vazios no Direito positivo, mas aí se movendo com uma liberdade que comunica à sua ação o caráter de criador. Nas suas próprias palavras, "o Direito, que é o produto resultante, não é encontrado, e sim criado. Sendo o processo legislativo, exige sabedoria do legislador"[(110)].

Partilhamos do magistério de MAURO CAPPELLETTI, pelo qual legislador e juiz atuam *super partes* e, enquanto o primeiro age de ofício, o segundo, caracterizado como sujeito imparcial e tendo como pressuposta a existência de uma lide, está condicionado e limitado ao pedido da parte[(111)].

Na obra denominada *Juízes legisladores?*[(112)], CAPPELLETTI afirma que é inútil continuar conceituando como criadora do Direito somente a atividade legislativa, eis que, indiscutivelmente, está implícito na atuação do juiz certo grau de criatividade, sendo o problema estabelecer o **grau** da mesma e os **limites de sua aceitabilidade** na criação do Direito.

Da ótica substancial, tanto a atividade jurisdicional quanto a legislativa constituem processos de criação do Direito (*law-making processes*), mas de modos essencialmente diversos em uma e outra. A característica distintiva da função judiciária é identificada sob a **ótica processual**, nos limites que a diferem das demais atividades do Estado, e que são a condição de terceiro imparcial e *super partes* do juiz, o **caráter contraditório** do processo e a **necessidade de provocação da tutela jurisdicional**, sem a qual o magistrado não poderia exercer em concreto o seu poder.

Concluindo, ensina CAPPELLETTI que o verdadeiro perigo a prevenir não está no fato de serem os juízes criadores do Direito e como tais se apresentem, mas que seja pervertida a característica essencial, isto é, *o* **modo** do processo criativo jurisdicional, representado pelas garantias ínsitas da independente função jurisdicional e desenvolvidas no decorrer de milênios de evolução da sapiência jurídica humana.

3.3. A Jurisdição e a Atividade Administrativa

Se existem discussões sobre as diferenças entre a atividade legislativa e a Judiciária, com muito mais fervor serão encontradas entre aqueles que procuram estabelecer

---

um juiz arbitrário, exercendo um juízo de fato e de direito que não lhe pertence" (trad. do autor). Sobre a lei injusta, PLAUTO FARACO DE AZEVEDO, partilhando do mesmo entendimento, em *Justiça Distributiva e Aplicação do Direito*, p. 17.

(110) CARDOZO, Benjamin Nathan. O método da sociologia. O juiz como legislador. *A Natureza do Processo e a Evolução do Direito*, 3ª ed. Porto Alegre: Ajuris, 1978, p. 109-135.

(111) *Apud* CARNEIRO, ob. cit., p. 20.

(112) CAPPELLETTI, Mauro. *Juízes legisladores?* Porto Alegre: Fabris, 1993, p. 134.

o traço distintivo entre essa última e a atividade administrativa, principalmente quando se trata de definir a qual delas pertenceriam os atos de jurisdição voluntária[113], em que, *lato sensu*, não ocorre a lide.

---

(113) Uma infinidade de definições tem sido dada pelos doutrinadores, variando entre as classificações de atividade administrativa, atividade jurisdicional, atividade mista entre dois ou mais poderes do Estado, atividade autônoma ou atividade notarial. Enquanto alguns jusprocessualistas elegem um critério positivo de distinção ao apontar uma característica própria de cada um dos dois tipos de jurisdição, outros, como LOPES DA COSTA, *A Administração Pública e a Ordem Jurídica Privada (Jurisdição Voluntária)*, mais comodamente preferem o critério negativo ("o que não for jurisdição contenciosa será jurisdição voluntária"), existindo ainda o grupo daqueles que simplesmente consideram insolúvel o problema.
O argentino NICETO ALCALÁ-ZAMORA Y CASTILLO (*Eficácia de las Providencias de Jurisdicción Voluntaria.* Atti del 3º Congresso Internazionale di Diritto Processuale Civile — Venezia, 1962. Milano: A. Giuffrè, 1962, p. 533-622), afirmou que a jurisdição voluntária nem é jurisdição nem é voluntária, eis que não representa atividade de um órgão público para declarar o direito de uma parte em face de outra e porque muitas vezes o interessado é obrigado a obedecer à decisão de autoridade; SANTIAGO SENTÍS MELENDO não intimidou-se ao declarar não saber com certeza o que é jurisdição voluntária ("Não constitui nenhuma confissão atrevida nem descarada dizer que eu não sei com clareza o que é jurisdição voluntária. Muitos dos que não o confessam, e até dão uma definição em seus livros, fazem-no assim porque não se detiveram para pensar no problema" (*apud* MOURA ROCHA, Notariado e o Processo Civil. *Revista de Processo*, n. 1, p. 65); ALLORIO classifica-a como atividade administrativa, eis que "*las providencias de jurisdicción voluntária están desprovistas de la eficacia de cosa juzgada (...)*"; diferenciando as duas atividades, afirma SCHÖNKE (*Derecho Procesal Civil*, p. 58) que o campo da atividade voluntária, segundo o Direito Positivo, não se determina pelo conteúdo material, mas pelo formal e de maneira puramente negativa. À jurisdição voluntária pertencem todos os negócios de Direito Civil que necessitam, para sua eficácia jurídica, da colaboração de um órgão judicial do Estado, e os quais, de acordo com os preceitos legais, não serão sentenciados pelos tribunais de jurisdição voluntária; FINZI DE BARBORA vê na jurisdição voluntária uma atividade mista, "substancialmente administrativa e formalmente jurisdicional" (*Apud* PORTO, Sérgio Gilberto. Jurisdição Voluntária: Atividade Administrativa ou Jurisdicional? *Estudos Jurídicos*); FAZZALARI classifica o procedimento voluntário como um *tertium genus*, eqüidistante e autônomo em relação à Jurisdição e à Administração (ANGELO JANUZZI, *Manuale della Volontaria Giurisdizione*, p. 01); o chileno URRUTIA SALAS define-a como "atividade múltipla em seu campo de ação, já que atua nos três poderes (...)" (PRATA, *Jurisdição Voluntária*, p. 88-90); entende MICHELI que há "*una unidad de concepción de la jurisdicción contenciosa y voluntária, que postula sin embargo siempre una actividad estatal, ejercitada por el juez, como órgano imparcial e institucionalmente indiferente respecto del efecto jurídico producido por su providencia.*" (Jurisdiccion Voluntária: Significado y Límites. *Derecho Procesal Civil*, vol. 4, p. 145); ANTONIO VISCO (*I Provvedimenti di Giurisdizione Volontaria*, p. 54-59, 1964) questiona a existência de uma verdadeira contraposição conceitual entre estas atividades, declarando que, em verdade, não representam duas noções distintas, mas dois aspectos da função do juiz, sendo ambas manifestações da *potestà* unitária e soberana do Estado. Na jurisdição contenciosa, de caráter repressivo, pressupõe-se a lesão de um direito e a existência de uma lide, enquanto na jurisdição voluntária o magistrado busca a prevenção da lide; já para BECERRA BAUTISTA (*El Proceso Civil en Mexico*), na jurisdição contenciosa existe contenda entre as partes (*inter nolentes*), enquanto na voluntária os órgãos jurisdicionais realizam atividades administrativas, sem que exista qualquer litígio entre as partes (*inter volentes*).
Dentre os juristas pátrios, destacam-se trabalhos já clássicos sobre o tema, como o estudo de FREDERICO MARQUES ao conceituar a jurisdição voluntária como "função estatal de administração pública de direitos de ordem privada, que o Estado exerce, preventivamente, por meio de órgãos judiciários, com o fito e objetivo de constituir relações jurídicas, ou de modificar e desenvolver relações já existentes" (p. 70 do *Ensaio Sobre Jurisdição Voluntária*, 2ª ed., São Paulo: Saraiva, 1959, obra clássica reeditada em 2000 pela editora Milennium); o magistério de SÉRGIO BERMUDES, segundo quem "a jurisdição voluntária, a rigor, não é jurisdição, mas mera atribuição que a lei conferiu aos órgãos jurisdicionais, para administrar interesses de relevância social, como poderia ter conferido a quaisquer outros" (*Apud* PRATA, *Jurisdição Voluntária*, p. 87); ARRUDA ALVIM, para quem a "jurisdição voluntária é verdadeira anomalia no quadro sistemático das funções estatais." (PORTO, Sérgio Gilberto. Jurisdição Voluntária: Atividade Administrativa ou Jurisdicional? *Estudos Jurídicos*, São Leopoldo, UNISINOS, 1983), e TESHEINER, que identifica a natureza jurisdicional da atividade voluntária, ao declarar que "não se trata

Diversos são os ordenamentos jurídicos que ainda hoje diferenciam a sentença do ato administrativo, classificando a Jurisdição como uma espécie distinta de Administração[114].

Mesmo os países que adotam a Teoria Tripartite em sua forma mais ortodoxa encontram dificuldades em não confundir a responsabilidade pela tutela dos atos de administração pública com interesses privados, ou com direitos privados. Esses, nos dizeres de EDSON PRATA[115], ora são incluídos na Administração ora na Jurisdição, conforme sejam ou não executados por juízes ou pessoas desvestidas de poderes jurisdicionais.

Basicamente, cada uma das Escolas que indicam uma característica específica e definitiva para o conceito de Jurisdição, a reproduz quando se trata de diferenciar essa atividade da Administração Pública.

Assim, ALLORIO fixa a *coisa julgada* como nota diferencial entre Jurisdição e Administração[116].

---

de tutelar direitos subjetivos, mas de proteger interesses legítimos. Da inexistência de direitos subjetivos decorre o afrouxamento do princípio da legalidade, admitindo-se que o juiz decida por razões de conveniência e oportunidade, sem que se trate de atividade administrativa, porque pertinente a interesses privados" (*Jurisdição Voluntária*, p. 52).

Em estudos anteriores (*Natureza Jurídica da Jurisdição Voluntária*. Porto Alegre: Livraria do Advogado, 1996 e *Comentários ao Código de Processo Civil — Arts. 1.003 a 1.210*, São Paulo: RT, 2000, p. 53 e seguintes), posicionamo-nos junto com aqueles que identificam o caráter jurisdicional da jurisdição voluntária, perfilados com os estrangeiros MICHELI e IBAÑEZ FROCHAM e, dentre alguns dos estudiosos pátrios, PONTES DE MIRANDA, EDSON PRATA, TESHEINER, MARCOS AFONSO BORGES e OVÍDIO BAPTISTA.

Contesta OVÍDIO BAPTISTA um a um os argumentos administrativistas (*Curso de Processo Civil*, v. 1, 4ª ed., 1998, p. 45 e seguintes), destacando como contraditória a falta de questionamento pelos mesmos da natureza jurisdicional da sentença cautelar, *cuja função preventiva* de futuros litígios é pacífica na doutrina, bem como a inexistência, nesse caso, de eficácia de coisa julgada. Para este processualista, a dicotomia partes e interessados, num e noutro tipo de jurisdição dependerá do conceito que se der aos sujeitos da relação jurídica em questão, em especial ser forem considerados como aqueles *participantes da relação jurídica* e não como *titulares de um conflito de interesses*, não tendo sido ainda demonstrado que só exista jurisdição em presença de confronto de interesses. Como caráter comum da jurisdição contenciosa e da jurisdição voluntária, invoca a posição de *imparcialidade* e *estraneidade* do juiz, o qual mantém sua independência quanto aos efeitos jurídicos da sentença, numa forma especial de atuação do direito objetivo realizada pelo órgão público. Contrariamente, o administrador jamais poderia manter-se indiferente aos efeitos do ato administrativo, o qual atinge diretamente o agente que o praticou. Neste caso, o julgador *sobrepaira* os interessados como terceiro imparcial e tem, assim como o magistrado da jurisdição contenciosa, a atuação do ordenamento jurídico como objeto final de sua atividade (Veja-se, *Significato e limiti della giurisdizione volontaria, Rivista*, 1957, p. 551).

Neste turbilhão de idéias e de calorosos enfrentamentos entre os doutrinadores, pacíficas entre os estudiosos de quaisquer tendências emergem apenas as duas características essenciais da jurisdição voluntária: *a constituição de atos jurídicos novos* e o *desenvolvimento de atos jurídicos já existentes*, estando, todavia, ainda muito distante o consenso dos doutrinadores sobre o tema da natureza jurídica da jurisdição voluntária.

(114) Sobre o Direito processual mexicano, afirma PRIETO-CASTRO que o estudo destas diferenças se faz com base no *"pré-conceito"* político, legal e doutrinário do predomínio ou superioridade da função legislativa sobre a jurisdicional, que se caracteriza por travas colocadas na função judiciária para evitar que se imiscua nos misteres legislativos (ob. cit., p. 90). No mesmo sentido e versando sobre o ordenamento jurídico francês, GARSONNET, ob. cit., p. 9-14.

(115) Ob. cit., p. 131-134.

(116) Ensayo polémico sobre la 'jurisdicción voluntaria'. *Problemas de Derecho Procesal*. p. 26-33.

CHIOVENDA[117], integralmente atestado por CALAMANDREI[118], afirma terem Jurisdição e Administração efeitos diversos e que a atividade jurisdicional será sempre **substituição** de uma atividade pública por uma alheia. A jurisdição sobre atos administrativos dar-se-ia quando houvesse uma verdadeira substituição de órgãos do Estado por órgãos do Estado, ou ao afirmar a existência ou inexistência de uma vontade de lei, ou no executá-la.

Essa situação em que o Estado substitui-se a si mesmo somente se faz possível graças à estrutura constitucional majoritariamente difundida nos países ocidentais, onde ainda vige o primado de MONTESQUIEU da tripartição dos poderes[119].

Traçando as diferenças básicas entre essas atividades, CHIOVENDA classificou-as dessa forma:

a) administração: atividade primária que age por impulso próprio, julgando segundo a lei suas próprias ações, que poderão ser revogadas;

b) jurisdição: atividade secundária (no sentido de ser colocada no lugar de uma atividade principal), que age em substituição, atuando a lei e julgando atividade alheia cujas decisões declarativas produzem a coisa julgada.

DE PINA e LARRAÑAGA ensinam que os atos administrativos têm por finalidade a manutenção e o normal desenvolvimento dos serviços públicos, enquanto os jurisdicionais visam à manutenção eficaz do sistema da legalidade estabelecida pelo legislador[120].

CARNELUTTI acredita que ambas as funções atendem a interesses públicos e a diferença está na distinção entre o interesse público **na composição dos conflitos** e no **interesse público em conflito**; ou entre os interesses públicos externos e os interesses públicos internos. A função processual mira satisfazer o primeiro, a Administração, a desenvolver os demais. A função administrativa cumpre-se **em conflito**, enquanto a processual opera **sobre o conflito**. Os atos processual e administrativo podem coincidir em conteúdo, mas diferem quanto às suas finalidades específicas[121].

No Brasil, CELSO BARBI vê na *substituição* a característica distintiva da atividade jurisdicional[122].

ATHOS CARNEIRO buscou a diferença nos critérios de ordem objetiva e não subjetiva (de quem praticou o ato)[123], com o que está de acordo FREDERICO MARQUES,

---

(117) *Instituições de Direito Processual Civil,* v. 2. São Paulo: Saraiva, 1949, p. 19.

(118) CALAMANDREI, Piero. Limiti fra Giurisdizione e Ammnistrazione Nella Sentenza Civile. *Opere giuridiche*, p. 65-93. Nas palavras deste jurista é a coisa julgada a *"pietra di paragone"* que caracteriza as decisões estritamente jurisdicionais (p. 91).

(119) ARRUDA ALVIM, ob. cit., p. 128.

(120) Ob. cit., p. 60.

(121) *Instituciones de Derecho Procesal Civil*, p. 58-59.

(122) *Comentários ao Código de Processo Civil,* v. 1, 5ª ed. Rio de Janeiro: Forense, 1988, p. 15.

(123) Jurisdição, noções fundamentais. *Revista Ajuris*, Porto Alegre, v. 7, n. 20, p. 34-36, nov./1980.

ao registrar que a distinção deve ser fixada do ponto de vista material, em razão da natureza de cada uma das funções estatais. Quando houver dúvidas nessa caracterização, FREDERICO MARQUES invoca o antes citado quadro de critérios distintivos entre Administração e Jurisdição, como organizado por CHIOVENDA.

Também JOÃO BONUMÁ filia-se à Escola Chiovendiana, acrescentando ainda a **coerção** como elemento pertinente à Jurisdição.(124)

Própria é a crítica de CHIOVENDA, formulada por CARNELUTTI, que não aceitou como característica da Jurisdição a substituição de uma atividade pública por uma privada, eis que o juiz não julgaria *no lugar* das partes, mas *sobre* elas. Para ele, o órgão executivo não cumpre a obrigação no lugar do obrigado, mas *realiza* a obrigação que foi declarada no mandado contra o obrigado.(125)

Filiamo-nos à idéia de "*terzietà*", nos nossos dias bem expressada por CAPPELLETTI e partilhada que foi por LIEBMAN, segundo a qual o ato administrativo importa na edição de norma concreta, pelo próprio Estado, na sua relação com o cidadão, enquanto o ato jurisdicional supõe a edição de norma concreta por um terceiro, imparcial e estranho à relação regulada.(126)

E assim, mais modernamente, ratifica este entendimento HUMBERTO THEODORO JÚNIOR:

"A mais atual doutrina processual aponta para a "terceiridade" ("terzietà") do juiz, frente ao conflito jurídico ou à pretensão sobre a qual o provimento jurisdicional irá operar, como a característica que mais irá influir na distinção do ato jurisdicional frente ao ato administrativo. Enquanto na administração os atos de autoridade são *inter partes*, na jurisdição eles são frutos de um *imperium super partes*."(127)

3.4. O Contencioso Administrativo

Vistos os princípios básicos da Teoria Tripartite assim como as principais definições da Jurisdição e suas diferenças em relação aos demais poderes-deveres do Estado, temos por necessária a abordagem dos casos em que a aplicação do Direito a uma situação jurídica é função atribuída pela lei a outros órgãos estatais que não os judiciários e que por sua natureza relacionam-se com o tema deste ensaio.

---

(124) *Direito Processual Civil*, v. 1. p. 307 *et seq.*

(125) DE PINA e LARRAÑAGA, ob. cit., p. 59.

(126) *Juízes legisladores?*, p. 23. Igualmente LIEBMAN em *Manuale di Diritto Processuale Civile*, v. 1. 2ª ed. Milano: Giuffrè, 1957, p. 4. No Brasil, entre outros, TESHEINER, ob. cit., p. 11-30.

(127) Embora THEODORO JÚNIOR faça referência a MAURO CAPPELLETTI (*O controle de constitucionalidade das leis no sistema das funções estatais*, vol. 3, REPRO, 1961, p. 37 e segs.) quando aponta a *terzietà* como elemento característico da Jurisdição revisando entendimento anterior, filiou-se à doutrina administrativista que não reconhece na jurisdição voluntária atividade genuinamente pertinente à competência do Poder Judiciário. Tal entendimento, primeiramente predominante dentre os processualistas brasileiros, hoje parece suplantado por aqueles que classificam a jurisdição voluntária como atividade de natureza nitidamente jurisdicional. Arbitragem e terceiros — Litisconsórcio fora do pacto arbitral — Outras intervenções de terceiros. *Júris Síntese* n. 36, julho-agosto 2002.

É o caso dos **contenciosos administrativos**, notadamente nos países que adotam o **sistema da dualidade de jurisdição**, também denominado de **sistema francês**, em que a autonomia do Poder Administrativo é caracterizada pela independência da jurisdição administrativa em relação à jurisdição comum ordinária e à administração ativa estatal(128).

Na França, é o "*Conseil d'État*" o órgão máximo dentre a hierarquia jurisdicional administrativa, conservando uma ampla competência em primeira e última instância sobre os mais importantes atos do Executivo, julgando e interpretando textos legislativos e regulamentares, e produzindo uma jurisprudência que, na prática forense, possui força altamente vinculativa(129).

Essa concepção de controle dos atos administrativos por uma jurisdição especial é fruto histórico de uma ortodoxa visão inicial da separação dos poderes pelos revolucionários franceses de 1789.

Os contenciosos administrativos efetivamente **jurisdicionam** nos litígios relacionados ao serviço público em que forem parte a Administração ou suas autarquias, eis que esses tribunais decidem com eficácia vinculativa plena, não podendo as lides serem reapreciadas pelo Poder Judiciário(130).

A maior crítica feita a esse sistema é a não submissão da Administração às decisões do Judiciário, o que não deixa de ser submissão ao ordenamento criado pelo próprio Estado. Além disso, condena-se a *jurisdictio* como um Poder não especializado e que, considerados seus próprios fins e interesses, menores condições teria de observar com justiça e imparcialidade os direitos dos particulares quando em oposição ao próprio Estado.

O sistema da dualidade de jurisdição contrapõe-se ao **sistema da unidade de jurisdição**, também chamado de **sistema inglês**, anterior à própria Revolução Francesa e adotado pelo ordenamento positivo pátrio, tendo como característica nata a separação dos poderes do Estado.

Da Inglaterra esse sistema foi levado para as colônias britânicas da América, onde atingiu grande evolução técnica e importância política, especialmente na doutrina norte-americana, que deferiu ao Judiciário a integralidade da apreciação das questões a ele submetidas, cujas decisões são geradoras do *final enforcing power*(131).

---

(128) FRANCO SOBRINHO, Manoel de Oliveira. Jurisdição administrativa. *Enciclopédia Saraiva de Direito*. v. 47. São Paulo: Saraiva, 1977, p. 90-94.

(129) ANTOINETTE ASHWORT, ob. cit., p. 1.483-1.586. Sobre a proeminente posição do Conselho de Estado no seio da jurisdição administrativa francesa, assim o define a autora, transcrevendo J. RIVERO (*Conseil d'état, cour régulatrice*, 1954): "Le Conseil d'État est le soleil de ces treinte planètes que sont les tribunaux administratifs" (p. 1.484).

(130) ATHOS GUSMÃO CARNEIRO, "Jurisdição, noções fundamentais". *Revista AJURIS*, Porto Alegre, v. 7, n. 20, nov. 1980, p. 97.

(131) Coisa julgada.

No Brasil, existiram contenciosos administrativos durante a época do Império, herança da administração colonial, quando primeiramente os Capitães-Governadores das capitanias hereditárias, seguidos pelos Governadores-Gerais e depois pelos Vice-Reis, enfeixavam em sua autoridade a Justiça em todas as suas manifestações e alçadas[(132)].

O monopólio da jurisdição continuou identificado na pessoa do Rei com a vinda da Corte Portuguesa para o Brasil em 1808, e assim foi transferida para o Executivo após a declaração da Independência, que passou a exercer a justiça administrativa por meio da criação de Conselhos de Estado. Esses só foram abolidos após a proclamação da República, quando se implantou o princípio da unidade jurisdicional e o equilíbrio entre os três poderes-deveres do Estado[(133)].

Atualmente, por previsão constitucional, funcionam no país colegiados administrativos atuando no âmbito das atividades financeiras e tributárias, e cujas decisões não transitam materialmente em julgado, sendo passíveis de reexame pelo Judiciário, cujo monopólio jurisdicional em nada é afetado pela existência desses órgãos e que não se assemelham aos contenciosos administrativos franceses.

Nas palavras de FREDERICO MARQUES, falta-lhes o instituto inglês do *final enforcing power*, equivalente à nossa coisa julgada, e que é privativo do Poder Judiciário[(134)].

O Judiciário, entretanto, não poderá julgar os atos praticados pelo administrador no exercício da sua atuação discricionária, da qual lhe resulta deferido um espaço de liberdade de decisão, fruto de pura intelecção subjetiva quanto à maneira de proceder, de acordo com os critérios legais de conveniência e oportunidade administrativa. Apenas o controle da legalidade do ato administrativo será de alçada do Judiciário, que examinará, no caso concreto, se foram ou não invocados os critérios discricionários exigidos pelas normas positivas a ele aplicáveis.[(135)]

3.5. Conceitos e Características da Jurisdição Moderna

Afirma OVÍDIO BAPTISTA[(136)] ser fundamental a determinação do conceito de jurisdição porque, sendo o direito subjetivo concebido como um poder da vontade de seu titular, que poderá livremente exercê-lo de acordo com suas conveniências, usufruindo ou renunciando às vantagens que a lei lhe confere, ao tutelar seus próprios

---

(132) "Nas cartas de doação, investiram-se donatários, como capitães-governadores, por si e seus descendentes, da jurisdição cível e criminal das respectivas capitanias." SILVA PACHECO, *Evolução do Processo Civil Brasileiro*, 2ª ed. Rio de Janeiro: Renovar, 1999, p. 15.

(133) LIMA, Ruy Cirne. *Princípios de Direito Administrativo*, 5ª ed. São Paulo: RT, 1982, p. 26-30 e 205-208.

(134) *Instituições de Direito Processual Civil*, v.1, 1962, p. 78, e *Ensaio Sobre a Jurisdição Voluntária*, 1959, p. 125. Também ARRUDA ALVIM, *Código de processo civil comentado*, v. 1, 1975, p. 106.

(135) BANDEIRA DE MELLO, Celso Antonio. *Discricionariedade e Controle Jurisdicional*. São Paulo: Malheiros, 1982, p. 11 e 48.

(136) *Curso de Direito Processual*, 6ª ed. rev. e atualizada, 2002, v. 1, p. 25.

interesses, a atividade jurisdicional há de ser sempre provocada pelo titular do direito ou do interesse protegido pela lei.

E continua o jurista gaúcho: "A jurisdição, diz-se, é uma função inerte que só se põe em movimento quando ativada por quem a procura, invocando a proteção do Estado. E o meio através do qual se desencadeia a atividade jurisdicional denomina-se **ação.** De modo que, para que se possa conceituar **ação** e delimitar-lhe as fronteiras, é imperioso que se defina antes o que se entende por jurisdição."

Ao que aduz CANDIDO DINAMARCO[(137)]:

"à jurisdição costuma ser atribuída uma tríplice conceituação, dizendo-se habitualmente que ela é ao mesmo tempo um **poder**, uma **função** e uma **atividade**. Na realidade, ela não é **um poder**, mas o próprio poder estatal, que é uno, enquanto exercido com os objetivos do sistema processual; assim como a legislação é o poder estatal exercido para criar normas e a administração, para governar. Como **função** a jurisdição caracteriza-se pelos escopos que mediante seu exercício o Estado-juiz busca realizar — notadamente o escopo social de pacificar pessoas, eliminando litígios. A **atividade** jurisdicional constitui-se dos atos que o juiz realiza no processo, segundo as regras do procedimento."

Observando a Teoria da Substituição na interpretação de CHIOVENDA, MICHELI[(138)] afirmou que a essência da jurisdição seria o seu caráter de imparcialidade, no que foi discordado por seu ferrenho contraditor, ENRICO ALLORIO. Para MICHELI a jurisdição tem sua principal característica não só na qualidade de *terceiro* do juiz — *a "terzietà"* — e na irretratabilidade do objeto jurídico como efeito do ato jurisdicional, mas também nos princípios da demanda e do contraditório[(139)].

Para ele o juiz exercita o próprio poder-dever do Estado de tutelar um interesse que lhe vale proteger, e que somente em sentido muito amplo poderia ser relacionado ao juiz como parte da administração pública porque, em geral, trata-se de interesses da coletividade organizada e que não podem ser vinculados a nenhum dos ramos da administração pública e, por decorrência, da administração da Justiça[(140)].

RAMIRO PODETTI declara com veemência que no exercício da atividade jurisdicional já está ínsita a idéia do juiz como terceiro imparcial, no que é acompanhado por IBAÑES FROCHAM.[(141)]

---

(137) *Instituições de Direito Processual Civil*, 3ª ed. revista atualizada e com remissões ao Código Civil de 2002, v. 1., São Paulo: Malheiros, 2003, p. 298.

(138) Revisión de la noción de jurisdicción voluntaria. *Estudios de Derecho Procesal Civil*, p. 3-37. Tradução argentina para o espanhol do ensaio originalmente publicado na Itália em 1947.

(139) MICHELI. Jurisdicción voluntaria: significado y límites. *Estudios de Derecho Procesal Civil,* v. 4, Buenos Aires: Ejea, 1970, p. 127.

(140) MICHELI, *Estudios de Derecho Procesal Civil*, p. 16-17.

(141) *La Jurisdicción.* Buenos Aires: Astrea, 1972, p. 108: "En tanto que en los actos del proceso voluntario (como en el contencioso), el objeto perseguido por el Estado es la tutela de un interes privado, ajeno, como tercero imparcial."

GIROLAMO MONTELEONE[142] comunga desse pensamento, registrando que em relação ao fato deduzido em juízo, o magistrado não pode senão ser estranho, ou "terceiro" no sentido mais genuíno da palavra. As partes **litigantes**, com a intenção de comporem a controvérsia, devem necessariamente dirigir-se a um **terceiro** e não a uma delas, porque, de outra forma, não alcançariam de maneira imediata um entendimento, excluindo assim, na raiz, a exigência do *juízo* e a experiência do processo.

Nas lições de MAURO CAPPELLETTI[143], o juiz será sempre um **terceiro**, no sentido de ser alheio ao litígio e imparcial. Já o comando da sentença será sempre um **imperativo** ao qual as partes ficarão sujeitas, ou um comando *super partes.*

Embora signatário da Escola Chiovendiana, FREDERICO MARQUES também partilha do pensamento pelo qual a jurisdição é uma atividade substitutiva, exercida por um órgão imparcial e inerte.[144]

E, para OVÍDIO BAPTISTA[145], são pressupostos básicos da atividade jurisdicional:

a) a prática do ato jurisdicional como **dever de função** pelo juiz-Estado e como finalidade específica do seu agir segundo o Direito positivo, ao passo que o administrador deve desenvolver a atividade específica de sua função tendo a lei por limite de sua ação, cujo objetivo não é a aplicação simplesmente da lei ao caso concreto, mas a realização do bem comum, segundo o Direito objetivo;

b) e a condição de **terceiro imparcial** do magistrado em relação ao interesse sobre o qual recai sua atividade, e que é exercida numa posição de **independência** e de **estraneidade** (a *terzietà* a qual se refere MICHELI[146]) relativamente ao interesse do tutelado.

Todavia, insurgem-se contra esse conceito de jurisdição aqueles que vêem dificuldade em ser o juiz um terceiro desinteressado, independente e imparcial nos casos em que o Estado for parte da lide.

Contraditando MICHELI, estas são as palavras de ENRICO ALLORIO sobre a imparcialidade do magistrado, a qual, conforme seu entendimento, em nada se distinguiria daquela do administrador público[147]:

"Estamos en presencia de una imagen, y nada más. Si se quiere referir a un ideal moral, que el juez deba cultivar como suyo, entonces la enseñanza es

---

(142) MONTELEONE, Girolamo. "Note sui rapporti tra giurisdizione e legge nello stato di diritto". *Rivista Trimestrale di Diritto e Procedura Civile*, Milano, v. 4, n. 1, p. 1-19, mar./1987.

(143) *Apud* ATHOS GUSMÃO CARNEIRO, "Jurisdição — Noções fundamentais", *Revista Ajuris*, n. 20, p. 36.

(144) MARQUES, José Frederico. *Instituições de Direito Processual Civil*, p: 277.

(145) OVIDIO A. BAPTISTA E FÁBIO GOMES. *Teoria Geral do Processo Civil*, 3ª ed. revista e atualizada, p. 73-74.

(146) "Per una revisione della nozione di giurisdizione volontaria". *Rivista di Diritto Processuali Civille*, 1947, v. 1, p. 31, agora *in Estúdios de Drecho Procesal Civil*, v. 4, p. 18.

(147) ALLORIO, Enrico. Jurisdicción y cosa juzgada. *Problemas de Derecho Procesal*. Buenos Aires: Ejea, 1963, t. 2, p. 103. Tradução para o espanhol de Santiago Sentís Melendo.

nobilísima, pero no es una enseñanza jurídica; por el contrário, si, mas modestamente, se limita a considerar la imparcialidad bajo el aspecto de la obligación que incumbe al juez de observar la ley, entonces nada hay que alegar: pero, que me perdone mi contradictor, no se puede decir en absoluto que una distinta disciplina valga para el administrador: que este esté, en otros términos, dispensado de la observância de la ley".

Na seara da jurisdição penal é o próprio Estado que regula a relação entre ele e o acusado, em especial quando o juiz exerce a dupla função de acusar e julgar, como ocorre no processo inquisitório.

JOSÉ MARIA ROSA TESHEINER[148] responde a essa acusação, afirmando que não é senão por meio do artifício da distinção entre Estado-juiz e Estado-acusador que se atribui ao julgador a condição de terceiro, nada impedindo que este assuma uma posição de independência frente a outro órgão do Estado.

Sendo pacífico que a Jurisdição é a função resultante da proibição estatal de realização da justiça privada, e daí a necessidade e o dever de compor o poder público os conflitos naturalmente ocorrentes na sociedade humana, surge o Direito processual como complexo de normas reguladoras do exercício da atividade jurisdicional e instrumento de realização do Direito.

Dessa forma está o processo intimamente ligado à existência de diversos aspectos fundamentais da Jurisdição como atividade e também como condicionante de uma ampla gama de procedimentos obrigatoriamente adotados como garantias da administração da Justiça pelo julgador como órgão representativo da função estatal[149].

Muito se tem escrito no estudo da atividade jurisdicional desde o final do século passado até nossos dias. Numa tentativa de sistematização das idéias de alguns dos mais expressivos processualistas nacionais e estrangeiros, procuramos arrolar os principais aspectos classificatórios referentes a essa atividade, evitando as inúmeras controvérsias existentes e relacionadas às diversas Escolas que colaboram na construção do conceito de Jurisdição. Assim, fruto de conclusões das sucessivas doutrinas que buscaram identificar a nota definitivamente caracterizadora da Jurisdição, considera-se hoje esta atividade como:

---

(148) TESHEINER, ob. cit., p. 25: "A jurisdição penal é possível porque se pode separar a função de acusar da função de julgar. Há possibilidade lógica, porque o juiz, embora seja órgão do Estado, não se confunde com o Estado (...). Há possibilidade psicológica, porque nada impede que o juiz se posicione com independência em face de outro órgão do Estado. Há possibilidade jurídica, porque se pode atribuir a órgãos diversos as funções de acusar e de julgar".

(149) Registra FREDERICO MARQUES: "Jurisdição e processo, por isso, são conceitos incindíveis: não há jurisdição sem processo, e tampouco processo sem jurisdição. A jurisdição é a força operativa com que se realiza o *imperium* do Estado para compor um litígio; e o processo, o instrumento imanente à justiça, para que o Estado alcance o escopo". (Consoante FALCÃO, Antonio Augusto Vieira. *O Processo como Meio de Exercício da Jurisdição*. Dissertação de Mestrado em Direito Privado. Faculdade de Direito, UFRGS. Porto Alegre, 1991).

a) pública, porque exercida monopolisticamente pelo Estado, como poder-dever de função[150];

b) secundária, porque o Estado efetiva uma atividade que deveria ter sido realizada primariamente pelos particulares[151];

c) provocada, já que, nos dizeres de FREDERICO MARQUES, imbuída da "necessária indiferença inicial", o juiz não se manifesta senão impulsionado pelas partes interessadas[152];

d) substitutiva, conforme doutrina de CHIOVENDA, havendo substituição da atividade das partes pela atividade estatal[153];

e) indeclinável, pois somente pode ser exercida por pessoa legalmente investida do poder de julgar, que não pode ser delegado[154];

f) exercida pelo juiz natural, eis que proibidos os "tribunais de exceção", estranhos ao Poder Judiciário, aos quais falta a presunção de independência e imparcialidade[155];

g) geradora da autoridade da coisa julgada material, decorrente do seu efeito declarativo[156];

h) imparcialidade[157] *e condição de terceiro ("terzietà") do juiz* frente aos interesses das partes, aspectos assegurados pelas garantias da magistratura[158];

---

(150) FROCHAM (*apud* PRATA, *Jurisdição Voluntária*, p. 53), ATHOS CARNEIRO (*Jurisdição e Competência*, p. 7-13), OVÍDIO BAPTISTA e FÁBIO GOMES (*Teoria Geral do Processo Civil*, p. 73) e FREDERICO MARQUES (*Instituições*..., p. 275).

(151) JOÃO BONUMÁ (*Direito Processual Civil*, p. 308), ATHOS CARNEIRO (*Jurisdição e Competência*, p. 7-13), OVÍDIO BAPTISTA (*Teoria Geral do Processo*, p. 47) e THEODORO JÚNIOR (*Curso de Direito Processual Civil*, p. 37).

(152) Esta característica é definida por dois conhecidos brocardos latinos: "Nemo judex sine actore" (Ninguém é juiz sem autor) e "Ne procedat judex ex officio" (Não proceda o juiz de ofício). No mesmo sentido ROCCO, Alfredo (*La sentenza civile*, p. 98. *Apud* ARRUDA ALVIM, ob. cit., p. 130), ATHOS CARNEIRO (*Jurisdição e Competência*, p. 7-12), FREDERICO MARQUES (*Instituições*..., p. 278) e THEODORO JÚNIOR (*Curso*, p. 37).

(153) Assim CHIOVENDA (*Instituições*), ALFREDO ROCCO (*La sentenza civile*), CALMON DE PASSOS (*Da Jurisdição*, 1957, p. 31), BONUMÁ (ob. cit., p. 308), ATHOS CARNEIRO (*Jurisdição e Competência*, p. 7-12), EDSON PRATA (ob. cit., p. 59), AMARAL SANTOS (*Primeiras Linhas de Direito Processual Civil*, p. 70), FREDERICO MARQUES (*Instituições*, p. 277), ARRUDA ALVIM (*Código de Processo Civil Comentado*, p. 126-127), GALENO LACERDA (*Comentários ao Código de Processo Civil*).

(154) ATHOS CARNEIRO (*Jurisdição e Competência*, p. 7-13), THEODORO JÚNIOR (*Curso de Direito Processual Civil*).

(155) ATHOS CARNEIRO (*Jurisdição e Competência*, p. 7-13), THEODORO JÚNIOR (*Curso de Direito Processual Civil*).

(156) ALLORIO (ob. cit., p. 96), GIMENO GAMARRA (conforme ALLORIO, ob. cit., p. 80-82) e ATHOS CARNEIRO (*Jurisdição e Competência*, p. 7-13). No Direito norte-americano 'final enforcing power', segundo FREDERICO MARQUES (*Instituições*..., p. 219).

(157) Também MICHELI (*Estudios de Derecho Procesal Civil*, p. 16-17), SEGNI, DAVID LASCANO (*apud* PRATA, ob. cit., p. 53), OVÍDIO BAPTISTA (*Teoria Geral do Processo*, p. 49), THEODORO JÚNIOR (*Curso de Direito Processual Civil*, p. 37), FREDERICO MARQUES (*Instituições*, p. 277). E contra: ALLORIO, *Problemas de Derecho Procesal Civil*, v. 2, p. 102-104).

(158) São garantias da magistratura a *vitaliciedade*, a *inamovibilidade* e a *irredutibilidade de vencimentos*. Para CAPPELLETTI, a "terzietà". Ainda MICHELI, SEGNI, MONTELEONE (ob. cit., p. 10),

i) independência[159], tanto de ordem jurídica quanto política, o que decorre das garantias constitucionais do magistrado e do princípio de que nenhum juiz está sujeito à subordinação hierárquica de qualquer espécie;

j) instrumental, porque assim é utilizada pelo Direito para impor-se aos cidadãos[160].

Com outro enfoque, definindo a Jurisdição como "a faculdade de decidir, com força vinculativa para as partes, uma determinada situação controvertida", BECERRA BAUTISTA elenca como **características especiais** da Jurisdição: a faculdade decisória, a faculdade de coerção e a faculdade de documentação com fé pública dos órgãos jurisdicionais, às quais se somam **características formais**: existência de um órgão especial jurisdicional distinto dos demais órgãos que exercitam as outras funções do Estado e com posição de independência, igualdade das partes (*audiatur et altera pars*) e um procedimento preestabelecido com formas que garantem a liberdade das partes e a independência do juiz[161].

Embora seja a Jurisdição **una e homogênea,** como poder decorrente da soberania do Estado, por critérios de conveniência é comumente subdividida em espécies conforme a natureza jurídica do conflito a ser resolvido.

Assim encontramos a jurisdição penal e civil, quando houver ou não a pretensão de aplicação de sanções de natureza penal; a jurisdição comum e as especiais, essas últimas definidas constitucionalmente[162]; a jurisdição de primeira e de segunda instância, além dos tribunais superiores; a jurisdição contenciosa e a voluntária e a jurisdição legal e a convencional, conforme exercida por juízes ou por árbitros, respectivamente.[163]

Num primeiro momento considerou-se como fim da jurisdição a tutela dos direitos subjetivos[164]. Modernamente prepondera a concepção que vê nessa atividade **o escopo de assegurar a paz jurídica pela atuação da lei, disciplinando a relação jurídica em que controvertem as partes**[165].

São funções básicas da atividade jurisdicional moderna a **cognição**, compreendendo os atos de conhecimento sobre uma situação incerta e também denominada de **lide da pretensão resistida**; a **execução**, ou **lide da pretensão satisfeita**, englo-

---

PRATA (ob. cit., p. 59), OVÍDIO BAPTISTA (*Teoria Geral do Processo*, p. 49), AMARAL SANTOS (*Primeiras Linhas...*, p. 70) e FREDERICO MARQUES (*Instituições...*, p. 277).

(159) MICHELI, *Teoria Geral do Processo*, p. 47; OVÍDIO BAPTISTA, *Curso de Processo Civil*, v. 1, p. 37 e ARRUDA ALVIM (*Código de Processo Civil Comentado*, p. 133).

(160) SATTA; UGO ROCCO; THEODORO JÚNIOR (*Curso de Direito Processual Civil*, p. 37).

(161) *Proceso Civil en México*, p. 5 e 8.

(162) No Brasil são especiais as jurisdições federal, trabalhista, militar e eleitoral.

(163) ATHOS CARNEIRO, *Jurisdição e competência*, p. 21-24; BORGES, Jurisdição. *In* FRANÇA, Rubens Limongi (coord.). *Enciclopédia Saraiva de Direito*, p. 82-83.

(164) Para os subjetivistas é o fim da Jurisdição a reintegração dos direitos subjetivos ameaçados ou violados, negando a atuação jurisdicional onde não houver direitos subjetivos a ser tutelados. Assim CALMON DE PASSOS.

(165) AMARAL SANTOS (*Jurisdição. Enciclopédia do Direito*, p. 76-81), OVÍDIO BAPTISTA (*Curso de Processo Civil*), ATHOS CARNEIRO (*Ajuris*, n. 20, p. 24) e PRATA (ob. cit., p. 66).

bando os atos satisfativos *lato sensu*; e a **cautelar**, que alguns juristas denominam de **lide da pretensão insegura**, abrangendo os atos de debelação de riscos em situações de perigo(166).

A essas funções outros processualistas acrescentam ainda a **documentação**(167), resultante da necessidade de representação por escrito dos atos processuais(168).

4. CONCLUSÃO

Consolidando neste ensaio idéias que vimos desenvolvendo ao longo do tempo sobre o tema(169), procuramos enriquecê-lo e adentrar ainda mais na investigação da função jurisdicional como componente intrínseco do Estado contemporâneo e indispensável mecanismo na pacificação de conflitos.

Não pairam dúvidas entre os processualistas modernos de que a efetividade da Justiça e a instrumentalidade do processo(170) são os escopos primordiais dentre os diversos temas de que se ocupa a ciência processual em nossos dias, mostrando-se absolutamente essencial o estudo da atividade jurisdicional em todos os seus aspectos(171).

Também é inegável que os avanços da tecnologia vêm trazendo em seu bojo notáveis avanços para a prática da ciência do Direito, com influência imediata sobre os meios de acesso à justiça. Veja-se em tal sentido as informações disponibilizadas para acesso remoto pelo Estado-Juiz sobre processos judiciais virtuais, jurisprudência, doutrina, publicações legais, peticionamento eletrônico e tantas outras, sempre objetivando tornar o processo mais célere e efetivo.

---

(166) ARAKEN DE ASSIS, em aula ministrada na Escola Superior da Magistratura — Associação dos Juízes do Rio Grande do Sul — *Revista Ajuris*, Porto Alegre, segundo semestre de 1989. CELSO BARBI, *Comentários ao Código de Processo Civil*, v. 1, 5ª ed. Rio de Janeiro: Forense, 1988, 10 v, p. 16.

(167) PONTES DE MIRANDA (*Comentários ao Código de Processo Civil*, v. 1, 1974, p. 390), AMARAL SANTOS (*Enciclopédia Saraiva de Direito*, v. 47, p. 80), CALMON DE PASSOS (conforme ARAÚJO, Justino Magno. Aspectos da jurisdição nos sistemas da "common law" e da "civil law" e no Direito brasileiro. *Revista Ajuris*, Porto Alegre: Ajuris, n. 14, 1987, p. 7) e ZANZUCCHI (*apud* FREDERICO MARQUES, *Instituições*, p. 298).

(168) Conforme FREDERICO MARQUES, *Instituições*..., p. 299, para os clássicos a Jurisdição comprendia os elementos da *notio, vocatio, coertitio, judicium* e *executio*.

(169) Vide *Natureza Jurídica da Jurisdição Voluntária*, Porto Alegre: Livraria do Advogado, 1996.

(170) Vide DINAMARCO, Cândido, *A Instrumentalidade do Processo*.

(171) "A ciência processual no Brasil encontra-se em fase de sua evolução que autorizada doutrina científica identifica como *instrumentalista*. É a conscientização de que a importância do processo está em seus resultados." BEDAQUE, José Roberto dos Santos. *Direito e Processo*, 2ª ed. São Paulo, Malheiros, 2001, p. 14. Ou ainda: "A jurisdição não tem *um escopo*, mas escopos (plural); é muito pobre a fixação de um escopo exclusivamente jurídico, pois o que há de mais importante é a destinação social e política do exercício da jurisdição. Ela tem, na realidade, escopos sociais (pacificação com justiça), educação), políticos (liberdade, participação, afirmação da autoridade do Estado e do seu ordenamento) e jurídico (atuação da vontade concreta do Direito). DINAMARCO, Cândido, *A Instrumentalidade do Processo*, p. 317.

Por outro lado, o excessivo lapso temporal entre a apresentação de um pedido de provimento judicial e o trânsito em julgado da decisão que o tornará vivo no mundo real ainda constitui um dos maiores obstáculos ao efetivo exercício da garantia fundamental do acesso à justiça[172]. Impõe-se, como já reconhece a parte da doutrina[173], uma responsabilização do Estado pelos danos decorrentes do esvaziamento da instrumentalidade do processo e da efetividade dos provimentos judiciais.

Não são poucos os juristas que já propõem a adoção de novos **equivalentes jurisdicionais** como a conciliação, a arbitragem, a mediação, por se tratarem de métodos alternativos aos tradicionais, para a solução pacífica das controvérsias[174]. Tais métodos, nas palavras de EDUARDO CAMBI, precisam ser incentivados, porque, além de remediarem o problema da **litigiosidade contida** (a qual sobrecarrega e torna morosa a máquina judiciária), não apenas solucionam o litígio, pela imposição de um "ato de poder", mas buscam a justiça coexistencial, que não está voltada somente para o passado, procurando preservar os vínculos entre os litigantes, de modo a melhor restabelecer o convívio social[175].

A obrigação do Estado de distribuir a justiça não se esgota com a simples pronúncia da sentença sobre a pretensão trazida ao juízo, mas exige-se-lhe que seja efetiva e tempestivamente trazida para o mundo dos fatos. Valendo-se de um juízo de razoabilidade[176], reclama-se maior sensibilidade da jurisprudência quanto aos casos de responsabilização do Estado pelos danos decorrentes de vícios na prestação jurisdicional, dentre eles a dilação indevida do processo a agredir não só a garantia do acesso à justiça, mas o princípio da instrumentalidade do processo e o dever de celeridade e eficiência dos quais deve estar imbuída a atividade judicial, entendimento partilhado por GUIDO TAWIL[177]:

"Aunque no es en general esta demora la causa directa e inmediata del perjuicio producido al particular — al resultar comúnmente éste consecuencia de la conducta u omisión en virtud de la cual se ha solicitado el auxilio judicial —,

---

(172) MODESTO, Paulo, "Responsabilidade do Estado pela Demora na Prestação Jurisdicional". *Revista Jurídica*, n. 282, abril/2001, p. 84.

(173) Vide ANNONI, Danielle. *A Responsabilidade do Estado pela Demora na Prestação Jurisdicional.* Rio de Janeiro: Forense, 2003; CRUZ E TUCCI, *Tempo e Processo.* São Paulo: RT, 1997; CRUZ E TUCCI, José Rogério (Org.). "Garantia do Processo sem Dilações Indevidas". *Garantias Constitucionais do Processo Civil.* São Paulo: RT, 1999, p. 234; RIBEIRO, Ana Cecília. *Responsabilidade Civil do Estado por Atos Jurisdicionais.* São Paulo: LTr, 2003.

(174) CAMBI, Eduardo. Ob. cit., p. 122.

(175) CAMBI, Eduardo. Ob. cit., p. 123.

(176) No mesmo sentido XAVIER, Luiz Roberto. "A Razoabilidade como Parâmetro para Atuação Contemporânea do Judiciário". *Revista Jurídica*, Porto Alegre: Editora Síntese, abril/1996, n. 222, p. 21, p. 03 do artigo. E, por outro lado, a crítica de CRUZ E TUCCI, José Rogério (Org.). *Garantia do Processo sem Dilações Indevidas. Garantias Constitucionais do Processo Civil.* São Paulo: RT, 1999, p. 248: "É certo também que a 'razoabilidade' em tela carece de limites precisos. Trata-se, como entende PLÁCIDO FERNANDEZ-VIAGAS BARTOLOME — de uma noção 'de índole valorativa, portanto, notoriamente imprecisa, que depende das circunstâncias do caso."

(177) TAWIL, Guido Santiago. *La Responsabilidad del Estado y de los Magistrados y Funcionários Judiciales por el Mal Funcionamiento de la Administración de Justicia.* Buenos Aires: Depalma, 1989, p. 72.

la falta de prestación adecuada del auxilio peticionado en debito tiempo y forma — de resultar éste ordinariamente apto para remediar el perjuicio — **genera asimismo la responsabilidad del Estado, al haber asumido éste en forma exclusiva la carga de prestar en debida forma justicia.** Tal responsabilidad resultará, como veremos, independiente de la existencia o no de dolo, culpa o negligencia por parte de los magistrados o funcionarios judiciales responsables por la tramitación, los cuales podrán ser, ello sí, objeto de una acción de repetición por parte del Estado o de una acción de responsabilidad civil por parte del particular damnificado, de haber resultado efectivamente culpables de la demora." (grifo nosso)

Mais atual do que nunca a concepção de Direito fundamental que nos trazem ALEXY e CANOTILHO como direito a uma atuação positiva do Estado, uma prestação no sentido de praticar atos concretos que instrumentalizem o indivíduo para obter do mesmo uma entrega jurisdicional efetiva, sob pena de restarem os provimentos judiciais como letra morta nos arquivos judiciais, testemunhos de uma justiça tardia e ineficaz[(178)]. Ao que muito bem complementam as palavras de NICOLÒ TROCKER[(179)]:

"Uma justiça realizada de forma tardia é sobretudo um grave mal social; provoca danos econômicos (imobilizando bens e capitais), favorece a especulação e a insolvência, acentua a discriminação entre os que têm possibilidade de cumprir e os que na espera têm tudo a perder. Um processo que se arrasta por longo tempo torna-se também um cômodo instrumento de ameaça e de pressão, uma arma formidável nas mãos do mais forte para ditar ao adversário as regras da capitulação."

Diante dos argumentos esposados, concluímos a atividade jurisdicional como função originária da longínqua proibição estatal de realização da justiça privada, daí decorrendo a necessidade e o dever de compor o poder público os conflitos naturalmente ocorrentes na sociedade humana, nas palavras de FROCHAN a mais importante das funções do Estado Moderno[(180)].

Assim, quando da redação destas linhas nos propusemos conduzir o leitor a uma reflexão sobre o importantíssimo e mais do que nunca essencial estudo da função jurisdicional do Estado, primeiro com escorço histórico e depois com uma

---

(178) "Impondo-se a proibição da autotutela, ou da realização das pretensões segundo o próprio poder do particular interessado, surge o poder de o Estado dizer aquele que tem razão em face do caso conflitivo concreto, ou o poder de dizer o Direito, conhecido como *iuris dictio*. O Estado, ao proibir a autotutela, assume o monopólio da jurisdição. Como conseqüência, ou seja, diante da proibição da autotutela, ofertou-se àquele que não podia mais realizar o seu interesse através da própria força o direito de recorrer à justiça, ou o direito de ação. Esse direito de ação, condicionado ou não, foi compreendido, inicialmente, como o direito à obtenção de uma sentença. Só mais tarde, como será visto adiante, é que se percebeu que não bastava conferir ao jurisdicionado apenas o direito a uma sentença, sendo necessário outorgar a ele uma resposta jurisdicional tempestiva e efetiva." LUIZ GUILHERME MARINONI e SÉRGIO CRUZ ARENHART. *Manual do Processo de Conhecimento,* 2ª ed. revista e atualizada. São Paulo: RT, 2003, p. 27.

(179) TROCKER, Nocolò, *Processo Civile e Constituzione*. Milano: A.Giuffrè, 1974, p. 276-277.

(180) *La Jurisdicción*, p. 13.

pequena síntese dos conceitos contemporâneos esposados por alguns juristas de larga tradição científica.

Ao final deste ensaio, esperamos ter alcançado nosso objetivo.

REFERÊNCIAS BIBLIOGRÁFICAS

ALCALÁ-ZAMORA Y CASTILLO, "Niceto. Eficacia de las Providencias de Jurisdicción Voluntaria". *Atti del 3º Congresso Internazionale di Diritto Processuale Civile — Venezia*, 1962. Milano: A.Giuffrè, 1962.

_______. *Premisas para Determinar la Índole de la Llamada Jurisdicción Voluntaria. Estudios de Teoria General y Historia del Proceso,* v.1, Mexico: UNAN, 1974, 4 v.

ALLORIO, Enrico. *Problemas de Derecho Procesal.* [Tradução de Santiago Sentís Melendo]. Buenos Aires: EJEA, 1963. 2 v., t. 2, Ensayo Polemico Sobre la "Jurisdicción Voluntaria".

_______. *Jurisdicción y Cosa Juzgada: Observaciones Críticas Acerca de la "Jurisdicción" Voluntaria.* Tradução de Santiago Sentís Melendo. Buenos Aires: EJEA, 1963. 2 v., t.2.

ALTAVILA, Jayme. *Origem do Direito dos Povos*, 4ª ed. São Paulo: Melhoramentos, 1964.

ALVIM, José Manuel de Arruda. *Código de Processo Civil Comentado*, v. 1. São Paulo: RT, 1975, 4v.

_______. *Curso de Direito Processual Civil,* v. 1. São Paulo: RT, 1975, 6v.

ANDRADE, Fábio Siebeneichler de. *Da Codificação — Crônica de um Conceito.* Porto Alegre: Livraria do Advogado, 1997.

ANNONI, Danielle. *A Responsabilidade do Estado pela Demora na Prestação Jurisdicional.* Rio de Janeiro: Forense, 2003.

ARAÚJO, Justino Magno. "Aspectos da Jurisdição nos Sistemas da *Common Law* e da *Civil Law* e no Direito Brasileiro". Revista AJURIS, Porto Alegre: AJURIS, n. 14, 1987.

ASSIS, Araken de. *Garantia de Acesso à Justiça: Benefício da Gratuidade. Garantias Constitucionais do Processo Civil.* José Rogério Cruz e Tucci (Org.). São Paulo: RT, 1999.

AZAMBUJA, Darcy. *Teoria Geral do Estado*, 4ª ed. Porto Alegre: Globo, 1966.

BAETHGEN, Walter Eduardo. *Teoria Geral do Processo: A Função Jurisdicional.* Porto Alegre: UFRGS, 1982.

BARBI, Celso Agrícola. *Comentários ao Código de Processo Civil,* v. 1, 5ª ed. Rio de Janeiro: Forense, 1988, 10 v.

BAUTISTA, Jose Becerra. *El Processo Civil en Mexico,* 2ª ed. Mexico: Porrua, 1965.

BEDAQUE, José Roberto dos Santos. *Direito e Processo*, 2ª ed. São Paulo: Malheiros, 2001.

BERMUDES, Sérgio. "A Função Jurisdicional no Brasil". *In*: GRINOVER, Ada Pellegrini (Coord.). *Estudos de Direito Processual em Homenagem a José Frederico Marques.* São Paulo: Saraiva, 1982.

BONUMÁ, João. *Direito Processual Civil,* v.1. São Paulo: Saraiva, 1946.

BORGES, Marcos Afonso. "Jurisdição Voluntária". *Revista AJURIS*, Porto Alegre, AJURIS, v.7, n.18, mar. 1980.

______. *Breve Notícia Sobre a Evolução Histórica do Direito Processual Civil. REPRO.* São Paulo: RT, v.13, n. 50, abr./jun. 1988.

BURGELIN, Jean-François e LOMBARD, Paul. *Le Procès de la Justice*, Paris: Le Grand Livre du Mois, 2003.

CAENEGEN, R.C van. *Uma Introdução Histórica ao Direito Privado.* São Paulo: Martins Fontes, 2000.

CALAMANDREI, Piero. *Instituzione de Diritto Processuale Civile Secondo il Nuovo Codice,* 2ª ed. Padova: CEDAM, 1943, 2 v.

______. *Opere Giuridiche.* Napoli: Morano, 1945, v. 1: Limite Fra Giurisdizione e Ammnistrazione nella Sentenza Civile.

CAMBI, Eduardo. *Jurisdição no Processo Civil.* Curitiba: Juruá, 2002.

CANOTILHO, J.J. Gomes. *Direito Constitucional e Teoria da Constituição,* 3ª ed. Coimbra: Livraria Almedina, 1999.

CAPPELLETTI, Mauro. *Acesso à Justiça.* Porto Alegre: Fabris, 1988.

______. *Juízes Irresponsáveis?* Porto Alegre: Fabris, 1989.

______. *Juízes Legisladores?* Porto Alegre: Fabris, 1993.

______. "Repudiando Montesquieu? A expansão e legitimidade da 'justiça constitucional'". *Revista da Faculdade de Direito da UFRGS*, Porto Alegre. v. 20 (2001),

CAPPELLETTI, Mauro; PERILLO, Joseph M. *Civil Process in Italy.* The Hague: Martinus Nijhoff, 1965.

CARDOZO, Benjamin Nathan. *A Natureza do Processo e a Evolução do Direito.* Porto Alegre: AJURIS, 1978.

CARNEIRO, Athos Gusmão. *Jurisdição e Competência: Exposição Didática,* 3ª ed. São Paulo: Saraiva, 1989.

______. "Jurisdição: Noções Fundamentais". *Revista AJURIS*, Porto Alegre, v. 7, n. 20, nov. 1980.

CARNELUTTI, Francisco. *Sistema de Derecho Procesal Civil,* v. 1. Buenos Aires: UTEHA, 1944, 4 v.

CHIOVENDA, Giuseppe. *Instituições de Direito Processual Civil,* 2ª ed. São Paulo: Saraiva, 1965, 2v.

COSTA, Alfredo de Araújo Lopes da. *A Administração Pública e a Ordem Jurídica Privada (Jurisdição Voluntária).* Belo Horizonte: Bernardo Alvares, 1961.

COULANGES, Fustel de. *A Cidade Antiga.* São Paulo: Hemus, 1986.

COUTURE, Eduardo. *Fundamentos do Direito Processual Civil.* São Paulo: Saraiva, 1946.

CRETELLA JÚNIOR, José. *Curso de Direito Romano,* 23ª ed. Rio de Janeiro: Forense, 1999.

CRUZ E TUCCI, José Rogério (Org.). "Garantia do Processo sem Dilações Indevidas". *Garantias Constitucionais do Processo Civil.* São Paulo: RT, 1999.

______. *Tempo e Processo.* São Paulo: RT, 1997.

CRUZ E TUCCI, Rogério Lauria e AZEVEDO, Luiz Carlos de. *Lições de História do Processo Civil Romano.* São Paulo: RT, 1996.

CUEVA, Mario de la. *La Idea del Estado,* 4ª ed. México: UNAN, 1994.

DALL'IGNA, Sônia Maria. *Jurisdição Voluntária.* Porto Alegre, UFRGS, 1989. Dissertação (Mestrado em Direito Privado) — Faculdade de Direito, Universidade Federal do Rio Grande do Sul, 1989.

DANTAS, Francisco Wildo Lacerda. *Jurisdição, ação (defesa) e processo.* São Paulo: Dialética, 1997.

DAVID, René. *Os Grandes Sistemas de Direito Contemporâneo (Direito Comparado),* 2ª ed. Lisboa: Meridiano, 1978.

Dicionário Aurélio Eletrônico 1.0. São Paulo: Nova Fronteira, 1993.

DINAMARCO, Cândido Rangel. *A Instrumentalidade do Processo,* 8ª ed. São Paulo: Malheiros, 2000.

______. *Instituições de Direito Processual Civil,* 3ª ed. revista e atualizada. São Paulo: Malheiros, 2003. v. I.

FARIAS, Márcia Medeiros de. *Aspectos Sociais da Jurisdição.* Porto Alegre: UFRGS, 1991. Dissertação (Mestrado em Direito Privado) — Faculdade de Direito, Universidade Federal do Rio Grande do Sul, 1991.

FAZZALARI, Elio. *La Giurisdizione Volontaria.* Padova: CEDAM, 1953.

______. "Problemi e Prospetive del Processo Civile". *Rivista Trimestrale de Diritto e Procedura Civile,* Milano: A.Giuffrè, v. 38, n. 2, giug. 1984.

______. "Giurisdizione Volontaria". *In: Enciclopedia del Diritto,* v. 19. Milano: A.Giuffrè, 1970.

FERRAJOLI, Luigi. *Derecho y Razón — Teoria del Garantismo Penal.* Madrid: Editorial Trotta, 1998.

FIUZA, César (Coord.). *Direito Processual na História.* Belo Horizonte: Mandamentos, 2002.

FRANCO SOBRINHO, Manoel de Oliveira. "Jurisdição Administrativa". *In*: FRANÇA, Limongi. *Enciclopédia Saraiva do Direito.* São Paulo: Saraiva, 1977, v. 47.

FROCHAM, Manuel Ibañez. *La Jurisdicción.* Buenos Aires: Astrea, 1972.

GARNOT, Benoit. *La Justice en France de L'An Mil à 1914.* Paris: Éditions Nathan, 1993.

GARSONNET, E. *Précis de Procédure Civile,* v.1, 5ª ed. Paris: Société du Recueil Général des Lois & des Arrêts, 1904.

GILISSEN, John. *Introdução Histórica ao Direito,* 2ª ed. Lisboa: Calouste Gulbenkian, 1995.

GUERRA FILHO, Willis Santiago. "Teoria da Jurisdição: Nota Sobre uma Nova Disciplina". *REPRO,* São Paulo, v. 15, n. 59, jul./set. 1990.

JUSTINIANEUS, Flavius Petrus Sabbatius. *Institutas do Imperador Justiniano.* [Tradução de J. Cretella Jr. e Agnes Cretella]. São Paulo: RT, 2000.

LACERDA, Galeno. *Comentários ao Código de Processo Civil*, v. 8, 5ª ed. Rio de Janeiro: Forense, 1993, 10 v, t. 1.

LARRAÑAGA, Jose Castillo. DE PIÑA, Rafael. *Instituciones de Derecho Procesal Civil*. 6ª ed., México: Porrua, 1963.

LIEBMAN, Enrico Tullio. *Manuale de Diritto Processuale Civile*. v. 1. 2ª ed. Milano: A. Giuffrè, 1957. 2 v.

LISBOA, Celso Anicet. "O Processo como Manifestação Primígena do Direito e as Grandes Codificações na Antigüidade Pré-Romana — Os Grandes Sistemas Jurídicos Contemporâneos — *Common Law* e *Civil Law*", *REPRO*. São Paulo: RT, abril-junho de 1997.

LOPES, José Reinaldo de Lima. *O Direito na História — Lições Introdutórias*. São Paulo: Max Limonad, 2000.

LUCENA, João Paulo. *Natureza jurídica da jurisdição voluntária*. Porto Alegre: Livraria do Advogado, 1996.

______. *Comentários ao Código de Processo Civil — Arts. 1.103-1.210*. São Paulo: RT, 2000.

MARINONI, Luiz Guilherme e ARENHART, Sérgio Cruz. *Manual do Processo de Conhecimento*, 2ª ed. revista e atualizada. São Paulo: RT, 2003.

MARQUES, José Frederico. *Ensaio sobre a jurisdição voluntária*, 1ª ed. rev., atualizada e completada por Ovídio Rocha Barros Sandoval. Campinas: Millenium, 2000.

______. *Ensaio sobre a jurisdição voluntária*, 2ª ed. São Paulo: Saraiva, 1959.

MELENDO, Santiago Sentís. *Teoría y Práctica del Proceso: Ensayos de Derecho Procesal*. Buenos Aires: EJEA, 1958.

MICHELI, Gian Antonio. *Estudios de Derecho Procesal Civil*. [Tradução de Santiago Sentís Melendo]. Buenos Aires: EJEA, 1970. V. 4, Jurisdiccion Voluntaria.

MIRANDA, Francisco Cavalcanti Pontes de. *Comentários ao Código de Processo Civil*. Rio de Janeiro: Forense, 1974-1979, 17v., t. 1.

MIRANDA, Jorge. *Teoria do Estado e da Constituição*, Rio de Janeiro: Forense, 2002.

MODESTO, Paulo. "Responsabilidade do Estado pela Demora na Prestação Jurisdicional". *Revista Jurídica*, n. 282, abril/2001.

MONTELEONE, Girolamo. "Note Sui Rapporti tra Giurisdizione e Legge nello Stato di Diritto". *Rivista Trimestrale di Diritto e Procedura Civile*, Milano: A.Giuffrè, v. 4, n. 1, mar. 1987.

MORAES, Maria Amália Dias de. *O Conceito de Jurisdição*. Porto Alegre, UFRGS, 1989. Dissertação (Mestrado em Direito Privado) — Faculdade de Direito, Universidade Federal do Rio Grande do Sul, 1989.

MOREIRA, José Carlos Barbosa. *O Novo Processo Civil Brasileiro*, 11ª ed. Rio de Janeiro: Forense, 1991.

OLIVEIRA, Eduardo Ribeiro. "Sobre o Conceito de Jurisdição". *REPRO*. São Paulo: RT, v. 6, n. 16, 1979.

PACHECO José da Silva, *Evolução do Processo Civil Brasileiro*, 2ª ed. Rio de Janeiro: Renovar, 1999.

PASSOS, José Joaquim Calmon de. *Da Jurisdição*. Salvador: Progresso, 1957.

______. *Comentários ao Código de Processo Civil*, v. 1, 3ª ed. Rio de Janeiro: Forense, 1990.

PIÑA, Rafael de; LARRAÑAGA, José Castillo. *Instituciones de Derecho Procesal Civil.* 6ª ed. México: Porrua, 1963.

PORTO, Sérgio Gilberto. *Jurisdição Voluntária: Atividade Administrativa ou Jurisdicional? Estudos Jurídicos.* São Leopoldo, UNISINOS, 1983.

PRATA, Edson. *Jurisdição Voluntária.* São Paulo: EUD, 1979.

PRIETO-CASTRO, Ferrandiz L. *Derecho Procesal Civil.* Madrid: Revista de Derecho Privado, 1964, 2v.

REGO, Hermenegildo de Souza. "Existe jurisdição voluntária?" *REPRO*, São Paulo: RT, v. 11, n. 46, abr.-jun. 1986.

RIBEIRO, Ana Cecília Rosário. *Responsabilidade Civil do Estado por Atos Jurisdicionais.* São Paulo: LTr, 2003.

ROCCO, Ugo. *Trattato de Diritto Processuale Civile*, v. 1. Torino: UTET, 1957-1964, 7 v.

ROCHA, José de Moura. "O Notariado e o Processo Civil". v. 1. *REPRO.* São Paulo: RT, n. 1, jan./mar. 1976, p. 59-70.

ROGÉRIO, Nuno. *Constituição dos EUA Anotada e seguida de Estudo sobre o Sistema Constitucional dos Estados Unidos.* Lisboa: Gradiva, 1993.

ROSS, Alf. *Direito e justiça.* São Paulo: Edipro, 2000.

SANTOS, J. M. de. *Código de Processo Civil Interpretado*, v. 1. São Paulo: Freitas Bastos. 29 v.

______. "Jurisdição Voluntária". *In: Repertório Enciclopédico do Direito Brasileiro*, v. 30. Rio de Janeiro: Borsoi, 1947, 49 v.

SANTOS, Moacyr Amaral dos. *Primeiras Linhas de Direito Processual Civil*, v. 1, 12ª ed. São Paulo: Saraiva, 1985, 3v.

______. "Jurisdição". *In:* FRANÇA, Limongi. *Enciclopédia Saraiva do Direito.* São Paulo: Saraiva, 1977-1978. V. 47, p. 76-81.

SARLET, Ingo Wolfgang. *A Eficácia dos Direitos Fundamentais*, 2ª edição revista e atualizada. Porto Alegre: Livraria do Advogado, 2001.

SCHIPANI, Sandro. "Sistemas Jurídicos e Direito Romano. As Codificações do Direito na Unidade do Sistema Jurídico Latino Americano". *In:* LANDIN, José Francisco Paes (Coord.). *Direito e Integração. Brasília*: UNB, 1981, p. 35-53.

SCHÖNKE, Adolf. *Derecho Procesal Civil.* Barcelona: Bosch, 1950.

SILVA, Ovídio Baptista Araújo da. *Teoria Geral do Processo.* Porto Alegre: Lejur, 1983.

______. *Curso de Processo Civil*, v. 1. Porto Alegre: Fabris, 1987, 3v.

______. e GOMES, Fábio. *Teoria Geral do Processo Civil*, 3ª ed. revista e atualizada. São Paulo: RT, 2002.

TAWIL, Guido Santiago. *La Responsabilidad del Estado y de los Magistrados y Funcionários Judiciales por el Mal Funcionamiento de la Administración de Justicia.* Buenos Aires: Depalma, 1989.

TESHEINER, José Maria Rosa. *Jurisdição Voluntária.* Rio de Janeiro: Aide, 1992.

THEODORO JUNIOR, Humberto. *Curso de Direito Processual Civil*, v. 1, 6ª ed. Rio de Janeiro: Forense, 1990, 3 v.

TROCKER, Nicolò. *Processo Civile e Costituzione*. Milano: A.Giuffrè, 1974.

TUCCI, Rogério Lauria. "Jurisdição, Ação e Processo Civil". *REPRO*. São Paulo: RT, V. 13, n. 52, out./dez., 1988.

VERDÚ, Pablo Lucas. *Curso de derecho político,* v. I, 2ª ed. revisada e ampliada. Madrid: Technos, 1999.

VILLELA, Anna Maria. "Direito Romano e Sistema Jurídico Latino-Americano". *Direito e Integração*. LANDIM, José Francisco Paes (Org.). Brasília: UNB, 1981.

WACH, Adolf. *Manual de Derecho Procesal Civil*. Buenos Aires: EJEA, 1977, 2v.

WATANABE, Kasuo (coordenação). Acesso à Justiça e Sociedade Moderna. *Participação e Processo*. São Paulo: RT, 1988.

WIEACKER, Franz. *História do Direito Privado Moderno,* 2ª ed. Lisboa: Calouste Gulbenkian, 1993.

XAVIER, Luiz Roberto. "A Razoabilidade como Parâmetro para Atuação Contemporânea do Judiciário". *Revista Jurídica*, Porto Alegre: Editora Síntese, abril/1996, n. 222.

ZANZUCCHI, Marco Tulio. *Diritto Processuale Civile*, 6ª ed. Milano: A. Giuffrè, 1964.

ZIPPELIUS, Reinhold. *Teoria general del Estado*, 2ª ed. México: Porrúa, 1989.

A EMENDA CONSTITUCIONAL N. 45 E AS AÇÕES EM CURSO NA JUSTIÇA COMUM

Paulo Jb Leal(*)

A Emenda Constitucional n. 45 que deu nova redação ao art. 114 da Constituição da República, atribuindo competência para a Justiça do Trabalho para julgar demandas até então sob a jurisdição da Justiça Comum, exige providências urgentes, tendo em vista a regra do art. 87 do Código de Processo Civil.

Com efeito, estabelece o art. 87 do Código de Processo Civil que a competência é determinada no momento em que a ação é proposta, sendo irrelevantes as modificações do estado de fato ou de direito ocorridas posteriormente, salvo quando suprimirem o órgão judiciário, alterarem a competência em razão da matéria ou da hierarquia.

Isso significa dizer que, a contar da emenda constitucional, todas as demandas que versarem sobre relações de trabalho, representação sindical, exercício do direito de greve e ações de indenização por dano moral ou patrimonial decorrentes da relação de trabalho, passaram à competência da Justiça do Trabalho.

São demandas em curso, tramitando nas mais diferentes esferas e instâncias do Poder Judiciário, que estão a merecer atenção especial em face das regras já consagradas pelo Direito brasileiro, dispondo que as normas que alteram a competência em razão da matéria têm aplicação imediata e atingem os processos em andamento, independentemente da fase em que se encontram.

O objetivo do presente trabalho é, portanto, investigar as conseqüências da promulgação da Emenda Constitucional número 45 em 8 de dezembro de 2004.

Competência Jurisdicional

Ser competente é ter Poder. Embora a jurisdição, enquanto Poder de Estado não comporte divisão(1), por uma questão de política de administração da justiça, o Estado pode atribuir aos seus juízes e tribunais competência diferenciada para o julgamento

---

(*) Advogado e Professor Universitário. Mestre em Processo Civil. *www.pauloleal.com.br.*

(1) "*A jurisdição, como expressão do poder estatal soberano, a rigor não comporta divisões, pois falar em diversas jurisdições num mesmo Estado significaria afirmar a existência, aí, de uma*

de demandas. A competência é, segundo RUY CIRNE LIMA, "medida do poder que a ordem jurídica assina a uma pessoa determinada"(2). É a atribuição de Poder a alguém e sua delimitação legal(3).

JOSÉ FREDERICO MARQUES, repetindo as preleções de LIEBMAN, afirma que competência "é a medida da jurisdição, uma vez que determina a esfera de atribuições dos órgãos que exercem as funções jurisdicionais"(4). É ter poder para praticar atos e para exercer a atividade jurisdicional. É estar investido em poderes suficientes para instruir e julgar as demandas submetidas à apreciação do Poder Judiciário, órgão estatal responsável pela jurisdição.

Para delimitar a distribuição do Poder entre juízes e tribunais, a lei utiliza-se de diferentes critérios(5). Em determinadas situações leva em consideração o valor econômico em litígio; em outras, a qualidade do sujeito envolvido na lide, ou ainda, a matéria ou o local onde ocorreu o fato, e assim por diante.

Buscando sistematizar a distribuição da jurisdição entre juízes e tribunais, CHIOVENDA(6) identifica três grandes critérios a serem observados: objetivo, funcional e territorial.

Critério Objetivo

O critério objetivo leva em consideração aspectos da demanda, podendo ser o valor da causa, a matéria sob julgamento ou a qualidade de um ou ambos os litigantes no processo(7), para distribuir as causas entre tribunais de tipos diferentes(8).

Critério Funcional

Pelo critério funcional a causa é distribuída entre tribunais, considerando-se a atividade que haverá de ser desenvolvida no processo. A lei poderá fixar competên-

---

pluralidade de soberanias, o que não faria sentido; a jurisdição é, em si mesma, tão una e indivisível quanto o próprio poder soberano." CINTRA, Antonio Carlos de Araújo *et alii. Teoria Geral do Processo*, p. 140.

(2) *Princípios de Direito Administrativo*, p. 139.

(3) "*Se dice, por eso, la competencia es la cantidad de juridición asginada a cada órgano, o sea, la "medida de la juridición*". LIEBMAN, Enrico Tulio. *Manual de Derecho Procesal Civil* (tradução de Santiago Sentis Melendo), p. 45.

(4) Ob. cit., p. 177.

(5) "*A jurisdição e a competência se determinam sempre, (...), não em abstrato, senão em relação a certos elementos extraídos da relação substancial (cidadania das partes, domicílio delas, valor econômico da causa, etc), sobre a qual está o juiz chamado a prover: elementos que a lei considera como índices juridicamente relevantes para submeter as distintas categorias de causas à jurisdição do Estado, e para vinculá-las à competência dos juízes mais idôneos para prover sobre elas.*" CALAMANDREI, Piero. *Direito Processual Civil.* v. 2, p. 73.

(6) *Instituições*. v. II, p. 184.

(7) "*Extrai-se o critério objetivo ou do valor da causa (competência por valor) ou da natureza da causa (competência por matéria). O critério extraído da natureza da causa refere-se, em geral, ao conteúdo especial da relação jurídica em lide.*" *Instituições*, v. II, p. 184.

(8) Tribunal de tipo diferente aqui quer dizer órgão monocrático, colegiado, de primeira ou de segunda instância.

cias para cognição ou execução, quando poderá distribuir as demandas entre tribunais do mesmo tipo, apenas levando em consideração a natureza da atividade do juiz[9].

No que diz respeito aos graus de jurisdição, a lei pode distribuir competência entre diferentes tribunais para proferir a decisão na fase de conhecimento (primeiro grau de jurisdicional), ou para apreciar recursos ordinários (segundo grau de jurisdição)[10], ou para apreciar recursos de natureza extraordinária (Recurso de Embargos, Recurso de Revista e o Recurso Extraordinário)[11].

Critério Territorial

O critério territorial é, na verdade, um critério secundário a ser aplicado na definição da competência. Definida a competência, considerando-se as pessoas em lide, a matéria veiculada na demanda ou o valor da causa (critério objetivo) ou a atividade que o juiz haverá de desenvolver no processo (critério funcional) a lei poderá estabelecer, ainda, regras para distribuir demandas entre juízes com idênticas competências, mas em exercícios em áreas geográficas diferenciadas.

Trata-se de um critério secundário que considera o espaço geográfico para a distribuição da competência, na qual as causas são distribuídas entre tribunais do mesmo tipo, mas tomando em consideração o local onde mora um ou ambos os litigantes, o local onde está situada a coisa, ou onde ocorreu o fato, assim por diante[12].

Embora irrelevante para o estudo proposto no presente ensaio, apenas à guisa de registro acadêmico, seria ainda de se falar em uma subdivisão do critério territorial decorrente da distribuição.

Trata-se do caso em que definida a competência pelo critério objetivo (ou funcional), restasse ainda um ou mais juízos dentro da mesma circunscrição territorial com idênticas competências.

---

(9) É o que ocorre em alguns foros trabalhistas que possuem varas especializadas em execução de sentença.

(10) A jurisdição, enquanto Poder Estatal destinado a resolver os conflitos que ocorrem na sociedade, é uma só, não admitindo graus ou fracionamento. Somente em face da necessidade de melhor divisão do trabalho entre os órgãos jurisdicionais é que se fala em "*espécies*" de jurisdição.

(11) "O critério funcional extrai-se da natureza especial e das exigências especiais das funções a que se chama o magistrado a exercer num processo. Tais funções podem repartir-se entre diversos órgãos na mesma causa (assim há juízes de primeiro grau e segundo grau, juízes de cognição, juízes de execução)." *Ibidem.*

(12) "*O critério territorial relaciona-se com a circunscrição territorial designada à atividade de cada órgão jurisdicional. As várias causas da mesma natureza são designadas a juízes do mesmo tipo, com sede, entretanto, em lugares diversos, e a designação depende de circunstâncias várias, ou do fato de residir o réu em determinado lugar (forum domicilii, forum rei) ou de haver-se contraído a obrigação em dado lugar (forum contractus), ou de achar-se em dado lugar o objeto do lide (forum rei sitiae).*" *Ibidem.*

Nesse caso, seria necessário o despacho da inicial[13] ou, a depender da corrente de interpretação dos arts. 219 e 263 do Código de Processo Civil, a citação[14], para o estabelecimento da competência entre diferentes varas de uma mesma comarca.

Competência Absoluta e Competência Relativa

A depender dos interesses a serem protegidos, a lei pode estabelecer regras diferenciadas para a modificação da competência. Diz-se relativas as regras de competência que podem ser modificadas na ocorrência de determinados fatos processuais[15] ou por convenção das partes e absolutas as que não admitem alterações.

Dispõe o Código de Processo Civil que "a competência em razão da matéria e da hierarquia é inderrogável por convenção das partes; mas estas podem modificar a competência em razão do valor e do território, elegendo o foro onde serão propostas as ações oriundas de direitos e obrigações"[16].

A competência relativa não apenas pode ser modificada por convenção das partes como diz a lei, mas também por continência, conexão ou quando não for oposta a exceção declinatória no prazo legal.

Mas o que nos interessa, para o estudo do tema proposto, são as conseqüências da intervenção do juiz totalmente incompetente em uma relação processual.

Para que a relação processual possa ser considerada válida, exige-se que o juiz tenha competência para julgar a causa. A sentença proferida por juiz incompetente é anulável, porque lhe falta poder para decidir a demanda, objetivamente considerada.

Critério de Competência na Emenda Constitucional n. 45

A Constituição da República promulgada em 1988 adotava, em seu art. 114, o critério objetivo, qualidade das pessoas em litígio, para delimitação da competência, elegendo as demandas decorrentes da relação de trabalho propostas entre "trabalhadores e empregadores" para a jurisdição trabalhista.

O critério da emenda número 45 continuou sendo o objetivo e, embora mantendo em seu inciso número um a pessoa como elemento determinativo da competência, elegeu a matéria como ponto nuclear para os demais itens.

Nesse sentido, o primeiro inciso do art. 114 estabelece "as ações oriundas da relação de trabalho (matéria), abrangidos os entes de direito público externo e da ad-

---

(13) *Considera-se proposta a ação, tanto que a petição inicial seja despachada pelo juiz*, ou simplesmente distribuída onde houver mais de uma vara. A propositura da ação, todavia, só produz, quanto ao réu, os efeitos mencionados no art. 219 depois que for validamente citado (CPC, art. 263, sem grifo no original).

(14) *A citação válida torna prevento o juízo*, induz litispendência e faz litigiosa a coisa; e, ainda quando ordenada por juiz incompetente, constitui em mora o devedor e interrompe a prescrição. (CPC, art. 219, sem grifo no original).

(15) Conexão e continência.

(16) Art. 111.

ministração pública direta e indireta da União, dos Estados, do Distrito Federal e dos Municípios (pessoas)" (item entre parênteses acrescentado, não constante da redação original).

Já os incisos II a VIII optaram unicamente pela matéria ao eleger "as ações que envolvam exercício do direito de greve";(inc. II) "...sobre representação sindical, entre sindicatos, entre sindicatos e trabalhadores, e entre sindicatos e empregadores"; (inc. III) "...mandados de segurança, *habeas corpus* e *habeas data*, quando o ato questionado envolver matéria sujeita à sua jurisdição;"(inc. IV) "ações de indenização por dano moral ou patrimonial, decorrentes da relação de trabalho";(inc. VI) "ações relativas às penalidades administrativas impostas aos empregadores pelos órgãos de fiscalização das relações de trabalho;" (inc. VII) e, por fim "a execução das contribuições sociais"(inc. VIII).

Ações em Curso perante a Justiça Comum

Promulgada a Emenda número 45 em 8 de dezembro de 2004, todas as ações enquadradas na nova redação do art. 114 da Constituição da República passaram automaticamente para a competência da Justiça do Trabalho, sendo inválidas eventuais decisões proferidas pela Justiça Comum, tendo em vista o disposto no § 2º do art. 113 do Código de Processo Civil que declara nulos os atos decisórios proferidos por juízo incompetente[17].

Trata-se da aplicação da regra contida no art. 87 do Código de Processo Civil, o qual determina a aplicação imediata das normas que alterarem a competência em razão da matéria.

É uma providência que deve ser tomada com urgência pelos órgãos do Poder Judiciário, tendo em vista que a contar dessa data, a Justiça Comum tornou-se incompetente para apreciar essas demandas, e eventual decisão que venha a ser proferida poderá ser anulada *ex-officio* se ainda não ocorreu o trânsito em julgado e, rescindida, após esse fato, face o disposto ao art. 485, II do Código de Processo Civil[18].

---

(17) Art. 113, § 2º "Declarada a incompetência absoluta, somente os atos decisórios serão nulos, remetendo-se os autos ao juiz competente."

(18) Art. 485. A sentença de mérito, transitada em julgado, pode ser rescindida quando: (...) II — proferida por juiz impedido ou absolutamente incompetente.

NOVA COMPETÊNCIA DA JUSTIÇA DO TRABALHO E REGRAS PROCESSUAIS

Júlio César Bebber(*)

1. CONSIDERAÇÕES PRELIMINARES

O alargamento da competência da Justiça do Trabalho em face da nova redação dada ao art. 114 da CF pela EC n. 45 suscita o debate acerca das regras processuais aplicáveis às causas não-trabalhistas em sentido estrito.

Eis aí, portanto, o interesse na discussão do tema, para o qual passo a expender minhas primeiras impressões, sem qualquer pretensão de emitir juízo de valor absoluto.

2. ESCOPO OBJETIVO DA AMPLIAÇÃO DA COMPETÊNCIA

Antes de adentrar especificamente no tema, penso ser fundamental definir o escopo objetivo da ampliação da competência da Justiça do Trabalho, pois considero-o a pedra de toque para análise desse novo momento histórico.

Dizer (como já ouvi) que o alargamento da competência da Justiça do Trabalho traduz distribuição de tarefas no Judiciário é pensamento simplista que ignora a inteligência do legislador e menospreza a importância (social e política) da reforma efetivada.

A ampliação da competência da Justiça do Trabalho, em meu sentir, deve-se:

a) à exigência de acesso do jurisdicionado a uma estrutura judiciária mais ágil e a um processo simplificado.

b) à necessidade de uma nova postura na solução de certos conflitos, para os quais o juiz do trabalho está vocacionado.

(*) Juiz do Trabalho Titular da 2ª Vara do Trabalho de Campo Grande — MS, Professor de Direito Processual do Trabalho da Escola da Magistratura do Trabalho de Mato Grosso do Sul, Mestre em Direito do Trabalho.

3. PRINCÍPIOS INSTRUMENTAIS DE INTERPRETAÇÃO DAS NORMAS CONSTITUCIONAIS

Como a competência da Justiça do Trabalho possui assento constitucional (art. 114), não podemos deixar de observar alguns princípios instrumentais de interpretação, cuja noção sintética é a seguinte:

a) princípio da supremacia da Constituição. As regras constitucionais situam-se em posição hierárquica superior às demais normas do sistema jurídico, de modo que estas não podem existir validamente se incompatíveis com aquelas. A norma constitucional, portanto, seja ela qual for, tem prevalência.

b) princípio da interpretação conforme a Constituição. Se uma norma infraconstitucional possuir mais de uma interpretação, dever-se-á buscar aquela compatível com a Constituição. A aplicação desse princípio, em regra, permite a declaração de inconstitucionalidade sem redução de texto.

c) princípio da unidade da Constituição. As normas constitucionais não convivem em desequilíbrio. Ao contrário, pressupõem equilíbrio e harmonia. Compete ao intérprete, portanto, encontrar o devido equilíbrio entre comandos que tutelam valores ou interesses em confronto.

d) princípio da proporcionalidade. Cabe ao juiz adotar postura ativa no sentido de impedir que uma determinada norma produza um resultado não desejado pelo sistema. É o que se chama de justiça do caso concreto.

O princípio da proporcionalidade adquire operatividade por meio de subprincípios, que são: (I) princípio da adequação e idoneidade. O meio escolhido deve contribuir para a obtenção do resultado pretendido; (II) princípio da necessidade ou exigibilidade. Deve-se escolher o meio menos gravoso ao cidadão para alcançar o objetivo pretendido; (III) princípio da proporcionalidade em sentido estrito. Deve haver um equilíbrio na relação meio-fim.

e) princípio da efetividade das normas constitucionais. Devem prevalecer, no mundo dos fatos, os valores e interesses tutelados pela norma constitucional. Desse modo, entre as interpretações possíveis, deve prevalecer aquela que permite a atuação da vontade constitucional, evitando-se soluções que se refugiem na alegação de programaticidade.

4. PROCESSAMENTO DAS CAUSAS NÃO-TRABALHISTAS

Se um dos escopos do alargamento da competência da Justiça do Trabalho é a de proporcionar ao jurisdicionado uma estrutura judiciária mais ágil e um processo simplificado (*supra*, n. 2), outra não pode ser minha assertiva senão a de que às causas submetidas à Justiça do Trabalho, independentemente da natureza jurídica material litigiosa, aplicam-se as regras do processo do trabalho, salvo quanto às causas de procedimento especial.

Não faz o menor sentido transferir à Justiça do Trabalho a solução de certas causas para que a elas sejam aplicadas as mesmas regras processuais que as regiam. Isso representaria o fim da especialização da Justiça do Trabalho, uma vez que é exatamente no sistema processual que reside essa especialização.

O novo modelo constitucional não merece ser visto de modo simplista. Não podemos interpretar a profunda e importante transformação trazida com a EC n. 45 como mera mudança — mudou por mudar. O alargamento da competência da Justiça do Trabalho representa muito mais que isso. Representa o progresso, a modernidade e o desejo de algo novo: uma nova estrutura, um novo processo e uma nova postura na solução de causas antes submetidas à Justiça Comum.

Nas causas de competência da Justiça do Trabalho,— portanto ¾ salvo quanto às de procedimento especial —, devem-se observar todos os princípios, peculiaridades e técnicas do processo do trabalho, entre os quais destaco:

a) *jus postulandi*. Sempre sustentei que o *jus postulandi* não mais persiste no ordenamento processual trabalhista.[1] Esse, porém, não é o entendimento que prevalece. O STF, na ADI n. 1127-8, esclareceu que a postulação na Justiça do Trabalho não é privativa de advogado (Lei n. 8.906/1994, art. 1º).

Admitida, então, a postulação pessoal, cumpre assinalar não ser ela restrita ao primeiro grau de jurisdição. Abrange todas as fases recursais, exceto a do recurso extraordinário, por exorbitar da jurisdição trabalhista.

Dessa prerrogativa, portanto, passam a gozar todos os jurisdicionados, independentemente do direito material litigioso.

Tal assertiva poderia ser objetada com a literalidade do art. 791 da CLT, que faz referência a empregados e empregadores.[2] Essa visão, entretanto, é equivocada. Se o novo momento histórico remete à Justiça do Trabalho outras causas que não apenas as trabalhistas em sentido estrito, referida circunstância impõe nova interpretação das normas jurídicas existentes. É indispensável, por isso, que o intérprete da lei esteja aberto e atento ao novo momento, o que proporciona nova postura diante da nova realidade.

b) procedimento. Os procedimentos previstos e adotados no processo do trabalho devem reger, também, as ações agora submetidas à jurisdição trabalhista. Desse modo, se o valor atribuído à causa:

(I) for de até 2 (dois) salários mínimos, o procedimento a ser adotado é o previsto na Lei n. 5.584/1970.[3]

---

(1) BEBBER, Júlio César. *Princípios do Processo do Trabalho*. São Paulo: LTr, 1997, p. 87-9.

(2) CLT, art. 791. Os empregados e os empregadores poderão reclamar pessoalmente perante a Justiça do Trabalho e acompanhar as suas reclamações até o final.

(3) De relembrar que a Lei n. 9.957/2000 (que instituiu o procedimento sumaríssimo) não ab-rogou, derrogou ou revogou o procedimento da Lei n. 5.584/1970, como já tive oportunidade de ressaltar em obra específica (BEBBER, Júlio César. *Procedimento Sumaríssimo no Processo do Trabalho*. São Paulo: LTr, 2000, p. 27-9). No mesmo sentido: MALLET, Estêvão. *Procedimento Sumaríssimo Traba-*

(II) for superior a 2 (dois) e inferior a 40 (quarenta) salários mínimos, o procedimento a ser adotado é o sumaríssimo (CLT, art. 852-A).

(III) for superior a 40 (quarenta) salários mínimos, o procedimento a ser adotado é o ordinário (CLT, art. 852-A).

As ações não sujeitas ao procedimento comum, ou seja, aquelas que possuem legislação específica devem tramitar de acordo com o regramento especial que lhes é destinado, como é o caso, entre outras, das ações de mandado de segurança (Lei n. 1.533/1951) e monitória (CPC, arts. 1.102-A a 1.102-C).

Algumas observações, entretanto, devem ser feitas à assertiva acima:

(I) ação de consignação em pagamento. A ação de consignação em pagamento, que é ação de rito especial (CPC, arts. 890 a 900), tem sido adaptada aos procedimentos trabalhistas[4] diante da finalidade conciliatória e da quase sempre presente reconvenção (admitida pela jurisprudência majoritária).[5]

(II) ações relativas às penalidades administrativas impostas aos empregadores pelos órgãos de fiscalização das relações de trabalho (CF, art. 114, inc. VII). As ações que derivam da imposição de penalidades administrativas são, em regra, o mandado de segurança, a ação declaratória de nulidade e a ação de execução.

A discussão que toma contornos relevantes nesse momento diz respeito à ação de execução. A ação de segurança, como ressaltado acima, estará sujeita à tramitação segundo legislação especial e a ação declaratória de nulidade submeter-se-á ao rito processual trabalhista comum (não obstante a impossibilidade de obtenção de conciliação).

---

lhista. São Paulo: LTr, 2002, p. 21-22. Em sentido contrário RODRIGUES PINTO, José Augusto e PAMPLONA FILHO, Rodolfo. *Manual da Conciliação Preventiva e do Procedimento Sumaríssimo Trabalhista.* São Paulo: LTr, 2001, p. 159-61.

(4) AÇÃO DE CONSIGNAÇÃO EM PAGAMENTO. AUDIÊNCIA INAUGURAL. NULIDADE NÃO CONFIGURADA. ADEQUAÇÃO ÀS NORMAS QUE REGEM O PROCESSO TRABALHISTA. O fato de o Juízo *a quo* ter designado a realização de audiência não implica em inobservância do procedimento especial previsto nos arts. 890 e seguintes do CPC, mas sim em adequação deste às normas que regem o processo trabalhista. A doutrina e a jurisprudência dominantes entendem que ação de consignação em pagamento proposta perante a Justiça do Trabalho assume o aspecto de uma reclamação comum, não se aplicando o disposto no art. 896 do CPC. Logo, deve ser designada realização de audiência inaugural, procedendo-se à instrução e julgamento de acordo com as normas processuais trabalhistas. Inexistente, portanto, a nulidade alegada pelo Reclamado. Recurso desprovido por unanimidade (TRT-MS-RO-0605/1998, Rel. Juíza Geralda Pedroso, DJ-MS 30.9.1998).

(5) AÇÃO RESCISÓRIA. RECONVENÇÃO EM AÇÃO DE CONSIGNAÇÃO EM PAGAMENTO. CABIMENTO. 1. Como se infere do art. 297 do CPC, a reconvenção e a contestação, juntamente com a exceção, constituem modalidades distintas e autônomas de resposta do réu. Enquanto que a contestação representa a defesa do réu em face da ação ajuizada pelo autor, a reconvenção tem natureza de ação autônoma, cuja oposição independe do oferecimento ou não da contestação. 2. O fato de o art. 896 do CPC e seus incisos não prever expressamente a possibilidade de o réu reconvir não constitui óbice à admissibilidade da reconvenção em ação de consignação em pagamento, pois tal dispositivo restringe-se a dispor acerca das matérias que podem ser alegadas em contestação nesse procedimento especial, cujo oferecimento, como acima visto, não condiciona a apresentação de reconvenção (TST-ROAR-397724, SBDI-2, Rel. Juiz Conv. Aloysio Corrêa da Veiga, DJU 11.10.2002).

Imposta penalidade administrativa, constituído o crédito e expedida a certidão da dívida ativa, valia-se a Fazenda Pública do processo de execução para a cobrança do crédito na forma da LEF (Lei de Execução Fiscal). Repassada, então, essa competência para a Justiça do Trabalho, persiste o processamento executivo segundo as regras processuais especiais da Lei n. 6.830/1980?

Penso que não, pois, como dito diversas vezes, não se pode imaginar que a transferência de competência ordenada pela EC n. 45 teve por escopo mera distribuição de tarefas. O objetivo certamente não foi esse. É da incumbência do intérprete, portanto, dar à transformação ocorrida o seu real valor (nova estrutura, novo processo e nova postura na solução de causas), inclusive no sentido de fortalecer o processo do trabalho — que é onde reside a especialização da Justiça do Trabalho.

Daí por que a ação de execução das multas administrativas impostas aos empregadores pelos órgãos de fiscalização das relações de trabalho deverá ser regida pelas regras processuais trabalhistas para execução de título extrajudicial (CLT, art. 877-A). Embora possa parecer estranha essa afirmação, cumpre lembrar que a Justiça do Trabalho já age desse modo na execução de custas judiciais (CLT, art. 883) e das contribuições sociais (CLT, art. 880).

(III) cobrança de contribuição sindical (CF, art. 114, inc. III). Tema de especial importância (e que pode gerar equívoco) diz respeito à cobrança judicial da contribuição sindical[6], uma vez que para essa hipótese, segundo o art. 606, § 2º, da CLT, "são extensivos às entidades sindicais, com exceção do foro especial, os privilégios da Fazenda Pública, para cobrança da dívida ativa."

Esse dispositivo legal, entretanto, não sobreviveu, segundo penso, à vigente Constituição Federal que vedou ao Estado a interferência e a intervenção na organização sindical (CF, art. 8º, inc. I) e, com isso, extinguiu o título que então embasava a execução.

Anteriormente à CF/1988 o título que permitia a execução era a certidão expedida pelas autoridades regionais do Ministério do Trabalho (CLT, art. 606, *caput*). Impossibilitadas estas de expedir referida certidão (CF, art. 8º, inc. I), e não havendo autorização para que as entidades sindicais criem título executivo, não há mais como se valerem da ação executiva. Cabe-lhes, daí, socorrerem-se da ação ordinária de cobrança,[7] agora segundo as regras do processo do trabalho.

---

(6) A cobrança das contribuições *confederativa, assistencial* e *associativa* deve ser efetuada por meio da ação de cobrança, submetida aos ritos processuais trabalhistas.

(7) APELAÇÃO CÍVEL. CONTRIBUIÇÃO SINDICAL RURAL. CONTRIBUIÇÃO PARAFISCAL, DE NATUREZA TRIBUTÁRIA. CREDOR QUE NÃO TEM ATRIBUIÇÃO PARA CRIAR TÍTULO EXECUTIVO NEM ESTÁ LEGITIMADO A SOCORRER-SE DA EXECUÇÃO FISCAL INSTITUÍDA PELA LEI N. 6.830/80. PROCESSO DE CONHECIMENTO ADEQUADO PARA COBRANÇA DESSE CRÉDITO. FALTA DE INTERESSE PARA AGIR AFASTADA. RECURSO PROVIDO. Malgrado a natureza tributária da contribuição parafiscal, nem por isso as pessoas privadas legitimadas a receber esse tributo têm autorização para criar título executivo nem estão legitimadas a promover a execução fiscal instituída pela Lei n. 6.830/80 (art. 1º). À falta de título executivo, cobra-se o débito tributário por meio de processo de conhecimento, destinado à constituição dele, sendo este o caminho próprio para tal cobrança. (TJMS-AC-2003.008340-5/0000-00, 1ª T.Cív., Rel. Des. Jorge Eustácio da Silva Frias, J. 11.3.2004).

c) citação (no processo de conhecimento). A citação é integrada por dois elementos que, conjugados, traduzem as suas finalidades. São elas:

(I) levar ao demandado o conhecimento da demanda que lhe diz respeito, integrando-o ao processo na condição de parte (cognição-integração).

(II) intimar o réu para comparecer à audiência designada e nela oferecer, querendo, sua resposta (intimação).

Às causas não-trabalhistas de competência da Justiça do Trabalho aplica-se o regime geral da CLT para a citação, qual seja:

(I) encaminhamento via postal (CLT, art. 841).

(II) realização impessoal. Basta, assim, que a correspondência seja entregue no endereço do réu.

(III) presunção de recebimento 48h após a sua regular expedição (Súmula TST n. 16).[8]

(IV) realização por edital nas hipóteses de o réu criar embaraços ao seu recebimento ou quando não for encontrado (CLT, art. 841, § 1º).

d) obrigatoriedade de comparecimento pessoal em audiência. Tendo em vista a finalidade conciliatória da Justiça do Trabalho (CLT, art. 764), em qualquer causa sujeita à sua jurisdição será obrigatório o comparecimento pessoal das partes em audiência (CLT, art. 843).[9]

Nas ações trabalhistas, ou seja, nas ações em que o direito litigioso envolve a relação de emprego, permite-se:

(I) ao empregador fazer-se representar por preposto que, salvo nas ações relativas à relações de emprego doméstico, deverá necessariamente ser seu empregado (OJ SBDI-1 n. 99).[10]

(II) ao empregado fazer-se representar por outro empregado que pertença à mesma profissão, ou pelo seu sindicato, nos casos de doença ou qualquer outro motivo relevante (devidamente comprovado) que o impeça de comparecer pessoalmente.

(8) Súmula TST n. 16 — NOTIFICAÇÃO. Presume-se recebida a notificação 48 (quarenta e oito) horas depois de sua postagem. O seu não-recebimento ou a entrega após o decurso desse prazo constitui ônus de prova do destinatário.

(9) "Ao contrário do processo comum, em que as partes devem comparecer à audiência apenas quando requerido seu depoimento pessoal, ou quando este for determinado *ex officio* pelo juiz (arts. 342 e 343), no processo trabalhista é obrigatório o comparecimento delas, independentemente da presença dos seus representantes (CLT, art. 843). Essa medida visa a propiciar a conciliação dos litigantes" (GIGLIO, Wagner D. *Direito Processual do Trabalho,* 13ª ed. São Paulo: Saraiva, 2003, p. 175).

(10) OJ SBDI-1 n. 99 — PREPOSTO. EXIGÊNCIA DA CONDIÇÃO DE EMPREGADO. Exceto quanto à reclamação de empregado doméstico, o preposto deve ser necessariamente empregado do reclamado. Inteligência do art. 843, § 1º da CLT.

Tais regras são aplicáveis, também, às causas não-trabalhistas?

Diante de situação que impeça o comparecimento de uma ou de ambas as partes em juízo, qualquer pessoa pode por elas comparecer a fim de comprovar o fato ocorrido, caso em que a audiência será adiada.

A questão que pode suscitar dúvida diz respeito à possibilidade de substituição (presentação) da parte por preposto (importante realçar que não basta apenas a presença do advogado munido de contestação).[11] Tal problema, a meu ver, merece o seguinte tratamento:

(I) se as partes foram cientificadas de que a audiência será fracionada (de modo que nela somente se realizará a tentativa conciliatória e colheita da resposta do réu), poderão fazer-se presentar por preposto (dotado de poderes para transigir). Aplica-se, por empréstimo, a regra do art. 277, § 3º, do CPC, independentemente de tramitação da causa pelo procedimento ordinário.

(II) se as partes foram cientificadas de que na audiência será realizada, também, a instrução probatória, nela deverão comparecer pessoalmente, a fim de prestar o depoimento pessoal.

Limita-se a atuação do preposto, portanto, ao momento da conciliação, não lhe sendo permitido prestar declarações pelas partes.

Vale destacar, ainda, como argumentos de ratificação, que a aplicação da regra do art. 843, § 1º, da CLT:

(I) geraria as seguintes dúvidas: será aplicável somente ao réu ou também ao autor? Será aplicável somente ao tomador de serviço ou também poderá ser aplicada ao prestador? E nos casos em que houver reconvenção?

(II) a regra da CLT parte da presunção de que o empregador possui muitos empregados e seu deslocamento pessoal às audiências trabalhistas poderia acarretar sérios prejuízos à organização e produção da empresa.[12]

e) arquivamento (sic). De acordo com o art. 844 da CLT, o não-comparecimento à audiência do: a) autor, importa na extinção do processo sem julgamento de mérito; b) réu, importa na revelia, com seu efeito programado (presunção de veracidade dos fatos articulados na petição inicial).

---

(11) OJ SBDI-1 n. 74 — REVELIA. AUSÊNCIA DA RECLAMADA. COMPARECIMENTO DE ADVOGADO. A reclamada ausente à audiência em que deveria apresentar defesa, é revel, ainda que presente seu advogado munido de procuração.

(12) Nesse sentido *Emílio Gonçalves*: "no tocante ao empregador, levando em consideração que o seu comparecimento pessoal poderia revelar-se prejudicial à direção e à produção da empresa, permite que se faça representar, na audiência, pelo gerente ou por qualquer outro preposto" (GONÇALVES, Emílio. *O Preposto do Empregador no Processo do Trabalho,* 2ª ed. São Paulo: LTr, 1986, p. 14). No mesmo sentido: GIGLIO, Wagner D. *Direito Processual do Trabalho*, 13ª ed. São Paulo: Saraiva, 2003, p. 175-6.

Essa regra regerá, também, às causas não-trabalhistas?

Penso que sim,pois, o óbice que tenho ouvido à aplicação do art. 844 da CLT às causas não-trabalhistas é o de que ela poderia beneficiar o prestador de serviços em detrimento do tomador, que poderia ser a parte mais frágil nessa relação, como, *v. g.*, no caso de ação de cobrança de honorários médicos.

Não obstante a possibilidade aventada possa efetivamente ocorrer, deve-se notar que a norma da CLT (em sentido ontológico), embora parta da noção de que o autor será, em regra, o empregado, objetivamente não revela essa idéia como móvel a distinguir os efeitos processuais que impõe. Assim, mesmo que o autor seja o tomador de serviços, ou seja, mesmo que o autor seja o empregador (uma vez que o acionamento da Justiça do Trabalho não é exclusividade do empregado) e o réu seja o prestador de serviços (empregado), os efeitos que devem ser impostos pela ausência de qualquer deles à audiência é o disciplinado no art. 844 da CLT.

Não vejo, portanto, qualquer impedimento à aplicação do art. 844 da CLT às causas não-trabalhistas submetidas à jurisdição laboral.

f) interrupção da prescrição mesmo diante do arquivamento *(sic)*. Em consideração inicial, devo lembrar que a natureza jurídica da prescrição, segundo a *opinio communis doctorum*, é de direito material (tanto que, para o nosso ordenamento jurídico, seu conceito e sua regulamentação estão no Código Civil — art. 189 e ss.). Daí por que as causas não-trabalhistas trazem consigo o prazo prescricional relacionado com o direito material litigioso a ser aplicado.

Em linha seqüencial é preciso asseverar que o processo, porque não é destinado a ser perpétuo, deve terminar com o julgamento do mérito. Seu término sem exame do mérito (ou por arquivamento, na errônea linguagem do art. 844 da CLT) gera o que podemos chamar de crise processual.[13] Contudo, realizada validamente a citação é o quanto basta para provocar o efeito interruptivo da prescrição (CC, art. 202, inc. I; CPC, art. 219) para causas trabalhistas (Súmula TST n. 268)[14] e não-trabalhistas.

Como bem ressalta HUMBERTO THEODORO JÚNIOR, "não é o processo que interrompe a prescrição, mas a citação nele efetuada. Uma vez interrompida pela citação, não se preocupa nossa lei com o destino que poderá ter a demanda subseqüentemente. Qualquer, portanto, que seja o desate do processo, a citação válida (...) continuará operando como causa interruptiva da prescrição".[15]

g) resposta do réu e efeitos programados da revelia. A resposta do réu, para causas trabalhistas e não-trabalhistas, deverá ser oferecida em audiência (CLT, art. 847).

---

(13) Verdadeira *crise* do processo existe quando ele é extinto sem julgamento do mérito. "Enquanto a extinção com julgamento de mérito é uma realização, a extinção sem julgá-lo é um fracasso — e daí a *crise*" (DINAMARCO, Cândido Rangel. *Instituições de Direito Processual Civil*, v. III. São Paulo: Malheiros, 2001, p. 181).

(14) Súmula TST n. 268 — PRESCRIÇÃO. INTERRUPÇÃO. AÇÃO TRABALHISTA ARQUIVADA. A ação trabalhista, ainda que arquivada, interrompe a prescrição somente em relação aos pedidos idênticos.

(15) THEODORO JÚNIOR, Humberto. *Comentários ao Novo Código Civil*, v. III. Rio de Janeiro: Forense, 2003, t. II, p. 263.

Não há razão legal ou de eqüidade que imponha outra disciplina procedimental, mesmo nas causas em que a conciliação se revela juridicamente impossível.

No processo civil, os principais efeitos programados em decorrência da revelia são:

(I) presunção de veracidade dos fatos articulados na petição inicial (CLT, art. 319) — como regra;[16]

(II) fluência de todos os prazos processuais, independentemente de intimação do revel (CPC, art. 322). É evidente que se o réu ingressar no processo, "ainda que após o encerramento da fase adequada ao exercício da defesa, não há por que sancioná-lo com a falta de intimação. Aliás, não teria sentido assegurar ao revel a possibilidade de intervenção e deixar de intimá-lo dos atos praticados. Ainda que não tenha contestado, ele é parte no processo e, a partir do momento em que passa a participar ativamente da relação processual, tem direito ao contraditório e à ampla defesa";[17]

(III) possibilidade de julgamento antecipado da lide (CPC, art. 330, inc. II).

Esses mesmos efeitos regem, também, o processo do trabalho, *ex vi* dos arts. 844 e 769 da CLT, com uma particularidade: o prazo recursal somente flui para o revel após ser ele intimado da sentença (CLT, art. 852, *in fine*).

Como as regras processuais trabalhistas devem ser aplicadas às causas não-trabalhistas julgadas pela Justiça do Trabalho, caberá observar o que dispõe o art. 852 da CLT.

h) curador especial ao revel. Segundo a regra do art. 9º, inc. II, deverá o juiz nomear curador especial ao réu revel citado por edital ou com hora certa.

Por prever a citação por edital (CLT, art. 841) e ser omisso quanto à nomeação de curador ao réu revel citado por essa modalidade é que ao processo do trabalho deve-se aplicar o disposto no art. 9º, inc. II, do CPC, como meio de salvaguardar o contraditório (CLT, art. 769).[18]

Não obstante isso, é majoritário o entendimento jurisprudencial em sentido contrário, que finca seus fundamentos na ausência da omissão da CLT quanto ao regramento do assunto no art. 793.[19]

---

(16) BEBBER, Júlio César. *Processo do Trabalho Temas Atuais*. São Paulo: LTr, 2003, p. 62.

(17) BEDAQUE, José Roberto dos Santos. *In* MARCATO, Antonio Carlos (Coord.). *Código de Processo Civil Interpretado*. São Paulo: Atlas, 2003, p 974.

(18) BEBBER, Júlio César. *Princípios do Processo do Trabalho*. São Paulo: LTr, 1997, p. 206.

(19) RECLAMAÇÃO TRABALHISTA. RÉU REVEL CITADO POR EDITAL. NOMEAÇÃO DE CURADOR ESPECIAL. DESNECESSIDADE. Não se aplica o disposto no art. 9º, inciso II, do CPC ao processo trabalhista. A CLT não é omissa quanto à nomeação de curador à lide, uma vez que, em seu art. 793, disciplina sobre o tema, porém limitado ao caso de reclamante menor de 18 anos. Assim, nos termos do art. 769 consolidado, não há exigência de nomeação de curador especial para o réu revel citado por edital, com base em aplicação subsidiária de norma inserida no Diploma Processual Civil. (TST-ROAR-441, SBDI-2, Rel. Min. Emmanoel Pereira, DJU 28.5.2004).

i) confissão ficta (sic). Caso se adote o procedimento de realização fracionada da audiência, duas situações devem ser observadas:

(I) a ausência do autor na audiência em prosseguimento, após contestada a ação, não mais importará na extinção do processo sem julgamento do mérito descrita no art. 844 da CLT (Súmula TST n. 9).[20]

(II) o não-comparecimento da parte na audiência em prosseguimento em que deve depor importa na presunção de veracidade dos fatos articulados pelo adversário, desde que se tenha realizado expressa intimação para comparecimento com aquela cominação (Súmula TST n. 74).[21]

j) testemunhas. No processo civil as testemunhas (em grande quantidade — CPC, art. 407, parágrafo único) devem ser previamente arroladas pelas partes (CPC, arts. 276, 278 e 407), realizando-se a sua intimação para depor.

As regras processuais trabalhistas a serem aplicadas às causas não-trabalhistas submetidas à Justiça do Trabalho, entretanto, são as seguintes:

(II) a quantidade de testemunhas é de 2 (duas) ou 3 (três) para cada parte, tendo-se em conta, respectivamente, o processamento da causa pelo procedimento sumaríssimo (CLT, art. 852-G, § 2º) e ordinário (CLT, art. 821).

Não deve o juiz, porém, ser um burocrata que aplica a lei mecanicamente, sem levar em conta as particularidades de cada caso.

Desse modo, fundado no princípio da livre investigação das provas (CLT, art. 765; CPC, art. 130), poderá o juiz, a fim de garantir o pleno exercício do direito de defesa, permitir a produção de prova testemunhal além do limite legalmente imposto.

(II) não há necessidade de arrolamento prévio das testemunhas (CLT, arts. 852-B, 852-G, § 2º, 840 e 825), salvo se for funcionário civil ou militar, diante da necessidade de sua requisição (CLT, art. 823).

Tanto os funcionários públicos civis quanto os militares, "por causa da natureza dos misteres que exercem e leis que os regulam, estão sujeitos à especial disciplina e subordinação a outras autoridades das quais dependem para poder retirar-se do seu posto ou repartição. A ordem e a necessidade do serviço justificam a impossibilidade de se ausentarem sem autorização do respectivo comando ou chefe. Tais razões levaram o legislador, aliás, na conformidade do Direito pátrio tradicional e a exemplo do Direito estrangeiro, a condicionar a obrigação de comparecer do militar e do servidor público à requisição desse comparecimento ao respectivo comandante ou chefe da repartição".[22]

---

(20) Súmula TST n. 9 — AUSÊNCIA DO RECLAMANTE. A ausência do reclamante, quando adiada a instrução após contestada a ação em audiência, não importa arquivamento do processo.

(21) Súmula TST n. 74 — CONFISSÃO. Aplica-se a pena de confissão à parte que, expressamente intimada com aquela cominação, não comparecer à audiência em prosseguimento, na qual deveria depor.

(22) SANTOS, Moacyr Amaral. *Comentários ao Código de Processo Civil,* v. IV, 6ª ed. Rio de Janeiro: Forense, p. 290.

(III) as testemunhas somente serão intimadas, nas causas processadas pelo procedimento:

— sumaríssimo, se a testemunha, comprovadamente convidada pela própria parte, deixar de comparecer (CLT, art. 852-H, § 3º).

— ordinário, se a parte alegar (sem necessidade de comprovar) haver convidado a testemunha ausente (CLT, art. 825, parágrafo único).

k) o depoimento pessoal como faculdade do juiz. Enquanto no processo civil o depoimento pessoal da parte constitui direito de seu adversário (CPC, art. 343), no processo do trabalho trata-se de uma faculdade do juiz (CLT, art. 848).(23)

Desse modo, somente se entender necessário o depoimento da parte é que o juiz o procederá. O indeferimento do pedido para oitiva da parte adversa não importa em restrição ao direito de defesa, "em virtude do princípio do livre convencimento motivado (art. 131 do CPC), da ampla liberdade na direção do processo de que está investido o magistrado trabalhista (art. 765 da CLT) e por força do art. 848 da CLT, que confere ao magistrado trabalhista a prerrogativa para decidir sobre a pertinência de se interrogar os litigantes".(24)

l) sistema recursal. Ao aplicar as regras processuais trabalhistas às causas não-trabalhistas julgadas pela Justiça do Trabalho, tem-se de observar o sistema recursal específico. Daí que, entre outras:

(I) a decisão que admite impugnação imediata por meio de recurso é apenas a sentença.

As decisões interlocutórias não admitem impugnação imediata — princípio da irrecorribilidade em separado das decisões interlocutórias — (CLT, art. 893, § 1º)(25), exceto em hipóteses restritas — pronunciamento judicial: suscetível de impugnação mediante recurso para o mesmo Tribunal; de acolhimento de exceção de incompetência, com a remessa dos autos para Tribunal Regional distinto daquele a que se vincula o juízo excepcionado; que decide a impugnação ao valor da causa; que conclui pela incompetência absoluta da Justiça do Trabalho para julgamento da causa — (Súmula TST n. 214).(26)

(II) os recursos cabíveis são:

— nos processos de conhecimento e cautelar: embargos de declaração (CLT, art. 879-A); recurso ordinário (CLT, art. 895); recurso de revista (CLT, art. 896);

---

(23) TST-ERR-319239, SBDI-1, Rel. Min. Rider de Brito, DJU 7.4.2000.

(24) TST-RR-628455, 5ª T., Rel. Min. Rider de Brito, DJU 12.3.2004.

(25) BEBBER, Júlio César. *Recursos no Processo do Trabalho*. São Paulo: LTr, 2000, p. 258.

(26) Súmula TST n. 214. Decisão interlocutória. Irrecorribilidade. Na Justiça do Trabalho, as decisões interlocutórias somente ensejam recurso imediato quando suscetíveis de impugnação mediante recurso para o mesmo Tribunal ou na hipótese de acolhimento de exceção de incompetência, com a remessa dos autos para Tribunal Regional distinto daquele a que se vincula o juízo excepcionado, consoante disposto no art. 799, § 2º, da CLT.

recurso de embargos ao recurso de revista (CLT, art. 894 e Lei n. 7.701/1988, art. 3º, III, b); recurso de agravo de instrumento (art. 897, *b*); recurso de agravo regimental; recurso de agravo interno; recurso de revisão (Lei n. 5.584/1970, art. 2º, § 1º).

— no processo de execução: recurso de agravo de petição (CLT, art. 897, *a)*; recurso de revista (CLT, art. 896); recurso de embargos ao recurso de revista (CLT, art. 894 e Lei n. 7.701/1988, art. 3º, III, *b)*; recurso de agravo de instrumento (art. 897, *b)*; recurso de agravo regimental; recurso de agravo interno.

(III) os prazos recursais que devem ser observados são:

— de 48h para o recurso de revisão (Lei n. 5.584/1970, art. 2º, § 1º).

— de 5 dias para o recurso de embargos de declaração (CLT, art. 897-A).

— de 8 dias para os recursos ordinário, de revista, de embargos ao recurso de revista, de agravo de instrumento, de agravo interno, de agravo de petição (Lei n. 5.584/ 1970, art. 6º).

— os fixados no regimento interno de cada tribunal para o recurso de agravo regimental.

(IV) o depósito do valor da condenação pelo tomador dos serviços[27] constitui pressuposto de admissibilidade recursal (CLT, art. 899, § 1º e Lei n. 8.177/1991, art. 40).

Excetuados os recursos de revisão, de embargos de declaração e de agravos de instrumento, regimental e interno, nenhum outro recurso será conhecido sem que tenha havido o prévio depósito do valor da condenação, respeitados os limites legalmente fixados.

A cada novo recurso é devido novo depósito, até que se atinja o valor integral arbitrado à condenação. Atingido este, nenhum outro depósito será exigido, salvo se houver majoração do valor da condenação, ou imposição de multa (OJ SBDI-1 n. 139).[28]

O depósito deverá ser efetuado (em conta remunerada) em Banco Oficial situado na sede do juízo e à disposição deste, mediante guia de depósito judicial emitida pela Secretaria Judiciária. Não é aplicável, portanto, a regra do § 4º, do art. 899, da CLT (depósito na conta vinculada do FGTS), diante da flagrante incompatibilidade.

---

(27) O depósito recursal é exigido apenas do empregador: AÇÃO RESCISÓRIA. DEPÓSITO RECURSAL E EMPREGADO. CABIMENTO. A obrigação do depósito recursal não diz respeito ao empregado. No processo do trabalho o ônus processual do depósito "ad recursum" somente ocorre quando o empregador é recorrente e quando houver condenação em "pecúnia", sendo os honorários e as custas processuais meros consectários da sucumbência. Preliminar de deserção rejeitada (...) (TST-ROAR-54180/1992, SBDI-1, Rel. Min. Vantuil Abdala, DJ 3.5.1996, p. 14.195).

(28) OJ SBDI-1 n. 139 — DEPÓSITO RECURSAL. COMPLEMENTAÇÃO DEVIDA. APLICAÇÃO DA INSTRUÇÃO NORMATIVA 03/93, II. Está a parte recorrente obrigada a efetuar o depósito legal, integralmente, em relação a cada novo recurso interposto, sob pena de deserção. Atingido o valor da condenação, nenhum depósito mais é exigido para qualquer recurso.

É da responsabilidade do recorrente zelar pela regularidade e correção dos valores depositados, bem como comprovar a realização do depósito no prazo destinado à interposição do recurso (Lei n. 5.584/1970, art. 7º; Súmula TST n. 245).[29]

Não se exige depósito recursal:

— quando não se tratar de condenação em pecúnia (Súmula TST n. 161).[30]

— da União, dos Estados, do Distrito Federal, dos Municípios e das autarquias ou fundações de direito público federais, estaduais ou municipais que não explorem atividades econômicas (Decreto-lei n. 779/1969, art. 1º, inc. IV).

— da massa falida (Súmula TST n. 86).[31]

— dos entes de direito público externo (TST IN n. 3/1993, item X).

— da herança jacente (TST IN n. 3/1993, item X).

— da parte que, comprovando insuficiência de recursos, receber assistência judiciária integral e gratuita do Estado (TST IN n. 3/1993, item X).

(V) os recursos serão recebidos, sempre, sem efeito suspensivo (CLT, art. 899).

m) honorários advocatícios. Segundo GIUSEPPE CHIOVENDA, "a atuação da lei não deve representar uma diminuição patrimonial para a parte a cujo favor se efetivou".[32] Por isso, doutrinariamente sempre defendi a necessidade de se adotar, no processo do trabalho, a mesma disciplina do processo civil quanto aos honorários advocatícios.[33]

Sedimentou-se a jurisprudência trabalhista, porém no sentido de que a condenação ao pagamento de honorários advocatícios do vencido somente se justifica se for ele beneficiário da justiça gratuita e estiver assistido juridicamente pela sua entidade sindical (Súmulas TST ns. 219 e 329 e OJ SBDI-1 n. 305).[34]

---

(29) Súmula TST n. 245 — DEPÓSITO Recursal. PRAZO. O depósito recursal deve ser feito e comprovado no prazo alusivo ao recurso. A interposição antecipada deste não prejudica a dilação legal.

(30) Súmula TST n. 161 — DEPÓSITO. CONDENAÇÃO EM PECÚNIA. Se não há condenação a pagamento em pecúnia, descabe o depósito de que tratam os §§ 1º e 2º do art. 899 da CLT.

(31) Súmula TST n. 86 — DESERÇÃO. MASSA FALIDA. Não ocorre deserção de recurso da massa falida por falta de pagamento de custas ou de depósito do valor da condenação.

(32) CHIOVENDA, Giuseppe. *Instituições de Direito Processual Civil*, v. I. São Paulo: Saraiva, 1942, p. 285-6.

(33) BEBBER, Júlio César. *Princípios do Processo do Trabalho*. São Paulo: LTr, 1997. A solidez de entendimento diverso, porém, impede-me, no exercício da magistratura, de julgar segundo minha convicção pessoal de justiça e me obriga a ceder, com escopo de evitar o retardamento da prestação jurisdicional definitiva.

(34) Súmula TST n. 219 — HONORÁRIOS ADVOCATÍCIOS. HIPÓTESE DE CABIMENTO. Na Justiça do Trabalho, a condenação ao pagamento de honorários advocatícios, nunca superiores a 15% (quinze por cento), não decorre pura e simplesmente da sucumbência, devendo a parte estar assistida por sindicato da categoria profissional e comprovar a percepção de salário inferior ao dobro do salário mínimo ou encontrar-se em situação econômica que não lhe permita demandar sem prejuízo do próprio sustento ou da respectiva família.

Súmula TST n. 329 — HONORÁRIOS ADVOCATÍCIOS. ART. 133 da CF/1988. Mesmo após a promulgação da CF/1988, permanece válido o entendimento consubstanciado no Enunciado n. 219 do Tribunal Superior do Trabalho.

Aplicadas às causas não-trabalhistas as mesmas regras que regem o processo do trabalho, tem-se de observar o que a jurisprudência já solidificou em tema de honorários advocatícios.

n) execução. A execução das dívidas não-trabalhistas (fundadas em títulos judiciais ou extrajudiciais) observará as regras processuais trabalhistas. Por isso, entre outros:

(I) rege a execução, no processo do trabalho, primordialmente, a CLT. Omitindo-se essa na regulamentação da situação jurídica, deve-se buscar subsidiariamente, em ordem vertical (ou seja: somente será lícito buscar norma legal do diploma seguinte se omisso o anterior), o que dispõem a Lei n. 5.584/1970, a Lei n. 6.830/1980 (LEF) e o Código de Processo Civil (CLT, art. 889).

(II) a citação[35] para a execução não obedece ao regime geral da via postal do processo de conhecimento, devendo ser realizada por mandado (modalidade prioritária) ou por edital (CLT, art. 880, §§ 2º e 3º).

(III) a citação, embora realizada por mandado, não precisa ser pessoal. Não obstante a existência de divergência quanto a essa assertiva,[36] destaco que o TST assim já concluiu em decisões emanadas da SBDI-1 e da 3ª Turma.[37]

OJ SBDI-1 n. 305 — HONORÁRIOS ADVOCATÍCIOS. REQUISITOS. JUSTIÇA DO TRABALHO. Na Justiça do Trabalho, o deferimento de honorários advocatícios sujeita-se à constatação da ocorrência concomitante de dois requisitos: o benefício da justiça gratuita e a assistência por sindicato.

(35) "A citação na execução é o chamamento inicial do executado para vir satisfazer o crédito, para praticar determinado ato ou simplesmente para vir acompanhar a cadeia de atos executórios destinados a satisfazê-lo, conforme estabelecido no procedimento legal" (GRECO, Leonardo. *O Processo de Execução,* v. 1. Rio de Janeiro: Renovar, 1999, p. 196).

(36) "Ao contrário da citação pertinente ao processo de conhecimento, a relativa à execução é pessoal; isso significa que a validade desse ato está subordinada à sua realização na pessoa do devedor, ou daquele que se encontre dotado de poderes expressos para recebê-la. Não vigora aqui, portanto, o princípio da 'citação impessoal', implícito no art. 841 da CLT" (TEIXEIRA FILHO, Manoel Antonio. *Execução no Processo do Trabalho,* 7ª ed. São Paulo: LTr, 2001, p. 421-2).

A "citação deve ser feita na pessoa do devedor, de representante legal ou de procurador com poder expresso para recebê-la". Nenhum valor tem, "portanto, a citação feita na pessoa de preposto do devedor, como ocorre comumente, pois este não tem legitimação para recebê-la" (RODRIGUES PINTO, José Augusto. *Execução Trabalhista,* 9ª ed. São Paulo: LTr, 2002, p. 152).

(37) NULIDADE DE CITAÇÃO NO PROCESSO DE EXECUÇÃO. IMPESSOALIDADE NA ENTREGA. Nesta Justiça Especializada, a despersonalização do empregador (empresa, etc), coloca na situação de representante todo aquele que a ele se vincula, ainda que por subordinação, reputando-se desnecessário que o seja na pessoa do dono do estabelecimento. Alcança até a hipótese de que o recebedor da ciência nem sequer esteja vinculado por relação de emprego ao empreendimento (TST-RR-360030/1997, 3ª T., Rel. Min. José Luiz Vasconcellos, DJU 31.3.2000, p. 122).

EMBARGOS. PROCESSO DE EXECUÇÃO. CITAÇÃO. VALIDADE. IMPESSOALIDADE. Não ocorre ofensa literal ao art. 5º, incisos LIV e LV, da Constituição da República, a ensejar o conhecimento da Revista, pois não é nula a citação realizada pelo Oficial de Justiça, na pessoa do cônjuge da Embargante. Na Justiça do Trabalho, a citação prescinde de pessoalidade, mormente quando alcançada a finalidade legal (TST-ERR-756399/2001, SBDI-1, Rel. Min. Maria Cristina Irigoyen Peduzzi, DJU 28.6.2002).

NULIDADE DE CITAÇÃO NO PROCESSO DE EXECUÇÃO. IMPESSOALIDADE NA ENTREGA. Nesta Justiça Especializada, a despersonalização do empregador (empresa, etc), coloca na situação de representante todo aquele que a ele se vincula, ainda que por subordinação, reputando-se desnecessário que o seja na pessoa do dono do estabelecimento. Alcança até a hipótese de que o recebedor da ciência nem sequer esteja vinculado por relação de emprego ao empreendimento (TST-RR-360030/1997, 3ª T., Rel. Min. José Luiz Vasconcellos, DJU 31.3.2000, p. 122).

(IV) em se tratando de execução por quantia certa, o mandado executivo contempla, além da ordem para citação do executado (CLT, arts. 880 e 883; LEF, art. 7º, inc. I), ordens para:

— penhora de bens, caso o executado não pague ou garanta a execução (CLT, arts. 880 e 883; LEF, art. 7º, inc. II).

— arresto de bens para a hipótese de o executado, procurado por duas vezes no espaço de 48h, não ser encontrado (LEF, art. 7º, inc. III).

— avaliação dos bens que forem apreendidos pelo arresto ou penhora (LEF, art. 7º, inc. V).

— registro da penhora ou do arresto, independentemente do pagamento de custas ou de outras despesas (LEF, art. 7º, inc. IV e 14).

(V) os bens apreendidos mediante penhora serão expropriados em praça única pelo maior lanço (CLT, art. 888, § 1º).

o) embargos do executado. Na esteira de aplicação das regras processuais trabalhistas na execução das dívidas não-trabalhistas, cumpre ressaltar que o executado terá 5 (cinco) dias para ajuizar seus embargos (CLT, art. 884).

p) prazo em dobro na hipótese do art. 191 do CPC. Segundo o art. 191 do CPC, havendo litisconsórcio e tendo os litisconsortes diferentes procuradores, ser-lhes-ão contados em dobro os prazos para contestar, para recorrer e, de modo geral, para falar nos autos.

Autores há que preconizam a não-aplicação do art. 191 do CPC no processo do trabalho, sob alegação de que esse ramo do Direito possui como princípio basilar a celeridade. Tal pensamento, a meu ver, é equivocado.

A CLT é completamente omissa a respeito do tema "litisconsórcio", o que, por determinação do art. 769, atrai a incidência supletiva da regra processual civil. Além disso, não tem qualquer sentido invocar o princípio da celeridade como óbice à utilização do art. 191 do CPC no processo do trabalho, uma vez que o processo civil também é norteado por esse mesmo princípio.[38]

Não obstante isso, a jurisprudência trabalhista já firmou entendimento pela inaplicabilidade do art. 191 do CPC no processo do trabalho (OJ SBDI-1 n. 310).[39]

q) regime financeiro e gratuidade judicial dos processos de conhecimento, cautelar e execução. O regime financeiro para as causas não-trabalhistas será o dos arts. 789 a 790-B da CLT. Destaca-se, então, nessa seara, a regra geral de não-exigibilidade de antecipação de honorários periciais.

---

(38) BEBBER, Júlio César. *Recursos no Processo do Trabalho*. São Paulo: LTr, 2000, p. 102-3.

(39) OJ SBDI-1 n. 310. LITISCONSORTES. PROCURADORES DISTINTOS. PRAZO EM DOBRO. ART. 191 DO CPC. INAPLICÁVEL AO PROCESSO DO TRABALHO. A regra contida no art. 191 do CPC é inaplicável ao processo do trabalho, em face da sua incompatibilidade com o princípio da celeridade inerente ao processo trabalhista.

5. DIREITO TRANSITÓRIO

As leis processuais (assim como as demais leis) começam a vigorar (em todo o país) 45 dias depois de publicadas, salvo disposição em contrário (LICC, art. 1º, *caput*).

Publicada a lei, começa ela a produzir efeitos no dia programado,[40] respeitadas, porém, as situações jurídicas definitivamente constituídas (LICC, art. 6º; CF, art. 5º, inc. XXXVI). Trata-se, aqui, de enunciar o princípio da imediata aplicação da lei.

A exata compreensão desse princípio obriga-nos a recorrer ao estudo do Direito transitório. Tal Direito é que permite distinguir entre o efeito retroativo e o efeito imediato da lei. Desse modo, se "la loi prétend s'appliquer à des fatis accomplis (*facta praeterita*), elle est rétroactive; si elle prétend s'appliquer à des situations en cours (*facta pendentia*), il faudra établir une séparation entre les parties antérieures à la date du changement de législation, qui ne pourraient être atteindes sans rétroactivité, et les parties postérieures, pous lesquelles la loi nouvelle, si elle doit s'appliquer, n'aura jamais qu'un effet imédiat; enfin, vis-à-vis des faits à venir (*facta futura*), il est clair que la loi ne peut jamais être retroactive".[41]

Em outros termos: se a lei nova regula: a) os *facta praeterita* é retroativa; b) os *facta pendentia* têm efeito imediato. Nesse caso, cumpre distinguir as situações: (I) anteriores à lei nova, as quais, de regra, ostentam imunidade em relação a ela; (II) posteriores à lei nova, as quais, de regra, são atingidas pela mudança legislativa.

5.1. Os efeitos da lei nova sobre os processos em curso

O processo constitui-se por uma série de atos interdependentes e integrantes de uma cadeia unitária idealizados para prática sucessiva no tempo. Tal fato torna delicada a solução do conflito temporal diante de processos em curso ao início da vigência da nova lei processual.

Para a solução desse problema, a doutrina idealizou os seguintes sistemas:

a) sistema da unidade processual. De acordo com esse sistema, o processo é constituído por um complexo de atos inseparáveis que forma uma unidade (um único corpo). E, sendo único, deverá ser regido por uma única lei, que será a lei antiga, em respeito ao princípio da irretroatividade das leis.

b) sistema das fases processuais. Segundo esse sistema, o processo (embora seja uma unidade) está dividido em fases autônomas (postulatória, instrutória, decisória e recursal), as quais, em razão dessa autonomia, podem ser disciplinadas por leis

(40) RÁO, Vicente. *O Direito e a Vidas dos Direitos*, 5ª ed. São Paulo: RT, 1999, p. 322-3.
(41) ROUBIER, Paul. *Le Droit Transitoire,* 2ª ed. Paris: Dalloz et Sirey, 1960, n. 38, p. 177.

diferentes. Assim, estando em curso um processo, a lei nova disciplinará apenas as fases ainda não iniciadas, o que implica dizer que a fase não encerrada reger-se-á pela lei antiga.

c) sistema do isolamento dos atos processuais. Para esse sistema (que conta com a adesão da maioria dos juristas, aos quais integro, e com a previsão do art. 2º do CPP)[(42)], o processo, embora seja uma unidade, é constituído por atos que podem ser considerados isoladamente para efeito de aplicação da lei nova. Assim, se as leis "provêm para o futuro"[(43)], deve ser imediatamente aplicada "a lei nova aos atos que ainda não foram praticados",[(44)] respeitando-se a coisa julgada, o ato jurídico-processual perfeito e os direitos processuais adquiridos e integrados ao patrimônio dos sujeitos do processo.[(45)]

5.2. Direito transitório e recurso

Segundo a melhor doutrina[(46)], a recorribilidade vincula-se à lei do tempo em que a decisão for publicada. É irrelevante, portanto, a data da intimação da decisão às partes. O cabimento (e não o processamento) do recurso rege-se pela lei vigente na data da publicação.

---

(42) CPP, art. 2º. A lei processual penal aplicar-se-á desde logo, sem prejuízo da validade dos atos realizados sob a vigência da lei anterior.

(43) SANTOS, Moacyr Amaral. *Primeiras Linhas de Direito Processual Civil*, v. 1, 18ª ed., São Paulo: Saraiva, 1995, p. 32.

(44) MARQUES, José Frederico. *Instituições de Direito Processual Civil*, v. I. Campinas: Millennium, 2000, p. 89.

(45) "A lei processual — e nisso não difere de nenhuma outra — dispõe para o futuro, respeitando os atos e os efeitos dos atos praticados sob a égide da lei revogada. É a consagração do princípio *tempus regit actum*" (FUX, Luiz. *Curso de Direito Processual Civil*. 2ª ed. Rio de Janeiro: Forense, 2004, p. 24).

(46) TEIXEIRA, Sálvio de Figueiredo. *Inovações e Estudos do Código de Processo Civil*. São Paulo: Saraiva, 1976, p. 105; BARBOSA MOREIRA, José Carlos. *Comentários ao Código de Processo Civil*, v. V, 6ª ed. Rio de Janeiro: Forense, 1993, p. 239-40.

A NATUREZA JURÍDICA DA RELAÇÃO DE TRABALHO (NOVAS COMPETÊNCIAS DA JUSTIÇA DO TRABALHO — EMENDA CONSTITUCIONAL N. 45/04)

Francisco Rossal de Araújo (*)

INTRODUÇÃO

O objetivo do presente estudo é traçar os limites jurídicos da relação de trabalho. O tema normalmente é abordado pela doutrina tradicional[1] como preliminar ao estudo da relação de emprego. Em geral, afirma-se que a relação de trabalho é gênero, da qual a relação de emprego, notadamente caracterizada pela subordinação, é espécie[2]. Entretanto, com a promulgação da Emenda Constitucional n. 45/04 que, entre outras modificações, altera a competência em razão da matéria da Justiça do Trabalho, a distinção teórica entre relação de trabalho e relação de emprego adquire relevância. Por via reflexa, ao definir-se o conteúdo jurídico da relação de trabalho, estar-se-á definindo a competência material da Justiça do Trabalho.

A conexão entre a definição jurídica de relação de trabalho — tema de Direito material — e a atribuição de competência da Justiça do Trabalho — tema de Direito processual — é muito importante e serve para demonstrar como um ramo da ciência jurídica pode influenciar em outro, apesar da pretendida separação teórica entre Direito material e Direito processual. Na verdade, a referida distinção só tem sentido no plano metodológico, e não deve servir como um fim em si mesma. A interpenetração dos campos do Direito material e Direito processual é freqüentemente admitida e, inclusive, destacada no princípio da instrumentalidade processual[3]. A definição

---

(*) Juiz do Trabalho. Mestre em Direito Público (UFRGS). Doutorando em Direito do Trabalho (Universidade Pompeu Fabra — Barcelona). Professor Universitário — graduação e pós-graduação. Pesquisador do CETRA — Centro de Estudos do Trabalho (POA).

(1) Nesse sentido, ver VILHENA, Paulo Emílio Ribeiro de. *Relação de Emprego — Estrutura Legal e Supostos*, 2ª ed. São Paulo: LTr, 1999.

(2) Cf. GENRO, Tarso, *Direito Individual do Trabalho*, 2ª ed. São Paulo: LTr, 1994, p. 89-90.

(3) Sobre o tema, ver DINAMARCO, Cândido Rangel. *A Instrumentalidade do Processo*, 11ª ed. São Paulo: Malheiros, 2003.

material de relação de trabalho influenciará diretamente na regra de atribuição de competência do art. 114, I, VI e IX, da Constituição Federal, que dispõe ser competente a Justiça do Trabalho para conciliar e julgar as ações decorrentes das relações de trabalho, as ações de indenização por dano moral ou patrimonial decorrentes da relação de trabalho e outras controvérsias decorrentes da relação de trabalho, na forma da lei[(4)].

Além do tema específico das relações de trabalho, a Emenda Constitucional n. 45/04 também amplia a competência da Justiça do Trabalho para outros campos, entre eles, as ações envolvendo a fiscalização do trabalho (art. 114, VII, Constituição Federal), o direito de greve (art. 114, II, Constituição Federal), ações sobre representação sindical (art. 114, III, Constituição Federal), conflitos de competência entre órgãos com jurisdição trabalhista (art. 114, V, Constituição Federal), mandados de segurança, *habeas corpus* e *habeas data* (art. 114, IV, Constituição Federal) e execução de contribuições sociais (art. 114, VIII, Constituição Federal). Entretanto, a presente exposição limita-se ao aspecto da definição jurídica da relação de trabalho e suas conseqüências práticas no julgamento de lides trabalhistas, buscando saber qual a justiça competente para resolvê-las.

Retornando ao caráter mais amplo da definição de trabalho, é inegável que existem relações do tema com aspectos econômicos e sociológicos. Ramos específicos da Economia e da Sociologia dedicam-se ao estudo das relações de trabalho como fator econômico (Economia do Trabalho) e como fator social (Sociologia do Trabalho). Nesse estudo serão utilizados alguns conceitos de ordem econômica e sociológica, em especial na primeira parte, quando será analisada a questão do trabalho como um dos fatores de produção e a divisão social do trabalho. Por não se tratar de um artigo de Economia ou Sociologia, os conceitos utilizados apenas terão o caráter auxiliar na fundamentação de um conceito jurídico de relação de trabalho. O objetivo central é a análise jurídico-normativa.

A estrutura do presente artigo está dividida em quatro partes: a primeira tratará da definição de trabalho, em seus aspectos econômicos e sociológicos; a segunda tratará de estabelecer um marco jurídico para a relação de trabalho; a terceira fará a definição jurídica de relação de trabalho; e a quarta terá a finalidade de resolver controvérsias a respeito da competência material da Justiça do Trabalho.

---

(4) O texto legal é o seguinte:
"Art. 114. Compete à Justiça do Trabalho processar e julgar:
I. as ações oriundas da relação de trabalho, abrangidos os entes de direito público externo e da administração pública direta e indireta, da União, dos Estados, do Distrito Federal e dos Municípios;
...
VI. as ações de indenização por dano moral ou patrimonial, decorrentes da relação de trabalho;
...
IX. outras controvérsias decorrentes da relação de trabalho, na forma da lei."
A questão relativa aos servidores públicos, origem de controvérsia, será referida na quarta parte do presente estudo.

I. DEFINIÇÃO DE TRABALHO

Nesta primeira parte, buscar-se-á entender o trabalho humano como um fator de produção, na concepção econômica tradicional, que relaciona os fatores de produção como sendo terra, trabalho, capital, tecnologia e capacidade empreendedora. Após, será analisada a onerosidade do trabalho, em sentido sociológico, caracterizando-o como esforço humano voltado para a caracterização de um fim, distinguindo-o de um trabalho feito por máquinas ou animais e do trabalho gratuito. Por último, serão analisadas algumas questões relativas à divisão social do trabalho, tanto sob o ponto de vista econômico como sob o ponto de vista sociológico.

A) O Trabalho como Fator de Produção

A produção é a atividade econômica fundamental. Seu processo ocorre pela mobilização de cinco recursos, denominados fatores de produção: reservas naturais (fator terra), recursos humanos (fator trabalho), bens de produção (fator capital), capacidade tecnológica e capacidade empresarial(5).

As reservas naturais, renováveis ou não, encontram-se na base de todos os processos de produção. Incluem solo, subsolo, águas, pluviosidade, clima, flora, fauna e mesmo fatores extraplanetários como o sol. Em princípio, todas as reservas naturais são finitas, mas a sua dimensão real está relacionada com o conhecimento que o ser humano dispõe sobre a sua utilização. Dito de outro modo, se o ser humano descobre formas de explorar as reservas naturais de maneira mais racional (reciclando materiais, por exemplo), é possível que as reservas naturais levem mais tempo para se esgotar. O certo é que o fator terra (reservas naturais) constitui um conjunto determinado e finito de macrodisponibilidades, que podem ter sua exploração expandida de acordo com o desenvolvimento da ciência e da técnica.

Os recursos humanos (fator trabalho) constituem a parcela da população que pode ser economicamente mobilizável. Apenas uma parte da população total encontra-se em condições de trabalhar. Nenhuma matéria-prima ganha significado econômico se não houve trabalho humano para transformá-la. Mesmo nas situações mais simples, como no caso da coleta, é preciso que um ser humano desenvolva algum tipo de esforço físico e/ou intelectual, para retirar o bem da natureza com a finalidade de trocá-lo, vendê-lo ou consumi-lo. Apenas a população a partir de uma faixa etária vai compor o mercado de trabalho, caracterizando a população economicamente ativa. O mercado formal de trabalho contempla as relações contratuais de trabalho, em grande parte determinadas pelas forças de mercado, ao mesmo tempo que são objeto de legislação específica que as regula. O mercado informal de trabalho é aquele que funciona com um mínimo de influência governamental(6). Os limites inferiores e supe-

(5) As idéias fundamentais sobre fatores de produção são encontradas em ROSSETTI, José Paschoal. *Introdução à Economia*, 17ª ed. São Paulo: Atlas, 1997, p. 91 e ss.

(6) Cf. GREMAUD, Amauri Patrick e outros. *Manual de Economia*, 4ª ed. São Paulo: Saraiva, 2003, p. 381-383.

riores do mercado de trabalho (quem entra e quem sai) são dados, ou por razões normativas (capacidade para o trabalho, aposentadoria, etc), ou por razões naturais (acidentes, mortes, inexistência de vontade de trabalhar, etc).

A noção de que o mercado de trabalho é diferente de outros mercados porque a demanda de mão-de-obra é demanda derivada é fundamental para a definição da relação de trabalho sob o ponto de vista jurídico. Em sua concepção econômica, o trabalho constitui um insumo para a produção de outros bens, não constituindo um produto final pronto para ser produzido(7). Sendo demanda derivada e fazendo parte do preço final de outros produtos, é possível que a remuneração pelo trabalho não corresponda totalmente ao valor que ele cria, ao transformar matérias-primas ou constituir-se em serviços sendo apropriado o valor excedente pelo proprietário dos meios de produção sob a forma de lucro. Essa constatação econômica desmistifica a afirmação jurídica de que o salário é a contraprestação retributiva pelo trabalho desempenhado ou, em termos de Direito das obrigações, é uma obrigação de dar que faz o adimplemento de uma obrigação de fazer. Embora essa afirmação seja válida sob o ponto de vista jurídico, havendo adimplemento total da obrigação, sob o ponto de vista econômico, ela não é correta, pois se o empregado recebesse de volta todo o valor correspondente ao seu trabalho, o proprietário dos meios de produção não teria lucro, o que contraria um dos fundamentos do sistema econômico capitalista. Portanto, a noção jurídica de relação de trabalho não corresponde exatamente à noção econômica de relação de trabalho.

O mercado de trabalho é um mercado de fatores de produção e não um mercado de produtos. Sua demanda é derivada, e não originária. A variação no mercado de produtos afeta o mercado de trabalho e vice-versa. Havendo pouca demanda no mercado de determinado produto, pode haver desemprego ou, ao contrário, havendo maior demanda, será necessário produzir mais e empregar maior quantidade de mão-de-obra. Visto pelo outro lado, havendo escassez de mão-de-obra (mercado derivado) poderá resultar em um encarecimento dos produtos, pois será necessário pagar melhores salários para produzi-los.

Os bens de produção (fator capital) constituem o conjunto de riquezas acumuladas pela sociedade, tais como máquinas, equipamentos, ferramentas e instrumentos de trabalho, construções, edificações e toda a infraestrutura econômica em geral. Será capital se esse conjunto servir para produzir novos bens e serviços(8). A formação do capital se dá pelo investimento líquido, que é o resultado de todo o investimento bruto menos a depreciação natural dos bens. Somente se transformará em capital capaz de produzir novos bens e serviços o excedente sobre os gastos de manutenção do capital existente. De um certo ponto de vista, é possível afirmar que o capital é o valor do trabalho acumulado, mais o valor das matérias-primas.

---

(7) Cf. MANKIW, N. Gregory. *Introdução à Economia*. Rio de Janeiro: Campus, 2001, p. 398.
(8) Cf. ROSSETTI, José Paschoal, ob. cit., p. 121-125 e GREMAUD, Amauri Patrick e outros, ob. cit., p. 19.

A idéia de capital pode ser didaticamente exposta no exemplo do camponês que habita uma cabana distante de uma fonte de água[9]. Se ele deseja saciar sua sede, deverá deslocar-se até a fonte e apanhar a água com as suas mãos. Com tempo e com alguns recursos (trabalho, matéria-prima, tecnologia), poderá fabricar um balde e um reservatório e, com eles, diminuir o número de idas à fonte. Poderá, também, canalizar a água e ter um abastecimento mais cômodo do referido bem, abrindo possibilidade de utilizar de outra forma o tempo que normalmente gastava para ir à fonte, ou mesmo utilizar a água para outros fins (movimentar um moinho, por exemplo). O capital, portanto, é o acúmulo de vários fatores que possibilita potencializar a produção.

O quarto fator de produção é a capacidade tecnológica (tecnologia). A capacidade tecnológica é constituída pelo conjunto de conhecimento e habilidades que dão sustentação ao processo de produção[10]. De nada adianta a existência de recursos naturais (terra), recursos humanos (trabalho) e bens de produção (capital), se não houver conhecimento e técnica a interligar os fatores de produção. Portanto, a capacidade tecnológica é o elemento dinâmico dos fatores de produção, ou, dito de outro modo, é o elo que liga terra, trabalho e capital.

A capacidade tecnológica implica capacitação para atividades de pesquisa e desenvolvimento, capacitação para desenvolver e implantar novos projetos e capacitação para operar atividades de produção. Esses três aspectos reunidos desembocam nos processos de invenção e inovação introduzidos no mercado, implicando a mudança de materiais, processos e produtos. Para produzir, o mercado e o poder público precisam investir em formação cultural, ciência e tecnologia, potencializando a capacidade de invenção e inovação.

Por último, o quinto fator de produção é a capacidade empresarial. A energia empreendedora é quem mobiliza todos os fatores e faz as escolhas valorativas, traçando os rumos a seguir. Esse fator de produção determina qual parcela da população será mobilizada, quais os padrões tecnológicos que serão empregados. Recursos humanos, capital, reservas naturais e tecnologia só geram fluxo de produção quando mobilizados e combinados. O elemento motivador da capacidade empreendedora é a obtenção do lucro (benefícios).

A capacidade empreendedora possui certas características, como a visão estratégica, voltada para o futuro, capaz de antever novas realidades e direcionar a atividade produtiva para o caminho escolhido. Poder-se-ia exemplificar com a relação entre artistas e mecenas no Renascimento (Leonardo da Vinci e Michelangelo, por exemplo). É certo que a genialidade é do artista, mas os meios e a determinação da obra foram direcionados pelo mecenas que anteviu a potencialidade criadora do artista e resolveu nela investir. Também é importante relacionar a capacidade empreendedora com a baixa aversão aos riscos do negócio e ao espírito inovador, capaz de quebrar paradigmas.

---

(9) O exemplo foi colhido na obra de GREMAUD, Amauri Patrick e outros, ob. cit., p. 19.
(10) Cf. ROSSETTI, José Paschoal, ob. cit., p. 131.

A capacidade empreendedora somente se verifica se o empreendedor tiver acesso aos quatro outros fatores de produção e souber coordená-los e organizá-los para atingir um fim. A finalidade do empreendimento é que tem caráter valorativo e seus efeitos podem ser diretos e indiretos. Por exemplo, um certo empreendedor tem por objetivo produzir determinado bem em sua terra natal, da qual saiu quando pequeno e que ainda permanece em situação de atraso econômico em relação à metrópole, na qual foi realizar seus estudos. A finalidade do empreendimento é gerar lucro (objetivo direto), mas isso não impede que sejam alcançados objetivos indiretos, como melhor distribuição de renda e desenvolvimento social da comunidade, atendendo a fatores de responsabilidade social (objetivo indireto).

Em síntese, a produção de bens e serviços é o objetivo da atividade econômica e, para que ocorra, é necessário que estejam presentes, simultaneamente, cinco fatores: terra, trabalho, capital, tecnologia e capacidade empreendedora. O papel das relações de trabalho é fundamental para a produção, pois a atividade econômica deve ser orientada para a satisfação de necessidades do ser humano. A atividade econômica não é um fim em si mesma, mas responde ao fruto da racionalidade humana, visando a garantir meios de subsistência e conforto para o ser humano.

B) O trabalho como esforço humano voltado para a realização de um fim

Os seres humanos trabalham para atingir algum objetivo[11]. Para os físicos, Trabalho é igual a força necessária para mover determinado objeto multiplicada pela distância (W= F.d). Toda a modificação da situação inercial de um objeto pode ser medida pela relação entre a força empregada para deslocá-lo e o deslocamento efetivamente realizado. Não importa se realizado por um ser humano, ou não.

O problema é saber qual a concepção moral do trabalho, considerando moral como atributo do ser humano, e como essa concepção se transforma em concepção jurídica. Dito de outro modo, como o ser humano vê o trabalho como imperativo categórico[12] de uma conduta, e como o Estado regula essa atividade de forma heterônoma (externa ao indivíduo), buscando disciplinar a atividade e estabelecendo formas jurídicas para a sua realização (contratos, atos administrativos, etc) e sanções para o caso de descumprimento de normas (indenizações, nulidades, etc).

A definição de trabalho varia no tempo e no espaço, mas, de um modo geral, pode-se afirmar que o trabalho é uma ação realizada por seres humanos que supõe um determinado gasto de energia, destinado a algum fim material ou imaterial, conscientemente desejado e que tem a sua origem e/ou motivação na insatisfação ou existência de uma privação ou necessidade por parte de quem o realiza[13]. O trabalho

(11) Cf. OLEA, Manuel Alonso. *Introdução ao Direito do Trabalho*, 4ª ed. São Paulo: LTr, 1984.

(12) A expressão "imperativo categórico" é utilizada no sentido cunhado por Kant, significando o agir do indivíduo em conformidade com seus padrões morais.

(13) Cf. AIZPURU, Mikel e RIVERA, Antonio. *Manual de Historia Social Del Trabajo.* Madrid: Ed. Siglo Veinteuno, 1994, p. 13. Para estudo mais aprofundado sobre as diversas perspectivas da definição de

é o método mediante o qual o homem transforma a natureza criando, ao mesmo tempo, riqueza e construindo a sua própria realidade. De certo modo, a história é o processo de criação, satisfação e nova criação de necessidades humanas a partir do trabalho[14].

A atividade laboral constitui uma atividade essencial da espécie humana. É a ação que possibilita a reprodução e a sobrevivência da espécie em um determinado nível de satisfação de necessidades. Trata-se de uma atividade comum a todas as sociedades, adotando formas diversas em cada uma delas ao passar do tempo[15]. O trabalho assalariado, tal como hoje se apresenta, apenas passou a ser a forma hegemônica de trabalho por conta alheia há muito pouco tempo (final do séc. XIX, na segunda Revolução Industrial). Mesmo na primeira Revolução Industrial (segunda metade do séc. XVIII), fenômeno tipicamente localizado na Inglaterra, o trabalho assalariado não era forma predominante nos processos de produção no mundo inteiro. Somente quando o Capitalismo[16] se fortalece e se expande como sistema econômico predominante, impondo-se sobre as formas remanescentes de Feudalismo (Europa) e outras formas arcaicas de produção (outras partes do mundo) é que o trabalho assalariado vai assumir posição dominante nas formas de relação de trabalho.

A forma comum de trabalho que ocupou maior tempo na história da humanidade e ainda hoje é comum em locais onde a forma de produção capitalista não está totalmente implementada é o trabalho de auto-subsistência. Por trabalho de auto-subsistência entende-se o trabalho desenvolvido no interior de pequenos grupos (comunidades parentais, famílias no campo, etc) para obter o conjunto de bens necessários à sua sobrevivência e algum conforto. Envolve atividades como coleta, caça, pesca, agricultura rudimentar e a produção de alguns artefatos em um contexto global que permita a sobrevivência do próprio grupo. É possível que nesses grupos exista algum grau de divisão social do trabalho, demarcando-se algumas atividades específicas para cada indivíduo[17]. O trabalho de auto-subsistência contém os cinco elementos da produção econômica fundamental, possibilitando inclusive trocas entre indivíduos e/ou grupos dos excedentes materiais, mas sempre de forma primitiva ou rudimentar.

---

trabalho, ver FRIEDMANN, Georges e NAVILLE, Pierre. *Tratado de Sociologia del Trabajo,* vol. I. México: Ed. Fondo de Cultura Económica, 1985, p. 13-36 e SANTOS ORTEGA, J. Antonio. *Sociologia del Trabajo*, Ed. Tirant lo Blanch, Valencia, 1995, p. 36-40. Uma análise crítica do trabalho como categoria fundamental pode ser encontrada em OFFE, Claus. *Trabalho e Sociedade*. Rio de Janeiro: Ed. Tempo Brasileiro, 1989, p. 13-41. O referido autor comenta as definições de trabalho em MARX, DURKHEIM e HABERMAS, entre outros. Para uma análise comparativa do processo de divisão social do trabalho em MARX e DURKHEIM, ver FINKEL, Lucila. *La Organización Social del Trabajo*. Madrid: Pirámide, 1996, p. 13-26.

(14) Cf. AIZPURU, Mikel e RIVERA, Antonio, ob. cit., p. 13.

(15) Cf. RECIO, Albert. *Trabajo, Personas, Mercados*. Barcelona: Ed. Icaria, 1997, p. 25. Para a análise da evolução histórica, ver CARRO IGELMO, Alberto José. *Historia Social del Trabajo*. Barcelona: Ed. Bosch, 1986.

(16) A definição adotada para Capitalismo é a de que constitui um sistema econômico baseado na propriedade privada dos meios de produção, liberdade de mercado e iniciativa, trabalho assalariado e lucro.

(17) Ver RECIO, Albert, ob. cit., p. 27-28.

Assim, encontram-se no trabalho de auto-subsistência o acesso aos recursos naturais (terra), a existência de recursos humanos (trabalho), a acumulação de alguns bens de produção (capital), a capacidade tecnológica para manipular fatores (tecnologia) e o espírito de coordenação e motivação (capacidade empreendedora).

As comunidades rurais baseadas na agricultura ou criação animal são exemplos típicos de trabalho de auto-subsistência. A característica desse trabalho é o seu exercício livre e o não desenvolvimento da noção de lucro pela apropriação da mais-valia gerada pelo trabalho excedente[18].

Também o trabalho pode ser forçado, ou seja, todas as atividades laborais desenvolvidas por algum meio de coação. No trabalho forçado, a pessoa, de forma individual ou coletiva, trabalha por conta alheia, sendo que o beneficiário usufrui todo o resultado do labor. O exemplo mais significativo de trabalho forçado é a escravidão. O senhor dos escravos beneficia-se com todo o resultado econômico do trabalho e apenas tem o dever de subsistência com o escravo, que nada mais é do que seu próprio interesse com relação à força motriz de sua atividade econômica. Historicamente, além da escravidão, existiam outras formas de trabalho forçado, como algumas formas de dominação colonial (como os nativos africanos e índios americanos, obrigados a trabalhar em obras de infra-estrutura que favoreciam a colonização) ou complexos sistemas de legitimação (feudalismo e servidão) em sociedades estamentais[19]. Alguns Estados modernos ainda obrigam os presidiários a prestarem trabalhos forçados como forma de sanção ou como forma de compensação (redução da pena). Neste último caso, a norma legal admite a possibilidade de trabalho forçado, sendo lícita a sua exigência. Tal situação não pode ser confundida com variantes modernas de trabalho análogo ao escravo ou escravidão por dívidas, que constituíam prática social mas são considerados ilícitos pelo ordenamento jurídico.

Um terceiro tipo é o trabalho mercantil. Neste, o objetivo do trabalho não é a produção direta dos meios de subsistência para seus próprios produtores (trabalho de auto-subsistência) ou para seus amos e senhores (trabalho forçado). O objetivo do trabalho mercantil é a produção de bens de consumo, de forma livre e mediante retribuição (remuneração pelo trabalho). O trabalho mercantil só existe quando estão presentes algumas instituições como um sistema organizado de trocas (mercado de produtos), existência de moeda (meio comum de troca) e a existência de alguma instituição política que garanta e avalize a validade da moeda em circulação[20]. O trabalho mercantil é livre e remunerado, embora possa ser disciplinado por normas jurídicas e estabeleça limites, modalidades e forma de contratação.

---

(18) A noção de mais-valia é a relação entre trabalho necessário (para gerar a riqueza capaz de remunerar o trabalhador) e trabalho excedente (para gerar riqueza sob a forma de lucro do proprietário dos meios de produção). A expressão célebre de mais-valia deve-se a *Karl Marx*. A edição consultada foi MARX, Karl. *O Capital*, 2ª ed. São Paulo: Ed. Nova Cultural, 1985.

(19) Cf. RECIO, Albert, ob. cit., p. 29.

(20) Cf. RECIO, Albert, ob. cit., p. 30. Para compreensão do sistema de trocas, ver ROSSETTI, José Paschoal, ob. cit., p. 168-183 e STIGLITZ, Joseph E. *Economía*. Barcelona: Ed. Ariel, 1995, p. 945-967. Sob o ponto de vista histórico, ver WEATHERFORD, Jack. *A História do Dinheiro*, São Paulo: Ed. Negócio, 1999.

O trabalho mercantil pode ser autônomo ou assalariado.

O trabalho autônomo não deixa de ser uma forma evoluída do trabalho de subsistência. A diferença é que no trabalho autônomo moderno existe a moeda (meio comum de troca), que substitui a apropriação direta de bens da natureza. Alguém trabalha e, em vez de apropriar-se diretamente da mercadoria, recebe uma unidade monetária de valor, com a qual pode comprar os bens que necessita. Assim como o trabalho de auto-subsistência, o trabalho autônomo é livre, os trabalhadores realizam um serviço para o comprador dos serviços em troca de remuneração. Os trabalhadores autônomos controlam todo o processo laboral e são proprietários dos meios de produção que utilizam. Um artesão, por exemplo, compra a matéria-prima e a transforma em produto, fazendo a comercialização deste no mercado, estabelecendo o seu preço. O resultado da comercialização é apropriado pelo trabalhador.

Por outro lado, o trabalho assalariado é aquele em que alguém trabalha sob as ordens de outro e a pessoa implicada aporta exclusivamente sua atividade laboral em troca de remuneração (dinheiro). A forma jurídica de relação de trabalho assalariado é o contrato. A questão relativa à natureza jurídica da relação de trabalho será analisada em capítulo específico, inclusive com relação à sua onerosidade.

C. Divisão Social do Trabalho

Após a análise sobre o trabalho como fator de produção (aspecto econômico) e como meio de realização de um fim almejado pelo ser humano, é preciso considerar um aspecto fundamental da forma do ser humano trabalhar dentro de um grupo social racionalmente organizado. O estudo desta circunstância denomina-se divisão social do trabalho[21].

Nenhum ser humano vive sozinho em sociedade e tampouco é auto-suficiente no que diz respeito à capacidade de prover bens para a sua subsistência. Seria pouco provável a existência de um ser humano totalmente isolado, a não ser pela circunstância de algum acidente. Mesmo assim, esse ser humano hipoteticamente isolado poderia sobreviver por algum tempo, mas significaria o fim da espécie, pois não poderia procriar. Trata-se de uma hipótese improvável, sendo certo que todo o ser humano, por ser animal gregário, tende a necessitar da cooperação e cooperar com outros seres humanos para conseguir a sua auto-subsistência.

Em toda a natureza existem animais gregários que, em maior ou menor grau, dividem as tarefas dos indivíduos dentro dos grupos. Nessas espécies, para facilitar a sobrevivência, determinados indivíduos se especializam em determinadas funções,

---

(21) A referência obrigatória sobre o tema é SMITH, Adam. *A Riqueza das Nações*. São Paulo: Nova Cultural, 1996, volumes I e II, em que o autor analisa os fenômenos de divisão social do trabalho no início da Revolução Industrial (segunda metade do século XVIII). Também é obrigatória a visão dos clássicos MARX, KARL. *O Capital*, 2ª ed. São Paulo: Ed. Nova Cultural, 1985 e DURKHEIM, Emile. *La División del Trabajo Social*, 3ª ed. Madrid: Ed. Akal, 1995.

obtendo, com esse procedimento, resultados mais satisfatórios para o grupo[22]. Em todas as sociedades humanas conhecidas existe maior ou menor grau de divisão social do trabalho, que pode desenvolver-se em distintos níveis: cooperação para manter aos indivíduos que não estão em condições físicas de garantir a subsistência (crianças, idosos e enfermos); cooperação na transmissão de conhecimentos tecnológicos que permitam aos diversos indivíduos alcançar certo grau de desempenho produtivo; cooperação de diversas pessoas para obter um determinado resultado positivo[23].

A cooperação para obter um resultado positivo pode ocorrer por duas formas. A primeira, pelo fato de que o trabalhador não conseguiria o resultado se necessariamente não contasse com a ajuda dos demais. Isso ocorre com atividades que exijam mobilização de grande número de pessoas (remoção de obstáculos naturais, colheitas em certo prazo, etc). Somente a coordenação e a especialização do trabalho permitem alcançar o resultado que seria impossível ao indivíduo isolado[24]. A segunda, é a circunstância de que um indivíduo sozinho pode alcançar determinado resultado, sendo capaz de realizar todos os processos envolvidos na produção de um bem. Entretanto, se esse processo de produção for decomposto em várias atividades distintas, e sendo cada atividade exercida por uma pessoa especializada, o resultado produtivo será muito mais eficiente. O exemplo clássico desse segundo aspecto da cooperação, para obter um resultado positivo está na descrição das atividades de manufatura de alfinetes, feita por *Adam Smith*[25]. Nessa passagem, está descrita a atividade do mestre artesão que fazia todo o alfinete, em comparação com a fábrica de alfinetes, onde cada trabalhador exercia uma tarefa distinta, no processo de produção de alfinetes, como esticar o arame, cortá-lo, fazer a ponta e a cabeça, etc. Para um objeto tão simples como um alfinete, *Adam Smith* identifica dezoito operações distintas, para completar o processo de fabricação. Entretanto, ao passar da concentração de todas as tarefas em um só artesão para a divisão das atividades entre vários trabalhadores, os resultados produtivos são impressionantes: enquanto um trabalhador isolado podia produzir ao redor de 20 alfinetes por dia, a simples separação de tarefas, a colaboração entre trabalhadores e o uso da maquinaria, permite produzir 48.000 alfinetes por dia, ou seja, 240 vezes mais.

O incremento de produtividade decorrente da divisão social do trabalho ocorre por várias razões: a) o aumento da destreza dos trabalhadores, como conseqüência de suas atividades se limitarem a uma só operação; b) a economia de tempo, que de

---

(22) Os exemplos didáticos mais conhecidos são as abelhas e as formigas. Entretanto, a especialização de tarefas é extremante comum entre mamíferos gregários, herbívoros ou carnívoros.

(23) Cf. RECIO, Albert, ob. cit., p. 22-23.

(24) *Idem*, p. 23.

(25) O exemplo está mencionado no clássico "A Riqueza das Nações", já mencionado e é paradigmático para ressaltar a importância das primeiras reflexões sobre divisão social do trabalho e seus reflexos econômicos. Sobre o tema, ver FINKEL, Lucila. *La Organización Social del Trabajo.* Madrid: Pirámide, 1996, p. 14-15.

outra forma se perderia ao passar de uma atividade para a outra; e c) uso de máquinas que facilitam e reduzem o trabalho, permitindo que um só trabalhador realize o trabalho de muitos.

A divisão social do trabalho cresce à medida que se torna complexa a sociedade. Os indivíduos necessitam de bens que não são capazes de obter sem a colaboração de outros indivíduos. Em qualquer sociedade é necessário desenvolver mecanismos que favoreçam a cooperação. Quanto maior for o volume de uma sociedade e mais ampla a divisão social do trabalho, mais complexos serão os problemas de coordenação das atividades desenvolvidas pelos diversos indivíduos e as atividades de coordenação adquirirão maior importância[26].

Nesse ponto é que a divisão social do trabalho adquire uma face jurídica. As normas jurídicas vão disciplinar aspectos relevantes da divisão social do trabalho, dentro de uma sociedade. Existem experiências históricas de formas jurídicas dessa regulação, algumas descentralizadas e outras centralizadas. As formas jurídicas descentralizadas de regulação da divisão social do trabalho correspondem à economia de mercado em que indivíduos trocam a produção realizada em um mercado, utilizando como instrumento jurídico os contratos (compra e venda, troca, etc). Nas formas centralizadas, o processo de coordenação da divisão social do trabalho é realizado por um ente centralizado (como a experiência da antiga União Soviética e outros países que tiveram experiência com socialismo histórico[27]).

No mercado de trabalho é utilizada a forma contratual. Essa forma contratual está submetida a uma normatividade que a disciplina. Na execução de um contrato de trabalho, além das obrigações derivadas do contrato em si, o tomador do trabalho (credor) tem à sua disposição o poder disciplinar, o poder diretivo e o poder de hierarquizar as distintas atividades. O poder diretivo, o poder disciplinar e o poder hierárquico são as três expressões da chamada subordinação subjetiva (poder de dar ordens ao empregado), que é a base da relação de trabalho assalariada no sistema capitalista. A subordinação é o traço principal do contrato que expressa o trabalho assalariado[28].

Um outro aspecto da divisão social do trabalho é o fato de que ela limita o nível de controle que cada indivíduo tem sobre as decisões e os objetivos do processo produtivo. Quando depende dos outros, o grau de controle sobre o processo produtivo dar-se-á pela forma jurídica como se regula o processo produtivo, uma vez que o poder de decisão sobre a forma de produzir ou sobre o que produzir poderá ter maior ou menor

(26) Cf. RECIO, Albert, ob. cit., p. 23-24.

(27) A expressão "socialismo histórico" é aqui utilizada como experiência empírica de uma determinada sociedade, em contraposição à expressão "socialismo científico", que é reservada para as especulações teóricas.

(28) Cf. VILHENA, Paulo Emílio Ribeiro de, ob. cit., p. 462-464. Sobre o poder disciplinar, ver COUTINHO, Aldacy Rachid. *Poder Punitivo Trabalhista.* São Paulo: LTr, 1999. Uma reflexão mais aprofundada sobre subordinação e liberdade pode ser encontrada em SUPIOT, Alain. *Crítica del Derecho del Trabajo.* Madrid: Ministerio del Trabajo y Asuntos Sociales, 1996, p. 135-147.

grau de liberdade. As normas de uma sociedade tendem a definir os diferentes graus de influência social sobre as decisões econômicas básicas, o que se traduz em distintos graus de controle dos indivíduos sobre o processo produtivo[29]. A isso se denomina de interferência do Estado na Economia (Poder normatizador) e, indiretamente, na regulação da Divisão Social do Trabalho.

Como resumo dessa primeira parte, pode-se afirmar que a relação de trabalho é um dos cinco fatores de produção (terra, trabalho, capital, tecnologia e capacidade empreendedora) e constitui um esforço humano visando a uma finalidade, a sua subsistência ou a satisfação de uma necessidade. Como o ser humano não vive isolado, o seu trabalho está relacionado com o trabalho de outros seres humanos e só com especialização e coordenação de atividades é que se consegue que os bens gerados por uns cheguem aos demais de forma a garantir a subsistência de todos de forma mais eficaz possível. A sociedade cada vez mais complexa exige a normatização das relações de trabalho, estabelecendo pautas de conduta e sanções para o caso de descumprimento. No sistema capitalista, a normatização das relações de trabalho se dá pelo contrato, que estabelece os referenciais mínimos como sujeito, objeto e conteúdo. Também as normas legitimam certos poderes sociais decorrentes da divisão social do trabalho, como os poderes de direção, punição e hierarquização, que constituem o traço característico do trabalho assalariado (subordinação). As normas jurídicas disciplinam o contrato em si e o contrato em relação aos demais indivíduos. Embora possa ser vista sob os ângulos econômico (fator de produção), sociológico (divisão social do trabalho) e jurídico (subordinação), a relação de trabalho é desses paradigmas sociais multifacetados, que sempre permitem um novo ângulo de abordagem.

Nos próximos segmentos do presente trabalho, serão aprofundadas as questões jurídicas, sem esquecer que pode ser simplesmente um reflexo dos aspectos econômicos e sociológicos.

II. MARCO JURÍDICO DA RELAÇÃO DE TRABALHO

A segunda parte deste estudo tem por objetivo estabelecer qual o marco jurídico da relação de trabalho. Na primeira parte, foi visto o trabalho considerado como fator de produção sobre regulação normativa em si mesma (contrato) ou em relação aos demais indivíduos (divisão social do trabalho). O objetivo agora é refletir sobre os temas jurídicos específicos, procurando situar a relação de trabalho dentre os paradigmas jurídicos definidos.

O presente capítulo abordará, na primeira parte, a distinção entre trabalho subordinado e trabalho autônomo como pressuposto para a análise e seu reflexo na inter-

(29) Cf. RECIO, Albert, ob. cit., p. 24.

pretação da reforma constitucional protagonizada pela Emenda Constitucional n. 45/04. Depois, de forma rápida e objetiva, serão analisadas as dicotomias continuidade/eventualidade, pessoa física/pessoa jurídica como prestadora de trabalho e, por último, onerosidade/gratuidade[30].

A. Trabalho Autônomo e Trabalho Subordinado

A expressão "relação de trabalho", constante do art. 114, I, da Constituição Federal, que atribui competência para a Justiça do Trabalho, não refere se se trata de trabalho autônomo ou subordinado. O trabalho, sob o aspecto econômico, é um fator de produção que pode ser utilizado tanto de forma autônoma como subordinada (dependência econômica + poder de direção). Para um economista, a produção de um determinado bem visando a satisfazer uma necessidade humana poderá ser feita tanto por uma empreitada (trabalho autônomo) quanto por uma relação de emprego (trabalho subordinado).A única certeza é de que as duas formas jurídicas (autônomo e subordinado) estão em um contexto normativo de liberdade de contratar. Do contrário, apareceriam formas de trabalho forçado ou coativo como a escravidão e a servidão[31]. Portanto, o trabalho livre (em sentido lato, opondo-se ao trabalho coativo) deve ser autônomo ou subordinado.

O trabalho autônomo caracteriza-se por constituir vínculo jurídico fundado na predeterminação da prestação, que não sofrerá intervenção do credor do trabalho e na circunstância de que o poder jurídico reservado ao prestador encerra o poder de auto-organizar o próprio trabalho, com ou sem o concurso de outrem[32].

Quanto ao primeiro aspecto, significa que o trabalho autônomo em geral tem por objetivo um resultado e não a atividade em si. O credor estabelece com o devedor uma determinada meta, e a atividade é o meio para se atingir a finalidade. É o que ocorre, por exemplo, nos contratos de empreitada ou mandato. Embora possam existir situações dúbias, considerando a dificuldade de se definir, no caso concreto, o que é meio e o que é fim, o certo é que o critério tem alguma utilidade, pelo menos para estabelecer uma prescrição relativa.

O segundo aspecto, a auto-organização do trabalho, também deve ser analisado com cautela e sempre dentro de parâmetros concretos. O trabalhador autônomo desenvolve seu trabalho com organização própria, iniciativa e discricionariedade, esco-

---

(30) As referências doutrinárias sobre tais temas utilizadas neste capítulo foram expostas pelo autor na obra *A Boa-fé no Contrato de Emprego*. São Paulo: LTr, 1996.

(31) Definir trabalho autônomo e trabalho subordinado constitui uma das tarefas mais difíceis do Direito do Trabalho. Tal objetivo não é o centro deste estudo e as considerações sobre o tema aqui realizadas apenas servem como suporte para reflexões sobre um tema de Direito Constitucional e Direito Processual, que é o estudo da competência material da Justiça do Trabalho no Brasil. Sobre o tema, a obra de referência é de autoria de *Paulo Emílio Ribeiro de Vilhena*, já citada, que constitui o estudo mais alentado sobre relação de emprego na doutrina brasileira.

(32) Cf. VILHENA, Paulo Emílio Ribeiro de, ob. cit., p. 482.

lhendo o modo, o tempo, o lugar e a forma de execução. A iniciativa de auto-organização enfatiza a liberdade do prestador que pode dispor da sua atividade, inclusive para mais de um contratante. O autônomo atenderá a contento os diversos credores de serviços[33].

A subordinação pode ser vista sob aspecto subjetivo e sob aspecto objetivo.

O aspecto subjetivo da subordinação caracteriza-se pela consciência de cumprir ordens, por parte do trabalhador e pela justificação legal destas ordens por parte do empregador. Os poderes do empregador são amparados pelo ordenamento jurídico, expressando-se sob as três vertentes conhecidas: poder diretivo, poder disciplinar e poder hierárquico. O empregador tem para si legitimado o poder de estabelecer a forma, o modo, o tempo e os desígnios do contrato, apropriando-se com amparo legal dos resultados excedentes da prestação de trabalho, sob a forma de lucro. É certo que estes poderes de direção, disciplina e hierarquia não são ilimitados, tendo o empregador que exercê-los dentro de parâmetros também estabelecidos por normas jurídicas. Assim, o poder disciplinar encontra seu limite nas normas sobre o respeito à integralidade física do empregado e aos seus direitos de cidadão (liberdade, privacidade, etc). Além disso, o poder disciplinar deve respeitar a adequação da sanção imposta no âmbito contratual com a gravidade da falta (proporcionalidade). Também o poder diretivo encontra limites no próprio contrato, pois o empregador contrata como um cidadão livre, e a remuneração deve ser proporcional ao contratado, bem como não está obrigado a cumprir ordens ilegais[34]. Por último, o poder hierárquico também encontra limitações nas normas constitucionais[35] e legais[36] a respeito da isonomia. O aspecto objetivo da subordinação consiste na inserção do trabalho do devedor nos desígnios econômicos do credor. Existe um constante círculo de expectativas entre credor e devedor: o credor (empregador) precisa que o empregado aliene sua força de trabalho para que possa impulsionar os demais fatores de produção; o devedor (empregado) precisa de seu emprego, pois dele depende economicamente para a sua subsistência ou, se não depende, dele obtém remuneração para satisfazer alguma de suas necessidades pessoais. Trata-se de uma participação interpretativa da atividade-trabalho na atividade da empresa[37].

A relação de trabalho mencionada no art. 114, I, da Constituição Federal não distingue entre trabalho autônomo e trabalho subordinado. Se houvesse alguma res-

---

(33) *Idem*, p. 483.

(34) Todo contrato deve ter objeto lícito, possível, determinado ou determinável (art. 104, do Código Civil). Embora o contrato de emprego seja um contrato de atividade, no qual se admite certo grau de indeterminação (vide art. 456, parágrafo único, da CLT), o empregador não pode estabelecer indeterminadamente o objeto da prestação, sob pena de caracterizar-se um contrato leonino. Também o objeto do contrato de emprego subordinado deve submeter-se aos dispositivos gerais de licitude do objeto, com especial atenção à cláusula geral de nulidade no art. 9º da CLT e no art. 166, III e VI, do Código Civil, no que tange a contrato com motivos ilícitos ou que tenham por finalidade fraudar lei imperativa.

(35) Art. 7º, XXX, XXXI e XXXII, Constituição Federal.

(36) Art. 460 e 461, CLT.

(37) Cf. VILHENA, Paulo Emílio Ribeiro de, ob. cit., p. 477. As expressões credor/devedor referem-se às obrigações salariais. Poderiam ser invertidas no caso da obrigação ser o trabalho.

trição apenas ao âmbito do trabalho subordinado, a expressão correta seria "relação de emprego", pois esta é espécie da relação de trabalho que, por seu turno, constitui gênero. Portanto, a competência da Justiça do Trabalho é para solucionar ações envolvendo relações de trabalho no sentido lato, estejam elas inseridas num contexto de auto-organização do trabalho (trabalho autônomo) ou num contexto de consciência de cumprir ordens interando-se nos desígnios econômicos da empresa (trabalho subordinado).

Na terceira parte deste estudo será realizada a definição jurídica de relação de trabalho. É difícil encontrar na bibliografia tal definição, pois a maioria dos autores parte do pressuposto de que se conhece que a relação de trabalho é gênero da qual a relação de emprego é espécie.

B. Continuidade e Eventualidade

No Direito do Trabalho brasileiro, a continuidade constitui elemento da relação de emprego. Embora não se tenha na legislação trabalhista uma definição de relação de emprego(38), a definição de empregado contida no art. 3º da CLT refere-se à prestação não eventual de serviços.

Contínuo ou não eventual, o contrato de emprego tem uma relação com o tempo, sendo uma obrigação contínua ou de trato sucessivo(39). A expressão "trabalho não eventual" ou "continuidade" constitui um conceito jurídico indeterminado(40), ou conceito valorativo, que tem de ser preenchido no caso concreto. Pode ocorrer que um contrato inicialmente previsto para ser instantâneo ou de execução diferida transforme-se em um contrato de trato sucessivo porque as partes,embora não ajustando contínuas as atividades, estas, somadas, acabam por modificar-lhe a natureza. De qualquer forma, como regra hermenêutica, no contrato de emprego presume-se a continuidade, devendo ser demonstrada a existência de termo resolutivo(41).

---

(38) A única referência defeituosa sobre o tema está no art. 442, da CLT, que possui uma definição "circular", sem explicitar os elementos do vínculo de emprego.
O texto legal é o seguinte:
"Art. 442. Contrato individual de trabalho é o acordo, tácito ou expresso, correspondente à relação de emprego".

(39) As obrigações quanto ao tempo de sua execução dividem-se em obrigações instantâneas, obrigações diferidas e obrigações contínuas ou de trato sucessivo. Como o contrato de emprego contém uma obrigação de fazer específica (atividade), as obrigações vão aparecendo e desaparecendo no seu decorrer, com contínuos adimplementos recíprocos. O contrato é um só, mas as obrigações se sucedem.

(40) Sobre os conceitos jurídicos indeterminados ver HENKE, Horst Eberhard. *La Cuestión de Hecho.* Buenos Aires: Ed. Ediciones Jurídicas Europa-America, 1979.

(41) Na verdade, dentro da teoria geral do negócio jurídico, os elementos acidentais devem ser enunciados expressamente. Os elementos essenciais (capacidade, manifestação de vontade sem vícios e objeto lícito) não precisam de cláusula expressa por situarem-se no plano da validade. Os elementos acidentais (modo, termo e condição), por situarem-se no plano da eficácia, precisam de enunciação expressa. Um contrato por tempo determinado é, na verdade, um contrato a termo, ou seja, sua eficácia encontra-se submetida a um evento futuro e certo (termo final).

Podem existir relações de emprego por prazo indeterminado e por prazo determinado, assim como podem existir relações de trabalho (não subordinado) por prazo indeterminado ou por prazo determinado. As relações de representação comercial são típicas relações de trabalho não subordinado ou autônomas, que podem ser pactuadas por tempo determinado ou indeterminado[42]. Outro exemplo é a empreitada de lavor que normalmente é pactuada por tempo determinado, em virtude da característica de consistir na realização da obra determinada, mas pode, conforme o caso, não ter uma data certa para o seu término, apenas possuindo uma expectativa de realização aproximada.

A Justiça do Trabalho tem competência para ações envolvendo litígios decorrentes de relações de trabalho eventual ou contínuo, seja ele subordinado ou não. Até a promulgação da Emenda Constitucional n. 45/04, a competência restringia-se à relação de emprego não-eventual (salvo exceções previstas em lei). Como a não-eventualidade é um requisito para a caracterização do vínculo de emprego, na prática a competência da Justiça do Trabalho era majoritariamente voltada para relações não-eventuais, ou seja, com continuidade.

Entretanto, a relação de trabalho não tem como elemento essencial a continuidade. Pode perfeitamente haver uma relação de trabalho que ocorra apenas em um só dia ou num único final-de-semana, como, por exemplo, o trabalho em um evento, festa ou feira de exposição. Será uma relação de trabalho que não caracteriza uma relação de emprego, porque não tem um de seus elementos que é a continuidade. Outros exemplos comuns de trabalho eventual são os "chapas" e os "biscateiros", ou mesmo pequenas empreitadas normalmente chamadas de prestação de serviços, comuns na construção civil, manutenção de prédios, instalações elétricas e hidráulicas, etc. Todo este variado espectro de relações de trabalho de caráter eventual pode gerar conflitos, inadimplementos, nulidades, etc. O ramo do Judiciário que resolverá os conflitos daí resultantes será a Justiça do Trabalho por força do art. 114, I, da Constituição Federal.

C. Pessoa Física e Pessoa Jurídica como Prestadores de Trabalho. A Questão da Pessoalidade.

Outra relevante questão a ser enfrentada dentro do estudo da relação de trabalho é a característica de seu ou não *intuitu personae*, com relação à figura do prestador de trabalho e quais os reflexos que isso gera na fixação da competência. Em outras palavras, a questão é saber se a pessoalidade, seja o trabalho autônomo ou subordinado, é elemento da relação de trabalho em sentido lato. Para se ter a resposta a este questionamento é preciso buscar a definição de pessoa, distinguir pessoa natural de pessoa jurídica e analisar se pessoas jurídicas podem ser partes em uma relação de trabalho em sentido lato como o previsto no art. 114, I, da Constituição Federal.

(42) Ver Lei n. 4.886/65, art. 27, *c*.

Não há dúvida de que uma pessoa física (ou pessoa natural) pode ser parte de uma relação de emprego (trabalho subordinado) em que estão expressamente excluídas as pessoas jurídicas como prestadoras de trabalho. Os textos legais que definem empregador e empregado na CLT (arts. 2º e 3º) autorizam essa conclusão ao utilizarem as expressões "prestação pessoal de serviços" e "considera-se empregado toda a pessoa física...". Portanto, dentro da relação de emprego tradicional o problema encontra-se resolvido(43).

A questão encontra-se em aberto no que tange à relação de trabalho (em sentido lato) porque não há conceituação desse instituto sob o ponto de vista jurídico.

O conceito de trabalhador envolve a noção de pessoa e pessoalidade. Dispõe o Código Civil que toda a pessoa é capaz de direitos e obrigações (art. 1º). A personalidade é a aptidão para contrair obrigações e exercer direitos e a capacidade é a medida jurídica da personalidade. Somente uma pessoa capaz pode praticar plenamente os atos da vida civil, embora toda a pessoa possa ser sujeito de direitos e obrigações. A existência da pessoa natural inicia com o nascimento com vida e termina com a morte(44).

O trabalhador pessoa natural tem por pressuposto a capacidade para contratar, pois o contrato para ser válido, exige agente capaz (pessoa, com personalidade dimensionada para praticar atos jurídicos). Como na maioria dos casos se pensa em relação de trabalho como sendo relação de emprego, ou seja, trabalho subordinado, a tendência é pensar que o trabalhador pessoa física tem a consciência de cumprir ordens. A consciência é um atributo de um indivíduo e não existiria em pessoas jurídicas, pois estas constituem uma abstração jurídica. Logo, as relações de trabalho subordinadas (relações de emprego) necessariamente têm de ser pessoais com relação ao empregado, pois pessoas jurídicas não teriam a consciência de cumprir ordens.

As pessoas jurídicas são uma abstração do mundo jurídico. Trata-se de um conceito jurídico definitório, que cria uma definição auxiliar, abstrata, que será utilizada para regular determinadas relações previstas pelo ordenamento jurídico(45). O Código Civil estabelece que as pessoas jurídicas, para adquirirem o benefício da

(43) Para aprofundar-se sobre a noção de pessoalidade na relação de emprego, ver VILHENA, Paulo Emílio Ribeiro de, ob. cit., p. 350-357 e, MORAES FILHO, Evaristo de. *Do Contrato de Trabalho como Elemento da Empresa.* São Paulo: LTr, 1993.

(44) As noções de Direito Civil utilizadas são encontradas em GOMES, Orlando. *Introdução ao Direito Civil*, 10ª ed. Rio de Janeiro: Forense, 1991.

(45) Uma visão original da distinção entre pessoa natural e pessoa jurídica pode ser encontrada em KELSEN, Hans. *Teoria Pura do Direito*, 2ª ed. São Paulo: Martins Fontes, 1997. Para o autor, a distinção não tem razão de ser porque em ambos os casos o que importa é como as normas jurídicas regulam a conduta dos indivíduos. Para *Kelsen*, o Direito não se interessa pelo indivíduo de carne e osso, mas apenas o reflexo de seu agir no mundo normativo. A pessoa jurídica seria apenas uma técnica normativa que prevê casos em que as normas disciplinam a conduta de um grupo de indivíduos e não a conduta de um indivíduo isoladamente. No fundo, as normas regulam condutas de indivíduos vistas de forma isolada ou agrupada.

autonomia patrimonial em relação aos seus membros e para obterem reconhecimento de existência válida, precisam ter seus atos constitutivos levados a registro (art. 45, Cód. Civil).

Uma pessoa jurídica regularmente constituída pode ter fins econômicos, ou não. Pela sistemática adotada pelo Código Civil de 2002, as sociedades necessariamente têm fins econômicos (art. 981), enquanto que as Fundações e Associações não têm o intuito de lucro (art. 53 e art. 62, parágrafo único)[46].

Se não houver resultado econômico ou onerosidade, como será visto no próximo tópico, não existe relação de trabalho, seja ela autônoma ou subordinada. Se o trabalho é considerado um fator de produção, sendo uma das peças principais da atividade econômica, conforme analisado na primeira parte deste estudo, não é possível que exista relação de trabalho a título gratuito. Essa conclusão exclui as pessoas jurídicas de natureza não econômica (associações e fundações) da possibilidade teórica de fazerem parte de uma relação de trabalho como prestadores de trabalho.

Resta analisar a possibilidade de as sociedades (com fins econômicos) serem parte de relações de trabalho como prestadores de trabalho. As sociedades têm por objeto a comum intenção de dividir perdas e lucros (*affectio societatis*). A definição, por si só, exclui que possam praticar trabalho subordinado, pois a definição legal de empregado não é compatível com a circunstância de assumir os riscos da atividade econômica. Pelo contrário, no trabalho subordinado, é o empregador que assume tal risco (art. 2º, da CLT). Portanto, sociedades (pessoas jurídicas que visam a fins econômicos) não podem realizar trabalho subordinado porque este é incompatível com os riscos do negócio, em nosso sistema jurídico[47].

Subsiste, em teoria, a questão da relação de trabalho autônomo poder ser praticada por pessoa jurídica. Na prática, a hipótese teórica englobaria todas as empresas prestadoras de serviço, empresas de representação comercial, empreitadas de lavor contratadas por pessoas jurídicas, relações entre clientes e clínicas médicas, odontológicas, etc. No fundo, a questão seria saber se relação de trabalho pode ser sinônimo de prestação de serviço.

Em primeiro lugar, é preciso verificar o disposto no Código Civil sobre o contrato de prestação de serviço. A matéria está disciplinada nos arts. 593 a 609, do Código Civil de 2002, e veio a substituir a antiga denominação de contrato de locação de serviços. O contrato de prestação de serviços nada mais é do que a antiga *locatio conductio operarum*, sendo que o próprio Código Civil dispõe que será aplicado apenas

---

(46) O texto legal é o seguinte:
"Art. 53. Constituem-se as associações pela união de pessoas que se organizem para fins não econômicos".
art. 62... parágrafo único. "A fundação somente poderá constituir-se para fins religiosos, morais, culturais ou de assistência".

(47) Os riscos do negócio não se confundem com algumas formas de remuneração variável como a participação nos lucros e resultados. Nesse caso, o empregado participa de forma limitada nos benefícios, mas não sofrerá redução remuneratória no caso de não haver lucro.

de forma subsidiária quando não houver legislação especial pertinente[48]. Embora tenha mudado a denominação, o novo Código Civil praticamente não alterou o disposto sobre a locação de serviços, perdendo boa oportunidade para atualizar as normas civis sobre um fenômeno cada vez mais freqüente, como a prestação de serviços. Na prática, o contrato de prestação de serviços segue sendo um contrato *intuitu personae*, como se pode ver nos arts. 595, 601 e 607 do Código Civil[49], estando em desuso. Infelizmente, a legislação civil não serve para resolver o problema teórico — distinção entre relação de trabalho e prestação de serviço-, nem o problema de uma pessoa jurídica que vise ao lucro poder ser parte numa relação de trabalho.

A solução terá de ser encontrada na origem dos institutos jurídicos envolvidos, em especial nas finalidades da sociedade empresária. Como se sabe, a sociedade necessariamente tem fins econômicos e objetiva a repartição de lucros e perdas. No plano interno da sociedade pode ocorrer que, não obstante todos os esforços dos sócios, o empreendimento econômico não prospere e não haja resultado para compartilhar. Houve trabalho (em sentido lato) destinado à consecução de um fim, mas este fim não se realizou e esta circunstância está dentro dos riscos inerentes a todo o empreendimento econômico. Pode ter ocorrido algum evento climático, alguma falha na estratégia de marketing ou simplesmente o produto lançado não ter agradado ao mercado. Houve trabalho, houve esforço para realizar um fim, mas não há benefícios para dividir. Assim, dentro de uma sociedade o que impera é a noção de risco, não se constituindo relação de trabalho[50].

No plano externo, a sociedade pode prestar serviço para outra empresa ou mesmo para uma pessoa física. No caso, quem contrata o serviço não está interessado na pessoa que vai realizá-lo, mas no resultado da contratação. Os contratos de prestação de serviço em regra não são obrigações de resultado.

Um critério que poderia ser proposto para diferenciar prestação de serviço de relação de trabalho é o de que as relações comerciais entre duas empresas são atos de comércio e consistem na troca de produtos e serviços, e não na troca de trabalho. O trabalho faria parte do produto ou serviço, mas entraria apenas como mais um dos custos de produção, como a matéria-prima, aluguéis, impostos, propaganda, etc. Nas relações de trabalho, o trabalho seria a mercadoria em si. Dito de outra maneira, o

(48) O texto legal é o seguinte:
"Art. 593. A prestação de serviço, que não estiver sujeita às leis trabalhistas ou à lei especial, reger-se-á pelas disposições deste Capítulo".
Sobre a adaptação da *locatio conductio operarum* aos tempos atuais ver SUPIOT, Alain. Ob. cit., p. 135-147.

(49) Os referidos artigos dispõem, respectivamente, sobre as partes saberem ler ou escrever, sobre os serviços compatíveis com as suas forças e condições e sobre o rompimento do contrato por morte de uma das partes. Como se vê, todos esses dispositivos legais referem características de pessoalidade.

(50) Em Direito Mercantil, a remuneração dos sócios pode ocorrer pelo trabalho (*pro labore*) ou pelo capital investido (distribuição de lucros e resultados). Ver, sobre o tema, COELHO, Fábio Ulhoa. *Curso de Direito Comercial*, 3ª ed. São Paulo: Saraiva, 2002, vol III.

trabalho é endógeno ao produto ou serviço, tendo o preço em si. A prestação de serviços seria o trabalho mais outros custos, acrescido o lucro.

Esse critério econômico apresenta falhas e não pode ser utilizado para explicar por que uma pessoa jurídica que visa ao lucro não pode praticar relações de trabalho. É possível que uma pessoa física preste serviços, cobre pelo trabalho (eventual ou autônomo) e, no preço do serviço, inclua custos de deslocamento, propaganda, impostos que tenha de recolher sobre o serviço prestado, etc. Ao contrário das relações de emprego (trabalho subordinado), as relações de trabalho em sentido lato podem visar ao lucro. Uma empreitada de lavor, quando fixado o preço, leva em consideração o lucro e outros custos para a realização do contratado. Portanto, se uma pessoa física pode fazer parte de relações de trabalho e auferir lucros, uma pessoa jurídica poderia perfeitamente fazê-lo e isso não impediria de caracterizar a existência de uma relação de trabalho entre duas pessoas jurídicas (credor e devedor).

Outro critério que poderia resolver a questão da pessoa jurídica com fim lucrativo não poder fazer parte da relação de trabalho é o critério da aleatoriedade dos ganhos (risco). As pessoas jurídicas constituem-se de sócios que têm a comum intenção de dividir os lucros e perdas. Entre eles, quando pactuados os atos constitutivos, nunca se sabe qual o montante que cada sócio vai ganhar. Sabe-se apenas o percentual que, nas sociedades, sempre será uma parte do capital social proporcional à propriedade. Se o empreendimento der lucro, divide-se o montante nos percentuais previstos no contrato social; se der prejuízo, cada um arca com o seu percentual. Existe uma certa aleatoriedade sobre o montante líquido, embora sejam conhecidos os percentuais. Tudo depende do futuro da sociedade, que é incerto. Na relação de trabalho, o montante seria conhecido desde o princípio e não existiria aleatoriedade.

Esse critério seria parcialmente válido para as relações de emprego (trabalho subordinado), em virtude da existência de dispositivo legal que garante o salário mínimo, mesmo no caso do salário do empregado ser fixado por comissão, peça ou tarefa (art. 78, da CLT) e dispositivo legal que determina parte do pagamento do salário em dinheiro (arts. 458, § 1º; 463; 81 e 82, da CLT). Nas relações de emprego, existe o sinalagma (obrigações contrárias e equivalentes) e a comutatividade (a parte sempre sabe o mínimo que vai receber, independentemente do empreendimento ter ou não ter lucro).

A questão é saber se a relação de trabalho em sentido lato é comutativa ou aleatória. Sendo um contrato que estipula uma obrigação de fazer em contraposição de uma obrigação de dar, a relação de Trabalho (*lato senso*) por definição não tem nenhuma relação necessária com a circunstância de ser comutativa ou aleatória. Embora quem contrate o trabalho de outro em regra fixe uma retribuição, seja em dinheiro ou *in natura*, pode ocorrer dessa retribuição estar condicionada ao risco do negócio. O exemplo mais conhecido é da representação comercial. Trata-se de uma relação de trabalho em sentido lato, na qual a parte que trabalha só recebe se efetivar as vendas. As normas legais não garantem nenhum mínimo mesmo no caso de inexistência de vendas. O representante comercial pode ter trabalhado, visitado clientes, mas não efetivou nenhuma venda e, por isso, não receberá nenhuma contraprestação.

O critério da aleatoriedade (risco) não serve para justificar que a relação de trabalho tenha de ser pessoal.

Fracassadas as tentativas de se encontrar um critério jurídico ou econômico para definir a relação de trabalho como sendo uma relação *intuitu personae*, resta o critério epistemológico (estudo do método de determinada disciplina).

No campo do Direito do Trabalho, seja de forma autônoma ou subordinada, contínua ou eventual, só tem sentido o estudo do trabalho humano e produtivo(51). O objeto da disciplina exclui o estudo de formas de trabalho que não sejam humanas (animais e máquinas) ou que não sejam onerosas (trabalho gratuito ou altruístico). Trabalho humano é aquele realizado pelo homem, seja no manejo da matéria (trabalho manual), seja através do uso de símbolos (trabalho intelectual)(52).

O ser humano, para trabalhar, interpõe a sua força física para transformar a matéria, utilizando-se, ou não, de ferramentas. As máquinas e os animais são ferramentas controladas pelo homem. O trabalho intelectual se dá pela exteriorização de símbolos, que constituem uma linguagem direcionada e compreendida por outros seres humanos. Naturalmente, nenhum trabalho humano é puramente manual ou intelectual. O mais comum é a coexistência de ambas as modalidades(53).

Se a definição do objeto da relação de trabalho é pressuposto, ou seja, parte da limitação arbitrária das premissas a serem estudadas, excluindo outras formas de trabalho que não o trabalho humano, poder-se-ia afirmar que as relações de trabalho realizadas por pessoas jurídicas, por serem entes abstratos criados como conceito auxiliar do ordenamento jurídico, não estão incluídas no âmbito de investigação das relações de trabalho. Dito de outro modo, apenas o trabalho humano direto, manual ou intelectual, autônomo ou subordinado, eventual ou contínuo, é que seria objeto da relação de trabalho. Esforços realizados por animais, máquinas ou entes abstratos (pessoas jurídicas) não seriam objetos das relações de trabalho. No caso das máquinas e animais, somente seriam objeto das relações jurídicas se estivessem relacionados ou administrados por seres humanos. No caso dos entes abstratos — pessoas jurídicas são compostas por seres humanos ou por outras pessoas jurídicas — seriam objeto de estudo das relações de Direito Comercial ou Mercantil. A separação do objeto de estudo seria uma questão de método e classificação.

A conseqüência desta afirmativa é o pressuposto de que a pessoalidade é requisito essencial da relação de trabalho (elemento pressuposto). No que diz respeito à matéria de competência da Justiça do Trabalho (art. 114, I, Constituição Federal), o

---

(51) Sobre o conteúdo valorativo do trabalho humano ver ARAÚJO, Francisco Rossal. *O Direito do Trabalho e o Ser Humano, in: Continuando a História* (Amatra IV). São Paulo: LTr, 1999.

(52) Cf. OLEA, Manuel Alonso, ob. cit., p. 16.

(53) *Idem*, p. 16-17. A CLT proíbe a distinção entre trabalho manual, técnico e intelectual (art. 3º, parágrafo único).

corolário é que os litígios decorrentes das relações de trabalho somente serão resolvidos pela Justiça do Trabalho quando as relações de trabalho forem *intuitu personae*. A expressão "prestação de serviços" ficaria reservada para relações entre pessoas jurídicas e teria natureza civil ou mercantil. Apenas caberia a ressalva de que, no caso concreto, uma pessoa jurídica pode ser desviada de sua finalidade com o intuito de mascarar uma relação de trabalho (gênero) ou uma relação de emprego (espécie). Isso ocorre nos casos em que o tomador do trabalho, com a intenção de afastar um possível vínculo de emprego, obriga o trabalhador a constituir uma pessoa jurídica com algum sócio (parente ou amigo). A pessoa jurídica, nesse caso, é fictícia, pois, na realidade, o trabalho é prestado pessoalmente, e o sócio fictício nunca presta serviços. Esse caso de simulação ou fraude resolve-se com a declaração de nulidade e o reconhecimento do real contrato existente.

Em resumo, o critério econômico do lucro e o critério jurídico da aleatoriedade não são suficientes para determinar que a relação de trabalho tenha o elemento da pessoalidade como seu caracterizador. Como único critério válido, resta o critério pressuposto (critério epistemológico) da própria definição do objeto de estudo caracterizador da relação de trabalho. A relação de trabalho envolve trabalho humano, pessoal, manual ou intelectual, excluindo o trabalho de animais, máquinas e entes abstratos (pessoas jurídicas).

D. Trabalho Oneroso e Trabalho Gratuito

Os contratos podem ser onerosos ou gratuitos no que se refere ao critério da economicidade. Como a relação de trabalho em sentido lato tem natureza contratual, ela também pode ser onerosa ou gratuita. Um contrato oneroso é aquele em que a prestação tem valor economicamente avaliável. O preço é a expressão monetária do valor. Ambas as partes suportam esforços econômicos nos contratos onerosos, sendo que, na relação de trabalho, o esforço econômico do devedor do trabalho é o trabalho em si (manual ou intelectual) e o esforço econômico do credor do trabalho é a remuneração.

A remuneração, tanto na relação de trabalho em sentido lato (trabalho autônomo ou eventual) quanto na relação de trabalho em sentido estrito (trabalho subordinado) pode ser em espécie ou *in natura*. A diferença é que na relação de emprego (trabalho subordinado) ao menos uma parte deve ser paga em espécie[54], enquanto que, na relação de trabalho em sentido lato, não há limitação para um mínimo ser pago em espécie. As normas da CLT são protetivas ao recebimento do salário (trabalho subordinado) e estão inspiradas na convenção n. 95 da OIT. Tais regras visam a eliminar o denominado *truck system*, uma espécie de servidão por dívidas, comum nos princípios da Revolução Industrial, em que os trabalhadores eram remunerados *in natura*, assumiam dívidas para adquirir produtos de subsistência nos armazéns de propriedade do patrão.

---

(54) Ver item anterior da presente exposição.

O trabalho que é o fundamento da disciplina do Direito do Trabalho e das relações de trabalho em geral (sentido lato ou sentido estrito) é o trabalho oneroso. O ser humano que trabalha fá-lo empregando seu esforço com finalidade imediata de obtenção de bens materiais necessários à sua subsistência[55]. Portanto, as relações de trabalho estão fundadas nas relações de economicidade sendo esta a presunção. As relações de trabalho são presumivelmente onerosas e a gratuidade deve ser considerada como excepcional. A gratuidade terá interpretação restrita, atendendo-se ao caso concreto, à condição das pessoas e à peculiar situação em que se encontrem[56].

É possível que existam relações em que o ser humano desenvolva esforço físico ou intelectual visando a um determinado fim que não seja a sua subsistência ou que não tenha significação econômica. O trabalho altruístico, o lazer e os jogos são exemplos de possibilidade de esforço sem onerosidade. Entretanto, sempre haverá atenção especial para o caso concreto porque uma atividade que é considerada lazer para muitos (como jogar futebol, por exemplo) pode converter-se em uma atividade profissional com significado econômico conforme a circunstância. Da mesma forma, os exemplos de atividades de um médico ou de um dentista que desempenham seu trabalho em parte do tempo sem cobrar remuneração por motivos de solidariedade ou altruísmo. No exemplo do futebol, presume-se a atividade de lazer, e deve ser provada a onerosidade. No caso do médico e do dentista, presume-se a onerosidade devendo ser provada a gratuidade.

Para conectar com o tema da competência em razão da matéria, prevista no art. 114, I, da Constituição Federal, a Justiça do Trabalho terá competência para dirimir litígios decorrentes de relações de trabalho onerosas. Eventualmente se discutirá em alguma lide se o trabalho era oneroso, ou não, mas esse tema confunde a matéria de competência com o mérito, sendo competente a Justiça do Trabalho para examiná-la. Também será competente a Justiça do Trabalho para analisar as lides envolvendo o inadimplemento de relações de trabalho, sem que isso se confunda com inexistência de onerosidade.

III — UMA DEFINIÇÃO JURÍDICA DE RELAÇÃO DE TRABALHO

A terceira parte deste estudo visa a resumir as exposições anteriores expostas sobre a concepção geral de trabalho (econômica e sociológica) tratada na parte I e sobre os institutos jurídicos que se interseccionam com a relação de trabalho (autonomia, subordinação, pessoalidade, continuidade e onerosidade), tratados na parte II, na tentativa de definir juridicamente a relação de trabalho. Diferentemente das partes anteriores, a presente exposição será breve e propositiva.

(55) Cf. OLEA, Manuel Alonso, ob. cit., p. 19.
(56) VILHENA, Paulo Emílio Ribeiro de, ob. cit., p. 674-675.

Relação de Trabalho, no sentido jurídico, é um contrato. Nesse sentido, é regida pelo princípio da economicidade e da autonomia da vontade (*pacta sunt servanda*), embora normas jurídicas possam trazer restrições a essa autonomia com maior ou menor intensidade. As relações de trabalho subordinado tendem a ter maior restrição à autonomia da vontade e as relações de trabalho autônomo tendem a ter menores restrições à autonomia da vontade.

A relação de trabalho sempre será onerosa e *intuitu personae* em relação ao prestador do trabalho, quer o trabalho seja autônomo ou subordinado, contínuo ou eventual. Quanto à forma, trata-se de um contrato consensual (*solo consensu*), ou seja, não exige forma, salvo se a lei expressamente o exigir. Como todo e qualquer contrato, exige agente capaz, objeto lícito e manifestação de vontade sem vícios. As relações de trabalho são sinalagmáticas e comutativas, embora uma parte da contraprestação possa ser relacionada ao risco (produtividade, percentuais, peças, tarefas, etc.)

IV — RELAÇÃO DE TRABALHO E REGRA DE COMPETÊNCIA

A quarta e última parte desta exposição tem por objetivo conectar a definição de relação de trabalho com o tema da competência em razão da matéria. Esse é o motivo da interpretação do art. 114, da Constituição Federal, em especial o seu inciso I, e também os incisos VI e IX, que também utilizam a expressão relação de trabalho(57). Em linhas gerais, o texto constitucional fixa a competência da Justiça do Trabalho para processar e julgar ações oriundas das relações de trabalho, ações de indenização por dano moral ou patrimonial, decorrentes de relação de trabalho e outras controvérsias decorrentes da relação de trabalho, na forma da lei.

A estrutura desta última parte será subdividida em um tópico inicial sobre noções gerais de jurisdição e competência e um segundo tópico sobre a inversão de paradigma trazida pela Emenda Constitucional n. 45/04, no que toca à competência em razão da matéria de relações de trabalho.

---

(57) Existem algumas particularidades, principalmente no que toca aos servidores públicos. Na proposta original que tramitou pelo Congresso, a Justiça do Trabalho é competente para processar e julgar ações oriundas das relações de trabalho, abrangidos os entes de direito público e externo e a administração pública direta e indireta da União, dos Estados, do Distrito Federal e dos Municípios, "**exceto os servidores ocupantes de cargos criados por lei, de provimento efetivo ou em comissão, incluídas as autarquias e fundações públicas dos referidos entes da federação**" (grifado). Ocorre que esta parte grifada recebeu modificações no Senado e, por esse motivo, retorna à Câmara dos Deputados para nova votação. Até o presente momento, portanto, a Justiça do Trabalho tem competência amplíssima para processar e julgar lides envolvendo relações de trabalho, incluindo todo o setor privado (trabalho autônomo ou subordinado, contínuo ou eventual, oneroso e pessoal). Entretanto, como a matéria relativa ao setor público ainda voltará a ser discutida no Congresso Nacional e considerando que existe muita polêmica a respeito do tema, deixa-se de abordar o assunto até que o texto legal definitivo venha a ser definido, o que se espera para a primeira metade de 2005.

A. Noções Gerais de Jurisdição e Competência

Jurisdição e competência são temas clássicos na Teoria Geral do Processo e o objetivo desta pequena abordagem é apenas lembrar de alguns preceitos fundamentais para orientar o raciocínio a respeito do tema especifico que está sendo analisado (Competência material da Justiça do Trabalho). Muitos autores referem o tema com mais profundidade e consistência que servem de base para a presente exposição(58).

1. Jurisdição

A jurisdição é uma das funções do Estado, juntamente com a função normativa (legislativa) e a função administrativa (executiva). Essa tripartição do poder político do Estado é a base do Estado do Direito(59). Pela jurisdição, o Estado substitui os titulares dos interesses em conflito e, de forma imparcial, busca a solução. Pela jurisdição ocorre a pacificação dos conflitos. O Estado desempenha uma função sempre através de um processo(60).

A jurisdição é, ao mesmo tempo poder, função e atividade. Como poder, é a manifestação do poder estatal, decidindo imperativamente e impondo as decisões. A jurisdição, nesse sentido, é heterônoma, pois as partes não encontram a solução em si (autocomposição), mas têm de se submeter ao decidido por um terceiro (Estado). Como função, a jurisdição é o encargo que os órgãos estatais têm de promover a pacificação de conflitos interindividuais, mediante a realização do direito justo e por meio do processo(61). Como atividade, é o complexo de atos do juiz no processo, exercendo o poder e cumprindo a função que a lei lhe comete. O poder, a função e a atividade

---

(58) As obras consultadas sobre o tema, para as linhas gerais são ARAÚJO CINTRA, Antonio Carlos de e outros. *Teoria Geral do Processo*, 9ª ed. São Paulo: Malheiros, 1992, p. 113-130 e MARQUES, José Frederico. *Instituições de Direito Processual*. São Paulo: Millenium, 2000, vol. I, p. 257-296. Sobre os princípios de processo na Constituição Federal, ver NERY JÚNIOR, Nelson. *Princípios de Processo Civil na Constituição Federal*, 6ª ed. São Paulo: Revista dos Tribunais, 2000; TUCCI, Rogério Lauria e outros. *Constituição de 1988 e Processo*. São Paulo: Saraiva, 1989; e PORTANOVA, Rui. *Princípios do Processo Civil*, 5ª ed. Porto Alegre: Livraria do Advogado, 2003. As obras gerais de Teoria Geral do Processo que tratam sobe o tema, que foram consultadas são: CHIOVENDA, Giuseppe. *Instituições de Direito Processual Civil*, 3ª ed. Campinas: Bookseller, 2002,Volume II; COUTURE, Eduardo J. *Fundamentos del Derecho Procesal Civil*, 3ª ed. Buenos Aires: Depalma, 1990; CALAMANDREI, Piero. *Direito Processual Civil*. Campinas: Bookseller, 1999, Volume I; CARNELUTTI, Francesco. *Instituciones del Proceso Civil*. Buenos Aires: Ediciones Jurídicas Europa-America, 1989, vol. I e ECHANDIA, Devis. *Teoria General Del Proceso*, Buenos Aires: Universidad, 1984, vol. I. Sobre o tema específico da instrumentalidade do processo e seus reflexos na jurisdição a obra consultada foi DINAMARCO, Cândido Rangel. *A Instrumentalidade do Processo*, 11ª ed. São Paulo: Malheiros, 2003, p. 92-192.

(59) A denominação clássica da teoria da divisão dos poderes do Estado está em MONTESQUIEU, Charles de Secondat, Barão de. *O Espírito das Leis*. São Paulo: Martins Fontes, 1993, p. 171-183.

(60) Cf. CINTRA, Antonio Carlos de Araújo, ob. cit., p. 113. Para ECHANDÍA, Devis, ob. cit., p. 73, a jurisdição em sentido estrito constitui a função pública de administrar a Justiça, emanada da soberania do Estado e exercida por um órgão especial.

(61) Cf. CINTRA, Antônio Carlos de Araújo e outros, ob. cit., p. 13 e COUTURE, Eduardo J., ob. cit., p. 30-31.

somente transparecem legitimamente por meio de um processo devidamente estruturado (devido processo legal)[62].

A finalidade da Jurisdição é garantir que as normas de Direito Material (Direito substancial) efetivamente produzam os efeitos por elas preconizados. Em outras palavras, a Jurisdição faz a concreção judicial, atuando lastreada na existência de um devido processo legal, de forma instrumental. Sem Jurisdição as normas de Direito Material não teriam eficácia[63]. A afirmação é no sentido de que a finalidade da Jurisdição é a atuação da vontade concreta da lei e justa composição da lide[64].

A existência de uma lide é uma característica predominante da jurisdição, embora, em caráter excepcional, possa haver Jurisdição sem lide[65]. Por definição, os órgãos jurisdicionais são inertes, também sendo excepcionais os procedimentos de ofício. A Jurisdição é imutável, adquirindo tal condição por via do instituto jurídico da coisa julgada (art. 5º, XXXVI, da Constituição Federal). Em resumo, são características da Jurisdição a existência de lide, a inércia e a imutabilidade.

Entre seus princípios, citam-se os princípios da investidura, aderência a território, indelegabilidade, inevitabilidade, inafastabilidade e do juiz natural[66].

A investidura está conectada com a idéia de que somente poderá ser exercida a Jurisdição por quem regularmente tenha sido investido na autoridade de juiz. Ato praticado por pessoa não investida nessa autoridade é ato inexistente. O Estado tem a pretensão de exercer o monopólio da Jurisdição.

Aderência ao território significa que a Jurisdição é exercida nos limites da soberania do país. Para que a Jurisdição seja exercida fora do território soberano, deve contar com a colaboração de outro Estado.

A indelegabilidade significa que é vedado a qualquer um dos Poderes delegar as suas atribuições. A Constituição fixa o conteúdo das atribuições do "Poder Judiciário" e não pode a lei ou qualquer outro ato normativo ou administrativo suprimir-lhe ou modificar-lhe o conteúdo. Também internamente nenhum juiz pode, por iniciativa própria, delegar a Jurisdição a outro órgão.

Por inevitabilidade, entende-se o princípio de que, uma vez que buscam a Jurisdição, as partes sujeitam-se aos resultados do processo, de acordo com o disposto na Constituição e na lei. A situação de ambas as partes frente ao Poder Jurisdicional é de sujeição.

---

(62) *Idem*.

(63) Cf. DINAMARCO, Cândico Rangel, ob. cit., p. 92-180. O autor faz uma longa e completa exposição sobre as relações entre Jurisdição e Poder.

(64) *Idem*, p. 185.

(65) Cf. CINTRA, Antonio Carlos de Araújo, ob. cit., p. 115. O autor refere a polêmica afirmação de *Carnelutti*, para o qual sempre haverá lide na Jurisdição. Sobre a Jurisdição voluntária, ver LUCENA, João Paulo — *Natureza da Jurisdição Voluntária*. Porto Alegre: Ed. Livraria do Advogado, 1996.

(66) Cf. CINTRA, Antônio Carlos de Araújo, ob. cit., p. 118-120 e MARQUES, José Frederico, ob. cit., p. 277-278.

A inafastabilidade significa que nenhuma norma jurídica pode excluir da apreciação do Poder Judiciário qualquer lesão ou ameaça a direito (art. 5º, XXXV, Constituição). Em princípio, também é conhecido como liberdade de acesso à Jurisdição[67].

O princípio do juiz natural significa que ninguém pode ser privado do julgamento por juiz independente e imparcial indicado pelas normas constitucionais e legais. Nenhum juiz pode ser retirado do processo de julgamento de uma causa, nem mesmo por seus superiores hierárquicos, salvo nos casos previstos em lei. Além disso, são proibidos os tribunais de exceção (art. 5º, XXXVII, CF).

2. Competência

A competência é a medida da Jurisdição. O poder estatal da Jurisdição é indivisível e indelegável sob o ponto de vista do Estado em relação a outros entes, mas em relação ao Estado em si mesmo, é necessário encontrar critérios que possibilitem o exercício racional do poder. Sob o ângulo funcional, a competência nada mais é do que o princípio da divisão social do trabalho aplicado à Jurisdição. Trata-se de um critério de racionalização de serviço e distribuição de tarefas, como qualquer outro em qualquer grupo humano que trabalhe com certo objetivo. Razões de ordem prática obrigam o Estado a distribuir o poder jurisdicional entre vários juízes e tribunais, visto não ser possível que um só órgão conheça todos os litígios e resolva todas as causas[68]. Essa distribuição de poder obedece a certos critérios, visando a atender não só os interesses do Estado (Poder Judiciário), mas também o particular. Todos os juízes exercem a Jurisdição numa certa medida e em certos limites[69].

Os critérios para fixar a competência podem ser espaciais, materiais ou funcionais. O poder jurisdicional é exercido dentro dos limites da soberania do Estado, sendo a competência internacional o primeiro dos critérios espaciais. Depois, como a Constituição prevê que a República do Brasil é um ente federativo, o critério espacial interno subdivide a competência entre União, Estados e Municípios.

Essa subdivisão vertical pode ser interpenetrada por outro critério de divisão de competência que é o critério material. Por razões de ordem prática ou política judiciária, certas matérias são de competência determinada de certos órgãos, sejam eles federais ou estaduais. Por último, também interpenetram essa rede as competências funcionais e em razão da pessoa. A primeira refere-se à hierarquia dos órgãos jurisdicionais, e a segunda dispõe que certas pessoas em certas funções têm foro privilegiado ou definido. Todos esses critérios devem ser definidos por lei pois, do contrário, caracterizar-se-ia foro de exceção, o que contraria norma constitucional expressa.

---

(67) Cf. NERY JÚNIOR, Nelson, ob. cit., p. 94-103.
(68) Cf. MARQUES, José Frederico, ob. cit., p. 319.
(69) Cf. CARNEIRO, Athos Gusmão. *Jurisdição e Competência*, 4ª ed. São Paulo: Saraiva, 1991, p. 45.

Conexão e prevenção são institutos jurídicos relacionados com a competência, mas com ela não se confundem. Conexão é um fator de alteração de competência. Prevenção é um critério temporal para prevalência da competência de um órgão jurisdicional sobre o outro[70].

A competência material da Justiça do Trabalho, como órgão jurisdicional, foi fixada na Constituição de 1946. Antes disso, em termos constitucionais, a Justiça do Trabalho tinha caráter administrativo[71]. Somente na Constituição de 1946 é que a Justiça do Trabalho adquiriu natureza jurisdicional (art. 123), embora legislação infraconstitucional do mesmo ano já dispusesse sobre o tema com idêntica inclinação (Decreto-Lei n. 9.797, de 9 de setembro de 1946). As Constituições de 1967 (art. 134), a Emenda Constitucional n. 01 de 1969 (art. 142) e a Constituição de 1988 (art. 114) mantiveram a natureza jurisdicional da Justiça do Trabalho.

B. A Inversão de Paradigma da Emenda Constitucional n. 45/04

Até a Emenda Constitucional n. 45/04, a competência em razão da matéria da Justiça do Trabalho tinha como norma jurídica fundamental o art. 114 da Constituição Federal, sendo complementada por legislação infraconstitucional, em especial o art. 652 da CLT.

O art. 114 da Constituição dispunha que a Justiça do Trabalho era competente para " conciliar e julgar os dissídios individuais e coletivos entre trabalhadores e empregadores, abrangidos os entes de direito público externo e da administração pública direta e indireta dos Municípios, do Distrito Federal, dos Estados e da União, em, na forma da lei, outras controvérsias decorrentes das relações de trabalho". Da forma como estava redigido, o texto constitucional após lenta interpretação jurisprudencial e desenvolvimento legal, permitia algumas conclusões: a) a expressão "trabalhadores" permitia uma maior abrangência do que a expressão "empregados" e era utilizada para permitir uma ampliação da competência em razão da matéria para outras relações de trabalho que não a relação de emprego (trabalho subordinado), como, por exemplo, a relação de trabalho avulso[72]; b) a expressão "e, na forma da lei, outras controvérsias decorrentes da relação de trabalho..." vinha sendo utilizada como porta de abertura para que outros temas passassem a fazer parte da competência em razão da matéria da Justiça do Trabalho, como, por exemplo, as indenizações por dano moral decorrentes das relações de trabalho, danos patrimoniais, etc; e c) ficava ressalvada a questão relativa a servidores públicos estatutários (cargos de provimento efetivo ou de confiança regidos estatutariamente) e dos acidentes de trabalho (art. 643, § 2º, da CLT).

---

(70) Cf. MARQUES, José Frederico, ob. cit., p. 326.

(71) A Justiça do Trabalho teve previsão na Constituição de 1934 (art. 122), mas com âmbito administrativo. A mesma sistemática prevaleceu na Constituição de 1937 (art. 139).

(72) A CLT dispunha, mesmo anteriormente à Constituição de 1988, nesse sentido, nos arts. 652, V e 643, § 3º.

A respeito das relações de trabalho, afirmava-se que, em face do texto constitucional em vigor, não é mister que as relações de trabalho (não vinculadas à relação de emprego) sejam reguladas por lei especial para que se submetam à competência da Justiça do Trabalho. Ou seja, ações relativas a controvérsias surgidas em relações de trabalho não reguladas por lei poderiam ser da competência da Justiça do Trabalho desde que houvesse lei (complementar ou ordinária) adjetiva fixando a competência nesse sentido. A Justiça do Trabalho não seria órgão jurisdicional para analisar as lides decorrentes do "emprego", uma vez que todas as ações relativas às relações de trabalho (autônomo ou subordinado, contínuo ou eventual) poderiam ser apreciadas pela Justiça do Trabalho desde que houvesse lei nesse sentido[73].

A justificativa para a exigência da lei dispondo no sentido de fixar competência para relações de trabalho era de natureza gramatical. Ao utilizar a conjunção aditiva "e", na expressão "e, na forma da lei, outras controvérsias decorrentes da relação de trabalho...", o texto constitucional limitava a ampliação de competência para temas relativos à relação de trabalho à existência de norma jurídica infraconstitucional com hierarquia de lei (lei complementar, lei ordinária ou medida provisória).

Assim, controvérsias decorrentes de uma relação de trabalho típica como as pequenas empreitadas de lavor eram de competência da Justiça do Trabalho por expressa atribuição de lei (art. 652, *a* III, da CLT) e as controvérsias decorrentes de uma outra relação de trabalho típica, como a representação comercial, não eram de competência da Justiça do Trabalho porque não existia norma infraconstitucional dispondo nesse sentido.

Outro ponto que se discutia a respeito da competência em razão da matéria da Justiça do Trabalho em função do texto do art. 114 da Constituição, era o fato de que, segundo alguns[74], o texto constitucional reproduzia o vício da legislação ordinária, não estabelecendo, na verdade, competência em razão da matéria, mas competência em razão da pessoa. Isso ocorreria porque o texto utilizava a expressão "litígios entre trabalhadores e empregadores", o que poderia levar a confusões pois nem todos os litígios entre trabalhadores e empregadores teriam natureza trabalhista.

Essa questão era altamente polêmica e levou a manifestações do STF sobre o tema da competência, ficando estabelecido o critério de que o texto constitucional deveria ser interpretado de forma mais ampla, e que as questões trabalhistas de competência da Justiça do Trabalho não se limitavam à matéria trabalhista da relação de emprego subordinada em sentido estrito, mas poderiam envolver questões relativas à responsabilidade civil decorrente da relação de emprego, por exemplo. O objetivo não era retirar parcela da competência da Justiça Comum, mas sim estender a competência da Justiça do Trabalho para a solução completa dos conflitos que são inerentes às relações trabalhistas[75], estabelecendo uma perspectiva mais abrangente de relação

---

(73) Essa é a posição de BATALHA, Wilson de Souza Campos. *Tratado de Direito Judiciário do Trabalho*, 3ª ed. São Paulo: LTr, 1995, vol. I, p. 334.
(74) Cf. GIGLIO, Wagner. *Direito Processual do Trabalho*, 11ª ed. São Paulo: Saraiva, 2000, p. 38.

de trabalho. No fundo, essa nova perspectiva estava baseada na interpretação de que um mesmo fato jurídico pode sofrer a incidência de várias normas jurídicas dando origem a direitos subjetivos de distinta natureza. Como a competência deve existir para auxiliar na solução racional de conflitos e, na medida do possível, harmonizar os critérios de Direito Material com os critérios de Direito Processual (o processo é o instrumento de realização do Direito Material), não seria razoável compartimentalizar excessivamente a competência em relação a um litígio que, no fundo, tem a mesma origem: a relação de trabalho[(76)].

O STF firmou posição quanto à competência da Justiça Comum para julgar os litígios decorrentes dos acidentes de trabalho que, em tese, também são ações decorrentes de litígios que envolvem as relações de trabalho. A Súmula n. 501 cristaliza essa jurisprudência desde 1969, sendo mantido o entendimento mesmo com a Constituição de 1988[(77)]. Pouco a pouco, porém, o STF vinha invertendo o raciocínio da leitura gramatical do art. 114 da Constituição, dando mais abrangência à expressão "e, na forma da lei, outras controvérsias decorrentes da relação de trabalho", como revelam os acórdãos anteriormente citados.

Feita a análise da situação anterior à Emenda Constitucional n. 45/04, examina-se a situação posterior à sua promulgação.

Em primeiro lugar, é preciso ressaltar as mudanças de redação e descobrir se mudanças nessa natureza trazem conseqüências práticas em matéria de competência. Constata-se que o estilo de redação suprimiu a expressão "conciliar e julgar os dissídios individuais e coletivos entre trabalhadores e empregadores..." e a trocou pela expressão "compete à Justiça do Trabalho processar e julgar... I — as ações oriundas da relação de trabalho...". A primeira conseqüência é de que a referência às pessoas do trabalhador e do empregador foi substituída pela referência à matéria relação de

---

(75) Cf. FLORINDO, Valdir. *Dano Moral e o Direito do Trabalho*. São Paulo: LTr, p. 75.

(76) A jurisprudência do TST apresenta posições nesse sentido: "Inscreve-se na competência material da Justiça do Trabalho o conflito de interesses entre o empregado e empregador cuja origem repousa diretamente no contrato de emprego, ainda que seja indenização civil. Situação em que o empregador demandado, ao designar o reclamante para trabalhar no exterior, assegurou-lhe contratualmente o ressarcimento de prejuízos advindos do desfazimento do comércio mantido por sua consorte na cidade do Rio de Janeiro" (RR 220.843/95.5 — TST — Rel. Min. Orestes Dalazem). Da mesma forma o STF tem entendido nesse sentido: "Justiça do Trabalho: competência: ação de reparação de danos decorrentes da imputação caluniosa irrogada ao trabalhador pelo empregador a pretexto de justa causa para a despedida e, assim, decorrente da relação de trabalho, não importando deva a controvérsia ser dirimida à luz do Direito Civil" (RE 238737/ SP — São Paulo — 1ª Turma — Rel. Min. Sepúlveda Pertence); "Justiça do Trabalho: competência: ação de ressarcimento de danos causados por descontos indevidos sobre o salário do empregado por ocasião da rescisão do contrato de trabalho e, assim, decorrente da relação de trabalho, não importando deva a controvérsia ser dirimida à luz do Direito Civil" (RE 249740 — 1 — Amazonas — 1ª Turma — Rel. Min. Sepúlveda Pertence).

(77) O texto da súmula n. 501 é o seguinte: "Compete à Justiça ordinária estadual o processo e o julgamento, em ambas as instâncias, das causas de acidente do trabalho, ainda que promovidas contra a União, suas autarquias, empresas públicas ou sociedades de economia mista".

trabalho. Além disso, a expressão relação de trabalho reaparece de forma expressa nos incisos VI e IX do mesmo artigo referindo-se ao dano moral e patrimonial e outras controvérsias decorrentes da relação de trabalho. Por essa razão a importância de se definir juridicamente o que é relação de trabalho.

Em segundo lugar, na redação anterior, depois de fixar a competência geral para litígios entre trabalhadores e empregadores, o art. 114 conectava a expressão "outras controvérsias decorrentes da relação de trabalho" à expressão "na forma da lei. Como foi visto nos parágrafos anteriores, esta era a base da afirmação de que a Justiça do Trabalho somente seria competente nesses casos se houvesse legislação específica a respeito, atribuindo-lhe a competência. Entretanto, analisando-se a nova redação do art. 114, verifica-se que o inciso não atrela a competência da Justiça do Trabalho para ações oriundas da relação de trabalho (em sentido lato) à expressão na forma da lei". Isso acontece apenas no inciso IX, quando o texto constitucional se refere a "outras controvérsias decorrentes da relação de trabalho". A conseqüência lógica de tal modificação é importantíssima, pois a partir da Emenda Constitucional n. 45/04, a competência da Justiça do Trabalho para ações decorrentes da relação de trabalho é a regra geral. Não é necessário norma especial para atribuí-la. Dito de outro modo, a nova redação do art. 114, ao separar os temas por incisos, desatrelou a competência para ações oriundas da relação de trabalho da necessidade de existência de lei. A própria Constituição, que é a norma jurídica hierarquicamente mais relevante, fá-lo expressamente!

Ocorreu uma mudança de paradigma para a interpretação da competência da Justiça do Trabalho (competência em razão da matéria). Quando se tratar de controvérsia decorrente da relação de trabalho (autônomo ou subordinado, eventual ou contínuo, pessoal e oneroso) a regra geral de interpretação é que a competência será da Justiça Laboral, por força do inciso I, do art. 114, da Constituição Federal.

Os incisos VI e IX do art. 114 da Constituição apenas reforçam essa afirmação.

O inciso VI, que se refere aos danos morais e patrimoniais decorrentes da relação de trabalho, abre a competência para matérias que não são parcelas trabalhistas típicas, como a responsabilidade civil. Está inserido na perspectiva antes narrada da jurisprudência do STF que apontava o critério de que a competência material da Justiça do Trabalho não se limita a analisar lides envolvendo interpretação de normas trabalhistas típicas, mas também de lides trabalhistas que envolvam interpretação de outros ramos do Direito, como o Direito Civil, por exemplo(78). Para que ocorra uma lide trabalhista não é necessário que o direito subjetivo envolvido tenha origem em uma

---

(78) Caberá aos intérpretes e julgadores especificar se os danos decorrentes de acidentes do trabalho, que envolvam o questionamento direto de culpa ou dolo do empregador (indenização civil, e não previdenciária) não acabarão por ser analisados pela Justiça do Trabalho em virtude de constituírem "danos morais e patrimoniais decorrentes da relação de trabalho", na forma do art. 114, VI, da Constituição.

norma trabalhista em sentido estrito. Basta que o direito subjetivo surja no contexto de um vínculo contratual trabalhista.

O inciso IX tem uma dimensão prospectiva, inserindo-se na técnica legislativa apropriada para os textos constitucionais, no sentido de permitir a adaptação interpretativa a novos fatos sociais. Assim, quando expressa que a Justiça do Trabalho também será competente para processar e julgar "outras controvérsias decorrentes da relação de trabalho", o texto constitucional contém uma cláusula geral que permite a adaptação do raciocínio hermenêutico a novos fatos sociais não previstos. As cláusulas gerais são textos normativos que permitem a oxigenação dos dispositivos legais, permitindo a entrada no sistema jurídico de conteúdo valorativo e de novos fatos advindos das mudanças sociais. Como se sabe, o fato social anda mais rápido que o Direito, sendo prudente que o texto legal deixe em aberto novas perspectivas para o futuro. Por essa razão, a palavra "outras" permite que o julgador ou intérprete analise o caso concreto e verifique, na aplicação direta da lei, se ele se enquadra como definição de relação de trabalho.

Alguma interpretação mais apressada poderia sugerir, inclusive, que o inciso IX seria desnecessário, em função da amplitude dos incisos I (relação de trabalho em sentido lato) e VI (danos morais e patrimoniais decorrentes da relação de trabalho). Entretanto, a existência do inciso IX tem duas características benéficas para a interpretação sistemática do art. 114 da Constituição: a) resolve o problema da competência em razão da matéria estar vinculada à necessidade de existência de norma expressa, pois essa condicionante não existe no inciso I, apenas existindo no inciso IX; b) serve como cláusula geral para permitir a longevidade do sistema normativo, permitindo que, no futuro, sempre se encontre a possibilidade de valorar o que constitui "outras controvérsias decorrentes da relação de trabalho". Aliás, foi a circunstância dessa última expressão constar no final da redação anterior do art. 114 da Constituição, que permitiu o avanço hermenêutico a partir de 1988.

Por último, uma lembrança quanto ao argumento da existência de normas jurídicas anteriores à Emenda Constitucional n. 45/04, que disponham sobre competência em razão da matéria da Justiça do Trabalho. Em termos de hermenêutica constitucional, a compatibilidade de normas de hierarquia inferior com a superveniência de normas de hierarquia superior chama-se recepção. Como as normas de hierarquia superior são o fundamento de validade das normas de hierarquia inferior, somente se houver compatibilidade das normas inferiores com as normas superiores é que aquelas permanecerão válidas. Em outras palavras, deverá ser analisado se a norma inferior preexistente é compatível com a Emenda Constitucional. Sabe-se que a EC n. 45/04 inverteu o paradigma para a competência em razão da matéria da Justiça do Trabalho, fixando a competência desse órgão jurisdicional como competência geral em se tratando de relações de trabalho (em sentido lato), e não mais residual dependente de lei expressa. Portanto, toda a lei que se enquadrar nessa premissa será válida. Se contrária, deve ser entendido que é incompatível com os novos termos da Constituição e, portanto, não tem validade.

REFERÊNCIAS BIBLIOGRÁFICAS

AIZPURU, Mikel e Rivera, Antonio. *Manual de Historia Social Del Trabajo*. Madrid: Siglo Veinteuno, 1994.

ARAÚJO CINTRA, Antonio Carlos de e outros. *Teoria Geral do Processo*, 9ª ed. São Paulo: Malheiros, 1992.

ARAÚJO, Francisco Rossal. *A Boa-fé no Contrato de Emprego*. São Paulo: LTr, 1996.

———. O Direito do Trabalho e o Ser Humano, *in Continuando a História* (Amatra IV). São Paulo: LTr, 1999.

BATALHA, Wilson de Souza Campos. *Tratado de Direito Judiciário do Trabalho*, vol I, 3ª ed. São Paulo: LTr, 1995.

CALAMANDREI, Piero. *Direito Processual Civil*, vol I. Campinas: Bookseller, 1999.

CARNEIRO, Athos Gusmão. *Jurisdição e Competência*, 4ª ed. São Paulo: Saraiva, 1991.

CARNELUTTI, Francesco. *Instituciones del Proceso Civil*, vol I. Buenos Aires: Ediciones Jurídicas Europa-America, 1989.

CARRO IGELMO, Alberto José. *Historia Social del Trabajo*, Barcelona: Bosch, 1986.

CHIOVENDA, Giuseppe. *Instituições de Direito Processual Civil*, 3ª ed. Volume II. Campinas: Bookseller, 2002.

COELHO, Fábio Ulhoa. *Curso de Direito Comercial*, vol. III, 3ª ed. São Paulo: Saraiva, 2002.

COUTINHO, Aldacy Rachid. *Poder Punitivo Trabalhista*. São Paulo: LTr, 1999.

COUTURE, Eduardo J. *Fundamentos del Derecho Procesal Civil*, 3ª ed. Buenos Aires: Depalma, 1990.

DINAMARCO, Cândido Rangel. *A Instrumentalidade do Processo*, 11ª ed. São Paulo: Malheiros, 2003.

DURKHEIM, Emile. *La División del Trabajo Social*, 3ª ed. Madrid: Akal, 1995.

ECHANDIA, Devis. *Teoria General Del Proceso*, vol I. Buenos Aires: Universidad, 1984.

FILHO, Evaristo de Moraes. *Do Contrato de Trabalho como Elemento da Empresa*. São Paulo: LTr, 1993.

FINKEL, Lucila. *La Organización Social del Trabajo*. Madrid: Pirámide, 1996.

FLORINDO, Valdir. *Dano Moral e o Direito do Trabalho*. 1ª ed. São Paulo: LTr, 2006.

FRIEDMANN, Georges e NAVILLE, Pierre. *Tratado de Sociologia del Trabajo*. vol. I. México: Ed. Fondo de Cultura Económica, 1985,

GENRO, Tarso. *Direito Individual do Trabalho*, 2ª ed., São Paulo: LTr, 1994.

GOMES, Orlando. *Introdução ao Direito Civil*, 10ª ed. Rio de Janeiro: Forense, 1991.

GREMAUD, Amauri Patrick e outros. *Manual de Economia*, 4ª ed. São Paulo: Saraiva, 2003.

HENKE, Horst Eberhard. *La Cuestión de Hecho*. Buenos Aires: Ediciones Jurídicas Europa-America, 1979.

KELSEN, Hans. *Teoria Pura do Direito*, 2ª ed. São Paulo: Martins Fontes, 1997.

LUCENA, João Paulo. *Natureza da Jurisdição Voluntária*. Porto Alegre: Livraria do Advogado, 1996.

MANKIW, N. Gregory. *Introdução à Economia*. Rio de Janeiro: Campus, 2001.

MARQUES, José Frederico. *Instituições de Direito Processual*, vol. I. São Paulo: Millenium, 2000.

MARX, Karl. *O Capital*, 2ª ed. São Paulo: Nova Cultural, 1985.

MONTESQUIEU, Charles de Secondat, Barão de. *O Espírito das Leis*. São Paulo: Martins Fontes, 1993.

NERY JÚNIOR, Nelson. *Princípios de Processo Civil na Constituição Federal*, 6ª ed. São Paulo: Revista dos Tribunais, 2000.

OFFE, Claus. *Trabalho e Sociedade*. Rio de Janeiro: Tempo Brasileiro, 1989.

OLEA, Manuel Alonso. *Introdução ao Direito do Trabalho*, 4ª ed. São Paulo: LTr, 1984.

PORTANOVA, Rui. *Princípios do Processo Civil*, 5ª ed. Porto Alegre: Livraria do Advogado, 2003.

RECIO, Albert. *Trabajo, Personas, Mercados*. Barcelona: Icaria, 1997.

ROSSETTI, José Paschoal. *Introdução à Economia*, 17ª ed. São Paulo: Atlas, 1997.

SANTOS ORTEGA, J. Antonio. *Sociologia del Trabajo*. Valencia: Tirant lo Blanch, 1995.

SMITH, Adam. *A Riqueza das Nações*, vols. I e II. São Paulo: Nova Cultural, 1996.

STIGLITZ, Joseph E. *Economía*. Barcelona: Ariel, 1995.

SUPIOT, Alain. *Crítica del Derecho del Trabajo*. Madrid: Ministerio del Trabajo y Asuntos Sociales, 1996.

TUCCI, Rogério Lauria e outros. *Constituição de 1988 e Processo*. São Paulo: Saraiva, 1989.

VILHENA, Paulo Emílio Ribeiro de. *Relação de Emprego — Estrutura Legal e Supostos*, 2ª ed. São Paulo: LTr, 1999.

WEATHERFORD, Jack. *A história do Dinheiro*. São Paulo: Negócio, 1999.

RELAÇÕES COLETIVAS E SINDICAIS — NOVAS COMPETÊNCIAS APÓS A EC N. 45

Luiz Alberto de Vargas e Ricardo Carvalho Fraga (*)

Entre as mais importantes novidades trazidas pela Reforma do Judiciário relativamente à ampliação de competência da Justiça do Trabalho está o deslocamento da competência que, até então, detinha a Justiça comum para ações relativamente às relações sindicais e sobre o exercício de greve.

Diz o novo art. 114 da Constituição Federal, em seus incisos II e III, que compete à Justiça do Trabalho processar e julgar:

"II — as ações que envolvam exercício do direito de greve;

III — as ações sobre representação sindical, entre sindicatos, entre sindicatos e trabalhadores,e entre sindicatos e empregadores."

De fato, já de há muito tais modificações se impunham, já que pouco sentido fazia que a apreciação de tais demandas fosse feita por juiz que não detinha também a competência para apreciar o núcleo das relações jurídicas (no caso, a relação de trabalho) do qual dimanam os fenômenos do sindicato e da greve. Exatamente por esse motivo, não são raras as decisões judiciais que, em seu teor, desconhecem a peculiaridade das entidades sindicais em relação a entidades em geral ou que desconsideram a greve como um direito instrumental, vinculado a uma legítima pressão exercida pelas entidades sindicais.

Assim, por seu alheamento da realidade trabalhista, a Justiça comum, muitas vezes, autorizou a criação de sindicatos em flagrante descumprimento da regra da unicidade sindical contida no art. 8º, II, da Constituição Federal. Da mesma forma, inúmeros deferimentos liminares em ações de interdito proibitório por juízes estaduais terminaram, na prática, por impedir a realização de piquetes de grevistas, em desrespeito ao princípio constitucional de livre manifestação e ao direito dos grevistas de comunicarem a seus colegas a própria existência do movimento paredista.[1]

(*) Juízes do Trabalho no Rio Grande do Sul.

(1) A esse respeito, dos autores, "A Ação dos Piquetes e Comissões de Divulgação da Greve", *in Aspectos dos Direitos Sociais na Nova Constituição.* São Paulo: LTr, 1989, p. 129.

Além disso, relativamente à representatividade sindical, não fazia sentido que a Justiça do Trabalho, competente para decidir sobre a eficácia das normas coletivas produzidas pelas entidades sindicais e que, assim, apreciava incidentalmente eventuais impugnações sobre a legitimidade destas, não fosse também competente para apreciar originalmente tais questões. O risco de decisões incongruentes era evidente, o que, agora, fica afastado pela atribuição da competência unicamente à Justiça especializada.

A alteração constitucional representa, além disso, um evidente fortalecimento da Justiça do Trabalho, o que deve ser encarado com satisfação e senso de responsabilidade pelos operadores do Direito. Por outro lado, o texto constitucional poderia ter sido mais claro, o que evitaria dúvidas em sua interpretação.

1. COMPETÊNCIA PARA AS AÇÕES QUE DIGAM RESPEITO À ATIVIDADE SINDICAL

O inciso III do art. 114 fala em "ações sobre representação sindical, entre sindicatos, entre sindicatos e trabalhadores,e entre sindicatos e empregadores". A primeira dúvida que pode surgir é se a norma está a limitar a nova competência apenas às ações sobre representação sindical (sendo as expressões seguintes meramente explicativas de modalidades de ações deste tipo) ou estamos diante de uma competência ampliada (ações sobre representação sindical + ações entre sindicatos + ações entre sindicatos e trabalhadores + ações entre sindicatos e empregadores).

A segunda hipótese parece a correta, já que mais consentânea com a intenção do legislador constitucional de atribuir ao Judiciário Trabalhista competência para todas as ações que envolvam o Direito sindical[(2)].

Aqui, há de se fazer clara distinção entre ações que digam respeito essencialmente à atuação sindical e outras que, embora envolvam sindicatos, não dizem respeito a tal atuação — e, assim, não são de competência da Justiça Laboral. Não cabe pensar que a extensão de competência alcance, por exemplo, uma ação de despejo movida pelo proprietário do imóvel alugado ao sindicato. Como a competência não se fixa, neste caso, em razão da pessoa, mesmo que o referido proprietário fosse eventualmente associado ao sindicato, tal fato seria irrelevante para determinar a competência da Justiça do Trabalho.

Portanto, será a matéria envolvida na ação, no caso a relevância para a atuação sindical, que fixará a competência ou não da Justiça do Trabalho. Por outro lado, também em uma interpretação teleológica da norma, deve-se entender a expressão "sindicatos" como sendo equivalente a "entidades sindicais", o que inclui as Federa-

---

(2) Neste sentido, DALAZEN, João Oreste. "A Reforma do Judiciário e os novos rumos da competência material da Justiça do Trabalho no Brasil" em *Nova competência da Justiça do Trabalho*, COUTINHO, Grijalbo Fernandes e FAVA, Marcos Neves (coords.), p. 166.

ções e Confederações e, também, as Centrais Sindicais. Embora estas últimas não detenham ainda personalidade sindical, são reconhecidas pelo ordenamento jurídico como representativas dos trabalhadores a elas filiados, tanto que integram conselhos governamentais, como os do Fundo de Amparo ao Trabalhador (FAT) e da Previdência Social. Da mesma forma, a competência alcança também os comitês de empresa (art. 11 CF) que, ainda que incipientes em nosso país, têm natureza sindical. Por fim, todas as ações que digam respeito às Comissões Internas de Prevenção de Acidentes (art. 162 e seguintes da CLT) e às Comissões de Conciliação Prévia (Lei n. 9.958/2000), inclusive constituição e eleição de seus membros, por sua natureza representativa dos trabalhadores e empregadores, também são de competência da Justiça do Trabalho.

a) Ações Relativas à Representação Sindical

Aqui cabem todas as ações que dizem respeito à legitimidade sindical, em especial aquelas que decorrem de fusão ou desmembramento territorial ou categorial de sindicatos já existentes. Podem ser apontados como exemplo os mandados de segurança para obtenção de código na CEF para contribuição sindical, a ação declaratória de representação sindical, a ação para delimitação de base territorial sindical, as relativas à filiação ao sistema confederativo, à criação de entidade, à realização de atos constitutivos, à assembléia geral e ao registro da entidade, a ação declaratória de vínculo associativo com determinada entidade sindical, bem como diversas controvérsias sobre eleições sindicais.

O número de tais ações tende a aumentar consideravelmente caso seja aprovada, nos termos em que foi apresentada pelo Governo recentemente, a Reforma Sindical.(3) Como o projeto em questão institui a pluralidade sindical, pode-se prever um incremento de demandas entre entidades sindicais concorrentes numa mesma base sindical, bem como impugnações a decisões do Ministério do Trabalho relativamente ao reconhecimento de representatividade sindical. Em relação a estas últimas ações, a despeito da intervenção do Ministério do Trabalho, estas não são atraídas pela competência da Justiça Federal, permanecendo, ante o claro texto da norma constitucional, no âmbito da Justiça do Trabalho.(4)

b) Ações Intersindicais

Como já se disse, a regra de competência deve ser interpretada como funcionalizada à atuação sindical. Assim, além de todas as ações que dizem respeito à

---

(3) Trata-se da PEC 369/05, proposta do Governo Federal que, conjuntamente com um alentado Projeto de Lei, pretende alterar profundamente as relações coletivas e sindicais.

(4) Tal ponto pode tornar-se bastante relevante, caso vingue a proposta de Reforma Sindical, em que o Ministério do Trabalho passa a ser responsável pela aferição de representatividade dos sindicatos. Nesse caso, deixará o Ministro do Trabalho de ter uma posição "neutral" no processo de discussão da legitimidade sindical, podendo se tornar comum o ajuizamento de mandados de segurança contra suas decisões.

legitimidade sindical (e que já estão previstas na competência relativa à representação sindical), também aquelas em que se disputa a quem são devidas as contribuições sindicais, assistenciais ou confederativas passam a ser competência da Justiça do Trabalho.

c) Ações entre Sindicatos e Trabalhadores

Aqui se incluem todas as chamadas demandas intra-sindicais, ou seja, todas as ações relativas a eleições sindicais e aos estatutos da entidade sindical, como impugnação de candidaturas, convocação ou anulação de assembléias gerais, ou mesmo, cobrança de mensalidade associativa. O termo "trabalhador" não pode ser rigorosamente interpretado, uma vez que, por óbvio, nele estão abrangidos os desempregados e os aposentados, pois o vínculo sindical não se rompe com o fim do contrato de emprego, tanto é assim que o próprio artigo oitavo, inciso sétimo, assegura ao aposentado filiado o direito de votar e ser votado nas organizações sindicais.

d) Ações entre Sindicatos e Empregador

As ações coletivas, de substituição processual, em que o sindicato age em nome próprio sustentando direito alheio, já eram de competência da Justiça do Trabalho. Passam agora à competência da Justiça Laboral aquelas ações em que o sindicato defende direito próprio, ainda que orientado pelos interesses da categoria que representa. São ações de natureza individual — e não coletiva.

Ações em que os sindicatos, profissionais ou patronais, exigem o recolhimento de contribuições sindicais, assistenciais e confederativas das empresas (bem como consignações em pagamento relativamente a essas matérias) passam a ser, todas, de competência da Justiça do Trabalho, encerrando acesa disputa doutrinária e jurisprudencial relativamente às contribuições aos sindicatos de empregadores.(5)

2. AS MODIFICAÇÕES RELATIVAS AO PODER NORMATIVO E À GREVE

Conforme o novo art. 114, §§ 2º e 3º:

"§ 2º Recusando-se qualquer das partes à negociação coletiva ou à arbitragem, é facultado às mesmas, de comum acordo, ajuizar dissídio coletivo de natureza econômica, podendo a Justiça do Trabalho decidir o conflito, respeitadas as disposições mínimas legais de proteção ao trabalho, bem como as convencionadas anteriormente.

---

(5) O STJ, em expressiva maioria, já vinha decidindo neste rumo, após a Lei n. 8.984/95, art 1º. Em sentido contrário à Súmula n. 33 do TRT-RS e à já superada Orientação Jurisprudencial n. 290 do TST.

§ 3º Em caso de greve em atividade essencial, com possibilidade de lesão do interesse público, o Ministério Público do Trabalho poderá ajuizar dissídio coletivo, competindo à Justiça do Trabalho decidir o conflito."

As mais relevantes modificações introduzidas pela Reforma do Poder Judiciário no âmbito trabalhista são as que dizem respeito ao Direito coletivo.

a) Das Modificações Relativamente à Greve

A Justiça do Trabalho passa a ter competência para todas as ações que envolvam o exercício de greve. Assim, deslocam-se para a Justiça especializada as ações que hoje envolvem, por exemplo, ações possessórias que visem à manutenção ou à restituição de posse sobre imóveis ocupados por grevistas (arts. 932 e 933 do CPC) ou interditos proibitórios que visem a inibir a ação de piquetes grevistas (art. 3º da Lei n. 7.783/89).

Tais ações, por sua natureza ordinária, são de competência da primeira instância, que, por sua vez, passa a ser, também, responsável, em geral, pela declaração de abusividade de greve[6], conforme previsto no art. 14 da Lei n. 7.783/89, assim como ações cautelares que visem ao prosseguimento de serviços mínimos em atividades essenciais ou permissão para a contratação de substitutos para manutenção de serviços cuja paralisação resulte em prejuízo irreparável, deterioração irreversível de bens, máquinas e equipamentos, assim como para permitir a retomada das atividades da empresa quando da cessação do movimento paredista (Lei n. 7.783/89, art. 9º). Igualmente, ações que visem a coibir práticas anti-sindicais, como as que pretendam ações de empregadores no sentido de substituir ilegalmente os grevistas ou o uso da força para obrigar o retorno dos empregados ao trabalho.[7]

Da mesma forma, ações cíveis que visem à reparação por danos causados por atos ilícitos ocorridos durante a greve são de competência da Justiça Laboral. Quanto à competência para ações penais por delitos causados por grevistas igualmente competem à Justiça do Trabalho, em função da abrangência do dispositivo constitucional (art. 15 da Lei n. 7.783/89).[8]

---

(6) A declaração de abusividade de greve somente faz sentido como decisão incidental seja em ação ordinária, seja em processo de dissídio coletivo. Ela, por si só, não tem efeito algum e "Seria apenas uma proclamação, um exorcismo, um anátema, um brado solto no ar, um *flatus voci*. Jamais um julgamento. Jamais uma sentença", no dizer de MOURA, José Fernando Ehlers de, em ""Declaração de Ilegalidade de Greve em Dissídio Coletivo", Revista do TRT/RS, Porto Alegre: n. 19, p. 13-15, 1986.

(7) Respectivamente, arts. 7º, parágrafo único, e 6º, § 2º da Lei n. 7.783/89.

(8) Contra a competência para ações cíveis e penais, TEXEIRA FILHO, Manoel Antonio, "A Justiça do Trabalho e a Emenda Constitucional n. 45/2004", Revista LTr, janeiro/2005, p. 17. Contra a competência em matéria criminal, GARCIA, Gustavo Filipe, em "Reforma do Poder Judiciário: o dissídio coletivo na Justiça do Trabalho após a Emenda Constitucional n. 45/2004", *Revista LTr*, janeiro/2005, p. 73.

Matéria polêmica é competência em relação a greves de servidores públicos, tendo-se presente recente decisão do STF, ainda em sede liminar,(9) que suspendeu a interpretação do inciso I do art. 114 da Constituição Federal de que competiria à Justiça do Trabalho dissídios relativos à relação estatutária. A ser confirmada tal decisão liminar, a greve realizada por servidores estatutários continuaria sob a esfera competencial da Justiça Federal.(10)

A Emenda Constitucional prevê que, em caso de greve em atividade essencial, com possibilidade de lesão do interesse público, o Ministério Público poderá ajuizar dissídio coletivo, competindo à Justiça do Trabalho decidir o conflito (§ 2º do art. 114).

Há de se entender aqui uma dupla restrição contida no referido dispositivo constitucional: a) restringem-se fortemente as hipóteses de ajuizamento do chamado dissídio coletivo de greve, de forma que a titularidade para o mesmo limita-se ao Ministério Público do Trabalho e b) tal intervenção somente pode ocorrer em casos de greve em atividade essencial em que possa haver lesão do interesse público. Assim deve ser interpretado, de acordo com a norma constitucional, o inciso VIII do art. 83 da Lei Complementar n. 75/93, que conferia competência ao Ministério Público do Trabalho para, genericamente, instaurar instância em caso de greve. Fica revogado parcialmente o art. 8º da Lei n. 7.783/89, que previa a possibilidade das partes também ingressarem com dissídio coletivo em caso de greve. Finalmente, também parcialmente revogado o art. 856 da CLT, no mesmo sentido. A possibilidade de que o próprio Presidente do Tribunal instaurasse a instância já era negada pela doutrina, além de negada pela prática forense.

Portanto, doravante, somente nos casos de greve em atividade essencial em que, a critério do Ministério Público do Trabalho, possa haver lesão do interesse público, e por este houver ajuizamento de dissídio coletivo, a Justiça do Trabalho, originalmente em segunda instância, decidirá sobre o mérito da greve (procedência ou improcedência das reivindicações), bem como julgará alegações de abuso do direito de greve e regulará outras questões relativas ao movimento paredista, como o pagamento dos salários dos dias parados (art. 8º, 14 e 15 da Lei n. 7.783/89).(11) Da mesma forma, tal ocorreria se ambas as partes ingressassem com dissídio coletivo, a nova condição necessária para o acesso das partes ao Poder Normativo, independentemente da existência ou não de greve. Tal hipótese é analisada no item que segue.

---

(9) A liminar foi proferida pelo Presidente do STF, Ministro Nelson Jobim, em 27 de janeiro de 2.005, sendo Relator o Ministro Cezar Peluso, em ADIn, número 3.3395-6, ajuizada pela Ajufe, Associação dos Juízes Federais.

(10) Em sentido contrário, GARCIA, Gustavo Filipe Barbosa, ob. cit., p. 66.

(11) Convergindo com tal entendimento, PANCOTTI, José Antonio, "A nova competência da Justiça do Trabalho", *Revista LTr*, janeiro/2005, p. 85. Entendendo que não há restrições a que as partes ajuízem dissídio coletivo de greve, GARCIA, Gustavo Filipe Barbosa, ob. cit., p. 72.

b) Do Esmaecimento do Poder Normativo

Relativamente ao Poder Normativo, as novas disposições constitucionais passam a exigir, nos dissídios coletivos de natureza econômica, que ambas as partes (patrões e empregados) concordem com o ajuizamento do dissídio coletivo. Sustenta-se que a alteração constitucional transformou essencialmente o Poder Normativo, que passa a constituir-se em uma forma de arbitragem pública.[12] Não parece correta tal opinião, pois, em nenhum momento, a norma constitucional autoriza pensar que o Judiciário do Trabalho deixe de atuar como órgão jurisdicional (entendimento já pacificado na doutrina e na jurisprudência) nos conflitos coletivos. Assim, ao decidir o conflito, o Judiciário, no exercício do Poder Normativo (essencialmente criativo, no sentido de produtor de normas de eficácia *erga omnes*) não se limita ao que restritamente alegaram as partes, aplica a totalidade do ordenamento jurídico existente e não está vinculado às "ofertas finais" das partes em litígio.

Há quem sustente a inconstitucionalidade da alteração, em face do princípio da inevitabilidade da jurisdição, com base no art. 5º, XXXV da Constituição Federal.[13] Não parece fácil que prospere tal argumento, já que não há propriamente falar em "lesão de direito". O Judiciário do Trabalho, no exercício do Poder Normativo, não aprecia ou interpreta direito já existente — e que tenha supostamente sido lesado —, mas verdadeiramente cria direito novo. Tratando-se de fonte heterônoma, não se pode dar as normas que prevêem ao Poder Normativo interpretação ampla, mas necessariamente restrita, em atenção ao contido no art. 5º, II, da Constituição Federal.

De toda sorte, na prática, corre-se o risco de estar criando graves restrições que tendem a limitar fortemente uma importante fonte material de normas coletivas, sem que fique claro que a autocomposição das partes possa ocupar o vazio normativo que se criará pela exigência de comum acordo entre as partes para o ajuizamento de dissídio coletivo. Pode-se imaginar dificuldades para que trabalhadores e empresários aceitem o ajuizamento comum de dissídio coletivo. Também é possível supor que a medida aumente a flexibilização das normas legais, já que as exigências patronais tenderão a se concentrar em cláusulas flexibilizadoras que, até então, eram recusadas pelos trabalhadores e não homologadas pela Justiça do Trabalho.

---

(12) No sentido da aproximação do Poder normativo da arbitragem pública, FAVA, Marcos Neves, "O esmorecimento do Poder Normativo — análise de um aspecto restritivo na ampliação da competência da Justiça do Trabalho", em *Nova Competência da Justiça do Trabalho*, ob. cit., p. 288: "A partir desta nova ordem, (...) a Justiça do Trabalho ao decidir os conflitos coletivos, não poderá criar ou estabelecer normas não existentes no ordenamento positivo ou nos acordos coletivos e convenções coletivas antes vigentes entre as mesmas partes". Em contrário, GARCIA, Gustavo Filipe Barbosa: "o dissídio coletivo na Justiça do Trabalho após a Emenda Constitucional n. 45/2004": "O que ocorreu foi a inserção na jurisdição coletiva de um elemento encontrado na arbitragem". (ob. cit., *Revista LTr,* 69, janeiro/2005, p. 69).

(13) Com esse argumento, a Confederação Nacional dos Trabalhadores em Estabelecimentos de Educação e Cultura (CNTEEC) ingressou com ADIn junto ao Supremo Tribunal Federal, em março de 2005, ADIn 3392. O Encontro dos Juízes do Trabalho em Alagoas, realizado dias 18.2.2005 e 7.3.2005 concluiu por esta inconstitucionalidade, item 4.5.

No que remanesce do Poder Normativo o legislador constitucional introduz, ainda, outra alteração, qual seja, a exigência de que o Tribunal, ao apreciar o conflito coletivo, respeite, além das condições mínimas legais de proteção (já contidas na norma revisada), as normas "convencionadas anteriormente".(14) Trata-se de outra forte limitação ao exercício do Poder Normativo, pois este limitar-se-á, doravante, às chamadas "cláusulas novas", uma vez que, em relação às cláusulas já existentes, estas necessariamente deverão ser respeitadas como disposições mínimas.(15) O sentido da norma deve ser o de proibição da chamada *reformatio in peius* — e não no sentido de proibição de qualquer alteração da norma revisanda.

Assim, devem ser respeitadas as disposições já convencionadas como mínimo de proteção as quais o julgador não pode reduzir — embora nada impeça que sejam melhoradas, ou seja, mais benéficas ao trabalhador. A nova limitação do Poder Normativo (de proibição do *reformatio in peius*) apenas estende às normas coletivas a restrição que já existia na norma constitucional relativamente às normas legais. Não parece cabível a dúvida de que a restrição se aplique a todas as normas coletivas, quer convencionadas diretamente entre as partes, quer as constantes de sentença normativa. A discriminação entre normas coletivas neste caso, seria arbitrária e destituída de senso comum.

Por fim, diga-se que esta nova limitação do Poder Normativo — a proibição de piorar as condições de trabalho já convencionadas coletivamente — possivelmente funcionará, na prática, como mais um fator de desestímulo para que os empresários concordem com o ajuizamento comum do dissídio coletivo.(16)

A mitigação (melhor dizer-se, a quase extinção) do Poder Normativo contemplada na reforma constitucional era uma conseqüência previsível de uma determinada orientação implementada pelo Tribunal Superior do Trabalho, de franca hostilidade com o exercício do Poder Normativo,(17) consistente na interposição de sucessivos óbices ao ajuizamento de dissídio coletivo (exigência de *quorum* de assembléia geral sindical e de esgotamento de negociação prévia) e na extinção sumária de inúmeros processos de dissídio coletivo.

A solução adotada pelo reformador constitucional já era prevista no Fórum realizado ao tempo do Ministro do Trabalho Walter Barelli, que discutiu a modernização

---

(14) A tal respeito ver FAVA, Marcos Neves, "O esmorecimento do Poder Normativo — análise de um aspecto restritivo na ampliação da competência da Justiça do Trabalho", em *Nova Competência da Justiça do Trabalho*, ob. cit., p. 288.

(15) A norma constava do projeto de lei de relações coletivas que resultou do Fórum Nacional da Reforma Sindical.

(16) Ainda que o próprio conceito de "norma mais favorável" seja controvertido. A este respeito é interessante a leitura de DELGADO, Mauricio Godinho a respeito dos critérios de hierarquia normativa juslaborista, em que disputam as teorias da *acumulação* e do *englobamento*. À luz da primeira, "acumulam-se preceitos favoráveis ao obreiro, cindindo-se diplomas normativos postos em equiparação". Já na segunda "a percepção da norma mais favorável faz-se considerando seu sentido no universo a que se integra, de modo a não se criar antinomias normativas entre a solução conferida ao caso concreto e a linha básica e determinante do conjunto do sistema" DELGADO, Mauricio Godinho. Curso de Direito do Trabalho, LTr, São Paulo, p. 1372.

(17) Recorde-se a Instrução Normativa n. 4/93, agora já revogada.

das relações sindicais no Brasil. Ocorre que tal documento contemplava uma série de medidas a serem adotadas concomitantemente e que constituíam a chamada "fase de transição", evitando que a abrupta alteração institucional prejudicasse os direitos já conquistados pelos trabalhadores. Entre as medidas preconizadas estava a adoção da chamada "ultra-atividade" das normas coletivas, de maneira que as normas coletivas não tivessem mais prazo de vigência e, assim, vigorassem até que norma ulterior as modificasse ou as extinguisse.[18]

Com isso, pretendia-se evitar que conquistas históricas dos trabalhadores contidas em normas coletivas viessem a ser extintas por força da simples recusa patronal em renovar as cláusulas normativas que as previam.[19]

Outro ponto igualmente relevante — e que necessariamente deveria estar contido em uma fase de transição — seria uma norma legal prevendo a indexação dos salários à inflação passada. De fato, até a Emenda Constitucional n. 45, era o Poder Normativo da Justiça do Trabalho o principal agente de recomposição dos salários, por meio da fixação, em sentenças normativas, de reajustes com base na inflação do período revisando. É provável que, doravante, não mais ocorra, via dissídio coletivo, a indexação salarial, o que obrigará as entidades sindicais dos trabalhadores a procurar outro caminho para a revisão periódica dos salários.

c) Fim do Dissídio Coletivo de Natureza Jurídica

Os dissídios coletivos dividem-se tradicionalmente em: 1) dissídios coletivos de natureza econômica e 2)dissídios coletivos de natureza jurídica. A doutrina conceitua a diferença básica entre eles a aplicação de regras preexistentes ou a criação de regras novas.[20] Conforme RUSSOMANO, nos primeiros "o debate se situa no quadro de preceitos jurídicos preexistentes", enquanto que, nos segundos, "tem-se por alvo a alteração de condições econômicas através da criação de outras normas, também coativas e gerais".[21]

O novo artigo constitucional se refere a dissídios coletivos de natureza econômica, silenciando quanto a dissídios de natureza jurídica. É relevante que não há

---

(18) Como se sabe, tal instituto vigorou no Brasil por meio do art 1º, § 1º, da Lei n. 8.542 de 23 de dezembro de 1992, sendo Presidente da República Itamar Franco. Tal Lei estabeleceu a política nacional de salários, entre outras matérias tais como depósito recursal na Justiça do Trabalho, art 8º. Foi revogada expressamente pela Lei n. 10.192 de 14 de fevereiro de 2001, art 18, já sob a presidência de Fernando Henrique Cardoso. A proposição da ANAMATRA, divulgada em seu Informativo número 64, de 11 de março de 2.005, item 10 das propostas para a Reforma Sindical, é no sentido de que a ultra-atividade do instrumento normativo seria "mecanismo de garantia de efetiva equivalência entre as partes".

(19) O já referido Encontro dos Juízes do Trabalho em Alagoas concluiu que "a Constituição, com a redação dada pela EC 45/04, prevê a ultra-atividade das condições de trabalho quando não ocorrer acordo ou convenção coletiva na data-base da categoria, aplicando-se o princípio da norma mais benéfica (Art. 114, § 2º) (item 4.7)".

(20) *Evaristo de Moraes Filho*, tratando do contrato coletivo, lembra *Carnelutti* para dizer que o mesmo tem "corpo de contrato" e "alma de lei", *in Relações Coletivas de Trabalho — estudos em homenagem ao Ministro Arnaldo Süssekind*. São Paulo: LTr, 1989, p. 34.

(21) RUSSOMANO, Mozart Victor. *Comentários à CLT*, São Paulo: Forense, vol. II, 13ª ed., p. 930.

norma celetista que preveja tal tipo de dissídio, embora este tenha sido unanimemente aceito pela doutrina. Somente a Lei n. 7.701 de 21 de dezembro de 1.988 refere o instituto, em dois artigos, ao tratar da especialização de Turmas dos Tribunais Regionais do Trabalho. A natureza declaratória do dissídio coletivo de natureza jurídica torna-o bastante próximo da ação declaratória[22], entretanto com esta não se confunde. A ação declaratória, de jurisdição típica, compete ao juiz de primeiro grau. Já o dissídio coletivo de natureza jurídica compete originalmente ao segundo grau. O escasso uso prático de tal instrumento confirma sua pouca importância em nosso ordenamento jurídico, o que permite que se questione qual a relevância de sua sobrevivência, bem como, em especial, qual seria a justificativa para sua manutenção nos dias de hoje.[23]

A jurisprudência tem entendido que, por se tratar de dissídio coletivo, mesmo os de natureza jurídica não prescindem de autorização por assembléia geral e somente podem ser ajuizados após o esgotamento da negociação prévia.[24] Da mesma forma, o Regulamento Interno do TST, art. 313, prevê dissídios coletivos de natureza jurídica para a "interpretação de cláusulas de sentenças normativas, de instrumentos de negociação coletiva, acordos ou convenções coletivas, de disposições legais particulares de categorias profissional ou econômica e de atos normativos".

As restrições já referidas parecem indicar tratar-se de um caso particular de dissídio coletivo que se justifica unicamente pela existência do Poder Normativo. De fato, como bem aponta *Carlos Alberto Moreira Xavier*, "a atividade interpretativa da Justiça do Trabalho, nos dissídios coletivos de natureza jurídica promana, sim, do poder normativo constitucionalmente explicitado". Exatamente por ser uma decorrência do poder normativo, justifica-se que a competência para tal tipo de dissídio seja originária do segundo grau. Não fosse assim, o Tribunal estaria usurpando competência originária da primeira instância para ação declaratória ou agindo como mero órgão de consulta, o que é vedado pelo Código de Processo Civil, artigo quarto.[25]

---

(22) COQUEIJO COSTA, *Direito Judiciário do Trabalho*. Rio de Janeiro: Forense, 1978, p. 88, apresenta o entendimento de que o que distingue a sentença declaratória em dissídio individual da declaratória em dissídio coletivo de natureza coletiva é que a última "reveste-se de uma normatividade". Sustenta ele, citando *Délio Maranhão*, que não se pretende criar norma, mas atuar sobre uma já existente "com um sentido de normatividade".

(23) *José Acurcio Cavaleiro de Macedo* saúda a extinção do dissídio coletivo de natureza jurídica, dizendo que "os tribunais do trabalho, quando decidiam conflitos de natureza jurídica, atuavam como árbitros, porém com a força jurisdicional de verdadeiros e próprios órgãos de Estado. Neste sentido, elaboravam-se as regras jurídicas no caso concreto, casuisticamente, ocasionando toda uma construção de Direito paralelo e assistemático que era manipulada segundo os interesses de ocasião e, desse modo, desestruturavam o edifício material do Direito coletivo e suprimiam o cunho cientificamente jurisdicional das sentenças trabalhistas" (CAVALEIRO DE MACEDO, José Acurcio, em "A Emenda Constitucional n. 45/2004 e a juridiciarização da Justiça do Trabalho", *Revista LTr*, janeiro/2005, p. 107). Em contra, GARCIA, Gustavo Filipe Barbosa, ob. cit., p. 67.

(24) A este respeito, a Orientação Jurisprudencial número 6 da SDC do TST, revogada apenas em 10 de agosto de 2000.

(25) Neste sentido LEDUR, José Felipe, "A Abusividade da Greve. Impossibilidade de sua declaração pelos Tribunais", *in Perspectivas do Direito do Trabalho*, coordenador Beinsz Smukler, Porto Alegre: Editora Livraria do Advogado, 1993, p. 29-39. Ali estão referidos dois Acórdãos do TRT-RS, cada um

Como decorrência de tal constatação, pode-se afirmar que, na interpretação em dissídio coletivo de natureza jurídica, mais que uma atividade jurisdicional, o que o Tribunal faz é exercitar seu Poder Normativo, não hesitando, se for o caso, em utilizar a função criativa que esse Poder lhe confere, fazendo substituir a regra em interpretação por regra nova, mais compatível com a realidade e com os interesses das partes. No dizer de CARLOS ALBERTO MOREIRA XAVIER, nesse caso, "a sentença normativa emergente daquele processo estabelece nova regra, mas a regra nascida da regra; e não, como nos dissídios coletivos de natureza econômica, a regra nascida dos fatos". Assim, "a interpretação, no caso, não incidirá sobre situações jurídicas plenamente individualizadas, mas sobre situações abstratamente consideradas, as quais, quando de sua concreção, deverão observar aquilo que nasceu da interpretação havida".(26)

Por essa linha de raciocínio, justificam-se plenamente as exigências de assembléia geral autorizatória e de negociação prévia, já que a própria interpretação da norma coletiva passa a ser objeto de negociação coletiva. Se corretas tais premissas, a partir do forte esvaziamento do Poder Normativo, parece não haver mais justificativa para a existência dos dissídios coletivos de natureza jurídica.

Pois, se a norma constitucional menciona apenas a existência de dissídios de natureza econômica e limita-os às escassas hipóteses de ajuizamento comum pelas partes e de intervenção do Ministério Público do Trabalho, por certo não há como admitir a sobrevivência de uma competência descolada do novo contexto criado pela Emenda Constitucional n. 45, numa interpretação em frontal confronto com a realidade pretendida pelo reformador constitucional.

Assim, a melhor interpretação da norma constitucional é a de que, ao mencionar apenas os dissídios coletivos de natureza econômica, pretendeu-se a extinção dos de natureza jurídica, reconhecendo-se sua incongruência com a nova sistemática adotada pela reforma constitucional.

A título de considerações finais, parece oportuno que se atente para o novo cenário criado pelas profundas modificações introduzidas pela EC 45 no sistema de relações coletivas. Passa a preponderar o livre jogo negocial em detrimento da tradicional regulação mediada pelo Estado. Nesse contexto de evidente maior insegurança para as partes envolvidas, a autotutela dos trabalhadores, através do exercício do direito de greve, passa a ter muito maior relevância e, por vezes, será o instrumento quase único para alcançar suas reivindicações e, não raro, até mesmo para abrir um processo de negociação.

Assim, a greve, mais do que nunca, deve ser encarada pelo Poder Judiciário como instrumento imprescindível da negociação coletiva e direito constitucionalmente

em um sentido. Igualmente pela impossibilidade de tal declaração, a manifestação do Procurador do Trabalho André Spies em Seminário organizado pelo TRT RS em 10 e 11 de março de 2005.

(26) MOREIRA XAVIER, Carlos Alberto em "Dissídio Coletivo de natureza jurídica", *Revista LTr*, agosto/96, p. 1.038.

assegurado aos trabalhadores. Se, a pretexto de resolver o conflito coletivo, muitas vezes tolerou-se, no passado, que o Judiciário interviesse abruptamente, pondo fim a movimentos grevistas, hoje, tal intervenção será totalmente descabida, ante a clara intenção do legislador constitucional de desautorizar a atuação do Estado nos conflitos coletivos, exceto pela vontade expressa e conjunta dos atores sociais envolvidos ou na hipótese excepcional prevista na própria norma constitucional, em que possa haver lesão ao interesse público.

REFERÊNCIAS BIBLIOGRÁFICAS

COUTINHO, Grijalbo Fernandes e FAVA, Marcos Neves (Coords.). *Nova competência da Justiça do Trabalho.* São Paulo: LTr, 2005.

COSTA, Coqueijo. *Direito Judiciário do Trabalho.* Rio de Janeiro: Forense, 1978.

DELGADO, Mauricio Godinho. *Curso de Direito do Trabalho.* São Paulo: LTr, 2002.

FRAGA, Ricardo (Coord.). *Aspectos dos Direitos Sociais na Nova Constituição.* São Paulo: LTr, 1989.

GARCIA, Gustavo Filipe Garcia. "Reforma do Poder Judiciário: o dissídio coletivo na Justiça do Trabalho após a Emenda Constitucional n. 45/2004". *Revista LTr,* janeiro/2005.

MACEDO, José Acurcio Cavaleiro de. "A Emenda Constitucional n. 45/2004 e a Juridiciarização da Justiça do Trabalho". *Revista LTr,* janeiro/2005.

MORAES FILHO, Evaristo e outros. *Relações Coletivas de Trabalho — estudos em homenagem ao Ministro Arnaldo Süssekind.* São Paulo: LTr, 1989.

PANCOTTI, José Antonio."A nova competência da Justiça do Trabalho". *Revista LTr,* janeiro/2005.

RUSSOMANO, Mozart Victor. *Comentários à CLT,* 13ª ed., vol. II. São Paulo: Forense.

SMUCKER, Beinsz (Coord.) e outros. *Perspectivas do Direito do Trabalho.* Porto Alegre: Editora Livraria do Advogado, 1993.

TEIXEIRA FILHO, Manoel Antonio. "A Justiça do Trabalho e a Emenda Constitucional n. 45/2004". *Revista LTr,* janeiro/2005.

XAVIER, Carlos Alberto Moreira."Dissídio Coletivo de Natureza Jurídica". *Revista LTr,* agosto/96.

NOVA COMPETÊNCIA DA JUSTIÇA DO TRABALHO EM FACE DA EMENDA CONSTITUCIONAL N. 45 — ART. 114, IX, DA CONSTITUIÇÃO FEDERAL — OUTRAS CONTROVÉRSIAS DECORRENTES DA RELAÇÃO DE TRABALHO, NA FORMA DA LEI

Joe Ernando Deszuta (*)

I — INTRODUÇÃO

A Emenda Constitucional n. 45, promulgada em 08 de dezembro de 2004 e publicada em 31 de dezembro/2004 altera e amplia de forma significativa a competência da Justiça do Trabalho, principalmente no que diz respeito às ditas relações de trabalho, conforme se verifica no inciso I, do art. 114, da Constituição Federal. Isso sem falar na matéria que volta para exame da Câmara dos Deputados, basicamente relacionada com a possibilidade de ampliação da competência também para as relações estatutárias, além de tributos, de aplicação de penalidades administrativas na sentença e de cumprimento de seus próprios atos e sentenças.

Algumas matérias permaneceram exatamente iguais, ainda que explicitadas, (V — Conflitos de competência entre órgãos com jurisdição trabalhista, ressalvado o disposto no art.102, I, *o*; VIII — a execução, de ofício, das contribuições sociais previstas no art. 195, I, *a*, e II, e seus acréscimos legais, decorrentes das sentenças que proferir), outras tiveram um alargamento (II — as ações que envolvam exercício do direito de greve; IV — os mandado de segurança, *habeas corpus*...) e outras representaram verdadeiro acréscimo (III — as ações sobre representação sindical, entre sindicatos, entre sindicatos e trabalhadores, e entre sindicatos e empregadores; IV — ... e *habeas data*, quando o ato questionado envolver matéria sujeita à sua jurisdição; VI — as ações de indenização por dano moral ou patrimonial, decorrentes da relação de trabalho; VII — as ações relativas às penalidades administrativas impostas aos empregadores pelos órgãos de fiscalização das relações de trabalho).

(*) Juiz do Trabalho, Mestre em Direito Público (UFSC), Professor universitário — graduação (ULBRA) e pós-graduação (CETRA, CESUSC, IMED, ULBRA, UNc), Pesquisador do CETRA.

Deixaremos de lado qualquer teorização sobre jurisdição e competência, passando de imediato ao estudo específico do inciso IX, do art. 114, da Constituição Federal, quando refere "*outras controvérsias decorrentes da relação de trabalho, na forma da lei*", máxime quando o inciso I, pela sua abrangência, já poderia ser entendido como bastante à configuração da competência em face das relações de trabalho.

Cumpre registrar que as análises realizadas até o momento quanto a este inciso restringem-se, no geral, a pequenos espaços onde basicamente há duas correntes de argumentos: A primeira no sentido da contradição/ociosidade onde, por todos, fala TEIXEIRA FILHO[(1)(2)] ao referir que "Não vemos como uma relação de trabalho possa estar fora do raio de incidência do inciso I, por forma a necessitar de previsão legislativa infraconstitucional específica, para submeter os conflitos de interesses, daí provenientes, à competência da Justiça do Trabalho". A segunda no sentido de complementação/ampliação pela norma trazendo-se à baila NASCIMENTO[(3)(4)], quando afirma que "E por outras controvérsias decorrentes da relação de trabalho, na forma da lei o que nos parece viável entender é que, diante da ampliação do quadro da competência para toda relação de trabalho e tendo em vista a amplitude desse quadro, poderá o legislador, a seu critério, ampliar, ainda mais, a competência do Judiciário Trabalhista, exemplo, no futuro, para previdência complementar ou oficial."

Para tentar definir o alcance da norma, busca-se uma primeira abordagem do contexto da discussão que definiu a inserção (manutenção) desse inciso e, eventualmente afastada aquela discussão — essencialmente de técnica legislativa e política, passa-se ao exame da interpretação textual. Posteriormente, faz-se uma análise de situações que se podem definir como tradicionais e como controvertidas e, por fim, de situações prospectivas a partir de uma visualização do que se pretende como um

---

(1) TEIXEIRA FILHO, Manoel Antonio. *Breves Comentários à Reforma do Poder Judiciário — Com ênfase à Justiça do Trabalho.* São Paulo: LTr, 2005, p.197-198.

(2) Neste sentido, também, DALAZEN, João Oreste. "A Reforma do Judiciário e os Novos Marcos da Competência Material da Justiça do Trabalho no Brasil", p. 150; SOUTO MAIOR, Jorge Luiz. "Justiça do Trabalho: A Justiça do Trabalhador", p.189-190; VIANA, Márcio Túlio. "As relações de Trabalho sem vínculo de Emprego e as Novas Regras de Competência", p. 264-265. Todos *in Nova Competência da Justiça do Trabalho* — "Coordenação de Grijalbo Fernandes Coutinho" e Marcos Neves Fava, São Paulo: LTr, 2005.

(3) NASCIMENTO, Amauri Mascaro. *A Competência da Justiça do Trabalho para a Relação de Trabalho*, p. 35-37;

(4) Neste sentido, ainda, entre outros: MEIRELES, Edilton. "A Nova Justiça do Trabalho — Competência e Procedimento", p. 69-71; ARAÚJO, Francisco Rossal de. "A Natureza Jurídica da Relação de Trabalho ("Novas Competências da Justiça do Trabalho — Emenda Constitucional 45/04"), p.119-120; DALLEGRAVE NETO, José Affonso. "Primeiras Linhas sobre a Nova Competência da Justiça do Trabalho Fixada pela Reforma do Judiciário" (EC-45/2004), p. 195-198; CHAVES JÚNIOR, José Eduardo de Resende. "A Emenda Constitucional n. 45/2004 e a Competência Penal da Justiça do Trabalho", p. 222-224; MELHADO, Reginaldo. "Da Dicotomia ao Conceito Aberto: As Novas Competências da Justiça do Trabalho". p. 312-314; FONTES, Saulo Tarcísio de Carvalho. "Acidente do Trabalho — Competência da Justiça do Trabalho: Os Reflexos da Emenda Constitucional n. 45", p. 368-371. Todos in *Nova Competência da Justiça do Trabalho* — Coordenação de Grijalbo Fernandes Coutinho e Marcos Neves Fava, São Paulo: LTr, 2005.

processo de abertura, complementação e ampliação, examina-se a noção de obrigação como processo, também necessária para a verificação de todo contexto de discussão sobre competência.

II — CONTEXTO DA DISCUSSÃO E DE INTERPRETAÇÃO DA NORMA

A pergunta que qualquer leitor apressado fará diante da norma do inciso IX, do art. 114 da Constituição Federal é a seguinte: Por que o legislador constituinte derivado fez constar o inciso "IX — outras controvérsias decorrentes da relação de trabalho, nos termos da lei", se o mesmo art. 114, inciso I, já refere textualmente"as ações oriundas da relação de trabalho,......"?

A resposta a ser dada encontra respaldo inicial no contexto da discussão que levou à votação do parecer da relatora Zulaiê Cobra com a expressão "relação de emprego" e, posteriormente, pela substituição da locução por "relação de trabalho", quando da votação em plenário.(5)

Ora, ainda que se apresente comezinha em Direito do Trabalho a distinção entre relação de trabalho(6) e relação de emprego(7) (8) nos momentos de votação dos relatórios esta diferença nem sempre se fez sentir de forma tranqüila, ou por desinformação, ou por efetivo interesse na confusão.

Aqueles que temiam por eventual redação transgênica ou mutante da expressão terminaram — conscientemente ou não — por aproveitar a manutenção do texto do

---

(5) A PEC 96/1992 com relatoria da deputada Zulaiê Cobra (PSDB) trazia a expressão relação de emprego para o inciso I, do art. 115 e "relação de trabalho" para o inciso VIII. O destaque de votação em separado 116, do deputado Nelo Rodolfo (PMDB) terminou por substituir a expressão do inciso I para "relação de trabalho", agora no art. 114, mantendo-se contudo o inciso IX, também com a expressão "relação de trabalho". Registre-se que houve tentativa malsucedida de retomada da expressão "relação de emprego" pela Emenda de Plenário 136, do senador Artur da Távola (PSDB).

(6) Neste sentido se apresenta esclarecedora e simples a lição de RUSSOMANO, Mozart Victor, *Curso de Direito do Trabalho*, 4ª ed., 3ª tiragem, Curitiba: Juruá, 1993, p. 50, quando afirma que "A relação de trabalho é o gênero, do qual a relação de emprego é espécie. Por outras palavras: a relação de emprego, sempre, é relação de trabalho; mas, nem toda relação de trabalho é relação de emprego. Como ocorre, v.gr., com trabalhadores autônomos (profissionais liberais, empreitadas, locações de serviços, etc.)."

(7) RUSSOMANO, Mozart Victor. *Op. cit.*, p. 51, define a relação de emprego como "... o vínculo obrigacional que une, reciprocamente, o trabalhador e o empresário, subordinado o primeiro às ordens legítimas do segundo, através do contrato individual de trabalho".

(8) Oportuna se faz a advertência de MARANHÃO, Délio e SÜSSEKIND, Arnaldo, SEGADAS VIANNA e LIMA TEIXEIRA, *Instituições de Direito do Trabalho*, vol. 1, 21ª ed., São Paulo: LTr, 2003, p. 231, ao dissentir de HIROSÊ PIMPÃO, quando afirma que "Se um particular contrata um jardineiro, há contrato, contrato de trabalho, mas de trabalho autônomo, como em 'todos os casos de trabalhadores por conta própria'. Não existe é contrato de trabalho *stricto sensu*: contrato de trabalho subordinado. E, onde há contrato, verifica-se, entre os contratantes, uma relação jurídica (*vinculum iuris*). Admissível, isto sim, a seguinte distinção terminológica: 'relação jurídica de trabalho' é a que resulta de um contrato de trabalho, denominando-se 'relação de emprego' quando se trata de um contrato de trabalho subordinado. Quando não haja contrato, teremos uma simples ' relação de trabalho (de fato)."

inciso IX como forma de assegurar, ainda que por lei infraconstitucional, a competência que efetivamente deveria se estabelecer por meio da norma constitucional. Evidentemente que com a promulgação e publicação da expressão "relação de trabalho" no inciso I, tal situação, num primeiro momento, passou a parecer redundante, tautológica, pleonástica.

Em evidente leitura apressada alguns passaram a entender que a manutenção do "inciso IX" remeteria para uma interpretação necessariamente restritiva do "inciso I", quanto ao alcance da expressão "relação de trabalho". Esta interpretação sugere que a expressão do inciso I deve-se entender por "relação de emprego", e que eventuais competências em face da relação de trabalho somente poderiam se incorporar à Justiça do Trabalho com expressa previsão legal, em flagrante esvaziamento do texto constitucional.(9) (10) Trata-se, entretanto, de interpretação que, sob um falso norte de sistema, despreza todos os demais elementos necessários a uma adequada interpretação constitucional. Por outro lado, chegar à conclusão de que nada teria mudado com a redação do inciso I do art. 114 da Constituição Federal representaria, na Teoria da Argumentação, verdadeiro absurdo(11).

Ainda que se possa utilizar mais de um método de interpretação(12) constitucional, verifica-se que na verdade deve prevalecer a advertência de SAVIGNY, lembrada

---

(9) Vide, por exemplo, PINTO, Fernando Henrique, citado por CARA, Alípio Roberto Figueiredo. "A reforma do Judiciário e a Competência da Justiça do Trabalho", *in* COUTINHO, Grijalbo e FAVA, Marcos. *Op. cit.*, p.18-19 e a advertência de VIANA, Márcio Túlio. *Op. cit.*, p. 275.

(10) Noutro viés tem-se apresentado interessante o posicionamento de parte importante e progressista da doutrina trabalhista no sentido de fazer uma interpretação surpreendentemente restritiva do inciso I, do art. 114 da Constituição Federal, bastando que para tanto sejam examinados os textos de DELGADO, Mauricio Godinho — "As duas faces da nova competência da Justiça do Trabalho" — (p. 292-305) e de SOUTO MAIOR, Jorge Luiz — "Justiça do Trabalho: A justiça do Trabalhador?" (p. 179-190) *in*, COUTINHO, Grijalbo e FAVA, Marcos. *Op. cit.* Diz-se surpreendente justamente porque estamos diante de doutrinadores comprometidos com o Direito do Trabalho e com a Justiça Social, mas que neste aspecto visualizam apenas o trabalhador empregado como centro de gravitação da Justiça do Trabalho, o que definitivamente conduz a uma posição que se pode dizer, respeitosamente, retrógrada. É que o trabalhador (assim entendido como aquele que se sustenta com sua força de trabalho) também merece o respaldo da Justiça do Trabalho, evidentemente mais dinâmica, célere, informal e eficiente, para a discussão de seus direitos. Parece que a verdadeira discussão a ser levada em conta daqui para frente está relacionada com novas formas de proteção destes trabalhadores, sempre com norte nos princípios da Dignidade da Pessoa Humana e da Igualdade.

(11) FERRAZ JUNIOR, Tercio Sampaio, *Introdução ao Estudo do Direito — Técnica, Decisão, Dominação*, 3ª ed. São Paulo: Atlas, 2001, p. 330-331.

(12) BONAVIDES, Paulo, *Curso de Direito Constitucional*, 8ª ed., São Paulo: Malheiros, p. 405-411 indica como "métodos clássicos de interpretação": 1) o método lógico-sistemático, onde "a interpretação começa naturalmente onde se concebe a norma como parte de um sistema — a ordem jurídica, que compõe um todo ou unidade objetiva, única a emprestar-lhe o verdadeiro sentido, impossível de obter-se se a considerássemos insulada, individualizada, fora, portanto, do contexto das leis e das conexões lógicas do sistema"; 2) o método histórico-teleológico, onde o primeiro "traça toda a história da proposição legislativa, desce no tempo a investigar a ambiência em que se originou a lei, procura enfim encontrar o legislador histórico..." e o segundo "...que indaga acerca do fim especial da norma..."; 3) o método voluntarista da Teoria Pura do Direito em que "... a interpretação é mais um ato de vontade que de cognição e quando o juiz decide por uma das diversas possibilidades interpretativas, essa eleição ou preferência se dá fora da esfera teórica, no âmbito da política do direito." Aponta, ainda, nas fls. 435/440, os "métodos modernos" de interpretação constitucional, a saber: 1) o método integrativo ou científico-espiritual, onde, com base em RUDOLF SMEND, afirma que "Nenhuma forma ou instituto de

por BONAVIDES[(13)], onde "... *os quatro elementos tradicionais — o gramatical, o lógico, o histórico e o sistemático — não constituíam quatro formas de interpretação entre as quais poderíamos escolher à vontade, 'mas diferentes atividades a atuarem conjugadas, se porventura quisermos obter uma interpretação bem sucedida*'". Também vale a lembrança de STRECK[(14)], que mesmo concordando com a óbvia interação de métodos e técnicas (ou elementos) de interpretação, sustenta "a fragilidade hermenêutica dos métodos de interpretação" e afirma que "... sem muito esforço, é razoável afirmar que, pela ausência de um 'método dos métodos', seu uso fatalmente será arbitrário, propiciando interpretações *ad hoc* (quando não voluntaristas...)".

Sob qualquer ângulo que se examine a questão — quer por métodos clássicos, quer por métodos modernos — verifica-se que a interpretação a ser dada se estabelece num sentido de convergência, de complemento, de ampliação da competência da Justiça do Trabalho e não de restrição, esvaziamento.

Numa análise histórico-evolutiva, verifica-se que a discussão nem mesmo representa autêntica novidade — resguardados os novos paradigmas que fundamentam a competência da Justiça do Trabalho —, na medida em que esta expressão ao se incorporar ao texto constitucional (1969) já dava margem a duas correntes de interpretação, ou seja, uma interpretação restritiva e outra de mais amplitude.

Direito Constitucional poderá ser compreendido em si, fora da conexidade que guarda com o sentido de conjunto e universalidade expresso pela Constituição. De modo que cada norma constitucional, ao aplicar-se, significa um momento no processo de totalidade funcional, característico da integração peculiar a todo ordenamento constitucional. A constituição se torna por conseqüência mais política do que jurídica. Reflete-se assim essa nova tomada de sentido na interpretação, que também se 'politiza' consideravelmente, do mesmo passo que ganha incomparável elasticidade, permitindo extrair da Constituição, pela análise integrativa, os mais distintos sentidos, conforme os tempos, a época, as circunstâncias"; 2) o método interpretativo de concretização, com base em HESSE, pode ser sintetizado como "O método concretista considera a interpretação constitucional uma concretização, admitindo que o intérprete, onde houver obscuridade, determine o conteúdo material da Constituição. De modo que o teor das normas, segundo Hesse, só se completa no ato interpretativo. A concretização, acrescenta o mesmo publicista, pressupõe uma 'compreensão' do conteúdo da norma que se interpreta, sendo relevante na operação interpretativa o vínculo que prende a 'compreensão prévia' do intérprete ao problema cuja solução se busca." Cumpre registrar que o autor também faz referências e comentários ao que denomina de "métodos de interpretação constitucional da Nova Hermenêutica" — fls. 446/480, dentre os quais: 1) O método racionalista de concretização criado pela teoria material da Constituição; 2) A nova hermenêutica constitucional de Friedrich Muller; 3) O método concretista da Constituição aberta; 4) O método de interpretação conforme à Constituição.

(13) BONAVIDES, Paulo, *op. cit.*, p. 416.

(14) STRECK, Lenio Luiz, *Jurisdição Constitucional e Hermenêutica — Uma Nova Crítica do Direito*. Porto Alegre: Livraria do Advogado editora, 2002, p. 207. O autor desenvolve o que denomina de uma Nova Crítica do Direito e, dentre outros aspectos, quanto aos métodos de interpretação, afirma que 'É preciso insistir, assim, que a partir da Nova Crítica do Direito, calcada na ontologia fundamental, a 'escolha' de um método não implica uma elaboração prévia, que propiciaria *a posteriori* — como que a repetir as frases próprias da hermenêutica clássica (*subtilitas intelligendi, subtilitas explicandi*, e *subtilitas applicandi*) — o acesso à compreensão 'correta' dos textos. Pelo contrário, o Dasein já interpretou sempre e como tal não está em causa um método prévio (lamego). Por tudo isso, via hermenêutica da faticidade, há que se ultrapassar a ontologia da coisa. Dito de outro modo, como caminho contrário (*gegenläufige bewegung*) — e aí entra a importância da hermenêutica como totalidade, como existencialidade/historicidade e como condição do ser-no-mundo — que proponho, a partir da hermenêutica delineada nestas reflexões, eliminar o caráter de ferramenta da Constituição: a Constituição não é ferramenta — é constituinte." p. 210.

Pela primeira COQUEIJO COSTA(15) ao analisar a alteração produzida pela Emenda Constitucional n. 1 de 1969, quando o art. 142 trazia a expressão "e, mediante lei, outras controvérsias oriundas da relação de trabalho"(16), faz a seguinte assertiva: "Mediante lei significa uma condição prévia, ou seja, a existência de uma lei que determine a competência da Justiça do Trabalho, perdendo o mandamento constitucional a sua auto-aplicabilidade e restringindo-se às relações jurídicas de emprego, conforme enfatiza Hylo Gurgel". Arremata o autor para dizer que "Desde que a Justiça do Trabalho só pode conhecer e julgar outras controvérsias oriundas de relação de trabalho, mediante lei que a autoriza, entendemos que ela teve restringida sua competência constitucional dita imprópria. A própria, da primeira parte do art. 142, independe de lei ordinária e por esta não pode ser infirmada."(17)

Pela segunda RUSSOMANO(18) enfatiza que a alteração promovida pela emenda n. 01/69 teria ampliado e não diminuído o limite de competência constitucional da Justiça do Trabalho, bastando que a lei declare que certas controvérsias decorrentes de relações de trabalho — e não apenas de emprego — sejam de competência da Justiça do Trabalho. Ressalta, inclusive, que o art. 652, *a*, III, da CLT deixaria de ser inconstitucional justamente em face do art. 142, nos termos da emenda constitucional n. 01/69.

Também na Constituição de 1988 o antigo art. 114 da Constituição Federal de 1988 manteve a expressão, "e, na forma da lei, outras controvérsias decorrentes da relação de trabalho...". Aqui vale a lembrança de TEIXEIRA DA COSTA(19) quando, com argúcia, captava um sentido mais ampliativo da norma e certa redundância na expressão mencionada, manifestando-se no sentido de que "Ante o texto Constitucional de 1988, não há dúvida que qualquer litígio 'entre trabalhadores e empregadores' pode ser objeto de apreciação pela Justiça do Trabalho, pois a Lei Magna equiparou, para fins processuais, a simples relação de trabalho aos contratos individuais. Aliás, face a essa relação, a Carta Política chegou a ser redundante, quando, mais adiante insistiu, de modo tradicional, que, 'na forma da lei, outras controvérsias decorrentes da relação de trabalho' também seriam objeto da competência da Justiça do Trabalho. Estabelecido que a competência seria para conciliar e julgar litígios decorrentes da relação de trabalho e não apenas de relação de emprego, não havia necessidade da especificação final, no *caput* do art. 114."

---

(15) COQUEIJO COSTA, Carlos Alberto, *Direito Processual do Trabalho*, 4ª ed. atualizada por Washington Luiz da Trindade. Rio de Janeiro: Forense, 1995, p. 47.

(16) O art. 134 da Constituição de 1967 tinha a seguinte redação: "Compete à Justiça do Trabalho conciliar e julgar os dissídios individuais e coletivos entre empregados e empregadores e as demais controvérsias oriundas de relação de trabalho regidas por lei especial". Já o art. 142 da Emenda Constitucional n. 01, de 1969, passou a ter a seguinte redação: Compete à Justiça do Trabalho conciliar e julgar os dissídios individuais e coletivos entre empregados e empregadores e, mediante lei, outras controvérsias oriundas de relação de trabalho".

(17) COQUEIJO COSTA, *idem, ibidem*.

(18) RUSSOMANO, Mozart Victor, *Comentários à CLT*, vol. II, 16ª ed. Rio de Janeiro: Forense, p. 749, também citado por COQUEIJO COSTA, *op. cit.*, p. 47.

(19) COSTA, Orlando Teixeira da, "Jurisdição e Competência da Justiça do Trabalho na nova Constituição", *in Processo do Trabalho — Estudos em Memória de Coqueijo Costa*. São Paulo: LTr, 1989, p.73.

O que terminou por se estabelecer, contudo, foi uma interpretação num patamar mais restritivo, ainda que noutro contexto histórico e sistemático. Nesse sentido GIGLIO[20], analisando o art. 114 da Constituição Federal, faz o contraponto entre "trabalhadores" e "empregadores". Diz o autor "Inicialmente, a primeira parte desse artigo parece estender a jurisdição trabalhista, em razão das pessoas, a todos os trabalhadores, palavra cujo conceito técnico é mais abrangente que o termo empregado. Na parte final do artigo, porém, o texto restringe o entendimento, ao dispor que outras controvérsias decorrentes da relação de trabalho somente ingressam na competência da Justiça do Trabalho quando houver expressa autorização do legislador ordinário, ou seja, na forma da lei. Acresce que a abrangência decorrente do conceito trabalhador é restringida pelo de empregador, o outro pólo da relação."

No mesmo sentido é a lição de NASCIMENTO[21] [22] quando de imediato substitui a expressão trabalhadores por empregados ao afirmar que "O texto básico da competência material da Justiça do Trabalho no Brasil é o art. 114 da Constituição Federal, atribuindo-lhe poderes para decidir os dissídios individuais e coletivos entre empregados e empregadores e, mediante lei, outras controvérsias oriundas de relações de trabalho."

Na verdade, aproveitando a linguagem de COQUEIJO COSTA, a competência própria — decorrente da relação de emprego — terminou por se estabelecer como núcleo da competência trabalhista e a competência imprópria — com base na relação de trabalho essencialmente — como uma possibilidade de contornos excessivamente restritos.

Cumpre registrar, contudo, que a competência própria é que se renovou e expandiu para abranger situações desdobradas da relação de emprego, tais quais, danos morais e materiais, possessórias, etc.. Já a dita competência imprópria incorporou aspectos relacionados com trabalhadores avulsos (art. 643, da CLT), acordos e convenções coletivas (Lei n. 8.984/95), mas de maneira excessivamente tímida. Conforme GIGLIO[23], "De qualquer sorte, a extensão da competência para incluir relações de trabalho deve ser expressa em lei ordinária, e o legislador comum tem usado essa faculdade constitucional com muita cautela e parcimônia."

Nos termos do inciso I do art. 114 da Constituição Federal pode-se dizer que a competência própria, agora, decorre da RELAÇÃO DE TRABALHO, justamente em face da "inversão de paradigma" gerado pela Emenda Constitucional n. 45, ou seja, há uma mudança de paradigma para a interpretação da competência da Justiça do Trabalho,

(20) GIGLIO, Wagner D., *Direito Processual do Trabalho*, 11ª ed. São Paulo: Saraiva, 2000, p. 28.

(21) NASCIMENTO, Amauri Mascaro, *Curso de Direito Processual do Trabalho*, 11ª ed. São Paulo: Saraiva, 1990, p. 76.

(22) NASCIMENTO acrescenta ainda que: "Há duas leis ordinárias, seguindo o preceito constitucional, conferindo competência a relações de trabalho que não são relações de emprego. A Lei n. 6.019, de 1974, sobre trabalho temporário. E o art. 652, letra "a", inc. III, da CLT sobre empreiteiros operários ou artífices". *Idem, ibidem.*

(23) GIGLIO, Wagner D., *op. cit.*, p. 38.

entendendo-se esta como regra quando se tratar de controvérsia decorrente da relação de trabalho[24]. A competência imprópria, ou já existe em face de legislação específica (inclusive demais incisos do art. 114 da Constituição Federal), ou poderá vir a incorporar a competência trabalhista "na forma da lei".

Os métodos sistemático[25], lógico e gramatical também endossam entendimento de complementação entre os incisos I e IX, do art. 114, da Constituição Federal. O primeiro justamente porque leva em conta o conjunto de elementos — todos os demais incisos — que apontam para uma ampliação da Competência da Justiça do Trabalho, inclusive com a possibilidade de que outras controvérsias — digamos não explícitas ou reflexas — decorrentes das relações de trabalho possam ser de competência da Justiça do Trabalho. O segundo porque o sentido e alcance das expressões normativas conduzem, por meio de um "raciocínio dedutivo"[26] no sentido do aumento da Competência. O terceiro porque se apresenta explícita a referência literal no sentido de "outras controvérsias" **decorrentes** da relação de trabalho, por óbvio diferentes daquelas **oriundas** da relação de trabalho insertas no inciso I, do art. 114, da Constituição Federal[27].

Com uma fundamentação mais elaborada e contemporânea, verifica-se que os chamados "métodos de interpretação modernos" dão ao intérprete um cabedal de elementos para a condução de uma hermenêutica constitucional[28] comprometida com

(24) ARAÚJO, Francisco Rossal de, *op. cit.*, p. 119.

(25) Sobre interpretação sistemática com uma elaboração mais contemporânea se apresenta interessante a obra de FREITAS, Juarez, *A interpretação Sistemática do Direito*. São Paulo: Malheiros, 1995. O autor sintetiza a interpretação constitucional sistemática em três tópicos: "(a) a interpretação sistemática opera, no exame da Constituição, hierarquizando princípios, normas e valores (pelo metacritério hierárquico axiológico), priorizando aqueles considerados fundamentais e escalonando-os entre si, quando em antinomia ou para evitá-la; (b) a tarefa primeira do intérprete consiste, pois, em fixar o catálogo tópico de princípios, aprimorando-o, constantemente, para fazê-lo cumprir a precípua função sistematizadora intrínseca ao processo interpretativo, ainda que reconhecendo, neste mister científico e rigoroso, tratar-se — a sua elaboração mesma — de um projeto aberto às mutações axiológicas; (c) o controle da constitucionalidade, difuso ou concentrado, nada mais representa do que o controle de sistematicidade do Direito como um todo, fato especialmente claro no processo objetivo de controle direto, p. 151.

(26) MAXIMILIANO, Carlos, *Hermenêutica e Aplicação do Direito*, 11ª ed. Rio de Janeiro: Forense, 1991, p. 123.

(27) Neste sentido se apresenta esclarecedora a interpretação de MELHADO, Reginaldo, "Da Dicotomia ao Conceito Aberto: As Novas Competências da Justiça do Trabalho", *in Nova Competência da Justiça do Trabalho*, [Org.: COUTINHO, Grijalbo Fernandes e FAVA, Marcos Neves. São Paulo: LTr, 2005, p. 314] quando afirma que: "A chave, portanto, não está em distinguir ações (inciso I) e controvérsias (inciso IX), termos que se empregam no Texto Constitucional com o mesmo significado, e sim em definir o que é oriundo e decorrente. Como não há palavras inúteis na lei, segundo o dogma altissonante e reverberante da hermenêutica clássica, joio e trigo estão separados por sentidos próprios."

(28) Conforme posição crítica de STRECK, Lenio Luiz, *op. cit.*, p. 220 "Admitir a existência de uma hermenêutica constitucional é ver/entender a hermenêutica como (mera) técnica, recuperando, com isso, a superada relação sujeito-objeto da filosofia da consciência. Como conseqüência, tudo do que dela emana é relativizado (ou pode vir a ser relativizado), ou seja, dependendo da técnica (ou método de interpretação) que o jurista/intérprete utiliza/maneja, exsurgirá uma interpretação diferente. Ora, isso acarreta um seriíssimo problema para o Direito Constitucional (mormente nele), porque a Constituição deve ter um caráter material/substancial, porque constituidora da própria sociedade

novos paradigmas jurídicos e políticos. Trata-se do que BONAVIDES(29) denomina de "métodos de interpretação constitucional da nova hermenêutica" com uma significativa guinada onde "Os constitucionalistas do Estado social, nomeadamente Kriele, Hesse, Häberle, Horst Ehmke e Fridrich Müller, valeram-se da metodologia tópica para restaurar o prestígio da hermenêutica jurídica do Direito Constitucional. Emanciparam-na da servidão à metodologia clássica de Savigny, nascida de inspirações jusprivatistas. Os velhos métodos transladados ao Direito Público tiveram duvidosos efeitos em sua aplicação desde que o Estado de moldes liberais do século XIX tomou configuração definitivamente social. Com as mudanças e transformações operadas em quase todos os institutos jurídicos, difícil se tornou para a metodologia de bases jusprivatistas conciliar o Direito com a sociedade, a Constituição com a realidade, a norma com o fato."

Nesse sentido, ainda, a necessidade de orientação na linha de certos princípios de interpretação constitucional, tais como (1) princípio da unidade da constituição, onde a interpretação deve levar em conta uma noção de globalidade e de um sistema de normas e princípios; (2) princípio do efeito integrador, com prevalência de critérios que conduzam a uma integração política e social; (3) princípio da máxima efetividade, onde a uma norma constitucional se deve atribuir o sentido que maior eficácia lhe proporcione; (4) princípio da justeza ou da conformidade funcional, em que o órgão encarregado da interpretação não pode chegar a um resultado que subverta o esquema institucional-funcional constitucionalmente estabelecido; (5) princípio da concordância prática ou da harmonização, onde deve haver necessária ponderação entre bens jurídicos em Conflito, evitando-se o sacrifício de uns em relação a outros, e (6) princípio da força normativa da Constituição, entendida como suporte normativo fundamental para uma eficácia no rumo da otimização.(30)

Na perspectiva permitida por este breve estudo passa-se à analise de duas formulações que se apresentam hoje como norte de uma adequada hermenêutica constitucional: O método "concretista" e o método "conforme à Constituição". O primeiro porque representa a interpretação da própria Constituição e o segundo porque representa a interpretação de todo o aparato infraconstitucional e constitucional secundário.

Toma-se aqui por dito método concretista toda a teorização que reelabora a hermenêutica tradicional, clássica, dedutiva, axiomática para uma hermenêutica tópica, concreta, casuística e integradora.(31) Conforme BONAVIDES(32), "A Consti-

---

(afinal, a Constituição é a explicitação do contrato social, é o espaço de mediação ético-política da sociedade, e, fundamentalmente, Constituição é constituir. Numa palavra: A Constituição é um *als ob* (como se) não metafísico."

(29) BONAVIDES, Paulo, *op. cit.*, p. 446-480, conforme já aludido alhures e mais especificamente p. 473.

(30) CANOTILHO, J.J. GOMES, *Direito Constitucional e Teoria da Constituição*, 3ª ed. Coimbra: Almedina, 1999, p. 1.148 e seguintes.

(31) Neste sentido os juristas Wiehweg, Esser, Kriele, Häberle, Müller e Hesse.

(32) BONAVIDES, Paulo, *op. cit.*, p. 453.

tuição com a metodologia tópica perde até certo ponto aquele caráter reverencial que o formalismo clássico lhe conferia. A tópica abre tantas janelas para a realidade circunjacente que o aspecto material da Constituição, tornando-se, quer queira quer não, o elemento predominante, tende a absorver por inteiro o aspecto formal." Para este método a interpretação é a concretização da norma a partir de "um trabalho normativamente orientado", ou seja, o agente do processo de concretização interpreta o texto da norma num contexto da realidade, mas sempre com a necessária referência da própria Constituição.

Com isso verifica-se que pode ser atribuída uma interpretação adequada ao inciso IX, do art. 114 da Constituição Federal, sem qualquer temor de existência de contradição com o inciso I, mas, ao contrário verificar um sentido de verdadeira complementação. Calha, aliás, a lição de COUTO E SILVA[33], quando analisa a superação do paradigma meramente axiomático pelo paradigma tópico, e afirma que "*A questão fundamental endereça-se agora ao sentido e ao valor do sistema e torna-se claro que a lógica-formal, fundada no princípio de não contradição, possui valor bem menor do que supunha a ciência do Direito do século precedente.*"

Se de um lado há certa preocupação com possível contradição — diga-se de passagem, já descartada — por outro lado há que se levar em conta um sentido de abertura que também não pode ser desprezado no contexto do conteúdo constitucional. Trata-se do que ARAÚJO[34] sucintamente chama de "*cláusula geral para permitir a longevidade do sistema normativo*". Aqui se busca respaldo no que se tem denominado de "Constituição aberta", no sentido do estabelecimento de verdadeiras "janelas" para uma renovação e até mesmo ampliação do conteúdo infraconstitucional — desde que preservado um liame de congruência com a Constituição —. Tratam-se de cláusulas de abertura[35] que permitem uma adequação do ordenamento jurídico às mudanças que ocorrem na sociedade, mas sempre sob o crivo da Constituição como normatividade primeira do Estado e da Sociedade. Verifica-se, então, que este sentido de abertura se processa sob dois vetores, um no conteúdo da própria Constituição e outro no conteúdo infraconstitucional, valendo a lição de OLVERA[36] quando afirma que "La doble acción de dar e recibir, consiste, pues, en recibir influjos emitidos por la convivencia social local o internacional y dar estos influjos o transmitirlos hacia el resto del sistema jurídico".

Anote-se, por fim, que não há confundir aqui a noção de rigidez/flexibilidade constitucional com a noção de abertura. A noção de rigidez[37] está evidentemente relacio-

---

(33) SILVA, Clóvis Veríssimo do Couto e. *A obrigação como processo*. São Paulo: Buchatski Editor, 1976.

(34) ARAÚJO, Francisco Rossal de, ob. cit., p. 120.

(35) Vide o emblemático exemplo do *caput* e do inciso I, do art. 7º da Constituição Federal, além do próprio inciso IX, do art. 114, da Constituição Federal, objeto destes comentários.

(36) OLVERA, Óscar Rodríguez. *Teoría de los derechos sociales em la Constitución abierta*. Granada: Editorial Comares, 1998, p. 108.

(37) CANOTILHO, J.J. Gomes, *Direito Constitucional e Teoria da Constituição*, 3ª ed. Coimbra: Almedina, 1999, p. 989, ao referir-se sobre a rigidez constitucional da Constituição Portuguesa de 1976,

nada com os processos de modificação do conteúdo constitucional por meios próprios atribuídos ao Poder Constituinte Derivado. A Constituição de 1988, apesar de estar na 45ª emenda, pelos processos complexos para alterações se constitui em uma Constituição rígida. Nesse sentido JORGE MIRANDA[38] diz que: "(...) a rigidez constitucional revela-se um corolário natural, histórica (embora não logicamente) decorrente da adoção de uma Constituição em sentido formal. A força jurídica das normas constitucionais liga-se a um modo especial de produção e as dificuldades postas à aprovação de uma nova norma constitucional impedem que a Constituição possa ser alterada em quaisquer circunstâncias, sob pressão de certos acontecimentos, ou que possa ser afetada por qualquer oscilação ou inversão da situação política." Já a noção de abertura está relacionada com um sistema normativo aberto de regras e princípios, onde há uma dinâmica de normas com uma estrutura dialógica capaz de captar as mudanças da realidade e de concepções de Verdade e de Justiça[39].

O método de interpretação conforme à Constituição é essencialmente uma técnica de controle de constitucionalidade das leis. Esse método "Em rigor não se trata de um princípio de interpretação da Constituição, mas de um princípio de interpretação da lei ordinária de acordo com a Constituição"[40] sendo trazido à baila nesta abordagem em face de recente decisão do Supremo Tribunal Federal em Ação Direta de Inconstitucionalidade[41] ajuizada pela AJUFE — Associação dos Juízes Federais, para efeitos de interpretação do inciso I do art. 114 da Constituição Federal decorrente da redação que lhe empresta a Emenda Constitucional n. 45.

A interpretação conforme à Constituição deve levar em conta o princípio da prevalência da Constituição, ou seja, uma interpretação que não seja contrária ao texto (norma) constitucional; o princípio da conservação das normas, isto é, observados os fins da norma, deve ela ser interpretada em conformidade com a Constituição; princípio da exclusão de interpretação conforme à Constituição mas *contra legem*, onde o texto da norma não pode ser contrariado por uma interpretação conforme. Este método apenas tem lugar quando haja um "espaço de interpretação", em que deve

---

afirma que "Da leitura do art. 284 e ss., conclui-se que a Constituição é do tipo rígido, pois exige para a sua modificação um processo agravado em relação ao processo de formação das leis ordinárias. Todavia, ao contrário do que muitas vezes se afirma, não é a existência de um processo de revisão estabelecedor de exigências específicas para a modificação da Constituição que caracteriza a rigidez da Constituição. Este carácter deve procurar-se antes, em sede do poder constituinte. As normas de revisão não são o fundamento da rigidez da Constituição mas os meios de revelação da escolha feita pelo poder constituinte. Esta escolha de um processo agravado de revisão, impedindo a livre modificação da lei fundamental pelo legislador ordinário (Constituição flexível), considera-se uma **garantia da Constituição.** O processo agravado de revisão é, por sua vez, um instrumento dessa garantia — a rigidez constitucional é um limite absoluto ao poder de revisão, assegurada, dessa forma, a relativa estabilidade da Constituição."

(38) MIRANDA, Jorge, *Teoria do Estado e da Constituição.* Rio de Janeiro: Forense, p. 398.

(39) CANOTILHO, J. J. Gomes, *op. cit.*, p. 1.085.

(40) BONAVIDES, Paulo, *op. cit.*, p. 474.

(41) Adin 3.395-DF. Relator Ministro Cezar Peluso, mas com liminar concedida pelo Ministro Nelson Jobim, Presidente do Supremo Tribunal Federal.

prevalecer aquela proposta interpretativa que se apresente em conformidade com a Constituição, rejeitando-se, por inconstitucional, a norma jurídica contraditória.(42)

Realçando a importância da interpretação conforme à Constituição, STRECK(43) afirma com entusiasmo que "De pronto, torna-se importante referir que os institutos (mecanismos) da interpretação conforme e da nulidade (inconstitucionalidade) parcial sem redução de texto enquadram-se na contemporânea concepção de justiça constitucional entendida sob a ótica do Estado Democrático de Direito, onde a função do Poder Judiciário perpassa, de longe, a concepção de 'legislador negativo' própria do judiciário do Estado Liberal Absenteísta. Vale sempre lembrar que, no paradigma liberal-individualista, trabalha-se ainda com a concepção de que o Direito é ordenador, o que, à evidência, caminha na direção oposta de um Direito promovedor-transformador do Estado Social e Democrático de Direito."

Neste sentido, percebe-se que o Supremo Tribunal Federal tem dado à interpretação conforme à Constituição uma roupagem autônoma como verdadeira técnica de decisão dentro do controle concentrado de constitucionalidade, inclusive por força do disposto no art. 28, parágrafo único da Lei n. 9.868/99.(44)

O deferimento liminar na ADIn 3.395-DF, nesta linha de pensamento, invoca a interpretação conforme à Constituição, nos seguintes termos:

> "(...) Não há que se entender que a justiça trabalhista, a partir do texto promulgado, possa analisar questões relativas aos servidores públicos. Essas demandas vinculadas a questões funcionais a eles pertinentes, regidos que são pela Lei n. 8.112/90 e pelo direito administrativo, são diversas dos contratos de trabalho regidos pela CLT. Leio GILMAR MENDES, há 'Oportunidade para interpretação conforme à Constituição... sempre que determinada disposição legal oferece diferentes possibilidades de interpretação, sendo algumas delas incompatíveis com a própria Constituição... Um importante argumento que confere validade à interpretação conforme à Constituição é o princípio da unidade da ordem jurídica...' (*Jurisdição Constitucional.* São Paulo: Saraiva, 1988, p. 222-223). É o caso. A alegação é fortemente plausível. Há risco. Poderá, como afirma a inicial, estabelecerem-se conflitos entre a Justiça Federal e a Justiça Trabalhista, quanto à competência desta ou daquela. Em face dos princípios da proporcionalidade e da razoabilidade e ausência de prejuízo, concedo a liminar, com efeito *ex tunc.* Dou interpretação conforme ao inciso I do art. 114 da CF, na redação da EC 45/2004. Suspendo, *ad referendum*, toda e qualquer interpretação dada ao inciso I do art. 114 da CF, na redação dada pela EC 45/2004, que inclua, na competência da Justiça do Trabalho, a "(...) apreciação... de causas que ... sejam instauradas entre o Poder Público e seus servidores, a ele vinculados por típica relação de ordem estatutária ou de caráter jurídico-administrativo". Publique-se. Brasília, 27 de janeiro de 2005.

---

(42) CANOTILHO, J. J Gomes, *op. cit.*, p. 1.151-1.152.
(43) STRECK, Lenio Luiz, *op. cit.*, p. 441-442.
(44) Parágrafo único do art. 28 da Lei n. 9.868/99 "A declaração de constitucionalidade ou de inconstitucionalidade, inclusive a interpretação conforme à Constituição e a declaração parcial de inconstitucionalidade sem redução de texto, têm eficácia contra todos e efeito vinculante...".

Ainda que se possa concordar com STRECK[45] quanto à possibilidade de o Judiciário exercer uma atividade de adição de sentidos aos textos legislativos quando da interpretação conforme à Constituição, verifica-se que a situação posta merece algum comentário crítico, sem afastar o respeito que merece a decisão do Ministro NELSON JOBIM, Presidente de nossa mais alta Corte de Justiça. Um primeiro aspecto que merece referência é aquele relacionado com o método de interpretação conforme à Constituição da própria Constituição (emenda constitucional). Sem embargo da possibilidade de análise da constitucionalidade do direito constitucional secundário[46] (constituinte derivado), o certo é que a interpretação conforme se estabelece precipuamente para o controle de constitucionalidade do aparato infraconstitucional, alertando MENDES[47] que esta interpretação em relação à emenda constitucional se apresenta problemática na medida em que ".. *as normas introduzidas acabam por emprestar novo significado ao ordenamento constitucional em vigor*". Registre-se que esta situação se agrava quando se vêem instituídas formulações exóticas como as denominadas "emendas paralelas" com aprovações de textos constitucionais remendados e destituídos de seu completo sentido. Outro aspecto que não pode passar despercebido diz respeito à interpretação conforme à Constituição de emenda constitucional que modifica o paradigma anterior, base de dita conformidade. Ora, se o legislador constituinte derivado passa a entender que a Justiça do Trabalho é competente para apreciar as discussões oriundas das RELAÇÕES DE TRABALHO (não fala em momento algum em relações contratuais) que tanto podem ser do âmbito trabalhista propriamente dito, quanto do âmbito civil ou ainda do âmbito administrativo, fica difícil atribuir interpretação conforme para dizer que estas últimas estão excluídas, ainda mais invocando texto infraconstitucional (Lei n. 8.112/90) para interpretar o texto constitucional.

Tem-se, então, que o inciso IX do art. 114 da Constituição Federal representa verdadeira salvaguarda para garantir a constitucionalidade de todo aparato infraconstitucional que possa vir a regular matéria relacionada com a competência da Justiça do Trabalho em matéria de relação de trabalho.

III — SITUAÇÕES TRADICIONAIS, SITUAÇÕES CONTROVERTIDAS E SITUAÇÕES PROSPECTIVAS

Com o estabelecimento do sentido de complemento/ampliação da norma do art. 114, inciso IX, da Constituição Federal, busca-se trazer de forma meramente exemplificativa situações tradicionais, situações controvertidas e situações prospectivas para efeitos de abrangência da norma em questão.

III. 1 — SITUAÇÕES TRADICIONAIS — Identificam-se aqui como situações tradicionais aquelas em que já há suporte legal, doutrinário ou jurisprudencial para efeitos

(45) STRECK, Lenio Luiz, *op. cit.*, p. 444.
(46) MENDES, Gilmar Ferreira, *Jurisdição Constitucional*. São Paulo: Saraiva, 2004, p. 177-178.
(47) MENDES, Gilmar Ferreira, *op. cit.*, p. 263-264.

de estabelecer a competência da Justiça do Trabalho em hipóteses não inseridas naturalmente em face do tipo de vinculação entre as partes. Ficam fora de análise, portanto, tudo que já seria de competência da Justiça do Trabalho, antes pela existência de vínculo de emprego, agora pela existência de relação de trabalho, — em que se aproveita a linguagem de COQUEIJO COSTA para definir como competência própria —, como por exemplo, (1) levantamento de valores do FGTS — súmula 176; (2) vínculo de emprego anterior à instituição de regime jurídico estatutário — OJ 138 da SDI-I; (3) ou instituição de regime estatutário mesmo depois da sentença — OJ 249 da SDI-I; (4) dano moral — OJ 327 SDI-I, atual súmula 392 do TST; (4) dano material em face de culpa do empregador ; (5) trabalhador avulso — art. 652, V, da CLT; (6) trabalhador temporário — art. 19 da Lei n. 6.019/74; (7) pequenas empreitadas — art. 652, *a*, III, da CLT; (8) aprendiz — art. 428, CLT, dentre outros.

Cumpre, ainda, lembrar a advertência de NASCIMENTO[48] no sentido de que "Uma confusão deve ser evitada quanto a diversos tipos de controvérsias oriundas das relações de trabalho, para as quais não há necessidade de lei autorizando a atuação judicial trabalhista, porque estão enquadradas no conceito amplo de controvérsia oriunda da relação de trabalho, o que dispensa, portanto, a legislação específica necessária para a competência derivada. Vale dizer que há, desde logo, a atribuição plena ao judiciário trabalhista para decidi-las com fundamento no (sic) *caput* do art. 114 (*rectius* inciso I do art. 114).

Assim, apenas serão analisadas as situações ditas tradicionais mas fora do contexto *supra*, apontando já para uma configuração reflexa, tangencial, desdobrada, da relação de trabalho. Vejamos:

a) PIS (Programa de Integração Social)

A obrigação do empregador para efeitos de cadastro junto ao Programa de Integração Social, instituído pela Lei Complementar n. 7/70 e atualmente regulado pela Lei n. 7.998/90, em face do art. 239, parágrafos, da Constituição Federal, se resume a mera obrigação de fazer, representada pela informação prestada por meio da RAIS — Relação Anual de Informações Sociais. As informações prestadas propiciam ao trabalhador o recebimento de ditos abonos, desde que preenchidos os requisitos de (1) receber remuneração mensal de até dois salários mínimos e (2) estar cadastrado a pelo menos cinco anos no fundo de participação, tudo conforme o art. 9º, II, da Lei n. 7.998/90.

A discussão que se estabelece, pois, não tem típica natureza trabalhista, quer no âmbito da relação de emprego, quer no âmbito mais amplo da relação de trabalho. De qualquer forma a súmula n. 300 do TST, inspirada na súmula n. 82 do extinto TFR, tem a seguinte redação: "Competência da Justiça do Trabalho. Cadastramento no PIS. Compete à Justiça do Trabalho processar e julgar ações de empregados contra empregadores, relativas ao cadastramento no Programa de Integração Social" (PIS).

(48) NASCIMENTO, Amauri Mascaro, *A competência da Justiça do Trabalho...*, p. 36.

Veja-se que a redação da súmula sugere a interpretação no sentido de que os aspectos relacionados com o cadastramento seriam de competência da Justiça do Trabalho, não fazendo qualquer referência a eventual indenização compensatória.(49)(50)

A falta de referência à competência para apreciar pedido de indenização compensatória evidentemente não afasta a competência da Justiça do Trabalho, que aí sim já se configurava pela formulação geral decorrente da relação de emprego — dano material com fundamento nas normas dos arts. 186 c/c 927 do Código Civil — e agora, sem qualquer sombra de dúvida, pela formulação ainda mais ampla do Inciso I, do art. 114, de relação de trabalho.

b) Seguro-desemprego

A obrigação patronal relativamente ao seguro-desemprego se limita ao fornecimento de guias para encaminhamento da vantagem, até porque tal direito não tem natureza trabalhista. Nem mesmo se trata de benefício previdenciário. Conforme lembra TEIXEIRA FILHO(51), "O seguro-desemprego é uma prestação de caráter assistencial e não previdenciário", a ser paga na hipótese de desemprego involuntário, nos termos do art. 239, *caput* e § 4º, da Constituição Federal e das Leis ns. 7.890/90 e 8.900/94, além de freqüentes Resoluções do CODEFAT.

A controvérsia, desta forma, não se estabelece propriamente entre empregado e empregador. A Orientação Jurisprudencial n. 210 da SDI-I do TST apresenta-se taxativa ao referir que "*Seguro-desemprego. Competência da Justiça do Trabalho*". Ora, aqui somente se pode cogitar do estabelecimento do direito para efeitos de percepção da vantagem junto ao Órgão Gestor do programa.

A situação decorrente de eventual indenização substitutiva, nos termos da Orientação Jurisprudencial n. 211 da SDI-I do TST, também é de competência da Justiça do Trabalho, ainda que não houvesse a expressa menção na Orientação Jurisprudencial referida, justamente em face do caminho natural estabelecido para a competência em face de dano material, por força das normas dos arts. 186 c/c 927 do Código Civil.

Cumpre registrar que a súmula n. 389 do TST, nos termos da Resolução(52) 129/2005, termina por incorporar as duas orientações jurisprudenciais citadas para

---

(49) Neste sentido a súmula n. 82 do TRF era mais abrangente: Compete à Justiça do Trabalho processar e julgar as reclamações pertinentes ao cadastramento no PIS ou indenização compensatória pela falta deste, desde que não envolvam relações de trabalho dos servidores da União, suas autarquias e empresas públicas".

(50) Não há como concordar com a assertiva de TEIXEIRA FILHO, João de Lima e outros, *in Instituições de Direito do Trabalho*, 21ª ed., Vol. II, São Paulo: LTr, 2003, p. 1.325, quando afirma que o TST "Acertadamente, não aludiu, como fez o extinto TFR, à alternativa de indenização compensatória", entendendo que o empregado teria direito apenas ao recebimento da "documentação necessária à habilitação". Ora, sempre que o empregador, por ação ou omissão, causar algum prejuízo ao trabalhador, parece possível a opção pela indenização compensatória pela simples incidência dos arts. 186 c/c 927 do Código Civil.

(51) TEIXEIRA FILHO, João de Lima, *op. cit.*, vol. I, p. 619.

(52) A Resolução n. 129/2005 do TST, de 5.4.2005, reformula a Jurisprudência cristalizada no TST. Altera a denominação dos verbetes para súmula; Converte orientações jurisprudenciais em súmulas (novas

adotar a seguinte redação "SEGURO-DESEMPREGO. COMPETÊNCIA DA JUSTIÇA DO TRABALHO. DIREITO À INDENIZAÇÃO POR NÃO LIBERAÇÃO DE GUIAS. I — Inscreve-se na Competência material da Justiça do Trabalho a lide entre empregado e empregador tendo por objeto indenização pelo não fornecimento das guias do seguro-desemprego. II — O não-fornecimento pelo empregador da guia necessária para o recebimento do seguro-desemprego dá origem ao direito à indenização." Ora, com esta redação parece haver um retrocesso quanto à Competência antes anunciada, que se estabelece pelo simples fato de haver um vínculo de emprego, ou seja, como competência própria.

c) Descontos Previdenciários e Fiscais

Trata-se de discussão em que a relação de emprego ou de trabalho somente serve de fundo para efeitos de incidência de tais descontos. De qualquer forma ainda há tratamento diverso para uns e outros. Quanto aos descontos previdenciários, verificava-se — antes da Emenda Constitucional n. 20/98 que deu redação ao § 3º do antigo art. 114 e da Lei n. 10.035/00 que regulamentou a execução de créditos previdenciários —, discussão quanto à Competência da Justiça do Trabalho para efeitos de execução destes créditos, havendo posicionamentos no sentido da ausência de competência — com mera autorização para retenção de valores em face dos créditos do trabalhador e comunicação ao INSS —e posicionamentos no sentido de perfeita competência para efeitos de execução dos créditos, quer da parte do empregado, quer da parte do empregador. Tal discussão, tanto antes (art. n. 114, § 3º, da Constituição Federal) quanto atualmente (art. 114, inciso VIII, da Constituição Federal) perde sentido, apresentando-se ultrapassada a Orientação Jurisprudencial n. 141 da SDI-I, quando dispõe que "*Descontos previdenciários e Fiscais. Competência da Justiça do Trabalho*", ao menos no que se refere aos descontos previdenciários.

Não se pode olvidar, ainda, que a súmula n. 368 do TST, nos termos da Resolução n. 129/2005, do TST, e que incorpora as Orientações Jurisprudenciais ns. 32, 141 e 228 da SDI-1, do TST, representa significativa ampliação da competência da Justiça do Trabalho para efeitos de execução das contribuições previdenciárias. Diz a Súmula: "DESCONTOS PREVIDENCIÁRIOS E FISCAIS. COMPETÊNCIA. RESPONSABILIDADE PELO PAGAMENTO. FORMA DE CÁLCULO. I — A Justiça do Trabalho é competente para determinar o recolhimento das contribuições previdenciárias e fiscais provenientes das sentenças que proferir. A competência da Justiça do Trabalho para a execução das contribuições previdenciárias alcança as parcelas integrantes do salário de contribuição, pagas em virtude do contrato, ou de emprego reconhecido em juízo, ou decorrentes de anotação da Carteira de Trabalho e Previdência Social — CTPS, objeto de acordo homologado em Juízo. II — É do empregador a responsabilidade pelo recolhimento das contribuições previdenciárias e fiscais, resultante de crédito do empregado oriundo de condenação judicial, devendo incidir, em relação aos descontos

e antigas); Dá nova redação para várias súmulas já existentes; Cancela súmulas e orientações jurisprudencias, além de outras providências.

fiscais, sobre o valor total da condenação, referente às parcelas tributáveis, calculado ao final, nos termos da Lei n. 8.541/1992, art. 46 e Provimento da CGJT 01/96. III — Em se tratando de descontos previdenciários, o critério de apuração encontra-se disciplinado no art. 276, § 4º, do Decreto n. 3.048/99 que regulamentou a Lei n. 8.212/91 e determina que a contribuição do empregado, no caso de ações trabalhistas, seja calculada mês a mês, aplicando-se as alíquotas previstas no art. 198, observado o limite máximo do salário de contribuição."

Quanto aos descontos fiscais, tem-se pela ausência de normatividade atribuindo competência à Justiça do Trabalho[53], ainda que a Súmula n. 368 do TST faça expressa referência aos mesmos.

d) Complementação de Aposentadoria e de Pensão do Cônjuge Sobrevivente

A matéria relacionada com a complementação de aposentadoria instituída pelo empregador tem sido entendida como de competência da Justiça do Trabalho pelo simples fato de que se trata de cláusula que adere ao contrato de trabalho. Neste sentido verifica-se que o TST, malgrado a inexistência de súmula específica, tem editado várias súmulas[54] e Orientações Jurisprudenciais[55] com matéria pertinente à complementação. Ainda que possa haver alguma discussão, tem-se entendido que a matéria está diretamente relacionada com a relação de emprego.

Situação um pouco diferente é aquela relacionada com o cônjuge sobrevivente que pretende a complementação de pensão em face do ex-empregador e da entidade de previdência complementar. Para esta situação específica é que a Orientação Jurisprudencial n. 26 da SDI-I se dirige com a seguinte redação "*Competência da Justiça do Trabalho. Complementação de aposentadoria requerida por viúva de ex-empregado*".

Anote-se que nem mesmo a alteração do art. 202 da Constituição Federal, promovido pela Emenda Constitucional n. 20/98, modificou a situação de competência já consagrada anteriormente.

III. 2 — SITUAÇÕES CONTROVERTIDAS — Por situações controvertidas pretende-se identificar algumas questões que tanto poderão figurar no catálogo de competências da Justiça do Trabalho quanto poderão permanecer no âmbito da Justiça Comum Estadual ou da Justiça Federal Comum. A doutrina e a jurisprudência é que ditarão os rumos da melhor interpretação a ser atribuída às normas do art. 114, incisos da Constituição Federal. Cumpre esclarecer que estas situações controvertidas, ainda que comportem interpretação de imediata competência da Justiça do Trabalho, podem vir a compor o conjunto de competências justamente por meio de legislação infraconstitucional, na "janela" deixada pelo Inciso IX, do art. 114, da Constituição Federal.

(53) Note-se que esta é uma das matérias que retorna para exame da Câmara dos Deputados; é justamente aquela relacionada com a competência para a execução de tributos federais incidentes em face de créditos reconhecidos em sentença.

(54) Súmulas ns. 52, 87, 92, 97, 106, 228, 313, 326, 327 e 336.

(55) Orientações Jurisprudenciais ns. 18, 19, 20, 21, 26, 136 e 129, todas da SDI-I.

a) Danos Materiais e Morais Decorrentes de Acidente de Trabalho e Ações Acidentárias[56]

A competência para apreciar e julgar lides que envolvem acidente de trabalho não tem se definido de forma tranqüila na jurisprudência cristalizada pelos Tribunais.

No Supremo Tribunal Federal a posição estava expressa na súmula n. 501, justamente no sentido de atribuir à Justiça Comum a competência para apreciar e julgar lides relacionadas com acidentes de trabalho.[57] No Superior Tribunal de Justiça a súmula n. 15 revelava a posição daquela Corte, também no sentido de atribuir competência à Justiça Comum Estadual.[58] No Tribunal Superior do Trabalho não há qualquer referência sumulada, ou mesmo por Orientação Jurisprudencial.

O Tribunal Superior do Trabalho vinha se inclinando para a definição da Competência da Justiça do Trabalho para apreciar e julgar matéria relacionada com danos morais e materiais decorrentes de acidente do trabalho frente ao empregador[59]. Ocorre que em face de recente decisão[60] proferida pelo Supremo Tribunal Federal[61] em

---

(56) Quando já concluído o presente artigo houve significativa mudança na posição do STF em face de decisão proferida no Conflito de Competência 7.204-1, originário de Minas Gerais e com relatoria do Ministro Ayres de Britto. Assim, preserva-se a crítica anteriormente feita, acrescentando-se a mudança implementada pela mais alta Corte de Justiça.

(57) A Súmula n. 501 tem a seguinte redação: "Compete à Justiça Ordinária Estadual o processo e o julgamento, em ambas as instâncias, das causas de acidente do trabalho, ainda que promovidas contra a União, suas autarquias, empresas públicas ou sociedades de economia mista." Trata-se de súmula editada ainda na vigência da Constituição de 1967, mas que se manteve inalterada mesmo com a Constituição Federal de 1988.

(58) Diz a Súmula n. 15: "Compete à Justiça Estadual processar e julgar os litígios decorrentes de acidente do trabalho".

(59) Neste sentido o Acórdão RR-490/2002-371-05-00; DJ 12.11.2004; Acórdão 4ª Turma; Relator: Ministro Barros Levenhagen. Trata-se de voto vencido. No mesmo sentido AIRR-1680/2003-009-08-40; DJ 10.12.2004; Acórdão 3ª Turma; Relator: Juiz Convocado Ricardo Machado. Mesmo em decisões mais recentes há posicionamentos que endossam esta tese, como por exemplo: AIRR — 2073/1999-023-05-00; DJ 11.2.2005; Acórdão 1ª Turma; Relatora: Juíza convocada Maria Doralice Novaes e, ainda, AIRR — 824/2002-461-05-40; DJ 25.2.2005; Acórdão 3ª Turma; Relator: Juiz Convocado Cláudio Couce de Menezes.

(60) Trata-se do RE 438639, procedente de Minas Gerais, com relatoria do Ministro Carlos Britto, julgado pelo Plenário em 9.3.2005, com a seguinte decisão: "O Tribunal, por maioria, conheceu e deu provimento ao recurso extraordinário, vencidos os senhores Ministros Carlos Britto (Relator) e Marco Aurélio, que lhe negavam provimento. Votou o Presidente, Ministro Nelson Jobim. Redigirá o Acórdão o Senhor Ministro Cezar Peluso. Plenário, 9.3.2005."

(61) Em decisão mais recente, com julgamento em 22.3.2005, o STF, pelo voto do Ministro Celso de Mello, em julgamento na 2ª Turma, também reproduzia o mesmo entendimento. "EMENTA: ACIDENTE DO TRABALHO — INDENIZAÇÃO POR DANOS MATERIAIS E/OU MORAIS — AÇÃO AJUIZADA EM FACE DO EMPREGADOR, COM FUNDAMENTO NO DIREITO COMUM — MATÉRIA QUE, NÃO OBSTANTE A SUPERVENIÊNCIA DA EC45/2004, AINDA PERMANECE NA ESFERA DA COMPETÊNCIA DO PODER JUDICIÁRIO LOCAL — RECURSO IMPROVIDO. Compete à Justiça dos Estados-membros e do Distrito Federal, e não à Justiça do Trabalho, o julgamento das ações de indenização por danos materiais e/ou morais resultantes de acidente do trabalho, ainda que fundadas no direito comum e ajuizadas em face do empregador. Não obstante a superveniência da EC 45/2004, subsiste íntegra, na esfera de competência material do Poder Judiciário local, a atribuição para processar e julgar as causas acidentárias, qualquer que seja a condição ostentada pela parte passiva (INSS ou empregador), mesmo que a pretensão jurídica nelas deduzida encontre fundamento no direito

Recurso Extraordinário, que basicamente manteve a orientação que já vinha se firmando, houve franca adesão à tese de incompetência pelo Tribunal Superior do Trabalho[62].

O que se verificava como fundamento para a incompetência da Justiça do Trabalho seria a norma do art. 109, I, da Constituição Federal, que na verdade apenas excepciona do Juízo Federal, dentre outras, "as causas de acidente de trabalho" e que por interpretação no sentido de competência residual iriam para a Justiça Comum dos Estados-membros e do Distrito Federal[63]. Com todo respeito que merecem tais decisões do Supremo Tribunal Federal, tem-se que não se pode deixar de lançar uma observação crítica à tese sustentada, máxime com a vigência da Emenda Constitucional n. 45/2004.

Neste sentido são extremamente esclarecedoras as ponderações do Ministro DALAZEN[64] para demonstrar que o mesmo fato ACIDENTE DE TRABALHO pode levar a mais de uma situação para efeitos de definição de competência, quando propõe uma necessária distinção entre "ações acidentárias" — ou seja, lides que envolvam direito previdenciário e necessariamente em face do INSS — de ações de indenização por dano moral/material em decorrência de lide entre empregado e empregador. Na primeira há o que se pode denominar de ação acidentária propriamente dita para discussão relacionada com benefícios previdenciários. Na segunda há uma ação em face de pretendida responsabilização do empregador. Pode-se, ainda, acrescentar uma terceira situação, esta necessariamente de ordem trabalhista, relacionada com a garantia de emprego assegurada pelo art. 118 da Lei n. 8.213/91. Nesta hipótese, após certa controvérsia quanto à possibilidade de a Justiça do Trabalho examinar a ocorrência de acidente de trabalho — justamente em face da súmula n. 501 do Supremo Tribunal Federal e da súmula n. 15 do Superior Tribunal de Justiça —, passou-se a entender pela competência da Justiça do Trabalho — ainda que de forma incidental[65] — para apreciar e julgar discussões relacionadas com a própria ocorrência do acidente de trabalho como base absolutamente necessária para a aplicação da norma do art. 118 da Lei n. 8.213/91.

---

comum. Inaplicabilidade da súmula n. 736/STF. Precedente: RE 438.639/MG, Rel. p/ o acórdão Min. CEZAR PELUSO (Pleno).

(62) Cumpre referir que após a Emenda Constitucional n. 45, mas antes da decisão do Supremo Tribunal Federal houve decisões que endossaram a tese de competência da Justiça do Trabalho, ainda que a Corte Suprema já tivesse sinalizado para a Incompetência. Como exemplo: AIRR — 2073/1999-023-05-00; DJ 11.2.2005; Acórdão 1ª Turma; Relatora: Juíza convocada Maria Doralice Novaes e, ainda, AIRR — 824/2002-461-05-40; DJ 25.2.2005; Acórdão 3ª Turma; Relator: Juiz Convocado Cláudio Couce de Menezes.

(63) Note-se que a Competência da Justiça Comum para o acidente de trabalho está no art. 643, § 2º, da CLT, assim, redigido: "Artigo 643 — ...., § 2º — As questões referentes a acidente do trabalho continuam sujeitas à justiça ordinária, na forma do Decreto n. 24.637, de 10 de julho de 1934, e legislação subseqüente.

(64) DALAZEN, João Oreste, *op. cit.* p. 173.

(65) Na verdade nem mesmo se trataria de decisão incidental, na medida em que para a discussão relacionada com a responsabilidade trabalhista ficaria esta definida meritoriamente na Justiça do Trabalho. O argumento de que se trataria de decisão incidental (art. 469, II, do CPC) levaria em conta o aspecto relacionado com a existência ou não do acidente do trabalho frente ao INSS.

Assim, conforme realçado por DALAZEN[(66)], ".... o novo art. 114 inc.VI da CF/88 provoca uma reviravolta no quadro da competência para o dissídio entre empregado e empregador por indenização patrimonial e moral decorrente de acidente de trabalho."

No mesmo sentido é a argumentação de MEIRELES[(67)] quando afirma que "Deixando clara a abrangência dessa competência, o reformador constitucional (de modo dispensável, aliás) ainda preceituou que à Justiça do Trabalho cabe julgar ' as ações de indenização por dano moral ou patrimonial, decorrentes da relação de trabalho' (inciso VI do art.114). Esse dispositivo, ao certo, serviu mais para acabar com as controvérsias quanto à competência para julgamento dos feitos em que se pede o ressarcimento de danos morais e materiais, inclusive quando decorrente do acidente de trabalho" e de DALLEGRAVE NETTO[(68)] que já afirmava a competência da Justiça do Trabalho, quer em face de se tratar de descumprimento de normas tipicamente trabalhistas (arts. 154 até 223 da CLT), quer em face da propositada ausência de inclusão desta competência como sendo da Justiça Comum na Constituição Federal de 1988, sendo que esta situação fica definitivamente esclarecida em face do art. 114, inciso VI, da Constituição Federal.

Se antes da emenda Constitucional n. 45/2004 já era possível sustentar a competência da Justiça do Trabalho para examinar e julgar lides relacionadas com dano moral e material — inclusive decorrentes de acidente do trabalho, desde que em face do empregador —, parece que fica difícil sustentar pela incompetência com a expressa referência feita pelos incisos I e VI, do art. 114 da Constituição Federal.

Anote-se, por fim, que o posicionamento até então adotado pelo Supremo Tribunal Federal inibiria a possibilidade de que, por força do inciso IX do art. 114, da Constituição Federal pudessem ingressar na competência da Justiça do Trabalho, por lei ordinária, as lides que envolvessem discussão relacionada com danos morais e materiais ocorridos em face de acidente de trabalho, na medida em que haveria ofensa à norma do art. 109, I, da Constituição Federal.

O fato é que houve louvável e significativa mudança na orientação do Supremo Tribunal Federal[(69)]. Com voto da lavra do Ministro Ayres de Brito, acompanhado na essência pelos demais Ministros, passou o Supremo Tribunal Federal ao entendimento de que compete à Justiça do Trabalho a apreciação e julgamento de questões relacionadas com danos morais e materiais decorrentes de acidente de trabalho. Podem ser apontados como elementos nucleares da decisão os seguintes aspectos:

---

(66) DALAZEN, João Oreste, *op. cit.*, p. 172.

(67) MEIRELES, Edilton, *op. cit.*, p. 67.

(68) DALLEGRAVE NETO, José Afonso, *op. cit.*, p. 213-216. Afirma o autor que houve mudança de rumo com a Constituição Federal de 1988 que, ao contrário da Constituição de 1967 (art. 142, § 2º, deixou de afirmar a competência da Justiça Comum para "os litígios relativos a acidente do trabalho", não podendo entender-se pela hipótese de competência residual em face da norma do art. 109, I, da Constituição Federal de 1988.

(69) Justamente em face de voto do Ministro Ayres de Britto no Conflito de Competência n. 7.204-1, entre o Tribunal Superior do Trabalho e o extinto Tribunal de Alçada de Minas Gerais.

a) a competência da Justiça do Trabalho para julgar ações indenizatórias decorrentes da relação de emprego; b) a interpretação do art. 109,I, da Constituição Federal no sentido de que não há atribuição expressa de competência da Justiça Comum para as situações relacionadas com acidente de trabalho, mas mera exclusão da competência da Justiça Federal; c) a conclusão de que há evidente distinção entre ação acidentária (em face do INSS) de ação de indenização (em face do empregador).

Neste contexto, passou a prevalecer o entendimento de que as ações de indenização por dano moral e material decorrentes de acidente de trabalho promovidas em face do empregador são de competência da Justiça do Trabalho. Já as ações acidentárias típicas, em face do INSS, continuariam de competência da Justiça Comum[70]. Cumpre referir, ainda, que houve prevalência da tese de que a competência reconhecida à Justiça do Trabalho, por dita política Judiciária, somente ocorreria após a vigência da Emenda Constitucional n. 45, ao menos no âmbito do Supremo Tribunal Federal.

Assim, definida a competência da Justiça Comum para as ações acidentárias típicas, por força de interpretação do art. 109, I, da Constituição Federal, tem-se que tal matéria somente poderia ingressar no âmbito da Justiça do Trabalho por meio de Emenda Constitucional, sendo certo que qualquer legislação infraconstitucional elaborada com suporte no inciso IX, da Constituição Federal poderia significar franco choque com a norma do art. 109, I, da Constituição Federal.

Evidentemente que noutro vetor hermenêutico, na trilha do entendimento do Ministro Ayres de Britto, poderia se confirmar o sentido de que o artigo em pauta apenas exclui da competência da Justiça Federal as ações acidentárias, não significando que devam, necessariamente, se incorporar à competência da Justiça Comum (competência residual), mas passando à Justiça do Trabalho em face do que se tem definido por unidade de julgamento, nos termos anunciados pelo Ministro Carlos Velloso no plenário do julgamento do Conflito de Competência 7.204-1, entre o Tribunal Superior do Trabalho e o extinto Tribunal de Alçada de Minas Gerais. Neste contexto restaria a inconstitucionalidade/não-recepção das normas dos arts. 129, II, das Leis ns. 8.213/91 e 643, § 2º, da CLT.[71]

De qualquer forma, aqui parece que haveria um espaço de possibilidade legislativa infraconstitucional própria da abertura proporcionada pelo inciso IX, do art. 114, da

(70) Não se olvide que até mesmos as ações acidentárias possam vir a ser consideradas de competência da Justiça do Trabalho. É que se pode perceber no debate do Plenário do STF a franca inclinação do Ministro Carlos Velloso no sentido de, acolhendo a idéia de unidade de julgamento — tese defendida pelo voto vencedor do Ministro Cezar Peluso no RE 438.639 na sessão do dia 9.3.2005 — poderia a discussão relacionada com acidente de trabalho ficar concentrada na Justiça do Trabalho, tanto no que diz respeito a ação acidentária propriamente dita (INSS), quanto da ação de indenização por responsabilidade civil (empregador).

(71) Fala-se em inconstitucionalidade do art. 129, II da Lei n. 8.213/91, porque posterior à vigência da Constituição Federal de 1988 (109, incisos, c/c 114 da Constituição Federal) e em não-recepção desta norma frente ao novo paradigma de competência estabelecido pela Emenda Constitucional n. 45/2004. Relativamente ao art. 643, §, 2º, da CLT, seria sempre hipótese de não-recepção, quer frente ao texto originário de 1988, quer frente ao texto constitucional em face da Emenda Constitucional n. 45/2004.

Constituição Federal, estabelecendo de forma precisa a competência relacionada com as ações acidentárias.

b) Dano Moral/Material Pré-contratual e Pós-contratual

Inicialmente cabe registrar que o dano moral decorrente da relação de emprego — e também de trabalho — se afigura de competência da Justiça do Trabalho, agora de forma tranqüila[72] [73].

Nesta verificação importa examinar aspectos relacionados com a hipótese de dano moral/material em momento anterior ou mesmo posterior à relação de emprego/trabalho. Nestas hipóteses tem-se verificado duas posições básicas. Pela primeira, dentre outros, TOSTES MALTA[74] [75] afirma que os "...litígios decorrentes de pré-contratos de trabalho ou da chamada fase pré-contratual da relação de emprego entram na competência da Justiça do Trabalho". Pela segunda, além de outros, PEDREIRA DA SILVA[76] [77] ao afirmar que "Na fase pré-contratual, conforme dito em capítulo anterior, reconsideramos a nossa opinião no sentido da competência, que passamos a rejeitar, porque, nos termos do art. 114 da Constituição, ela está subordinada à extinção da relação de trabalho e esta, no período em questão, ainda não se perfez."

Parece que definido o aspecto relacionado com a competência da Justiça do Trabalho em face da relação de emprego/trabalho, não há como entender pela incompetência da Justiça do Trabalho nas hipóteses de ofensas nos momentos pré ou pós-contratuais. Neste aspecto é interessante examinar a situação a partir da noção de "obrigação como processo"[78], cujo desenvolvimento será feito no próximo item.

Registre-se que a melhor maneira de estabelecer uma definição para este impasse seria a edição de lei específica, atribuindo a um ou outro ramo do Poder Judiciário a competência para apreciar e julgar os litígios, até mesmo para o estabelecimento de mais segurança jurídica para o cidadão e para evitar discussões no Judiciário. Para isso também se presta a norma do art. 114, inciso IX, da Constituição Federal.

---

(72) Após intensa discussão, tanto na esfera do Justiça do Trabalho quanto da Justiça Comum, a decisão do Supremo Tribunal Federal, — Ac. STF Pleno — m.v. Conflito de Jurisdição 6.959-6 — Relator (designado): Min. Sepúlveda Pertence — j. 23.5.90 — Suscte. Juiz de Direito da 1ª Vara Cível de Brasília; Suscdo. Tribunal Superior do Trabalho — DJU 22.2.91, pág. 1.259 — serviu como referência para estabelecer a competência da Justiça do Trabalho, com base na relação entre empregado e empregador, independentemente da natureza do direito material discutido.

(73) Neste sentido é a súmula n. 392 do TST que, incorporando a Orientação Jurisprudencial n. 327 da SDI-1, tem a seguinte redação "DANO MORAL. COMPETÊNCIA DA JUSTIÇA DO TRABALHO. Nos termos do art. 114 da CF/1988, a Justiça do Trabalho é competente para dirimir controvérsias referentes à indenização por dano moral, quando decorrente da relação de trabalho.

(74) MALTA, Christovão Piragibe Tostes, *Prática do Processo Trabalhista*, 24ª ed. São Paulo: LTr, 1993, p. 318.

(75) Também neste sentido BATALHA, Wilson de Souza Campos, *Tratado de Direito Judiciário do Trabalho*, vol. I, 3ª ed. São Paulo: LTr, 1995, p. 340.

(76) SILVA, Luiz de Pinho Pedreira da, *A reparação do Dano Moral no Direito do Trabalho*, São Paulo: LTr, 2004, p. 123-124.

(77) Neste sentido, ainda, PAMPLONA FILHO, Rodolfo, *O Dano Moral na Relação de Emprego*, 3ª ed. São Paulo: LTr, p. 138-139 e TEIXEIRA FILHO, João de Lima, *Instituições de Direito do Trabalho*, vol. I, 21ª ed. São Paulo: LTr, p. 1.318.

(78) SILVA, Clóvis Veríssimo do Couto e, *op. cit.*

c) Contribuição Sindical

Definidas as contribuições sindicais como (a) contribuição sindical, nos moldes dos arts. 149 da Constituição Federal e 578/610 da CLT; (b) contribuição confederativa, nos termos do art. 8º, Inciso IV, da Constituição Federal ; (c) contribuição assistencial, conforme art. 513, *e*, da CLT e (d) contribuição estatutária ou mensalidade sindical, nos termos do art. 548, *b*, da CLT, tem-se as seguintes situações quanto à competência:

(1) A competência para processar e julgar ações em face da contribuição sindical era de competência da Justiça Comum, nos moldes do entendimento consubstanciado na Súmula n. 222 do STJ [79];

(2) Não havia controvérsia quanto à competência da Justiça do Trabalho para analisar e julgar as lides estabelecidas em face da contribuição assistencial obreira, basicamente em face da Lei n. 8.984/95, havendo certa controvérsia quanto à contribuição Patronal, sendo que de um lado com a interpretação mais ampla da própria Lei n. 8.984/95 e de outro os termos da Orientação Jurisprudencial n. 290[80].

(3) A contribuição confederativa seria de competência da Justiça Comum[81], salvo se fixada em acordo/convenção coletiva, quando também seria de competência da Justiça do Trabalho[82].

(4) A contribuição estatutária/mensalidade sindical seria de competência da Justiça Comum, na medida em que envolveria apenas o Sindicato e seu associado.

Com a Emenda Constitucional n. 45, em face da redação dada ao art. 114, inciso III, passa-se a sustentar pela Competência da Justiça do Trabalho para a discussão relacionada com TODAS as contribuições. Neste sentido afirma DALAZEN[83] que

(79) Súmula n. 222 STJ. "COMPETÊNCIA — CONTRIBUIÇÃO SINDICAL PREVISTA NO ART. 578 DA CLT. Compete à Justiça Comum processar e julgar as ações relativas à Contribuição Sindical prevista no art. 578 da CLT."

(80) Diz a Orientação Jurisprudencial n. 190: "Contribuição sindical patronal. Ação de cumprimento. Incompetência da Justiça do Trabalho. É incompetente a Justiça do Trabalho para apreciar lide entre sindicato patronal e a respectiva categoria econômica, objetivando cobrar a contribuição assistencial".

(81) CONSTITUCIONAL E PROCESSUAL CIVIL. CONFLITO DE COMEPETÊNCIA. AÇÃO DE COBRANÇA. CONTRIBUIÇÃO CONFEDERATIVA FIXADA POR ASSEMBLÉIA GERAL. COMPETÊNCIA DA JUSTIÇA ESTADUAL — Compete à Justiça Estadual processar e julgar ação que visa à cobrança de contribuição confederativa fixada por meio de assembléia geral, não se justificando a competência da Justiça do Trabalho, já que não diz respeito a relação de emprego ou cumprimento de convenções coletivas de trabalho ou acordos coletivos de trabalho. Competência do Juízo de Direito da 3ª Vara Cível de Catanduva-SP. (STJ — 1ª seção, CC 15.035/SP, Rel. Min. Luiz Delgado, J. à unanimidade em 31.10.1995, DJ de 11.12.1995)".

(82) EMENTA: I RE: Prequestionamento mediante embargos de declaração (súmula n. 3.560: descabimento para suscitar tema constitucional antes não aventado. II — Convenção coletiva de trabalho: validade de cláusula que obriga os empregadores ao desconto de contribuição confederativa aprovada em assembléia geral da categoria profissional e competência da Justiça do Trabalho para as ações dela decorrentes. STF RE 287227/SP, 1ª Turma. Relator: SEPÚLVEDA PERTENCE, julgamento: 18.12.2000.

(83) DALAZEN, João Oreste. *Op. cit.*, p. 169.

"Cuidando-se sempre de litígios regulados e dirimidos apenas por normas e princípios do Direito do Trabalho, em face do art. 114 inc. III da Constituição Federal passam a gravitar, todos, na órbita da Justiça do Trabalho, ainda quando não assentados em instrumento normativo. Vale dizer: a circunstância de a cobrança — por exemplo, de contribuição assistencial, ou de contribuição confederativa — lastrear-se apenas em deliberação de assembléia geral da categoria não mais tem o condão de retirar a causa da competência da Justiça do Trabalho, mesmo que o dissídio trave-se entre sindicato patronal e membro da categoria econômica." A conclusão posta apresenta-se perfeita em relação a todas as contribuições.

Cumpre mencionar, contudo, para efeitos de estabelecer um contraponto nesta situação, que considerada a natureza jurídica da contribuição sindical, poderá haver entendimentos no sentido de competência da Justiça Comum. Explica-se: É que ainda que legitimado o sindicato para a cobrança de tais contribuições (art. 606, parágrafos, da CLT), verifica-se que a doutrina fixa entendimento no sentido da natureza tributária de tal contribuição. Neste sentido, por todos, afirma SÜSSEKIND(84): "Essa contribuição sindical é, a nosso ver, um tributo, reunindo os elementos que a configuram como tal (cf. o art. 3º do CTN)."

Anote-se, ainda, que mesmo havendo expedição de certidão pelo Ministério do Trabalho para efeitos de execução (Título da dívida), além de incidência da Lei n. 6.830/80, não se poderá invocar a norma do inciso VII, do art. 114 da Constituição Federal, na medida em que não se trata de qualquer sanção, senão de tributo.

Esta é outra situação que poderá restar definitivamente esclarecida por meio de legislação infraconstitucional, no espaço proporcionado pelo inciso IX do art. 114 da Constituição Federal.

III. 3. — SITUAÇÕES PROSPECTIVAS E NOÇÃO DE OBRIGAÇÃO COMO PROCESSO — As situações prospectivas devem ser entendidas como aquelas possibilidades de competências que chegarão à Justiça do Trabalho no espaço próprio da legislação infraconstitucional em face da "janela" proporcionada pelo inciso IX, do art. 114 da Constituição Federal.

Tem-se que poderão compor a competência da Justiça do Trabalho, em momentos históricos próprios, aquelas matérias que foram objeto de retorno à Câmara dos Deputados, relacionadas, por exemplo, com tributos, com aplicação de penalidades administrativas na sentença e com o cumprimento de seus próprios atos e sentenças, salvo se restar estabelecido textualmente situação em sentido contrário.

Já a matéria relacionada com uma maior amplitude do inciso I somente poderá restar definida no âmbito de Emenda Constitucional, considerada a interpretação dada pelo Supremo Tribunal Federal, ao menos em sede de apreciação inicial da ADIn 3.395-DF.

---

(84) SÜSSEKIND, Arnaldo. ... *Op. cit.*, p. 1159.

A possibilidade de ampliação de competência da Justiça do Trabalho, apresenta-se bastante ampla(85), mas sempre com limites impostos pela própria Constituição. É exatamente por isso que não se pode concordar totalmente com o exemplo de amplitude elaborado por NASCIMENTO quando afirma que "E por outras controvérsias decorrentes da relação de trabalho, na forma da lei o que nos parece viável entender é que, diante da ampliação do quadro da competência para toda relação de trabalho e tendo em vista a amplitude desse quadro, poderá o legislador, a seu critério, ampliar, ainda mais, a competência do Judiciário Trabalhista, exemplo, no futuro para previdência complementar ou oficial." Ora, quanto à previdência complementar parece não haver qualquer óbice para atuação legislativa infraconstitucional no espaço do inciso IX, sendo certo que em relação à previdência oficial somente poderia haver atribuição de competência por meio de Emenda Constitucional, na medida em que a norma do inciso 109, I, da Constituição Federal atribui expressa competência para a Justiça Federal apreciar as causas que envolvem "a união, entidades autárquicas ou empresa pública", justamente em razão das pessoas. A exceção quanto às causas sujeitas à Justiça do Trabalho coloca-se no âmbito também de competência expressa, mas necessariamente já fixada na Constituição Federal (art. 114, incisos). Tem-se, pois, que o estabelecimento de competência da Justiça do Trabalho para apreciar e julgar ações tipicamente previdenciárias por meio de legislação infraconstitucional não resistiria ao crivo da inconstitucionalidade.

É importante registrar que se se trabalha com a noção relativamente estreita de obrigações que decorrem da relação de trabalho parece que se torna mais fácil a definição das competências da Justiça do Trabalho nesta seara. A realidade, entretanto, pode apresentar aspectos que tornam esta definição duvidosa, até mesmo difícil, quando se tratar de estabelecimentos de obrigações pré ou pós-contratuais, por exemplo. Neste sentido, verifica-se que nunca se estabeleceu de forma tranqüila a competência da Justiça do Trabalho para apreciar e julgar ação de indenização por dano moral que se verificasse antes do início do contrato ou depois do término do contrato. Já para o curso do contrato e para o momento do término do contrato toda a doutrina e jurisprudência sempre se inclinaram pela perfeita competência da Justiça do Trabalho.

Ora, é exatamente neste contexto de dinâmica das relações — aliás bastante presente na relação de trabalho naturalmente de trato sucessivo — que se pode elaborar teorização no sentido da obrigação como processo(86), ou seja, ".... sublinhar o ser dinâmico da obrigação, as várias fases que surgem no desenvolvimento da relação

---

(85) Temos alguma dificuldade em acolher a amplitude proposta por MEIRELES, Edilton, *op. cit.*, p. 70, quando afirma que "Outro exemplo (pitoresco) em que a lei pode atrair para a Justiça do Trabalho a competência respectiva, para bem revelar a importância deste dispositivo em comento: o empregado que tem o parente ofendido pelo empregador pode demandar, por danos morais, na Justiça do Trabalho (litígio entre trabalhador e empregador). O parente ofendido, no entanto, demanda na Justiça Comum. A lei, então, poderá, considerando a relação de trabalho existente, assegurar à Justiça do Trabalho esta competência, já que a controvérsia tem como pressuposto fático-jurídico último a relação de trabalho."

(86) A Expressão "Obrigação como processo" tem inspiração na obra de COUTO E SILVA, Clóvis Veríssimo do, podendo ser definida da seguinte forma "A obrigação, vista como processo, compõe-se, em sentido largo, do conjunto de atividades necessárias à satisfação do interesse do credor.

obrigacional e que entre si se ligam com interdependência."[87], para definir também aspectos relacionados com a Competência ou não da Justiça do Trabalho. Situação de especial interesse se coloca justamente no patamar das denominadas "outras controvérsias" que não são direta ou tradicionalmente decorrentes da relação de trabalho, mas não podem escapar, analisado o aspecto complexo da formação deste contrato, da competência da Justiça do Trabalho.

V — CONCLUSÃO

Feitas estas considerações, no espaço permitido pelo breve estudo, pode-se afirmar que:

A) Não há qualquer incompatibilidade entre as normas dos incisos I e IX do art. 114 da Constituição Federal, com redação dada pela Emenda Constitucional n. 45/2004, devendo ser afastada qualquer interpretação reducionista ou restritiva do inciso I;

B) A norma do inciso IX representa, sob qualquer ângulo de interpretação, um sentido complementar e necessariamente ampliativo da Competência da Justiça do Trabalho;

C) Evidentemente que aquelas lides que decorrem naturalmente da relação de trabalho inserem-se na competência da Justiça do Trabalho sob a fórmula de competência própria, apenas havendo necessidade de normatividade infraconstitucional para o que se definiu como competência imprópria;

D) A "janela" proporcionada pelo Inciso IX, do art. 114, da Constituição Federal dá ao legislador infraconstitucional uma ferramenta adequada que serve para projetar uma possível revitalização do sistema, ampliando a competência da Justiça do Trabalho naquelas questões relacionadas com o fenômeno social identificado como "relação de trabalho". Evidentemente que esta projeção deverá levar em conta a noção complexa na formação da obrigação, para efeitos de definir também a competência desta Justiça Especializada.

E) A Emenda Constitucional n. 45/2004, percebe-se, dá à Justiça do Trabalho uma nova configuração, identificada com as discussões decorrentes das relações de trabalho e com uma Justiça mais próxima dos Direitos Sociais e de uma Justiça Social.

VI — REFERÊNCIAS BIBLIOGRÁFICAS

ARAÚJO, Francisco Rossal de. "A Natureza Jurídica da Relação de Trabalho" Novas Competências da Justiça do Trabalho — Emenda Constitucional n. 45/04, *in Nova*

Dogmaticamente, contudo, é indispensável distinguir os planos em que se desenvolve e se adimple a obrigação", *op. cit.*, p. 10.

(87) COUTO E SILVA, Clóvis Veríssimo do. *Op. cit.*, p. 10.

Competência da Justiça do Trabalho — Coordenação de Grijalbo Fernandes Coutinho e Marcos Neves Fava. São Paulo: LTr, 2005.

BATALHA, Wilson de Souza Campos. *Tratado de Direito Judiciário do Trabalho*, 3ª ed. volume I. São Paulo: LTr, 1995.

BONAVIDES, Paulo, *Curso de Direito Constitucional*, 8ª ed. São Paulo: Malheiros, 1998.

CANOTILHO, J.J. GOMES. *Direito Constitucional e Teoria da Constituição*, 3ª ed. Coimbra: Almedina, 1999.

CHAVES JÚNIOR, José Eduardo de Resende." A Emenda Constitucional 45/2004 e a Competência Penal da Justiça do Trabalho", *in Nova Competência da Justiça do Trabalho* — Coordenação de Grijalbo Fernandes Coutinho e Marcos Neves Fava. São Paulo: LTr, 2005.

COQUEIJO COSTA, Carlos Alberto. *Direito Processual do Trabalho*, 4ª ed. atualizada por Washington Luiz da Trindade. Rio de Janeiro: Forense, 1995.

COSTA, Orlando Teixeira da, "Jurisdição e Competência da Justiça do Trabalho na nova Constituição". *In Processo do Trabalho — Estudos em Memória de Coqueijo Costa*. São Paulo: LTr, 1989.

DALLEGRAVE NETO, José Affonso. "Primeiras Linhas sobre a Nova Competência da Justiça do Trabalho Fixada pela Reforma do Judiciário (EC 45/2004)", *in Nova Competência da Justiça do Trabalho* — Coordenação de Grijalbo Fernandes Coutinho e Marcos Neves Fava. São Paulo: LTr, 2005.

DALAZEN, João Oreste. "A Reforma do Judiciário e os Novos Marcos da Competência Material da Justiça do Trabalho no Brasil", *in Nova Competência da Justiça do Trabalho* — Coordenação de Grijalbo Fernandes Coutinho e Marcos Neves Fava. São Paulo: LTr, 2005.

DELGADO, Mauricio Godinho. "As duas faces da nova competência da Justiça do Trabalho", *in Nova Competência da Justiça do Trabalho* — Coordenação de Grijalbo Fernandes Coutinho e Marcos Neves Fava. São Paulo: LTr, 2005.

FERRAZ JUNIOR, Tercio Sampaio. *Introdução ao Estudo do Direito — Técnica, Decisão, Dominação*, 3ª ed. São Paulo: Atlas, 2001.

FONTES, Saulo Tarcísio de Carvalho. "Acidente do Trabalho — Competência da Justiça do Trabalho: Os Reflexos da Emenda Constitucional n. 45)", *in Nova Competência da Justiça do Trabalho* — Coordenação de Grijalbo Fernandes Coutinho e Marcos Neves Fava. São Paulo: LTr, 2005.

FREITAS, Juarez *A interpretação Sistemática do Direito*. São Paulo: Malheiros, 1995.

GIGLIO, Wagner D. *Direito Processual do Trabalho*, 11ª ed. São Paulo: Saraiva, 2000.

MALTA, Christovão Piragibe Tostes. *Prática do Processo Trabalhista*, 24ª ed. São Paulo: LTr, 1993.

MARANHÃO, Délio e SÜSSEKIND, Arnaldo, SEGADAS VIANNA e LIMA TEIXEIRA. *Instituições de Direito do Trabalho*, vol. 1, 21ª ed. São Paulo: LTr, 2003.

MAXIMILIANO, Carlos. *Hermenêutica e Aplicação do Direito*, 11ª ed. Rio de Janeiro: Forense, 1991.

MEIRELES, Edilton. "A Nova Justiça do Trabalho — Competência e Procedimento", *in Nova Competência da Justiça do Trabalho* — Coordenação de Grijalbo Fernandes Coutinho e Marcos Neves Fava. São Paulo: LTr, 2005.

MELHADO, Reginaldo. "Da Dicotomia ao Conceito Aberto: As Novas Competências da Justiça do Trabalho", *in Nova Competência da Justiça do Trabalho* — Coordenação de Grijalbo Fernandes Coutinho e Marcos Neves Fava. São Paulo: LTr, 2005.

MENDES, Gilmar Ferreira. *Jurisdição Constitucional*. São Paulo: Saraiva, 2004.

MIRANDA, Jorge. *Teoria do Estado e da Constituição*. Rio de Janeiro: Forense, 2002.

NASCIMENTO, Amauri Mascaro. *Curso de Direito Processual do Trabalho*, 11ª ed. São Paulo: Saraiva, 1990.

NASCIMENTO, Amauri Mascaro. "A Competência da Justiça do Trabalho para a Relação de Trabalho". *in Nova Competência da Justiça do Trabalho* — Coordenação de Grijalbo Fernandes Coutinho e Marcos Neves Fava. São Paulo: LTr, 2005.

OLVERA, Óscar Rodríguez. *Teoría de los derechos sociales en la constitución abierta*. Granada: Editorial Comares, 1998.

PAMPLONA FILHO, Rodolfo. *O Dano Moral na Relação de Emprego*, 3ª ed. São Paulo: LTr, 2002.

PINTO, Fernando Henrique, citado por CARA, Alípio Roberto Figueiredo. "A reforma do Judiciário e a Competência da Justiça do Trabalho", *in Nova Competência da Justiça do Trabalho* — Coordenação de Grijalbo Fernandes Coutinho e Marcos Neves Fava. São Paulo: LTr, 2005.

RUSSOMANO, Mozart Victor. *Curso de Direito do Trabalho*, 4ª ed., 3ª tiragem. Curitiba: Juruá, 1993.

RUSSOMANO, Mozart Victor. *Comentários à CLT*, vol. II, 16ª ed. Rio de Janeiro: Forense, 1994.

SILVA, Clóvis Veríssimo do Couto e. *A obrigação como processo*. São Paulo: Buchatski Editor, 1976.

SILVA, Luiz de Pinho Pedreira da. *A reparação do Dano Moral no Direito do Trabalho*. São Paulo: LTr, 2004.

SOUTO MAIOR, Jorge Luiz. "Justiça do Trabalho: A Justiça do Trabalhador", *in Nova Competência da Justiça do Trabalho* — Coordenação de Grijalbo Fernandes Coutinho e Marcos Neves Fava. São Paulo: LTr, 2005.

STRECK, Lenio Luiz, *Jurisdição Constitucional e Hermenêutica — Uma Nova Crítica do Direito*. Porto Alegre: Livraria do Advogado Editora, 2002.

TEIXEIRA FILHO, Manoel Antonio. *Breves Comentários à Reforma do Poder Judiciário — Com ênfase à Justiça do Trabalho*. São Paulo: LTr, 2005.

TEIXEIRA FILHO, João de Lima e outros. *Instituições de Direito do Trabalho*, 21ª ed., vol. II. São Paulo: LTr, 2003.

VIANA, Márcio Túlio. "As relações de Trabalho sem vínculo de Emprego e as Novas Regras de Competência", *in Nova Competência da Justiça do Trabalho* — Coordenação de Grijalbo Fernandes Coutinho e Marcos Neves Fava. São Paulo: LTr, 2005.

CONFLITO DE COMPETÊNCIA NA JUSTIÇA DO TRABALHO

Marcelo Papaléo de Souza (*)

1. INTRODUÇÃO

O presente estudo tem como objetivo a análise do conflito de competência em matéria trabalhista, tomando o enfoque da alteração da Constituição Federal pela Emenda Constitucional n. 45, promulgada em 8.12.2004.

A Emenda Constitucional n. 45 representa a propalada "reforma do Poder Judiciário" que, por vários anos, foi discutida no Congresso Nacional. Em relação à Justiça do Trabalho, foram incorporadas várias alterações, ressaltando-se, dentre elas, o aumento da sua competência, passando a analisar matéria que anteriormente era de incumbência de outros juízos. O ponto principal deste artigo será a verificação das soluções possíveis quando mais de um juízo se declarar competente ou incompetente para análise das matérias que forem apresentadas a ele.

2. CONSIDERAÇÕES GERAIS A RESPEITO DO DESENVOLVIMENTO DA LEGISLAÇÃO TRABALHISTA

Antes que se analise a competência do juízo trabalhista, há que se apresentar noções gerais do desenvolvimento do Direito e do processo do trabalho.

O trabalho na sociedade esteve sujeito a flutuações de orientação política e econômica nos distintos momentos da história, de maneira que suas normas são desiguais ao longo do tempo. O período histórico que será observado para a presente análise é o posterior à Revolução Industrial, em face da importância das transformações havidas na sociedade com relação ao trabalho por conta alheia, subordinado e assalariado.

O Estado Liberal é caracterizado pelo auge do contrato. A suposta igualdade, sustentada e defendida pelos pensadores da Revolução Francesa, não servia para

---

(*) Juiz do Trabalho, Mestre em Processo Civil (PUC-RS).

equilibrar as naturezas diferenciadas das partes contratantes. O justo era o que se pactuava, porque era o resultado de uma livre negociação que podia ser celebrada ou não. Caso celebrada, era a expressão do justo. Em nome da igualdade formal e da liberdade, criou-se a desigualdade entre os contratantes.

Abandonado pelo Estado, o operário não passava de um simples meio de produção. O trabalhador, na sua dignidade fundamental de pessoa humana, não era levado em consideração. A duração do trabalho ia além do máximo da resistência normal do indivíduo, e os salários baixavam até onde a concorrência do mercado permitia. Os empregadores, retribuindo ao trabalhador valores acordados, tinham como cumpridos os seus deveres.

A reação contra o sistema liberal não tardou em se produzir, proveniente dos próprios trabalhadores, dos setores políticos e filosóficos e da Igreja Católica(1). Grandes distúrbios sociais ocorreram na Europa no fim do século XIX pela ação do proletariado. A Primeira Guerra Mundial levou trabalhadores e integrantes de outras camadas sociais a lutarem em igualdade, o que desenvolveu o interesse pela uniformização dos direitos. A revolução social na Rússia estremecia os alicerces da civilização ocidental.

Compreendiam todos que os trabalhadores que haviam caído nos campos de batalha lutaram não somente para a defesa das riquezas dos detentores do capital, os maiores responsáveis pela guerra; tinham, também, preparado o campo para uma nova aurora social, em que os operários gozassem dos mesmos direitos que usufruíam todos os cidadãos, em que o trabalho fosse colocado no mesmo plano que o capital(2).

Em 1919, pelo Tratado de Versalhes, criou-se a Organização Internacional do Trabalho (OIT), organismo concebido sobre bases filosóficas segundo as quais o trabalho não deve ser tratado como mercadoria. O Tratado garantiu medidas de proteção ao trabalhador e à sua família, salário conforme as necessidades da vida, segurança do trabalho, jornada limitada, repouso, entre outras garantias.

O conflito entre as classes operária e empresarial fez com que o Estado interferisse nesses problemas, ditando leis que harmonizassem os dissidentes, de modo a valorizar a pessoa do trabalhador e o significado social de sua existência, e protegendo a organização coletiva contra os abalos resultantes de tais litígios(3).

---

(1) A doutrina católica em matéria social surge com as encíclicas papais: a *Rerum Novarum* (1891), a *Quadragéssimo Ano* (1931), a *Mater et Magistra* (1961), a *Populorum Progressio* (1967) e *Laborem Exercens* (1981).

(2) SÜSSEKIND, Arnaldo; MARANHÃO, Délio; VIANNA, Segadas; TEIXEIRA, Lima. *Instituições de Direito do Trabalho.* vol. I, 19ª ed. São Paulo: LTr, 2000, p. 42. Para aprofundar o assunto, ver MANOEL ALONSO GARCIA. *Curso de Derecho del Trabajo,* 5ª ed. Barcelona: Editora Ariel, 1975, p. 67 e seguintes.

(3) Pode-se citar os movimentos "ascendentes" que caracterizaram a origem da legislação trabalhista de países como o México, Inglaterra e França, decorrentes de luta de classes. Já os movimentos "descendentes", nos quais inclui-se o Brasil, têm como características: desenvolvimento da legislação trabalhista que não decorreu de luta de classes, sem que isso indique a ausência de uma questão social, embora latente; falta de associação profissional de expressiva representatividade; os grupos sociais ainda inorgânicos e ausência de atividades econômicas que exijam massas proletárias densas. O movimento descendente resulta da ação de cima para baixo, do governo para a coletividade.

Novos princípios reguladores sociais foram sendo incorporados às leis fundamentais de cada país, inicialmente com a Constituição Mexicana de 1917 e a Alemã de 1919.

O Direito do Trabalho surge da necessidade de disciplinar aspectos que outros ramos do Direito não atendiam, sempre observando a proteção do trabalhador e servindo de meio da interferência estatal na manutenção da paz e da ordem social.

No Brasil, a legislação trabalhista pode ser dividida em dois períodos: o do Império e parte do período Republicano (1930), e o do período posterior.

No Império, há a Lei n. 13, de setembro de 1830, regulamentando o contrato escrito sobre a prestação de serviços feito por brasileiro ou estrangeiro, dentro e fora do Império; a Lei n. 108, de 11 de outubro de 1837, dando providências sobre o contrato de locação de serviços de colonos e, finalmente, o Decreto n. 2.827, de 15 de março de 1879, que, dispondo sobre o modo como devia ser feito o contrato de locação de serviço, revogou os dois atos legislativos anteriores.

Além das referidas leis, o Código Comercial de 1850 dispunha sobre locação de serviços mercantis e sua rescisão, sobre acidentes ocorridos no trabalho e, também, sobre o aviso prévio. Há que se referir, também, a Lei Áurea (1888) que, abolindo a escravatura, tornou o trabalho "livre" em toda a sua plenitude.

Em 1881, o Dec. n. 1.313 dispôs sobre o trabalho de menores; em 1905, o Dec. n. 1.150 dava privilégio ao pagamento dos salários dos trabalhadores rurais; o Dec. n. 979, de 1901, dispôs sobre a sindicalização rural, estendida a outras categorias pelo Dec. n. 1.637, de 1907; em 1919, surge a lei sobre acidente de trabalho. A primeira lei de previdência social, de 1923, instituiu a Caixa de Aposentadoria e Pensões dos Ferroviários, cujo regime foi, em 1926, estendido a outras classes de trabalhadores (portuários e telegrafistas). Em 1925, surgiu a lei de férias, posteriormente regulamentada, e, desde 1916, vigoravam as disposições do Código Civil.

Com efeito, a partir de 1930, teve início no Brasil uma verdadeira "fúria legiferante" em matéria de Direito do Trabalho. Mas, de qualquer forma, produziu-se, no país, a partir daquela data e, conseqüentemente, num período relativamente curto da vida nacional, uma legislação social com algum sentido de dignificação do trabalho humano, que, sem dúvida, honra a cultura jurídica de um povo. "Saindo do inexpressivo e inorgânico liberalismo, onde a proteção do trabalhador e a disciplinação do trabalho constituíam um atentado às liberdades políticas e individuais e ao próprio regime", foi atingido, no período que se iniciou em 1930, invulgar êxito nesse terreno, sem lutas sangrentas e sem abalos na economia, só conseguido em outros países mediante tão elevado preço e em espaço quase secular(4).

Em 17 de dezembro de 1930, entrava em vigor o Dec. n. 19.497, que estendia a diversas classes de trabalhadores a legislação sobre aposentadoria e pensões, em

(4) BARATA SILVA, Carlos Alberto. *Compêndio de Direito do Trabalho*, 3ª ed. São Paulo: LTr, 1983, p. 53.

cujo conteúdo encontrava-se, também, já vigorante, o instituto da estabilidade, desde 1923, privilégio dos ferroviários. Em 26 de novembro do mesmo ano, foi criado o Ministério do Trabalho. Irrelevante, para o presente trabalho, referir toda a vasta legislação criada até o grande marco da legislação trabalhista, em 1943, a Consolidação das Leis do Trabalho, que não só consolidou todas as disposições em vigor, como também sistematizou, corrigiu, inovou e procurou dar um sentido doutrinário e científico às disposições anteriores.

Passando ao processo do trabalho, as primeiras tentativas de criação de órgão para a solução de litígios trabalhistas foram implantadas em 1922, como Tribunais rurais, que não surtiram efeito. Tal Tribunal era composto pelo Juiz de Direito e dois representantes, sendo um dos trabalhadores e outro, dos fazendeiros.

Em 1932, surgiram as Juntas de Conciliação e Julgamento e as Comissões Mistas de Conciliação, como órgãos administrativos, que tinham a incumbência de dirimir os litígios, mas não de executar suas decisões, pois isto deveria ser feito na Justiça Federal Comum.

O Decreto-Lei n. 1.237, de 2 de maio de 1939, foi um dos primeiros textos legais que dispôs sobre o processo do trabalho. Posteriormente, o Decreto n. 6.596, de 12 de dezembro de 1940, apresentou mudanças importantes, tais como a competência para a execução das decisões do juiz ou do presidente do tribunal que tivesse conciliado ou julgado originariamente o dissídio (art. 179).

Desde a Constituição de 1946, art. 92, IV, a Justiça do Trabalho é um ramo do Poder Judiciário.

No tocante ao próprio processo do trabalho, lembra MOZART RUSSOMANO que, para bem atender a seus fins, o processo revestiu-se de características especiais. Dirigindo-se à aplicação das leis protetoras do empregado, necessitava criar uma ação econômica, sem grandes formalismos, rápida e eficiente(5).

O cunho especial de que se reveste o processo do trabalho não prejudica a existência de íntimos pontos de contato entre ele e os processos civil e comercial. Tanto é assim, que o Direito Judiciário Comum, no Brasil, é fonte subsidiária do Direito Processual do Trabalho por força do art. 869 da Consolidação. E isso, no fundo, é apenas "um aspecto da unidade do próprio Direito. Mas nada tira ao Direito Processual do Trabalho sua natureza peculiar e a especificidade dos seus princípios e da sua técnica".(6)

Ressalta Délio Maranhão(7) que o Direito comum, de um modo geral, é, ainda, um Direito individualista. O Direito do Trabalho, ao contrário, é o vanguardeiro da socialização do Direito. Nasceu, justamente, da necessidade de corrigir as injustiças, ou desa-

---

(5) RUSSOMANO, Mozart. Victor. *Comentários à CLT,* vol. II, 15ª ed. Rio de Janeiro: Forense, p. 838.
(6) *Idem, Ibidem*, p. 839.
(7) SÜSSEKIND, Arnaldo; MARANHÃO, Délio; VIANNA, Segadas; TEIXEIRA, Lima. *Instituições de Direito do Trabalho,* vol. II, 19ª ed. São Paulo: LTr, 2000, p. 1.359.

justamentos, que a concepção individualista veio a provocar com o desenvolvimento da economia capitalista. E o processo lógico de que se valeu — corrigir as desigualdades criando outras desigualdades (superioridade jurídica para compensar a inferioridade econômica) — também se fez sentir no processo. Pode-se dizer, repetindo COUTURE, que o Direito Processual do Trabalho é todo ele elaborado com o propósito de impedir que o litigante economicamente mais poderoso possa desviar ou retardar os fins da Justiça. Essa preocupação há de ser a constante de um Direito que é instrumento da efetivação das normas de proteção ao trabalho.

3. CRITÉRIOS DE DEFINIÇÃO DA COMPETÊNCIA

O conflito de interesses decorrente da vida em sociedade é inerente ao convívio entre seres humanos. Primitivamente, a solução de tal impasse resolvia-se pela imposição da vontade do mais forte sobre o mais fraco, solução esta no âmbito privado, ou seja, justiça pelas próprias mãos.

Com o desenvolvimento da sociedade, o Estado invocou para si a responsabilidade de solucionar os conflitos intersubjetivos de interesses, devendo ele prestar a jurisdição da melhor forma possível, garantindo a utilização dos meios previamente estabelecidos para tal intento(8). Somente em poucas exceções é permitido à parte utilizar a faculdade da defesa de seus interesses (autodefesa)(9).

A jurisdição consiste no poder de atuar o Direito objetivo, que o próprio Estado elaborou, compondo os conflitos de interesses e, dessa forma, resguardando a ordem jurídica e a autoridade da lei(10). Ressalta-se o objetivo da pacificação do conflito. Como

(8) Relembra-se da sistemática adotada no Direito Romano, pois esse serviu de fonte para quase todos os sistemas do mundo ocidental. Divide-se o processo romano em dois estágios: o anterior às Leis das XII Tábuas e o período que o sucedeu. No período das Leis das XII Tábuas existiram três fases: o *legis actiones*, o *per formulas* e o *cognitio extra ordinem*. Somente na última fase é que a jurisdição passa a ser estatal, haja vista que anteriormente os juízos eram privados.

(9) Tais como direito de greve (art. 9º da CF), desforço possessório (art. 502 do CC), entre outros.

(10) SANTOS, Moacyr Amaral. *Primeiras linhas do direito processual civil*, v. I, 16ª ed., p. 67. Ele se refere à existência de duas teorias que tentam explicar o conceito de jurisdição: uma subjetivista e outra objetivista. A corrente subjetivista sustenta que a jurisdição colima à tutela dos direitos subjetivos, ou seja, à reparação dos direitos subjetivos vulnerados. É um ponto-de-vista inaceitável, como ressalta ZANZUCHI, porque contém uma petição de princípios, concebendo a tutela de uma tutela: por definição, o direito subjetivo já é o interesse juridicamente tutelado, de modo que não faz sentido supor que o tutele a jurisdição. Já a teoria objetivista advoga que a jurisdição visa à atuação de direito objetivo, através da aplicação da norma jurídica ao caso concreto e sua efetivação coercitiva. As duas teorias são mencionadas por JOÃO ORESTE DALAZEN na obra *Competência Material Trabalhista* (p. 20-21). De maneira mais detalhada é apresentação de WILSON DE SOUZA CAMPOS BATALHA em sua obra *Tratado de Direito Judiciário do Trabalho* (p. 69-71). Invoca-se, ainda, a lição de CINTRA, GRINOVER e DINAMARCO (*Teoria Geral do Processo*, p. 130-132), que referem que a jurisdição é ao mesmo tempo poder, função e atividade. Como poder, é a manifestação do poder estatal, conceituado como capacidade de decidir imperativamente e impor decisões. Como função, expressa o encargo que têm os órgãos estatais de prover a pacificação de conflitos interindividuais, mediante a realização do direito justo e através do processo. E, como atividade, ela é o complexo de atos do juiz no processo, exercendo o poder e cumprindo a função que a lei lhe compete. O poder, a função e a atividade

refere TEORI ZAVASCKI[11], o Estado, que tem como objetivos fundamentais os de criar uma sociedade livre, justa, solidária e desenvolvida, sem pobreza e desigualdades, sem preconceitos ou discriminações, na qual se garanta o bem de todos (art. 3º da Constituição), e que, para isso, exerce a administração pública e cria as normas reguladoras da convivência social, assumiu também o compromisso de tornar efetiva a aplicação de tais normas, dispensando aos indivíduos lesados ou ameaçados pela violação delas a devida proteção. Nenhum obstáculo pode ser posto ao direito de acesso ao Poder Judiciário, que fará a "apreciação" de qualquer "lesão ou ameaça a direito", segundo dispõe o art. 5º, XXXV, do Texto Constitucional. Assim, quando se fala em tutela jurisdicional, está-se falando exatamente na assistência, no amparo, na defesa, na vigilância que o Estado, por seus órgãos jurisdicionais, presta aos direitos dos indivíduos.

A jurisdição é ato de soberania, sendo una e indivisível, ou seja, o exercício da jurisdição entre os órgãos do Poder Judiciário sempre é o mesmo, sob o enfoque dos seus objetivos. No entanto, por motivos de ordem prática, fazendo-se a ressalva anterior, divide-se a jurisdição de acordo com os órgãos estatais encarregados de exercê-la, em ordinária e especial, de acordo com a competência definida na Constituição Federal. A especial é exercida por órgãos que visam à solução de conflitos de determinada natureza (ramos específicos do Direito Material), tais como trabalhistas, militar e eleitoral (arts. 111 e seguintes, 118 e seguintes e 122 e seguintes da Constituição). Os demais conflitos são solucionados, por exclusão, pela denominada jurisdição comum ou ordinária. Ressalta-se, ainda, que o critério adotado é o da natureza da lide a ser apreciada[12]. Refere ATHOS GUSMÃO DE CARNEIRO que a competência das jurisdições especiais é definida expressa e taxativamente na Constituição Federal. A lei ordinária não poderá restringir, nem ampliar, tal competência[13]. Tal circunstância, quanto à Justiça do Trabalho, é relativizada diante do disposto no art. 113 da Constituição Federal, com a nova redação dada pela Emenda Constitucional n. 24, de 9.12.1999[14].

---

somente transparecem legitimamente através do processo devidamente estruturado (devido processo legal). GIUSEPPE CHIOVENDA, em sua obra *Instituições de Direito Processual Civil* (v. II, p. 3), define jurisdição como a função do Estado que tem por escopo a atuação da vontade concreta da lei por meio da substituição, pela atividade de órgão público, da atividade de particulares ou de outros órgãos públicos, já no afirmar a existência da vontade da lei, já no torná-la, praticamente, efetiva. ATHOS GUSMÃO CARNEIRO, em sua obra *Jurisdição e Competência* (p. 5), define jurisdição como o poder (e o dever) de declarar a lei que incidiu e aplicá-la, coativa e contenciosamente, aos casos concretos. ARAKEN DE ASSIS, em sua obra *Cumulação de Ações* (p. 52), assevera que a jurisdição consiste na antítese da defesa provada, almejando efetivar a justa composição da lide, segundo o regime do direito objetivo, através do órgão alheio aos interesses concretos dos litigantes. No momento em que o Estado vedou aos particulares a justiça de mão própria, estabelecendo a sua função jurisdicional, avocando o poder de compor a lide, ao mesmo tempo assumiu o dever de extingui-la e criou um direito ao processo.

(11) ZAVASKI, Teori. *Antecipação da tutela*, 2ª ed. São Paulo: Savaiva, 1999, p. 5-6.

(12) Alguns autores (MOACYR AMARAL DOS SANTOS e CINTRA, GRINOVER e DINAMARCO) apresentam outros critérios de divisão, tais como: a) critério objetivo, jurisdição penal ou civil; b) critério dos organismos judiciários que a exercem, especial ou comum; c) critério da posição hierárquica dos órgãos dotados dela, superior ou inferior; d) critério da fonte do direito com base no qual é proferido o julgamento, jurisdição de direito ou de eqüidade.

(13) CARNEIRO, *op. cit.*, p. 25.

(14) Art. 113 da Constituição Federal: "A lei disporá sobre a constituição, investidura, jurisdição, competência, garantias e condições de exercício dos órgãos da Justiça do Trabalho".

A Constituição Federal determina, também, as atribuições do Supremo Tribunal Federal (art. 102), do Superior Tribunal de Justiça (art. 105) e dos Tribunais Regionais Federais (108). A competência do Tribunal Superior do Trabalho, do Tribunal Superior Eleitoral e do Tribunal Superior Militar é definida por lei ou lei complementar, no caso do eleitoral, conforme previsto na própria Constituição (arts. 111, § 3º, 121 e 124, parágrafo único).

A competência significa a quantidade de exercício de jurisdição atribuída a cada órgão ou grupo de órgãos, conforme a lição de LIEBMAN[15]. A norma legal determina os limites dos órgãos jurisdicionais, excluindo os demais da apreciação da lide. A definição da competência, no processo civil, apresenta o critério tripartite, ou seja, de acordo com o objetivo, território e funcional. No critério objetivo, o que importa são as características da causa a ser examinada, distribuindo-se as ações de acordo com as afinidades ou disparidades verificadas no conteúdo da demanda (relacionada ao valor da causa, à natureza da demanda e às condições das pessoas da lide). No funcional, o que se releva são as funções desempenhadas pelos órgãos jurisdicionais no processo. Já o territorial vincula-se à consideração da dimensão territorial atribuída à atividade de cada um dos órgãos jurisdicionais. Os critérios relacionais podem ser reunidos em dois grupos: competência absoluta (em razão da matéria, das pessoas e a funcional — art. 111 do CPC) e competência relativa (território ou competência do foro e em razão do valor da causa — art. 111 do CPC).

Importante ressaltar são os efeitos da incompetência do juízo, sendo que, na absoluta, são nulos os atos decisórios, sendo passíveis, inclusive, de ação rescisória. Na relativa, os atos são anuláveis, sendo a decisão insuscetível de ação rescisória. No juízo relativamente incapaz, se a parte não apresentar exceção de incompetência, o mesmo torna-se competente para os atos processuais.

Para LUIZ GUILHERME MARINONI e SÉRGIO CRUZ ARENHART, o Direito brasileiro assenta a competência em três princípios fundamentais: o princípio do juiz natural, o princípio da perpetuação da competência e o princípio da competência sobre a competência[16]. Interessante de ser frisado é o último princípio referido, pois todo magistrado tem competência para apreciar a competência do processo que lhe é apresentado. Assim, caso não concorde com a decisão de incompetência que foi proferida por outro juízo, sendo-lhe apresentado o processo para decidir, pode suscitar o conflito de competência.

A competência, via de regra, é fixada na propositura da ação (art. 87 do CPC), podendo, contudo, ser alterada pela atração de outros juízos, tais como dos juízos de

---

(15) *Apud* CINTRA, GRINOVER e DINAMARCO. *Teoria* .... (p. 229). Acrescentam os autores que a função jurisdicional, que é uma só e atribuída abstratamente a todos os órgãos integrantes do Poder Judiciário, passou por um processo gradativo de concretização, até chegar-se à determinação do juiz competente para determinado processo; através das regras legais que atribuem a cada órgão o exercício da jurisdição com referência a dada categoria de causas (regras de competência), excluem-se os demais órgãos jurisdicionais para que só aquele deva exercê-la ali, em concreto.

(16) *Manual do processo de conhecimento,* 3ª ed. São Paulo: RT, 2004, p. 49-51.

execução coletiva, falência (art. 76 da Lei n. 10.101/05) e insolvência (art. 762 do CPC), ou nas hipóteses de continência ou conexão (arts. 102 a 105 do CPC), que serão reunidos ao processo no juízo prevento (art. 106 do CPC).

4. COMPETÊNCIA TRABALHISTA

Com relação à matéria trabalhista, a Constituição Federal, no art. 114, estabelece a competência para apreciar os conflitos decorrentes da relação de trabalho(17). Com a alteração do art. 114 da Constituição Federal, pela Emenda Constitucional n. 45, promulgada em 8.12.2004, verifica-se que nem todo o conflito de sua competência decorre necessariamente do contrato de emprego.

Atualmente, os conflitos de competência da Justiça do Trabalho são os decorrentes do contrato de emprego, ou seja, entre empregados e empregadores, os que são denominados de conflitos típicos, bem como os decorrentes de relação de trabalho, os conflitos intersindicais, os relativos às penalidades administrativas impostas pelos órgãos de fiscalização e os referentes às contribuições previdenciárias, em face das sentenças que proferir.

Os conflitos analisados na Justiça do Trabalho podem ser individuais ou coletivos. Os individuais visam à análise de interesses concretos de pessoas determinadas. Nos conflitos coletivos, o interesse é abstrato, de grupos ou de categoria. Dividem-se os dissídios coletivos nos de natureza jurídica, que tratam da aplicação ou interpretação de uma norma preexistente, legal, convencional, regulamentar ou costumeira, e nos de natureza econômica, que têm por objetivo a criação de novas normas e de condições de trabalho.

Os conflitos atípicos são os que não envolvem empregados e empregadores, mas que decorrem da relação de trabalho. ORESTE DALAZEN(18) cita como exemplo de tais conflitos: a) conflitos intersindicais, não coletivos, de representatividade: disputa entre sindicatos (profissionais ou patronais), objetivando o reconhecimento do direito à

---

(17) Expõe o Texto Constitucional, alterado pela Emenda Constitucional n. 45: art. 114. Compete à Justiça do Trabalho processar e julgar: I — as ações oriundas da relação de trabalho, abrangidos os entes de direito público externo e da administração pública direta e indireta da União, dos Estados, do Distrito Federal e dos Municípios; II — as ações que envolvam o exercício de greve; III — as ações de representação sindical, entre sindicatos, entre sindicatos e trabalhadores, e entre sindicados e empregadores; IV — os mandados de segurança, *habeas corpus* e *habeas data*, quando o ato questionado envolver matéria sujeita à sua jurisdição; V — os conflitos de competência entre órgãos com jurisdição trabalhista, ressalvado o disposto no art. 102, I, *o*; VI — as ações de indenização por dano moral ou patrimonial, decorrentes da relação de trabalho; VII — as ações relativas às penalidades administrativas impostas aos empregadores pelos órgãos de fiscalização das relações de trabalho; VIII — a execução, de ofício, das contribuições sociais previstas no art. 195, I, *a*, e II, e seus acréscimos legais, decorrentes das sentenças que proferir; IX — outras controvérsias decorrentes da relação de trabalho, na forma da lei.

§ 1º: ....; § 2º: ....; § 3º: ....

(18) DALAZEN, Oreste. *Competência material trabalhista.* São Paulo: LTr, 1994, p. 61.

representação da categoria; "não coletivos", porque dizem respeito ou afetam apenas a entidade sindical como pessoa jurídica, não a coletividade dos componentes da categoria; b) conflitos intersindicais, ou internos: entre o sindicato e membro da categoria (trabalhador, ou não, associado, ou não), fundados em acordo ou convenção coletiva de trabalho, ou sentença normativa; c) conflitos entre sindicato e empresa, calcados em norma de acordo ou convenção de trabalho, ou em sentença normativa; d) conflitos entre interobreiros: empregados, conseqüentes da execução do contrato de emprego; e) conflitos interpatronais: entre empregadores, em decorrência igualmente da execução de um contrato de emprego.

Acrescenta-se, ainda, a competência da Justiça do Trabalho para apreciar ações civis públicas[19].

Temos de definir parâmetros para a determinação das lides que serão objeto de análise da Justiça do Trabalho. Inicialmente, cita-se a diferenciação da doutrina tradicional, apresentada por MARIO DE LA CUEVA que, analisando as diferenças entre o conflito laboral e o de Direito Civil, cita dois aspectos, um de natureza intrínseca e outro de natureza extrínseca. As características de natureza intrínseca são duas e referem-se ao objeto de divergências e seu enfoque jurídico e à posição funcional entre as partes. As características extrínsecas são, também, duas, a repercussão econômica e social do conflito e a ação sindical. O autor acrescenta, utilizando os ensinamentos de TISSEMBAUM que: "En las contiendas de derecho privado, el objeto se concreta dentro de una órbita de caráter patrimonial que afeta esencialmente al interés individual de las partes; en cambio, en las contiendas del trabajo, la posicion que en el mismo toma el trabajo como noción jurídica social, que actúa en modo predominante, tanto en la formación de las relaciones contractuales, como en las cuestiones o divergencias que se derivan del mismo. (...) Contribuye a destacar la diferencia entre los conflitos de derecho privado y los del trabajo, la circunstancia que se observa en estos últimos, en cuanto a la despersonalización de las partes. Genéricamente y por su valor potencial, se considera que la contienda se há producido entre el Capital e el Trabajo, nociones que importan asignar a las partes, una función y un sentido dentro de la contienda. (...) La transcendencia o repercusión que el conflito de trabajo genera en el medio social, difere objetivamente de la que promueven los conflitos de derecho privado. Tal circunstancia finca precisamente en que no actúan, como se há dicho precedentemente, dentro de la órbita limitada por el mero interés particular. La cuarta diferencia señalada por el profesor Tissembaum, de natureza extrínseca, se refiere a la acción gremial que se comprueba en las contiendas de trabajo, acción gremial o sindical que se deja

(19) Segundo a Lei Orgânica do Ministério Público, no seu art. 83, compete ao Ministério Público do Trabalho promover a ação civil pública no âmbito da Justiça do Trabalho para promover a defesa de interesses coletivos. Dentro das matérias possíveis de alegação na ação civil pública cita-se a prevenção do meio ambiente do trabalho, com a decisão do Supremo Tribunal Federal: COMPETÊNCIA. AÇÃO CIVIL PÚBLICA — CONDIÇÕES DE TRABALHO. Tendo a ação civil pública como causa de pedir disposições trabalhistas e pedidos voltados à preservação do meio ambiente do trabalho e, portanto, aos interesses dos empregados, a competência para julgá-los é da Justiça do Trabalho (RE n. 206.220-1. Rel. Min. Marco Aurélio, 16.3.1999).

sentir, no únicamente en los casos de conflitos colectivos, sino, además, en los conflictos individuales y cuya finalidade es, como dijo Radbrush, hacer presente al juez el interés de la clase trabajadora en la suerte de cada uno de sus miembros" (*Derecho Mexicano del Trabajo*, Tomo II, p. 725-727). Análises detalhadas são apresentadas por MANOEL ALONSO GARCIA (*Curso de Derecho del Trabajo*, 5ª ed. Barcelona: Editora Ariel, 1975, p. 648-654) e C. BAYRON CHACON e E. PEREZ BOTIJA (*Manual de Derecho del Trabajo*, v. II, p. 713 e seguintes).

Contudo, a classificação clássica já resta superada em face da alteração legislativa, Emenda Constitucional n. 45, fazendo com que tenhamos de definir outros critérios para estabelecer a competência da Justiça do Trabalho. AMAURI MASCARO NASCIMENTO menciona a profissionalidade (trata-se de um serviço prestado profissionalmente e não com outra intenção ou finalidade, pressupondo, portanto, remuneração), a pessoalidade (o trabalho deve ser prestado por pessoa física diretamente, sem auxiliares ou empregados, porque, neste caso, teríamos na figura do prestador um verdadeiro empregador) e a atividade do prestador de serviço[20] como critérios definidores.

A competência da Justiça do Trabalho já havia sido ampliada com a Emenda Constitucional n. 20, de 15 de dezembro de 1998, que introduziu o § 3º do art. 114, com a seguinte redação: "Compete ainda à Justiça do Trabalho executar, de ofício, as contribuições sociais previstas no art. 195, I, *a* e II, e seus acréscimos legais, decorrentes das sentenças que proferir".

5. CONFLITO DE COMPETÊNCIA

A separação da competência pelos critérios referidos (objetivo, territorial e funcional) pode gerar divergência entre os órgãos jurisdicionais na prática, pois pode ocorrer de dois entenderem ser competentes ou incompetentes para analisar o processo que lhes é apresentado. A divergência decide-se por meio do conflito de competência. Uma circunstância óbvia a ser observada quando falamos em conflito de competência é a existência de mais de um juízo envolvido.

Quando o juiz recebe o processo, a primeira análise está relacionada à sua competência para apreciação ou não do feito. É indispensável que solucione o incidente, pois, tratando-se de pressuposto processual, a incompetência absoluta deve ser declarada de ofício. Essa decisão, contudo, não vincula os demais juízos, podendo não existir concordância entre os órgãos jurisdicionais a respeito da competência ou não para apreciar o processo. Como já referido, surge o conflito, ou seja, o conflito de competência.

---

(20) A competência da Justiça do Trabalho para a relação de trabalho. *Nova competência da Justiça do Trabalho*. (Coord.) COUTINHO, Grijalbo Fernandes e FAVA, Marcos Neves. São Paulo: LTr, 2005, p. 24-37.

Existem três circunstâncias para a instauração do conflito de competência: 1) quando mais de um juízo considerar-se competente para apreciação do processo (denominado de conflito positivo de competência); 2) quando mais de um juízo reputar-se incompetente para analisar o processo (denominado de conflito negativo de competência) e 3) quando existem divergências a respeito da reunião ou separação de processos entre mais de um juízo (art. 115 do CPC).

Uma ressalva importante a ser apresentada é no sentido de que, para a existência do conflito, é necessária a pendência do julgamento, ou seja, não existe conflito quando um dos juízos já proferiu sentença transitada em julgado (súmula n. 59 do STJ). Nesse caso, em se tratando de decisão extintiva do feito, sem julgamento de mérito, cabe à parte novamente propor a ação e, no caso de decisão de mérito, discutir a competência no recurso ou em ação rescisória (somente a absoluta).

A legitimidade da instauração do conflito é das partes, Ministério Público e do próprio Juiz, conforme o que preceitua o art. 116 do CPC. Comumente, quem suscita o conflito é o juiz, pela análise inicial da competência quando o processo vem concluso. Mas a legislação, como já referido, legitima as partes e o Ministério Público. Outra circunstância importante é a intervenção do Ministério Público quando instaurado o conflito (art. 116, parágrafo único e 121 do CPC), claro que na hipótese de não ter sido suscitado pelo mesmo.

A parte que já apresentou exceção de incompetência não poderá suscitar o conflito (art. 117 do CPC). Em que pese o dispositivo legal somente se referir à exceção de incompetência, ou seja, relacionada com a incompetência relativa, também devemos adotar essa regra quando alegada a incompetência absoluta, que pode ser por simples petição ou na defesa (art. 113 do CPC). O que veda a lei é a utilização simultânea de dois incidentes que objetivam a mesma finalidade. Contudo, a recíproca não é verdadeira, ou seja, o conflito não obsta a parte da apresentação da exceção de incompetência que não o suscitou (art. 117, parágrafo único do CPC).

A decisão do conflito incumbe ao Tribunal de maior hierarquia em relação aos órgãos envolvidos, em que pese algumas vezes não ser do mesmo ramo do Poder Judiciário. É da competência do Supremo Tribunal Federal (STF) a decisão do conflito entre Tribunais Superiores, entre si, ou em face de outro tribunal (art. 102, I, *o*, da Constituição Federal); do Superior Tribunal de Justiça (STJ) quando envolver conflito entre qualquer tribunal, ressalvada a competência do STF, bem como entre tribunais e juízes a ele não vinculados e entre juízes vinculados a tribunais diversos (art. 105, I, *d*, da Constituição Federal); aos Tribunais Regionais Federais, nos conflitos entre os juízes a eles vinculados (art. 108, I, *e*, da Constituição Federal).

Com relação à forma de instauração do conflito, pelas partes e pelo Ministério Público, deve ser apresentado por meio de petição, claro que tal exigência não é imposta se for de ofício pelo Juiz. Independentemente de quem suscita o conflito, deve a solicitação ser motivada, apresentando as razões pelas quais há necessidade da fixação do juízo competente, bem como anexando as provas do conflito (art. 118 do

CPC). Instaurado perante o tribunal competente, será distribuído e encaminhado ao relator que dará a oitiva dos juízes envolvidos, ou apenas o suscitado, em prazo determinado, sendo que, após, será encaminhada ao Ministério Público, salvo se este for o requerente do conflito. As informações que devem ser prestadas pelo juiz se equivalem à da hipótese do mandado de segurança, cabendo ao relator dar prosseguimento ao incidente mesmo que essas não venham aos autos. Após, o conflito será julgado em sessão, decidindo o juízo competente, bem como a validade dos atos praticados pelo juízo incompetente (art. 122 do CPC). Poderá, ainda, o relator designar juiz para decidir medidas urgentes, em caráter provisório (art. 120 do CPC), quando sobrestar o feito, ou decidir de plano o conflito quando existir jurisprudência dominante a respeito da questão (art. 120, parágrafo único do CPC).

Registra-se que somente há possibilidade de conflito em se tratando de competência jurisdicional, mas não relacionada à competência administrativa que, nesse caso, deve ser decidido com a instauração de conflito de atribuição, na forma do art. 124 do CPC.

5.1. Conflito de competência de acordo com a CLT

O conflito de competência, na legislação trabalhista, está disciplinado na seção VII, "Dos Conflitos de Jurisdição", nos arts. 803 a 812 da CLT.

A nomenclatura utilizada pela CLT era a mesma do CPC de 1939, que foi revogado pelo atual. Ressalva há de ser feita, pois a CLT tem vigência no ano de 1944, quando estava em vigor o CPC de 1939. O título — conflito de jurisdição — é equivocado, haja vista que a jurisdição é ato de soberania, sendo una e indivisível, ou seja, o exercício da jurisdição entre os órgãos do Poder Judiciário sempre é o mesmo, sob o enfoque dos objetivos da mesma. No entanto, por motivos de ordem prática, divide-se a jurisdição, de acordo com os órgãos estatais encarregados de exercê-la, em ordinária e especial, de acordo com a competência definida na Constituição Federal. A especial é exercida por órgãos que visam à solução de conflitos de determinada natureza (ramos específicos do Direito Material), tais como trabalhistas, militar e eleitoral (arts. 111 e seguintes, 118 e seguintes e 122 e seguintes da Constituição). Os demais conflitos são solucionados, por exclusão, pela denominada jurisdição comum ou ordinária. A competência significa a quantidade de exercício de jurisdição atribuída a cada órgão ou grupo de órgãos, conforme a lição de LIEBMAN[21]. A norma legal determina os limites dos órgãos jurisdicionais, excluindo os demais da apreciação da lide. Assim, a nomenclatura atual, conflito de competência, é mais apropriada.

Antes de proceder à análise dos dispositivos da CLT relacionados com o conflito de competência, refere-se o art. 114 da Constituição Federal, em face da redação dada pela Emenda Constitucional n. 45: "Compete à Justiça do Trabalho processar e

(21) *Apud* CINTRA, GRINOVER e DINAMARCO. *Teoria Geral do Processo,* 16ª ed. São Paulo: Malheiros Editores, 2000, p. 229.

julgar: I — (...) V — os conflitos de competência entre órgãos com jurisdição trabalhista, ressalvado o disposto no art. 102, I, *o*;". O art. 102, I, *o* da Constituição Federal dispõe que é da competência do Supremo Tribunal Federal a decisão do conflito entre Tribunais Superiores, entre si, ou em face de outro tribunal.

Entre as possibilidades do conflito de competência, previsto na CLT (art. 803) há menção de que ocorre entre Juízes do Trabalho com Juízes de Direito investidos na competência trabalhista, e Tribunais Regionais do Trabalho.

O conflito surge quando ambas autoridades judiciárias entendem ser competentes ou incompetentes (art. 804 da CLT). Haja vista possibilidade da conexão e continência no processo do trabalho, entende-se que se aplica o disposto no art. 115 do CPC, que prevê a possibilidade do conflito quando existir divergência a respeito da reunião ou separação de processos entre mais de um juízo.

Os arts. 805 e 806 da CLT prevêem o mesmo que o determinado nos arts. 116 e 117 do CPC. A legitimidade da instauração do conflito é das partes ou de seu representante, Ministério Público do Trabalho e do próprio Juiz. A parte que apresentou exceção de incompetência não poderá suscitar o conflito. A mesma ressalva que foi feita quando se analisou o processo civil, aplica-se ao processo do trabalho, pois, em que pese a exceção de incompetência estar vinculada à incompetência relativa, também devemos adotar essa regra quando alegada a incompetência absoluta, que pode ser por simples petição ou na defesa (art. 799 da CLT).

Independentemente de quem suscita o conflito, deve a solicitação ser motivada (art. 809, I da CLT), apresentando as razões pelas quais há necessidade da fixação do juízo competente, bem como anexando as provas do conflito (art. 807 do CLT).

De acordo com o art. 808 da CLT, incumbe ao Tribunal Regional do Trabalho apreciar os conflitos suscitados entre os Juízes do Trabalho e os Juízes de Direito, que exerçam a competência trabalhista nas respectivas regiões; ao Tribunal Superior do Trabalho os suscitados entre Tribunais Regionais ou entre Varas do Trabalho e Juízes de Direito sujeitos à competência de Tribunais Regionais diferentes.

O Superior Tribunal de Justiça editou súmulas a respeito do assunto: Súmula n. 180: "Na lide trabalhista, compete ao Tribunal Regional do Trabalho dirimir conflito de competência verificado, na respectiva região, entre Juiz Estadual e Junta de Conciliação e Julgamento" (aprovada em 5.2.1997 — atualmente a nomenclatura é Vara do Trabalho). Súmula n. 236: "Não compete ao Superior Tribunal de Justiça dirimir conflitos de competência entre juízos trabalhistas vinculados a Tribunais Regionais do Trabalho diversos".

Assim, sedimentou-se entendimento de que, mesmo existindo conflito entre juízes trabalhistas de tribunais diversos, a competência permanecia na Justiça do Trabalho, ou seja, seria julgada pelo Tribunal Superior do Trabalho. Portanto, mesmo antes da Emenda Constitucional n. 45 que, alterando o art. 114, dispôs: "Compete à Justiça do Trabalho processar e julgar: I — (...); V — os conflitos de competência entre órgãos com jurisdição trabalhista, ressalvado o disposto no art. 102, I, *o*;", entendia-se que era da competência do Tribunal Superior do Trabalho a análise do conflito entre juízes trabalhistas de tribunais diversos, em que pese existir a previsão do art. 105 da Constituição Federal.

Apresentado perante o tribunal competente, o conflito será distribuído e encaminhado ao relator que fará a oitiva dos juízes envolvidos, ou apenas o suscitado, em prazo determinado, sendo, após, encaminhada ao Ministério Público do Trabalho, salvo se este for o requerente do conflito. As informações que devem ser prestadas pelo juiz se equivalem à da hipótese do mandado de segurança, cabendo ao relator dar prosseguimento ao incidente mesmo que essas não venham aos autos. Após, o conflito será julgado em sessão, decidindo o juízo competente (art. 809 da CLT).

Em que pese a matéria a respeito do conflito de competência não ser omissa na CLT, conclui-se que o julgador pode invocar as normas contidas no CPC que agilizam a solução do conflito de competência, tais como a possibilidade de decidir de plano o conflito quando existir jurisprudência dominante a respeito da questão (art. 120, parágrafo único do CPC).

5.2. Conflito de competência em matéria trabalhista

Algumas matérias são objeto de conflito de competência com maior freqüência, citando-se como exemplos as hipóteses do conflito entre juízos de hierarquia diversa; no caso de falência e na decisão de embargos à execução ou à penhora em se tratando de juízo deprecado. Diante da importância dos temas, eles serão analisados individualmente.

De início, refere-se que o conflito será dirimido pelo Tribunal Regional do Trabalho quando ocorrer entre os Juízes do Trabalho, e com Juízes de Direito investidos na competência trabalhista que estão sob sua estrutura funcional (art. 808, *a*, da CLT); e pelo Tribunal Superior do Trabalho quando existir Juízes do Trabalho entre si, e Juízes de Direito investidos na competência trabalhista, pertencentes a Tribunais Regionais do Trabalho diversos (art. 808, *b*, da CLT). Quando o conflito for entre um Juiz do Trabalho e um Juiz de Direito, a competência para apreciação é do Superior Tribunal de Justiça, conforme o disposto no art. 105, *d*, da Constituição Federal.

a) Possibilidade do conflito de competência entre juízos de hierarquia diversa

Entre as possibilidades relacionadas na CLT (art. 803), não há menção a respeito da existência de conflito entre juízos de hierarquias diferentes. Um exemplo que pode ocorrer na Justiça do Trabalho é o caso de revisão pelo Tribunal Regional de decisão de primeiro grau que declarou a incompetência e determina o retorno dos autos para processamento e novo julgamento. Pergunta-se — pode o juiz de primeiro grau, entendendo não ser de sua competência a apreciação da lide, suscitar o conflito de competência?

Essa situação não há como ser encarada como conflito de competência, pois seria um equívoco por parte do julgador de primeiro grau invocar tal remédio processual. Não existe conflito de competência em se tratando de juízes de hierarquias diferentes, pois cabe ao juiz de primeiro grau instruir e decidir a lide por uma questão de hierarquia funcional.

Cita-se acórdão do Supremo Tribunal Federal (CJ n. 6649, de 30.4.1987, Rel. Min. Octavio Gallotti) que decidiu que cabia ao Juiz de Direito cumprir a determinação do Tribunal que está subordinado, e não suscitar novo conflito ao STF.

b) Juízo universal da falência e a execução trabalhista

Na prática, a execução de créditos trabalhistas das massas falidas causa várias divergências, tanto sob o enfoque jurisprudencial quanto doutrinário.

Segundo a norma legal, Lei n. 11.101/05, o juízo falimentar é único e abrangente de todas as ações e execuções contra a massa falida (arts. 6º e 76). O foro de atração importa em exceção à regra de competência. Em virtude dele, o juiz que conhece do processo falimentar resulta competente para atender às pretensões relacionadas com o patrimônio e os direitos que versam os ditos processos. A instituição encontra seus fundamentos em razões de conveniência e de interesse geral de justiça.

Em decorrência de tais previsões legais, entendem alguns que não cabe a execução da sentença perante o juízo trabalhista em caso de falência, devendo ser habilitado o crédito no juízo falimentar, como credor da massa, pois este juízo exerce autêntica *vis attractiva*, sob duplo aspecto: a) atração dos processos contra o devedor falido que existam perante outros juízos; b) atração de todos os bens patrimoniais da massa para sujeitá-los ao juízo falimentar[22].

Para a análise da matéria trabalhista, a Constituição Federal, no seu art. 114, estabelece a competência para apreciar os conflitos decorrentes da relação de trabalho. Quem é competente para analisar, via de regra, é competente para executar.

Como defensor da competência da Justiça do Trabalho, CALMON DE PASSOS ensina que "não obstante a universalidade do Juízo da falência, por conseguinte do foro em que ela tem seu curso, essa universalidade carece de força para se sobrepor ao preceito constitucional que institui, com exclusividade, a Justiça do Trabalho para processar e julgar os dissídios individuais entre empregados e empregadores. Isso é tanto mais exato que o constituinte; quando quis excepcionar, fê-lo, porque era necessário que o fizesse, de modo expresso, tal como acontece no tocante à Justiça Federal, que, segundo o art. 125, I, da Carta Magna, cede sua competência constitucional em favor da Justiça Comum por força do juízo universal da falência". O jurista pros-

(22) Ver NASCIMENTO, Amauri Mascaro (*Curso de Direito processual do trabalho*, p. 551), RIBAMAR DA COSTA, José (*Direito Processual do Trabalho*, p. 118), CAMPOS BATALHA, Wilson de (*Tratado de Direito Judiciário do Trabalho*, p. 790), PINTO MARTINS, Sergio (*Direito Processual do Trabalho*, p. 498) e SAAD, Eduardo Gabriel (*Direito Processual do Trabalho*, p. 557).

segue: "Execução é jurisdição, só pode ser realizada por quem constitucionalmente provido do poder de julgar no caso concreto. Ofende esse princípio qualquer decisão que reconheça a prática de atos de execução de decisão trabalhista a outro Juiz que não os magistrados integrantes da Justiça do Trabalho"(23). Corroboram com as conclusões citadas MANOEL ANTONIO TEIXEIRA FILHO, referindo a previsão constitucional(24), FRANCISCO ANTONIO DE OLIVEIRA(25) e ANTÔNIO ÁLVARES DA SILVA(26).

Mesmo com a alteração da legislação relacionada à falência em que existe previsão expressa (art. 6º, § 2º, da Lei n. 11.101/05) da competência da Justiça do Trabalho até a apuração do respectivo crédito para após inscrição no quadro geral dos credores no juízo universal, a discussão não perde importância, pois os argumentos referidos pelos doutrinadores que defendem a tese contrária estão previstos na Constituição Federal e não, na legislação infraconstitucional(27).

Assim, diante de todos os argumentos referidos, há vários conflitos de competência entre os Juízes do Trabalho e os Juízes de Direito, principalmente quando já existam bens penhorados no processo trabalhista. Existindo o conflito, em face da previsão do art. 105, *d*, da Constituição Federal, quem é competente para dirimí-lo é o Superior Tribunal de Justiça.

Pela argumentação, ressalta-se que o juízo falimentar apresenta melhor solução para o litígio, pois não só privilegia um, mas todos os credores em mesma situação, em que pese, em muitas oportunidades, não garantir a satisfação total de seus haveres. Portanto, existindo a insolvência do devedor, não se justifica a continuidade da execução singular, sob pena de ser desrespeitado o princípio da igualdade assegurado na Constituição Federal.

Registra-se decisão de conflitos de competência dos Ministros do Supremo Tribunal Federal, no sentido de que a natureza privilegiada do crédito trabalhista, conferida por lei, somente pode ser concebida no próprio âmbito do concurso de credores habilitados na falência, não se justificando o exaurimento do patrimônio da massa falida nas execuções individuais, impedindo-se, assim, o justo rateio entre seus pares, na execução falimentar(28).

---

(23) PASSOS, Calmon. "O crédito trabalhista no Direito positivo brasileiro". *Revista LTr.* São Paulo, v. 46, n. 5, p. 529-530, maio/1982.

(24) *Execução no processo do trabalho*, 8ª ed. São Paulo: LTr, 2004, p. 290.

(25) *Execução na Justiça do Trabalho*, 4ª ed. São Paulo: RT, 1999, p. 188.

(26) *Créditos trabalhistas no juízo concursal.* Rio de Janeiro: AIDE, 1985, p. 129.

(27) Para aprofundar o assunto SOUZA, Marcelo Papaléo. *Efeitos da falência na execução trabalhista.* São Paulo: LTr, 2004.

(28) (....) Quanto ao mérito, tenho por competente o Juízo suscitante, uma vez que a natureza privilegiada do crédito trabalhista, conferida por lei, somente pode ser concebida no próprio âmbito do concurso de credores habilitados na falência. O processo falimentar é uma execução coletiva, abarcando, inclusive, credores da mesma hierarquia, que não podem ser preteridos, uns pelos outros, pelo exaurimento do patrimônio da massa falida nas execuções individuais, impedindo-se, assim, o justo rateio entre seus pares, na execução falimentar. Conflito conhecido para declarar a competência do suscitante, o Juízo de Direito da 3ª Vara Cível da Comarca de Americana — SP. (CC n. 7116-SP, Rel. Min. Ellen Grace).

O entendimento dos Ministros do Superior Tribunal de Justiça é no sentido de que a competência para apreciar questões de execução trabalhista de empresa falida é do Juízo universal para evitar decisões conflitantes, sendo inclusive nele decidido sobre a desconsideração ou não da pessoa jurídica e os limites da responsabilidade do ex-sócio pela gestão ou participação passadas[(29)].

c) Conflito de competência para apreciação de incidentes em execução por carta

Dúvidas podem surgir, quando se analisa a execução por carta precatória, a respeito da decisão de incidentes na execução como, por exemplo, a alegação de fraude à execução.

Registra-se, inicialmente, que o conflito referido será dirimido pelo Tribunal Regional do Trabalho quando ocorrer entre os Juízes do Trabalho e, com Juízes de Direito investidos na competência trabalhista que estão sob sua estrutura funcional (art. 808, *a*, da CLT); e pelo Tribunal Superior do Trabalho quando existir Juízes do Trabalho entre si, e Juízes de Direito investidos na competência trabalhista, pertencentes a Tribunais Regionais do Trabalho diversos (art. 808, *b*, da CLT).

A regra geral é de que o juízo deprecante, na execução por carta, é o competente para resolver incidentes na execução, nos casos em que a matéria não diz respeito a vício ou defeito da penhora.

O art. 20 da Lei n. 6.830/80 estabelece que "Na execução por carta, os embargos do executado serão oferecidos no Juízo deprecado, que os remeterá ao juízo deprecante, para instrução e julgamento. PARÁGRAFO ÚNICO. Quando os embargos tiverem por objeto vícios ou irregularidades de atos do próprio juízo deprecado, caber-lhe-á unicamente o julgamento dessa matéria".

Em que pese o artigo refira a hipótese de embargos, tal regra deve ser aplicada a todos os incidentes que, por ventura, venham a ocorrer na execução por carta.

O mesmo está disposto no art. 747 do CPC "na execução por carta, os embargos serão oferecidos no juízo deprecante ou no juízo deprecado, mas a competência

(29) PROCESSUAL CIVIL. CONFLITO POSITIVO DE COMPETÊNCIA. EXECUÇÃO TRABALHISTA CONTRA EX-SÓCIO. INSOLVÊNCIA CIVIL. FALÊNCIA DA EMPRESA. JUÍZO UNIVERSAL. I. Tratando-se de execução trabalhista movida contra empresa falida, em que foi penhorado imóvel pertencente a ex-sócio cuja insolvência civil fora também decretada, tem-se como competente o Juízo universal da quebra, evitando-se decisões conflitantes, nele decidindo-se sobre a desconsideração ou não da pessoa jurídica e os limites da responsabilidade do ex-sócio pela gestão ou participação passadas. II. Conflito conhecido, para declarar competente o Juízo da 1ª. Vara de Fazenda de Curitiba, PR. (CC n. 30813 — PR. Ministro Relator: Aldir Passarinho Junior DJ DATA: 5.3.2001 PG:00120) CONFLITO POSITIVO DE COMPETÊNCIA — EXECUÇÃO TRABALHISTA CONTRA MASSA FALIDA — PENHORA REALIZADA ANTES DA QUEBRA — DESIGNAÇÃO DE PRAÇA DEPOIS DELA PELO JUÍZO TRABALHISTA — INVALIDADE — COMPETÊNCIA DO JUÍZO FALIMENTAR PARA MARCAR NOVA HASTA PÚBLICA. Deve ser sustada a hasta pública designada, pelo juízo trabalhista, depois de decretada a quebra, e outra ser marcada pelo juízo falimentar, sendo o produto da alienação entregue à massa a fim de que seja efetuado o pagamento, depois do devido rateio, de quantos credores trabalhistas existirem. Conflito conhecido e declarada competência do Juízo de Direito da 1ª Vara da Fazenda Pública, Falências e Concordatas de Curitiba, o suscitante. (CC n. 19.929- PR. Rel. Min. César Asfor Rocha. DJ de 19.10.98).

para julgá-los é do juízo deprecante, salvo se versarem unicamente vícios ou defeitos da penhora, avaliação ou alienação dos bens".

Os Ministros do Superior Tribunal de Justiça sedimentaram seus entendimentos na súmula n. 46 do STJ, referindo que a competência do juízo deprecado cinge-se a "vícios ou defeitos da penhora, a avaliação ou alienação de bens".

Portanto, o juízo competente para dirimir os incidentes na execução é o deprecante, salvo se versar sobre os vícios ou defeitos da penhora, a avaliação ou alienação de bens.

6. CONCLUSÃO

A Emenda Constitucional n. 45 que alterou vários artigos da Constituição Federal, entre eles o art. 114, não trouxe inovação quanto à análise do conflito de competência da matéria trabalhista, pois não modifica o que já havia sido determinado quando da promulgação da Constituição Federal de 1988. O que ocorreu com a alteração constitucional (art. 114, V da Constituição Federal) foi a sedimentação do entendimento previsto na súmula n. 236 do Superior Tribunal de Justiça que já vinha decidindo ser da competência da Justiça do Trabalho a análise do conflito de matéria trabalhista em se tratando de Juízes do Trabalho de Tribunais diversos.

Portanto, em face da previsão constitucional, é da competência do Supremo Tribunal Federal a decisão do conflito entre Tribunais Superiores, entre si, ou em face de outro tribunal (art. 102, I, *o*, da Constituição Federal); do Superior Tribunal de Justiça quando envolver conflito entre qualquer tribunal, ressalvada a competência do STF, bem como entre tribunais e juízes a ele não vinculados e entre juízes vinculados a tribunais diversos (art. 105, I, *d*, da Constituição Federal); do Tribunal Superior do Trabalho quando existir Juízes do Trabalho entre si, e Juízes de Direito investidos na competência trabalhista, pertencentes a Tribunais Regionais do Trabalho diversos (art. 114, V da Constituição Federal e art. 808, *b*, da CLT); e do Tribunal Regional do Trabalho quando ocorrer entre os Juízes do Trabalho e com Juízes de Direito investidos na competência trabalhista que estão sob sua estrutura funcional (art. 808, *a*, da CLT).

REFERÊNCIAS BIBLIOGRÁFICAS

ASSIS, Araken de. *Cumulação de Ações*, 3ª ed. São Paulo: RT, 1998.

BARATA SILVA, Carlos Alberto. *Compêndio de Direito do Trabalho*, 3ª ed. São Paulo: LTr, 1983.

BATALHA. Wilson de Souza Campos. *Tratado de Direito Judiciário do Trabalho*, 3ª ed. São Paulo: LTr, 1995.

CARNEIRO, Athos Gusmão. *Jurisdição e Competência*, 11ª ed. São Paulo: Saraiva, 2001.

CINTRA, Antonio Carlos Araújo, GRINOVER, Ada Pellegrini, e DINAMARCO, Cândido Rangel. *Teoria Geral do Processo*, 16ª ed. São Paulo: Malheiros Editores, 2000.

CHIOVENDA, Giuseppe. *Instituições de Direito Processual Civil*, v. II, 2ª ed. Campinas: Bookseller, 2000.

DALAZEN, João Oreste. *Competência material trabalhista*. São Paulo: LTr, 1994.

GARCIA, Manoel Alonso. *Curso de Derecho del Trabajo*, 5ª ed. Barcelona: Editora Ariel, 1975.

MARTINS, Sergio Pinto. *Fundamentos de Direito Processual do Trabalho*, 6ª ed. São Paulo: Atlas, 2004.

MARINONI, Luiz Guilherme e ARENHART, Sérgio Cruz. *Manual do processo de conhecimento*, 3ª ed. São Paulo: RT, 2004.

NASCIMENTO, Amauri Mascaro. *Curso de Direito Processual do Trabalho*, 21ª ed. São Paulo: Saraiva, 2002.

OLIVEIRA, Francisco Antonio. *Execução na Justiça do Trabalho*, 4ª ed. São Paulo: RT, 1999.

PASSOS, Calmon. "O crédito trabalhista no Direito positivo brasileiro". *Revista LTr*. São Paulo, v. 46, n. 5, p. 529-530, maio/1982.

RUSSOMANO, Mozart Victor. *Comentários à CLT*, 15ª ed. Rio de Janeiro: Forense, 1990, v. II.

SÜSSEKIND, Arnaldo; MARANHÃO, Délio; VIANNA, Segadas; TEIXEIRA, Lima. *Instituições de Direito do Trabalho*, v. I, 19ª ed. São Paulo: LTr, 2000.

SANTOS, Moacyr Amaral. *Primeiras linhas do Direito Processual Civil*, v. I, 16ª ed. São Paulo: Saraiva, 1993.

SILVA, Antonio Álvares da. *Créditos trabalhistas no juízo concursal*. Rio de Janeiro: AIDE, 1985.

SOUZA, Marcelo Papaléo. *Efeitos da falência na execução trabalhista*. São Paulo: LTr, 2004.

TEIXEIRA FILHO, Manoel Antonio. *Execução no processo do trabalho*, 8ª ed. São Paulo: LTr, 2004.

ZAVASKI, Teori. *Antecipação da tutela*, 2ª ed. São Paulo: Saraiva, 1999.

AÇÕES RELATIVAS ÀS PENALIDADES ADMINISTRATIVAS IMPOSTAS AOS EMPREGADORES PELOS ÓRGÃOS DE FISCALIZAÇÃO DAS RELAÇÕES DE TRABALHO

Adriana Fontoura(*)

Francisco Rossal de Araújo(**)

INTRODUÇÃO

A Fiscalização do Trabalho envolve atuação administrativa do Estado com exercício de Poder de Polícia. Por essa razão, toda e qualquer atuação do agente administrativo está diretamente vinculada ao Princípio da Legalidade. O Princípio da Legalidade significa a submissão da atividade do Estado ao ordenamento jurídico. A Justiça do Trabalho, ao adquirir a competência para ações envolvendo a fiscalização do trabalho, passa a ter de enfrentar questões relativas aos limites do poder de polícia e sua relação com o Princípio da Legalidade e com a teoria geral dos atos administrativos. Nas ações dessa natureza, é essencial avaliar a dicotomia entre legalidade e discricionariedade, sempre tendo em vista dois valores aparentemente contraditórios: o princípio de presunção de legalidade dos atos da administração e a defesa do particular contra os abusos de poder por parte do Estado, que constitui um dos fundamentos do Estado Democrático de Direito.

O presente estudo abordará, na sua primeira parte, os conceitos gerais de Direito administrativo, entre eles o Princípio da Legalidade, como elemento de interpretação e limitador de abusos da atuação fiscalizadora do Ministério do Trabalho. Na segunda parte será analisado o procedimento administrativo da Fiscalização do Trabalho. Por último, serão expostos os procedimentos judiciais relativos à atividade fiscalizadora do trabalho.

(*) Juíza do Trabalho, Pesquisadora do CETRA — Centro de Estudos do Trabalho.

(**) Juiz do Trabalho, Mestre em Direito Público — UFRGS, Doutorando em Direito do Trabalho — Universidade Pompeu Fabra, Pesquisador do CETRA.

I — O PRINCÍPIO DA LEGALIDADE — NOÇÕES GERAIS

A maior característica e a justificativa da importância do tema — Princípio da Legalidade — residem no fato de ser uma garantia individual do cidadão frente ao Estado, limitando sua atividade potestativa. Trata-se de um princípio basilar do Estado Democrático de Direito, juntamente com a separação de poderes, sujeitando-o à Constituição e à legalidade democrática. A atividade do Estado fica sujeita à lei, caracterizando-se esta como a expressão da vontade popular, legitimadora do exercício do poder político. Por essa razão, o Princípio da Legalidade está ligado diretamente à separação dos poderes do Estado, como forma de controlar a atividade deste, seja na criação, execução ou interpretação da lei. A nenhum cidadão é lícito exigir atitude ou impor abstenção senão em virtude da lei[(1)].

O princípio tem evolução histórica significativa, passando pelo Estado Liberal, Estado Social e chegando aos nossos dias dentro do chamado Estado Democrático de Direito. No Brasil teve acolhida em todas as Constituições, à exceção da de 1937. A Constituição atual, promulgada a 5 de outubro de 1988, prevê-o no art. 5º, II. A redação é praticamente a mesma desde a Carta de 1824, passando pelas Constituições de 1891, 1934, 1946 e 1967[(2)].

A limitação inserida no Princípio da Legalidade dirige-se ao poder exercido pelo Estado. Tal relação tem merecido considerável estudo não só no campo jurídico, como também no plano filosófico. O poder em si é um grande desconhecido principalmente no que tange a quem o exerce e aonde o exerce. Fala-se em noções de "classe dirigente" ou "classe dominante", cujo conceito não está muito bem elaborado. Da mesma maneira as formas de controle, vigilância, coação, proibição e mesmo de atuação do Estado, principalmente no que tange à sua discricionariedade. Para MICHEL FOUCAULT, o poder não pertence, como se fosse um objeto, a ninguém. É exercido dentro da sociedade, nas relações entre os indivíduos, podendo atingir planos maiores ou menores. Estaria sendo exercido e disseminado como uma teia nas escolas, repartições públicas, hospitais, quartéis, etc., até um nível superior que seria o macropoder do Estado[(3)]. O mencionado autor entende que o estudo do poder deve obedecer a dois limites: as regras de Direito que o delimitam e os efeitos de verdade que por ele são produzidos[(4)]. No presente estudo, busca-se explicação um

---

(1) Cf. BANDEIRA DE MELLO, Celso Antônio — *Elementos de Direito Administrativo.* São Paulo: RT, 1980, p. 13; MEIRELLES, Hely Lopes, *Direito Administrativo Brasileiro*, 16ª ed. São Paulo: RT, 1991, p. 78; SILVA, José Afonso da, *Curso de Direito Constitucional Positivo*, 7ª ed. São Paulo: RT, 1991, p. 362; FERREIRA FILHO, Manoel Gonçalves, *Curso de Direito Constitucional*, 18ª ed. São Paulo: Saraiva, 1990, p. 244; BOBBIO, Norberto, *A Era dos Direitos*. Rio de Janeiro: Campus, 1992, p. 148.

(2) Cf. FERREIRA FILHO, Manoel Gonçalves, ob. cit., p. 244.

(3) Cf. *Un Dialogo sobre el Poder*. Madrid: Alianza Editorial, 1988, p. 16.

(4) Cf. *Microfísica do Poder*, 8ª ed. Rio de Janeiro: Graal, 1989, p. 179. O autor traça intensa comparação entre as regras de Direito e a verdade por elas produzida, assim entendida a verdade formal surgida do exame pelo Estado das relações entre os indivíduos, afirmando que, por outro lado, as próprias regras de Direito obrigam os indivíduos à produção da verdade, conforme o Estado.

pouco mais detalhada quanto ao primeiro aspecto, ou seja, o estudo das regras de Direito que delimitam o uso do poder.

Ainda no campo do exercício do poder e sua relação com o Estado, deve ser lembrada a atuação de grupos econômicos e dos meios de comunicação, por exemplo, que forçam o ordenamento jurídico estatal a legalizar suas pretensões dentro de uma legalidade formal(5). Resta, também, a constatação de que o poder legal é um poder formulado no âmbito de um ordenamento jurídico constitucional, o qual atribui a determinados indivíduos o seu exercício e também a sua limitação, verificando-se a dicotomia legalidade-discricionariedade.

Analisando-se a evolução do Princípio da Legalidade no decorrer do tempo, verifica-se o seu aperfeiçoamento e, de certa forma, o reforço da sua natureza de garantia constitucional do cidadão, pelo menos nos últimos anos, com a noção de Estado Democrático de Direito. O poder do Estado vai se transformando das relações pessoais e patrimoniais entre o Rei e seus súditos para relações legais e racionais oriundas de um aparelho estatal mais desenvolvido(6). Por outro lado, como conseqüência natural, constatam-se as alterações correspondentes na noção de discricionariedade que, como já foi dito, encontra-se ligada ao princípio em estudo, que passará a ser abordado com a consideração de tal sistemática dualística.

Uma vez que o Princípio da Legalidade se encontra ligado à noção de poder, convém que sejam examinadas as teorias que, no campo do Direito, tentam explicar tal fenômeno. Para NORBERTO BOBBIO existem três teorias fundamentais de poder: a substancialista, a subjetivista e a relacional(7). Na teoria substancialista, cujo exemplo lembrado é o de HOBBES, o poder é concebido como uma coisa que se possui, como um outro bem qualquer. Para a teoria subjetivista, lembrando os ensinamentos de LOCKE, o poder não é uma coisa que serve para atingir determinados fins, mas a capacidade do sujeito de obtê-los. A última teoria, a relacional, é a mais aceita na atualidade e, segundo ela, o poder nasce de uma relação entre sujeitos, sendo que um deles obtém do outro um comportamento que, em caso contrário, não ocorreria. BOBBIO cita a definição de ROBERT DAHL para quem “A influência (conceito mais amplo,no qual se insere o poder) é uma relação entre atores, na qual um ator induz outros atores a agirem de um modo que, em caso contrário, não agiriam”(8). Esta última teoria traz inserida a noção de liberdade porque a atuação de um dos sujeitos interfere na posição do outro e vice-versa. De outro modo, seria a mesma noção passada por MICHEL FOUCAULT, lembrada por ROBERTO A. R. DE AGUIAR, ao relacionar o exercício do poder sobre o corpo do indivíduo, ligado à questão de produzir — como produzir, para quem produzir e como distribuir(9). As possíveis afrontas ao direito de liberdade do indivíduo

---

(5) Cf. HABERMAS, Jürgem, *Mudança Estrutural da Esfera Pública*. Rio de Janeiro: Tempo Brasileiro, 1984, p. 264.

(6) Neste sentido a constatação de BOBBIO, Norberto, ob. cit., p. 148-149, baseado nas considerações de MAX WEBER.

(7) Cf. *Estado, Governo e Sociedade*, 3ª ed. São Paulo: Paz e Terra, 1990, p. 77 e seguintes.

(8) Cf. BOBBIO, Norberto, ob. cit., p. 78.

(9) Cf. Direito, Poder e Opressão, 2ª ed. São Paulo: Alfa-Ômega, 1984, p. 96.

geraram como reação certos limites à atuação do Estado como forma de garantia do cidadão frente a possíveis abusos.

A inter-relação entre a liberdade dos indivíduos e a forma de agir da Administração deve estar presente na definição do princípio que, de acordo com MARCELLO CAETANO seria aquele segundo o qual nenhum órgão ou agente da Administração Pública tem a faculdade de praticar atos que possam contender com interesses alheios senão em virtude de uma norma geral anterior(10). A questão relativa ao conteúdo das normas liga-se diretamente à Teoria Geral do Direito e será vista com mais atenção quando for tratada a questão do Estado Democrático de Direito.

A. Princípio da Reserva Legal

A restrição da liberdade oriunda da atuação do poder do Estado, levou à elaboração do Princípio da Reserva Legal (*Vorbehalt des Gesetzes*) e do Princípio da Supremacia ou Prevalência da Lei (*Vorrang des Gesetzes*)(11). Com a concepção de que a lei deve ser emanada segundo a vontade do povo, OTTO MAYER cunha a noção de Reserva Legal para afirmar que tudo o que a lei não proíbe expressamente, é permitido(12). Este conceito, entretanto, em se tratando de efetiva limitação do poder do Estado, não é suficiente, pois a autonomia da vontade deste no campo não proibido pela lei é capaz de gerar abusos e iniqüidades que podem ser visualizadas pela evolução histórica do Princípio da Legalidade, por definição, mais amplo que o Princípio da Reserva Legal.

É interessante acrescentar que estes princípios permanecem válidos até hoje, pois a lei votada pelo parlamento ainda é, no Estado Democrático, a expressão da própria democracia, vinculando jurídica e constitucionalmente o poder executivo(13). É claro que a sua validade se encontra condicionada por outros princípios como, por exemplo, a democratização das funções estatais.

1. Estado Liberal

O Princípio da Legalidade nasce na formação do Estado Liberal e decorre da separação das funções do Estado que desde a Antigüidade, já fora observado por

---

(10) Cf. *Manual de Direito Administrativo*, 10ª ed. Coimbra: Almedina, 1991, p. 30.

(11) Cf. CANOTILHO, J. J. Gomes, *Direito Constitucional*, 5ª ed. Coimbra: Almedina, 1991, p. 796, o princípio da primazia ou prevalência da lei tem tripla dimensão: a) a Lei é ato de vontade estatal juridicamente mais forte. Conseqüentemente: b) prevalece ou tem preferência sobre todos os atos do Estado, em especial sobre os atos do poder executivo(regulamentos, atos administrativos); c) detém posição de "topo de tabela" da hierarquia das normas, ou seja, desfruta de superioridade sobre todas as outras normas de ordem jurídica(salvo, é óbvio, as constitucionais).

(12) Cf. COUTO e SILVA, Almiro do, "Princípios da Legalidade da Administração Pública e da Segurança Jurídica no Estado de Direito Contemporâneo", *Rev. de Dir. Público*, vol. 84, p. 49.

(13) Cf. CANOTILHO, J. J. Gomes, ob. cit., p. 375. A norma jurídica votada pelo Parlamento representa uma das expressões do direito subjetivo do indivíduo, que é a de compor a soberania do Estado com a participação em eleições. A democracia representativa baseia-se nessa ficção, no sentido de que cada indivíduo ao votar, cede uma parcela de sua liberdade e de sua soberania para legitimar democraticamente o parlamento, que passa a expressar a vontade geral da população.

ARISTÓTELES na Política, livro IV, e retorna no jusnaturalismo racionalista dos séculos XVII e XVIII, com a discussão sobre *ratio* e *voluntas* dos poderes do rei, substituindo sua vontade na condução do Estado pela razão da lei[(14)]. O Estado moderno que está sendo criado, então, funda-se sobre três pilares fundamentais: legalidade, igualdade e separação de poderes. Todos estes fundamentos têm como objetivo assegurar ao cidadão garantias frente ao Estado para que não se repita a concentração de todos os poderes na mão de um monarca, como no regime absolutista e conforme defendido por HOBBES[(15)]. Como já foi dito, as relações entre o súdito e o soberano passam de um plano pessoal e patrimonial para um plano legal e racional.

O ideal do liberalismo será cristalizado no pensamento de JOHN LOCKE, postulando que o direito de propriedade é tão fundamental a ponto de privilegiá-lo frente ao direito de liberdade. Os homens, segundo LOCKE (inspiração semelhante a ROSSEAU), fazem um contrato social que lhes permite gozar de suas propriedades em paz e segurança e o instrumento deste contrato é a lei. A importância da lei é ressaltada pelo filósofo, cabendo a MONTESQUIEU a formulação da teoria de tripartição do poder político do Estado em poder de legislar, administrar e jurisdicionar[(16)].

No âmbito do Direito Administrativo, são reconhecidos vários privilégios e prerrogativas ao Estado, dos quais o particular não dispõe, alicerçados no princípio do interesse público. Saliente-se que a distinção entre Direito Público e Direito Privado baseia-se, nessa época, nas diferenças das noções de serviço público e atividade privada que, então, eram nitidamente perceptíveis. A discricionariedade, neste período, era vista como um poder político e não como um poder jurídico, não admitindo controle judicial. A teoria dominante era a da vinculação negativa, equiparando o ato administrativo a uma sentença judicial e aduzindo que tudo o que não está proibido na lei é possível à Administração. Segundo ENTERRÍA e FERNANDEZ, citando A. HAURIOU, trata-se de uma liberdade absoluta de determinação, radicada no centro mesmo da personalidade administrativa e em sua autonomia pessoal. A discricionariedade operaria no espaço livre da lei[(17)].

---

(14) Cf. COUTO E SILVA, Almiro do, ob. cit., p. 48; DI PIETRO, Maria Sylvia Zanella, *Discricionariedade Administrativa na Constituição de 1988*. São Paulo: Atlas, 1991, p. 14 e seguintes.

(15) Cf. COUTO E SILVA, Almiro do, ob. cit., p. 48; ENTERRÍA, Eduardo García de e FERNANDEZ, Tomás-Ramón, *Curso de Direito Administrativo*. São Paulo: RT, p. 371-372.

(16) Cf. COUTO E SILVA, Almiro do, ob. cit., p. 48. Na realidade, as constatações de ARISTÓTELES sobre a sociedade ateniense somente tiveram força de reivindicação política através da obra de LOCKE e MONTESQUIEU. O primeiro publicou sua obra logo após a "Revolução Gloriosa", de 1688, na Inglaterra, que teve como conseqüência imediata a limitação do poder. A instituição de monarquias constitucionais somente vai ocorrer no continente após um século. MONTESQUIEU, por sua vez, inspirado no sistema inglês, cria a doutrina da separação dos poderes. Vale lembrar que alguns críticos chegaram a negar-lhe a autoria da referida doutrina, alegando que aquele fez somente a descrição do que vira na Inglaterra. De qualquer forma, é certo que as idéias de MONTESQUIEU influenciaram intensamente os revolucionários franceses, sendo consagradas na Constituição Francesa de 1814, que também serviu de modelo para as Constituições dos Estados do Sul da Alemanha, devido à influência das guerras napoleônicas. Ver, neste sentido, KIMMINICH, Otto — "Jurisdição Constitucional e Princípio da Divisão de Poderes", *Rev. de Direito Público*, n. 92, out/dez 89, p. 21–22.

(17) Cf. ENTERRÍA, Eduardo García de e FERNANDEZ, Tomás-Ramón, ob. cit., p. 372; DI PIETRO , Maria Sylvia Zanella, ob. cit., p. 19.

Os abusos cometidos diante das noções acima expostas motivaram reações e a construção de outras teorias capazes de vincular o Estado mais diretamente à observância da lei.

2. Estado Social

O Estado Liberal trouxe consigo uma série de injustiças e problemas gerados pelo exacerbamento da autonomia da vontade e do privilégio excessivo ao direito de propriedade. A sociedade começa a forçar o Estado a atuar em áreas como o bem-estar, a saúde, a correção de desigualdades, etc. Começa a nascer o Estado-Providência ou Estado Social de Direito(18).

Com o aumento das funções do Estado, cresce a importância do Poder Executivo, que passa a editar maior número de atos normativos, visando a regulamentar a sua atuação (portarias, decretos, regulamentos, etc.). A própria teoria da vinculação negativa gera como reação a teoria da vinculação positiva. MERKL, que fora adepto das teorias de KELSEN, define a teoria da seguinte forma: não só a Administração, considerada em seu conjunto está condicionada pela existência de um Direito Administrativo, senão que também cada ação administrativa isolada está condicionada pela existência de um preceito jurídico-administrativo que admita semelhante ação. Se uma ação que pretende apresentar-se como ação administrativa não pode ser legitimada por um preceito jurídico que preveja semelhante ação, não poderá ser compreendida como ação do Estado(19). Trata-se de uma volta branda aos princípios da Revolução Francesa, principalmente na sua gênese de proteção do indivíduo frente ao poder do Estado.

Para a teoria da vinculação positiva, todas as disposições administrativas devem estar vinculadas ao Direito que, segundo o positivismo é identificado com a norma legal. Sempre haverá a necessidade de uma cobertura legal para legitimar o ato, numa técnica de atribuição de potestades, que será vista em item específico. Tem como inconveniente o excessivo apego ao formalismo e as conseqüências nocivas deste.

3. Estado Democrático

O positivismo formalista mostrou-se incapaz de atender aos anseios da sociedade na perspectiva de efetiva participação popular no controle da atividade do Estado. As garantias constitucionais, entre elas o Princípio da Legalidade, passaram a ser vistas não só sob o prisma negativo de constituírem limitação do abuso do poder estatal, mas também como instrumento ativo de participação popular. Esta é a forma do Estado Democrático de Direito(20).

Para BOBBIO, em comentário feito por JOSÉ EDUARDO FARIA, o poder legal é um poder democraticamente formulado dentro do ordenamento constitucional. Compreende o ponto de vista do governante, cuja legitimidade expressa o seu poder de mando com os limites impostos pela legalidade, e o ponto de vista do cidadão, que tem na

(18) Cf. DI PIETRO, Maria Sylvia Zanella, ob. cit., p. 20-24.
(19) Cf. ENTERRÍA, Eduardo García de e FERNANDEZ, Tomás-Ramón, ob. cit., p. 374-375.
(20) Cf. DI PIETRO, Maria Sylvia Zanella, ob. cit., p. 29-33.

legalidade a garantia de não ser oprimido, decorrendo daí a ligação entre Direito e política, lei e democracia(21).

Afastando-se do positivismo, o Estado vincula-se não somente à lei, mas também ao Direito e seus princípios fundamentais como liberdade, paz e justiça(22). O Estado Democrático de Direito funda-se na soberania, na cidadania, na dignidade da pessoa humana, nos valores sociais do trabalho e da livre iniciativa e no pluralismo político. A noção de justiça não é um valor transcendental, mas vincula-se ao bem-estar, à segurança, à igualdade, à liberdade e ao desenvolvimento, entre outros. Estes valores são reais e condicionados historicamente.

A lei para o Estado Democrático de Direito deve realizar o Princípio da Igualdade e da Justiça, não pelo seu caráter genérico, mas pelo fim que encerra a correção das desigualdades(23). A legalidade e a discricionariedade estão ligados aos valores da Justiça. O Direito Administrativo deve ressaltar seu caráter dualista: conciliar o respeito aos direitos humanos fundamentais e à intervenção do Estado para dirimir as desigualdades sociais, ressaltando que o aspecto social e o aspecto democrático não são inconciliáveis. A supremacia do Direito é plena.

O Estado age regido por valores superiores que ordenam o todo, nele incluída a própria Constituição, que tende a reproduzi-los ou, pelo menos, destacá-los expressamente. A concretização destes valores superiores é a exigência que se faz ao Princípio da Legalidade, no sentido da busca de uma justiça material emanada do próprio povo, pois, segundo a própria Constituição, todo o poder dele emana. Cabe ao Poder Estatal administrar esta justiça não como um simples jogo formal mediante raciocínios lógicos, mas com conexão com os valores médios da sociedade, buscando os seus anseios mais intensos. O povo não é o simples destinatário das normas, mas a sua própria origem, pois sua vontade formalizada constitui o Direito(24). Esta é a visão que deve estar presente no administrador ao aplicar a lei ou ao realizar atos administrativos.

---

(21) Cf. FARIA, José Eduardo, *Eficácia Jurídica e Violência Simbólica*. São Paulo: Ed. Univ. São Paulo, 1988, p. 105. BOBBIO lembra, no livro *A Era dos Direitos*, ob. cit., p. 149, que existem dois problemas a serem resolvidos para que o Estado assuma a sua concepção democrática: a usurpação do poder legítimo e a perda da legitimidade do poder. Para o primeiro, refere como solução a "constitucionalização da oposição", ou seja, a formação de um contrapoder dentro dos limites das regras preestabelecidas. Para o segundo caso, a solução encontrada é a realização de eleições periódicas, através do sufrágio universal.
(22) A discussão é o cerne de Teoria Geral do Direito. A busca da solução justa para o caso concreto tem sido o grande tema para os mais diversos doutrinadores. Cita-se, a título de orientar a discussão atual, a obra de LARENZ, Karl, *Metodologia da Ciência do Direito*, 2ª ed. Lisboa: Ed. Fundação Calouste Gulbenkian, 1989. O certo é que os filósofos modernos têm procurado identificar ou ao menos subordinar a Lei ao Direito, este último compreendendo a noção de Justiça material.
(23) Cf. SILVA, José Afonso da, ob. cit., p. 107. Quanto à ligação do Princípio da Legalidade com o Estado Democrático de Direito ver ENTERRÍA, Eduardo García de, "O Princípio da Legalidade na Constituição Espanhola", *Rev. de Direito Público*, n. 86, abr/jun 88, p. 5-13. O autor traça o paralelo entre a chamada "jurisprudência de valores" e a atividade da Administração. Afirma que a existência de uma Justiça constitucional efetiva, que assegure a primazia normativa da Constituição, depende da ausência de uma visão constitucional como sendo apenas uma articulação formal de poderes, para compreender-se como parâmetro de toda a ordenação, passando de um Estado puramente legal para um Estado ordenado por princípios básicos constitucionais.
(24) Cf. ENTERRÍA, Eduardo García de, *O Princípio da Legalidade na Constituição Espanhola*, ob. cit., p. 8-9.

Para MARIA SYLVIA DI PIETRO, no âmbito específico da Administração Pública, a democratização exige: a) substituição das estruturas hierárquico-autoritárias por formas de deliberação colegial; b) introdução do voto na seleção de pessoas a quem forem confiados cargos de direção individual; c) participação paritária de todos os elementos que exerçam sua atividade em determinados setores da Administração; d) transparência ou publicidade do processo administrativo; e) gestão participada, ou seja, participação dos administrados através de organizações populares de base e de outras formas de representação na gestão da Administração Pública(25).

Citam-se como exemplos constantes da Constituição brasileira o seu art. 1º, que consagra o Estado Democrático de Direito e a previsão de vários instrumentos de participação popular na Administração Pública como o mandado de injunção (art. 5º, XXXIII — ainda que não regulamentado ou admitido na jurisprudência), *habeas data* (art. 5º, LXXII), ação popular (art. 5º, LXXIII), publicidade dos atos da Administração Pública (art. 37), etc.

Todos estes limites e conquistas democráticas frente ao poder do Estado não prescindem de uma técnica de aplicação quando de sua análise no caso concreto, fixando-se uma técnica de atribuição de potestades.

B. Princípio da Legalidade e Atribuição de Potestades

Para que seja fixada a técnica de atribuição de potestades, mister se faz o esclarecimento da noção do que seja potestade.

Para ENTERRÍA e FERNANDEZ, os poderes ou potestades não decorrem de uma relação jurídica tal como um negócio ou fato jurídico. A lei determina a sua criação, e as pessoas devem sujeitar-se aos efeitos positivos ou negativos do exercício da potestade(26). A potestade sempre decorre do ordenamento jurídico, pressupõe a existência de uma norma prévia que, além de configurá-la, deve atribuí-la em concreto. Os autores não questionam a origem anterior à lei, reflexionando somente diante do direito positivado(27).

Salientam os autores mencionados que, em decorrência da sua origem legal as potestades são inalienáveis, intransmissíveis e irrenunciáveis(indisponíveis pelo

(25) Cf. DI PIETRO, Maria Sylvia Zanella, ob. cit., p. 38.
(26) Cf. ENTERRÍA, Eduardo García de e FERNANDEZ Tomás-Ramón, ob. cit., p. 377-378.
(27) De certa forma, o raciocínio desenvolvido obedece à noção de HANS KELSEN quando expõe sobre a estrutura escalonada da ordem jurídica e a existência de uma norma fundamental pressuposta a gerar ou justificar uma série de normas hierarquicamente inferiores. Ver neste sentido *Teoria Pura do Direito*, 2ª ed. São Paulo: Martins Fontes, 1987, p. 205 e seguintes; O referido autor também trata do assunto em *Teoria Geral das Normas*. Porto Alegre: Sérgio Fabris Editor, 1986, p. 129 e seguintes, abordando a questão do poder para estabelecer e aplicar normas. Esta última obra já revela uma certa atenuação ao rigor formal da Teoria Pura do Direito, fazendo o autor o comentário sobre normas de ordem moral e refletindo sobre a dualidade norma x dever-ser e sua correlação com os planos de validade e eficácia. Historicamente, a obra de KELSEN sofre a influência da perseguição nazista e de seu exílio nos EUA onde, em contato com o sistema da *common law* percebe o exagero de certas proposições contidas na Teoria Pura do Direito e rediscute temas como a norma fundamental (*grundnorm*) e a plenitude sistemática, em sua obra póstuma, *Teoria Geral das Normas*.

sujeito). Classificam-se em: a) inovativas — criando, modificando ou extinguindo direitos, como por exemplo o poder de polícia, os regulamentos e a expropriação; e b) conservativas — conservando e tutelando direitos, como por exemplo a emissão de certidões. Podem ter supremacia geral sobre todos os cidadãos e supremacia especial sobre alguns apenas (ex. funcionários públicos). Há potestades que recaem sobre a própria esfera do titular (organizatórias) e outras que se submetem a terceiros, etc[(28)]. É necessária a caracterização, neste ponto, das potestades administrativas.

1. Potestades Administrativas

As potestades peculiares da Administração são potestades fiduciárias porque envolvem delegação de poderes pela comunidade, com a confiança de que o interesse visado é o interesse público. É um feixe de potestades singulares que asseguram à Administração a sua atuação. A forma de agir, como foi dito, limita-se e norteia-se pelo interesse público, pelo interesse da comunidade, da qual a Administração é "mera serviçal"[(29)].

O tratamento diferenciado com as coisas públicas é conhecido desde o Direito Romano com a distinção entre relação jurídica *more objectivo* e relação jurídica *more subjectivo*[(30)], cabendo aos particulares o uso comum das coisas de domínio público. A atividade da Administração sempre deve estar vinculada a um determinado fim. E é este fim, identificado com o bem comum, que regula a relação da Administração e não a vontade dos sujeitos[(31)].

2. Atribuição de Potestades Administrativas

As potestades administrativas têm várias formas de atribuição. A primeira delas seria a de auto-atribuição por parte da Administração, através de regulamentos. Tem como fundamento as necessidades urgentes como calamidades públicas, crises políticas, etc. Como toda potestade administrativa, deve ter uma norma prévia e expressa a autorizar, e o cuidado com os abusos deve ser constante[(32)]. No caso, se a lei silencia, a Administração carece de Poderes.

Ainda como característica das potestades administrativas, a sua atribuição deve ser específica, concreta e determinada. Excluem-se os poderes indeterminados porque o Direito pressupõe a existência de limites e, se existisse poder ilimitado, questionar-se-ia a totalidade do ordenamento. Além disso, a distribuição de funções e competências cria a necessidade de limites[(33)]. Os autores questionam as complicações que tais limites podem sofrer em casos extremos, como a guerra ou o Estado de Sítio, por exemplo.

---

(28) Cf. ENTERRÍA, Eduardo García de e FERNANDEZ, Tomás-Ramón, ob. cit., p. 379-380.
(29) Cf. ENTERRÍA, Eduardo García de e FERNANDEZ, Tomás-Ramón, ob. cit., p. 380-382.
(30) Cf. LIMA, Ruy Cirne, "A Relação Jurídica no Direito Administrativo", *Rev. de Direito Público*, n. 85, jan-mar/88, p. 26 e seguintes.
(31) Cf. LIMA, Ruy Cirne, *Princípios de Direito Administrativo*, 5ª ed. São Paulo: RT, 1982, p. 22.
(32) Cf. ENTERRÍA, Eduardo García de e FERNANDEZ, Tomás-Ramón, ob. cit., p. 383.
(33) Cf. ENTERRÍA, Eduardo García de e FERNANDEZ, Tomás-Ramón, ob. cit., p. 385-388.

3. *Potestades Regradas e Potestades Discricionais*

Vistos todos estes elementos de limitação da atribuição de potestades administrativas, cabe referência à importância da distinção entre potestades regradas e potestades discricionais.

As potestades regradas são aquelas em que a lei define exaustivamente a adequação do fato à hipótese legal, de forma que há quase uma aplicação automática da lei. A doutrina italiana chama tal situação de *accertamento*. Têm como exemplo a aposentadoria de um funcionário público, a ascensão na carreira por antigüidade ou a liquidação de um tributo.

A potestade discricionária comporta um elemento subjetivo diferente: a avaliação subjetiva da Administração completa a disposição legal e juntas condicionam o exercício da potestade(34). AUGUSTIN A. GORDILLO sintetiza a distinção aduzindo que as faculdades de um órgão administrativo são regradas quando uma norma jurídica predetermina de forma concreta uma conduta determinada que o administrador deve seguir, ou seja, quando a ordem jurídica estabelece de antemão o que especificamente deve ser feito pelo órgão no caso concreto. As faculdades do órgão serão, ao contrário, discricionais, quando a ordem jurídica outorgue certa liberdade para eleger entre um e outro curso de ação, para fazer uma ou outra coisa, ou fazê-la de uma outra maneira(35). Em outras palavras é a própria definição de discricionariedade vista sob outro aspecto cuja abordagem será vista em item posterior (item 3).

C. A Crise no Princípio da Legalidade

Toda a construção teórica anterior procura explicar o Princípio da Legalidade diante de sua evolução histórica e a ligação umbilical que tem com a noção de discricionariedade. É certo, porém, que o crescimento da atuação do Estado, com a intervenção deste na economia e na área social de forma acentuada, trouxe certos elementos que permitem afirmar que o princípio sofre uma certa crise diante das exigências modernas.

ALMIRO DO COUTO E SILVA enumera alguns fatos justificadores de tal afirmação: a) o Estado exige decisões céleres, havendo muito poder em regulamentos, portarias, etc.; b) existe delegação legislativa para fontes de Direito infralegal; c) nos documentos normativos existem cláusulas vagas e elásticas que possibilitam maior âmbito de interpretação por parte do aplicador da norma; d) o Poder Judiciário está mais atuante e a jurisprudência, na prática, é fonte de Direito ao interpretar cláusulas gerais e conceitos indeterminados; e) o crescimento dos serviços prestados empurra o Estado para o âmbito do Direito Privado, gerando contradição pois a autonomia da vontade não existe para o Estado, que está vinculado ao interesse público; f) o excesso de leis e

(34) Cf. ENTERRÍA, Eduardo García de e FERNANDEZ, Tomás-Ramón, ob. cit., p. 389-392.

(35) Cf. GORDILLO, Augustin, *Tratado de Derecho Administrativo*. Buenos Aires Macchi, 1987, tomo I, p. VIII-15/VIII-16.

sua dificuldade de interpretação afastam os cidadãos comuns do Princípio da Legalidade; g) a evolução da ciência da Administração torna os planejamentos mais detalhados e, conseqüentemente, as leis mais concretas, criando atos administrativos em forma de leis[36].

Isso significa que a Administração não mais está submetida a um conjunto de normas transcendente, mas sim passou a produzir, em grande parte, as normas que a regulam. Para MARCELLO CAETANO, a importância da submissão da Administração à lei não reside na submissão de um poder (executivo) a outro (legislativo) e sim no fato de que o valor da legalidade está na generalidade dos comandos que os órgãos administrativos têm de aplicar[37].

Esses elementos devem ser considerados diante da constatação de que o Princípio da Legalidade nasceu para proteger os indivíduos e que, embora o Estado possa a qualquer tempo declarar a nulidade de seus atos (já que a nulidade não pode ser sanada, não pode convalescer, prescrever ou ser ratificada), deve observar a boa-fé dos administrados que presumiram a legalidade do ato. Seria a contraposição, no caso, do Princípio da Segurança Jurídica. Tratar-se-ia, sob a ótica do Estado, de um poder de anular e não de um dever, resguardadas as condições específicas do caso concreto[38].

A crise do Princípio da Legalidade não significa que apenas a Administração Pública sofre os efeitos da precariedade das soluções apresentadas pela lei aos problemas existentes dentro da sua órbita de atuação. Também no âmbito do Direito Privado a crise está instalada. Mais correto seria falar-se em "crise da lei" já que toda a doutrina volta suas atenções para a busca de formas mais evoluídas de estabelecer relações de controle e de poder dentro da sociedade, fora do tradicional modelo de legislação. Se é verdade que existe inflação legislativa no âmbito da Administração Pública, também é verdadeiro que o modelo de codificação existente no âmbito do Direito Privado mostra-se insuficiente, sendo cada vez mais numerosas as leis esparsas que constituem "microssistemas", dentro de um sistema legal mais abrangente[39], apresentando soluções normativas individualizadas conforme a natureza das situações jurídicas reguladas. Cada vez mais numerosos são os casos em que o legislador, tanto no âmbito público, quanto privado, utiliza cláusulas gerais, nas quais são previstos modelos valorativos de conduta ou atuação, que devem ser integrados, no caso concreto, pelo legislador ou pelo julgador. Isso significa que a legalidade não pode ser vista sob um prisma lógico formal, mas tratada por uma lógica deôntica, impregnada de valores e privilegiadora da melhor solução para o caso concreto.

Não há dúvida de que as cláusulas gerais e os conceitos jurídicos indeterminados representam uma evolução na ciência do Direito, no sentido de que possibilitam

(36) Cf. COUTO E SILVA, Almiro do, ob. cit., p. 52-54.
(37) Cf. ob. cit., p. 29/30.
(38) Cf. COUTO E SILVA, Almiro do, ob. cit., p. 59.
(39) Sobre o problema da codificação e a formação de "microssistemas", ver IRTI, Natalino, "L'Età della Decodificazione", *Rev. de Direito Civil*, vol. 10, p. 15 e seguintes.

a aproximação da lei ao caso concreto e a realização da Justiça material. Entretanto, longo é o caminho a ser percorrido no sentido de que a Administração Pública afaste-se de vícios como o abuso de poder, a corrupção, etc, principalmente porque a erradicação dos mesmos não depende apenas de regramento legal, mas também do reforço da base moral da sociedade.

Como ressaltado no início desta subdivisão, impossível mostra-se a análise do princípio da legalidade e de sua "crise", sem a abordagem da discricionariedade administrativa.

D. Discricionariedade Administrativa

O Estado de Direito, e em especial o Estado Democrático de Direito, tem como um de seus alicerces o Princípio da Legalidade de forma a impedir abusos no exercício do poder do Estado. Por este motivo, os poderes são regrados pela lei, limitando a atuação da Administração. Esta atuação, entretanto, deve ter certa liberdade para agir, desde que respeitados os limites antes referidos. Este poder que a lei confere à Administração, segundo critérios de oportunidade e conveniência para escolher entre uma ou mais soluções, todas válidas perante o Direito, é a discricionariedade(40). Funciona, nesse caso, como uma limitação ao Princípio da Legalidade, seja porque a quantidade dos fatos da vida real supera a possibilidade de previsão das normas legais, seja porque a Administração necessita de um certo espaço para tomar decisões, segundo os já citados critérios de oportunidade e conveniência.

Não pode ser compreendida a discricionariedade sem a análise da função pública, esta compreendida como um poder-dever(41) praticado não só pelo poder executivo, embora reconhecida a sua prevalência sobre os demais, mas também pelos poderes legislativo e judiciário.

A discricionariedade não se confunde com arbítrio porque aquela existe dentro da lei e este ocorre fora dos limites legais. O ato arbitrário sempre será inválido e ilegal.

É certo, também, que a discricionariedade sempre será relativa e parcial porque quanto à competência, forma e finalidade do ato, a autoridade estará subordinada aos ditames da lei. A desvinculação ocorrerá quanto aos motivos e ao objeto, retomando-se a distinção entre ato vinculado, ligado a potestades regradas e ato discricionário, ligado a potestades discricionárias(42).

Não pode ser confundida com a interpretação jurisdicional. Na verdade, esta última leva a uma única solução possível, enquanto a discricionariedade permite

---

(40) Cf. MEIRELLES, Hely Lopes, ob. cit., p. 97; DI PIETRO, Maria Sylvia Zanella, ob. cit, p. 41.

(41) Cf. GRAU, Eros Roberto, Poder Discricionário, *Rev. de Direito Público*, n. 93., jan-mar/90, p. 41 e seguintes.

(42) Cf. SILVA, José Afonso da, ob. cit., p. 369; Meirelles, Hely Lopes, ob. cit. p. 98-99.

opções igualmente justas. O Judiciário não usa de discricionariedade quando prolata decisões pois dá solução exclusiva, não comportando juízo de oportunidade, mas sim juízo de legalidade[(43)].

A discricionariedade tem importância crucial dentro da forma de atuação do Estado ao permitir que este, diante de determinado caso concreto, opte por uma alternativa em detrimento de outra ou outras, igualmente legais e justas. Em uma definição bastante extensa, CELSO ANTÔNIO BANDEIRA DE MELLO conceitua-a como sendo a margem de liberdade que remanesce ao administrador para eleger, segundo critérios consistentes de razoabilidade, um dentro de, pelo menos, dois comportamentos cabíveis, perante cada caso concreto, a fim de cumprir o dever de adotar a solução mais adequada à satisfação da finalidade legal, quando, por força da fluidez das expressões da lei ou da liberdade conferida no mandamento, dela não se possa extrair, objetivamente, uma solução unívoca para a situação vertente[(44)]. A análise desta definição permite ver que o referido autor estabelece uma relação entre a discricionariedade e a existência de conceitos jurídicos indeterminados, por ele chamados de "conceitos fluidos", que serão analisados mais adiante com base em noções expostas por KARL ENGISCH.

1. Justificação

A discricionariedade é costumeiramente justificada sob o ponto de vista de critérios práticos e de critérios jurídicos.

Os critérios práticos estariam presentes no fato de que, através da discricionariedade afasta-se o automatismo em que os agentes administrativos incorreriam se tivessem que aplicar rigorosamente as leis e as dificuldades diante de fatos concretos complexos e mutáveis que não podem ser previstos na legislação[(45)].

Como critérios jurídicos, aponta-se a impossibilidade jurídica de previsão por parte do legislador de todos os atos que a atividade administrativa exige. O ideal, segundo HELY LOPES MEIRELLES, seria que a lei regulasse minuciosamente cada um dos atos a serem praticados pelo administrador, mas isto é impossível. Assim, somente alguns atos são regulados, segundo sua maior relevância, ficando os demais a prudente critério do administrador[(46)].

A discricionariedade no ato administrativo é necessária para possibilitar o poder de iniciativa da Administração, sem o qual impossível se mostraria a sua tarefa e a objetivação do bem comum. A ausência de discricionariedade, ainda que restrita aos motivos e ao objeto, implicaria na total imobilidade do administrador diante dos fatos novos surgidos na experiência diária e a necessidade de tomada de posição frente a estes.

---

(43) Cf. DI PIETRO, Maria Sylvia Zanella, ob. cit., p. 44-47.
(44) Cf. *Discricionariedade e Controle Jurisdicional*, São Paulo, Malheiros Editores, 1992, p. 48.
(45) Cf. DI PIETRO, Maria Sylvia Zanella, ob. cit., p. 41.
(46) Cf. ob. cit., p. 98-99; DI PIETRO, Maria Sylvia Zanella, ob. cit., p. 41-43.

2. Evolução

A discricionariedade sofre mutações de acordo com o entendimento do Princípio da Legalidade, ganhando ou perdendo força em sentido inversamente proporcional. Antes do Estado de Direito tinha caráter eminentemente subjetivo, identificando-se com a vontade do monarca. Com o advento do Estado de Direito e da supremacia da lei, em princípio teve natureza de ato político, segundo a teoria da vinculação negativa antes referida. No positivismo, passa a ser considerada como ato jurídico e sua limitação cresce com a teoria da vinculação positiva. Por último, no âmbito do Estado Democrático de Direito, tem seus limites estabelecidos pela lei e pelo Direito, com todas as implicações referidas anteriormente, em especial no que se refere à sua ligação com o conceito de justiça. Essa noção está presente na abordagem que será feita a seguir, quando se analisa o problema da discricionariedade e dos chamados conceitos jurídicos imprecisos ou indeterminados.

3. Discricionariedade e Conceitos Jurídicos Indeterminados

Para que se delimite com precisão o âmbito de liberdade que comporta a discricionariedade, mister se faz a diferenciação entre esta e os chamados conceitos jurídicos indeterminados.

O jurista não pode acreditar que as normas(sozinhas) possam estabelecer clareza e segurança jurídica absolutas(47). Existem nas normas conceitos que podem ser determinados e/ou indeterminados. Os conceitos determinados delimitam o âmbito da realidade ao qual se referem de uma maneira precisa e inequívoca, como por exemplo, a noção de maioridade, ou o número de dias de um prazo recursal. Os conceitos jurídicos indeterminados têm conteúdo e extensão incertos. Possuem um núcleo conceitual, no qual está a noção clara do conteúdo e um halo conceitual em que repousam as dúvidas(48). Tais conceitos são descritivos ou normativos, conforme descrevam a realidade percebida ou somente sejam perceptíveis em conexão com o mundo das normas(49).

Os conceitos jurídicos indeterminados normativos carregam conceitos de experiência (incapacidade para o exercício de funções, força irresistível, premeditação) ou de valor (boa-fé, justo preço, padrão de conduta médio). Tais conceitos devem, necessariamente, comportar uma única solução justa, diferenciando-se, por esta característica, do poder discricionário(50). No preenchimento da carga valorativa resta a questão de saber se as valorações produzidas são do indivíduo que aplica o Direito ou se são

---

(47) Cf. ENGISCH, Karl, Introdução ao Pensamento Jurídico, 5ª. ed. Lisboa: Ed. Fund. Calouste Gulbekian, 1979, p. 170-171.
(48) Cf. ENGISCH, Karl, ob. cit., p. 173-174; ENTERRÍA, Eduardo García de e FERNANDEZ, Tomás-Ramón, ob. cit., p. 393.
(49) Cf. ENGISCH, Karl, ob. cit., p. 174-175. Grau, Eros, ob. cit., p. 42-43, sustenta a inexistência de conceitos jurídicos indeterminados porque a indeterminação decorre das expressões destes e não deles próprios. Refere que melhor seria tratar o assunto sob a noção de conceitos cujos termos são indeterminados. Na verdade, a argumentação não se desvia do cerne da discussão, que é a necessidade de concreção da norma jurídica no caso concreto, preenchendo-a de conteúdo valorativo.
(50) Cf. ENTERRÍA, Eduardo García de e FERNANDEZ, Tomás-Ramón, ob. cit., p. 394.

valorações preexistentes na "generalidade das pessoas" ou na "camada dominante"(51). Em se tratando de interesse público, ligado diretamente à interpretação do conceito, estariam presentes os conceitos valorativos da média das pessoas da sociedade o que, de qualquer forma, é extremamente difícil de conceituar.

A doutrina alemã referida por MARIA SYLVIA DI PIETRO, especificamente no que se refere a JELLINEK, advoga que a liberdade de apreciação equipara-se àquela que existe na elaboração de conhecimentos científicos ou técnicos: ao intérprete cabe encontrar a vontade única do legislador. É uma noção extremamente restritiva da discricionariedade que ganhou força na Alemanha após 1945(52).

A diferenciação entre discricionariedade e conceitos jurídicos indeterminados tem enorme importância no que tange ao controle do ato. Se for aplicação de conceito jurídico indeterminado, o juiz pode fiscalizar a fundo tal questão. Se for, ao contrário, potestade discricionária dentro dos limites da remissão legal, a fiscalização carece de poder. ENTERRÍA e FERNANDEZ desenvolvem uma noção mais ou menos semelhante à noção de KARL ENGISCH, no sentido da existência de uma "zona de certeza negativa", uma "zona de certeza" e o "halo do conceito"(53). Conceitos como urgência, ordem pública, justo preço, calamidade pública, etc., não permitem pluralidade de soluções justas, senão uma única solução justa em cada caso.

Nota-se que o sistema legal oferece "aberturas" para que a resolução do caso concreto obedeça a certos padrões de justiça material, reforçando o seu equilíbrio. Não é possível acreditar que um sistema "fechado", composto de axiomas logicamente compatíveis entre si possa resolver a totalidade dos casos concretos(54). Assim, o administrador, da mesma forma que o julgador, deve procurar a criação, para o caso concreto, da opção mais acertada dentro do interesse público e do bem comum. É certo, porém, que a definição destes paradigmas, bem comum e interesse público, deve ser feita de maneira racional e considerando elementos sociais, econômicos e culturais presentes num determinado momento histórico. Enfim, são fatores políticos que inspiram a atuação segundo critérios de oportunidade e conveniência.

A limitação à discricionariedade, como se pode ver, é elevada e resulta da evolução do próprio Estado de Direito.

4. Limitações

A discricionariedade inicialmente foi comparada a "atos de império". Com o passar do tempo e a evolução das idéias informadoras do Princípio da Legalidade, a intangibilidade do poder discricionário vai sendo perdida.

---

(51) Cf. ENGISCH, Karl, ob. cit., p. 177-178.
(52) Cf. ob. cit., p. 71. É de se notar que, historicamente, a formação do conceito de discricionariedade na doutrina alemã coincide com a derrocada do regime nazista, havendo a preocupação com os limites da atuação da administração pública, visando evitar o arbítrio.
(53) Cf. ob. cit., p. 397.
(54) Sobre a noção de sistema, cita-se a monografia de CANARIS, Claus-Wilhelm, Pensamento Sistemático e Conceito de Sistema na Ciência do Direito, Lisboa: Ed. Fund. Calouste Gulbenkian, 1989. Também LARENZ, Karl, ob. cit., p. 531 e seguintes.

O sistema clássico de limitação da discricionariedade é o sistema de "desvio de poder", oriundo do Direito francês. Neste, o controle pelo Judiciário quanto à competência, existência da potestade, forma e procedimento é incontroverso. Com o tempo, porém, o Conselho de Estado francês passou a exigir a finalidade pois os poderes administrativos não são abstratos, utilizáveis para qualquer finalidade. Haverá desvio de poder quando o exercício de potestades administrativas for diverso dos fins previstos pelo ordenamento jurídico. O vício do desvio de poder é um vício de estrita legalidade(55). Segundo CELSO ANTÔNIO BANDEIRA DE MELLO, o desvio de poder constitui a utilização de uma competência em desacordo com a finalidade que lhe preside a instituição(56).

O sistema francês apresenta três níveis de controle: a) materialidade, no qual apenas se verifica se os fatos ocorreram, ou não; b) qualificação, em que se verifica se os fatos produzidos são de natureza a justificar a decisão, afastando-se a mais-valia nas posições da Administração; c) adequação, que ocorre em casos extremos em que o juiz aprecia se o fato se justifica como medida da Administração, analisando a proporcionalidade entre os meios e os fins. Esta última forma é o controle do desvio de poder, antes referido(57).

Ainda no campo do desvio de poder cabe a indagação sobre a sua amplitude. A primeira hipótese é a de que haveria desvio de poder pela existência de vício subjetivo, ou seja, o desvio na intenção da autoridade, extraviando-se do fim legal devido. CELSO ANTÔNIO BANDEIRA DE MELLO(58) recomenda cautela, fazendo distinção entre a intenção do agente de praticar o ato e o resultado obtido com desvio, mesmo sem intenção. Diante de tal dificuldade, o referido autor aponta uma segunda hipótese, que é a da consideração do vício objetivo, no sentido de considerá-lo não no plano da consciência do indivíduo, mas no plano dos fatos. Por último, restaria o vício por omissão nos casos da autoridade não agir quando necessário(59).

Controla-se, também, a discricionariedade pelos Princípios Gerais do Direito, que estão acima da lei e envolvem a noção de justiça, à qual a discricionariedade está ligada. Não consiste, porém, na substituição dos critérios da Administração pelos critérios do julgador. Deve levar em conta parâmetros de uma justiça material concreta, especificada em função de problemas jurídicos concretos(60).

Todos os elementos históricos constituintes do Princípio da Legalidade e da noção de discricionariedade estão intimamente ligados aos embates políticos travados no sentido de proteger o cidadão dos efeitos da atuação do poder do Estado. Modernamente, as garantias constitucionais, dentro do Estado Democrático de

---

(55) Cf. ENTERRÍA, Eduardo García de e FERNANDEZ, Tomás-Ramón, ob. cit., p. 401-405; DI PIETRO, Maria Sylvia Zanella, ob. cit., p. 74-76; conferir, também, GORDILLO, Augustin, ob. cit., p. VIII-32/VIII-33.
(56) Cf. "Desvio de Poder", *Rev. Direito Público,* n. 89, jan-mar/89, p. 24.
(57) Cf. DI PIETRO, Maria Sylvia Zanella, ob. cit., p. 74-75.
(58) "Desvio de Poder", ob. cit., p. 32.
(59) Ob. cit., p. 34.
(60) Cf. ENTERRÍA, Eduardo García de e FERNANDEZ, Tomás-Ramón, ob. cit., p. 410.

Direito, perdem a inércia e passam a incorporar a atitude de cidadania do indivíduo. O controle judicial da discricionariedade não importa na perda do poder de mando da Administração, mesmo porque este é imprescindível para a obtenção do bem comum por esta visado.

A participação do indivíduo na vida política e a valorização de suas garantias individuais podem trazer um maior crescimento da interação poder-indivíduo, sem abusos. É preciso lembrar, contudo, que as formas modernas de dominação são bem mais sutis e envolvem componentes de persuasão em massa presentes nos meios de comunicação, utilizados como instrumentos formadores de opinião pública. Por este motivo cada vez mais cresce a importância da participação da sociedade civil dentro da estrutura do Estado, limitando o seu arbítrio e ampliando o espaço das liberdades individuais.

Não é desalentador o quadro traçado de crise do Princípio da Legalidade. A sociedade vive realmente uma crise da lei, tanto no âmbito privado quanto no âmbito público, devendo buscar soluções para melhor regular seus conflitos e possibilitar o desenvolvimento de seus indivíduos, com a satisfação de suas necessidades básicas materiais a fim de que se possa, paralelamente, sonhar com tempos mais amenos ou até mais felizes. Fixar, dentro da sociedade, princípios morais e éticos mais duradouros e mais equilibrados[61] talvez seja a base de uma normatização mais eficiente e mais justa.

Resta acreditar na apreciação do Princípio da Legalidade conjugando-se os elementos jurídicos e os elementos políticos do mesmo. No âmbito jurídico, buscando-se a observância do Direito e da Justiça; no campo político, perseguindo-se o bem comum e o desenvolvimento material e espiritual, tanto individual como coletivamente.

II — O PROCEDIMENTO ADMINISTRATIVO DA FISCALIZAÇÃO DO TRABALHO

A Fiscalização do Trabalho é atividade institucional do Ministério do Trabalho e Emprego[62] e está afeta à Secretaria de Fiscalização do Trabalho — SEFIT, órgão técnico responsável pelo planejamento e normatização das ações fiscais a nível federal relativas ao acompanhamento do cumprimento da legislação trabalhista, abrangendo normas legais e convencionais. No âmbito dos Estados, essas atividades são executadas pelas Delegacias Regionais do Trabalho (DRT), órgãos descentralizados, sediados nas capitais. Nessas Delegacias estão lotados os Auditores-Fiscais do Trabalho[63], que possuem como atividades a vigilância e orientação com relação ao cumprimento das normas de proteção ao trabalhador; a fiscalização propriamente dita,

(61) O equilíbrio, neste caso, reveste-se do sentido dado pela cultura grega, significando a correlação perfeita entre o material e o espiritual.
(62) Lei n. 10.683/03, art. 27, XXI, "c".
(63) Lei n. 10.593/02, art. 10.

exercida perante os estabelecimentos; a investigação, que abrange a coleta de amostra e documentos mediante termo de apreensão assim como a interrogação de trabalhadores e empregadores sobre questões relacionadas ao cumprimento das normas trabalhistas; a atividade de notificação para apresentação de documentos e para o efetivo cumprimento de normas trabalhistas; a atividade de autuação que se traduz no apontamento das infrações detectadas e aplicação da multa pertinente. Compete ainda aos Auditores-Fiscais do Trabalho o rol de atividades previstas no art. 18 do Regulamento da Inspeção do Trabalho, aprovado pelo Decreto n. 4.552/2002, observadas as alterações instituídas pelo Decreto n. 4.870/2003, objetivando sempre a efetividade das disposições legais e convencionais relativas à proteção do trabalhador.

Dispõe o art. 9º do Regulamento em questão:

> "Art. 9º A inspeção do trabalho será promovida em todas as empresas, estabelecimentos e locais de trabalho, públicos ou privados, estendendo-se aos profissionais liberais e instituições sem fins lucrativos, bem como às embarcações estrangeiras em águas territoriais brasileiras."

Para a realização da inspeção, o Auditor-Fiscal do Trabalho deverá, em regra, apresentar Carteira de Identificação Fiscal. A identificação poderá, todavia, ser realizada após a verificação física do local quando o Auditor-Fiscal julgar que a identificação prévia prejudicará a eficácia da fiscalização. O Auditor-Fiscal terá ainda acesso irrestrito aos estabelecimentos, documentos e materiais solicitados para fins de inspeção do trabalho. Havendo resistência ou embaraço à atividade de fiscalização o Auditor-Fiscal lavrará auto de infração, aplicando a multa correspondente(64).

A fiscalização deverá observar o critério da dupla visita nas hipóteses previstas no art. 627 da CLT, observado ainda o que dispõe o art. 23 do Regulamento da Inspeção do Trabalho. Na primeira visita, deverá o Auditor-Fiscal promover a instrução dos responsáveis pelo estabelecimento e notificá-los da data da segunda visita, fixando prazo para a regularização.

A atividade de fiscalização é vinculada no sentido de que, verificada irregularidade ou descumprimento de norma legal ou convencional de proteção ao trabalhador, incumbe ao Auditor-Fiscal a lavratura do auto de infração, sob pena de responsabilidade, ressalvadas as hipóteses em que a lei prevê a mera instrução do responsável ou na hipótese de procedimento especial de fiscalização. O procedimento especial é aquele destinado à mediação de conflitos coletivos entre trabalhadores e empregadores, à coordenação de mesas de entendimento com vistas a que empregadores infratores firmem termo de compromisso no sentido de efetivo cumprimento da legislação trabalhista.

Dessa forma, desde a manutenção de trabalhador sem registro até a não observância das normas de segurança e medicina do trabalho, passando pelo descumprimento da legislação protetiva consolidada e das normas legais e convencionais

(64) Portaria GM/MTb n. 290, de 11.4.1997.

esparsas, está sujeito o empregador ao pagamento de multa mediante lavratura do auto de infração pelo Auditor-Fiscal do Trabalho[65]. Na análise da situação concreta, o Auditor-Fiscal verificará o fiel cumprimento de todas as determinações legais inerentes às relações de trabalho, inclusive detectando possíveis fraudes, encobertas sob o manto da flexibilização. Assim, poderá o Auditor-Fiscal constatar, mediante inspeção, a existência de empregados trabalhando como se cooperativados fossem, contratações temporárias ou por prazo determinado sem a observância dos requisitos legais, adoção de "banco de horas" de forma irregular, contratos de estágio que não atendem aos objetivos preconizados, mas se traduzem em mão-de-obra barata. Nessas, como em tantas outras hipóteses em que se verifica afronta à legislação protetiva e à dignidade do trabalhador, incumbe ao Auditor-Fiscal a adoção de estratégias capazes de tornar eficaz a comprovação do desvirtuamento da lei e conseqüente lesão aos direitos trabalhistas, inclusive, se for o caso, mediante denúncia ao Ministério Público do Trabalho para a ação judicial cabível, além da aplicação da multa de natureza administrativa.

Do ato de fiscalização que decorrer a lavratura do auto de infração, o infrator poderá apresentar defesa no prazo de 10 dias, contados do recebimento da notificação de que trata o art. 629 da CLT. Considerada insubsistente a impugnação, exsurge a aplicação da multa mediante decisão fundamentada[66]. A parte interessada poderá, então, interpor recurso administrativo, com fundamento no art. 636 da CLT, no prazo de 10 dias, mediante depósito prévio da multa aplicada.

O depósito prévio da multa como pressuposto de admissibilidade do recurso administrativo, não só na seara trabalhista como também tributária tem sido objeto de argüição de inconstitucionalidade por violação ao direito ao contraditório e à ampla defesa.

Todavia, o STF, em sede de Recurso Extraordinário, decidiu a respeito da constitucionalidade da exigência do depósito, afastando a alegação de afronta à norma expressa no inciso LV do art. 5º da Constituição Federal[67].

Cabe ressaltar que a exigência do depósito, além de se colocar como obstáculo a recursos administrativos meramente procrastinatórios, também garante parte do crédito, pois converter-se-á em renda com o trânsito em julgado da decisão administrativa.

Não se pode ignorar, entretanto, que o processo administrativo não tem alcançado a finalidade a que se destina. A ausência de independência funcional dos julgadores, que normalmente estão sujeitos às orientações do ente tributante, aliado ao sistema que adota processos autônomos nas esferas administrativa e judicial pro-

---

(65) Sobre os requisitos do auto de infração, ver art. 629 da CLT.

(66) Lei n. 7.855/89 — Altera a CLT, atualiza os valores das multas trabalhistas, amplia a sua aplicação, institui o Programa de Desenvolvimento do Sistema Federal de Inspeção do Trabalho e dá outras providências.

(67) STF — 2ª Turma, RE 210.235/MG, DJ 19.12.1997.

vocam a morosidade do julgamento em flagrante prejuízo à Administração Pública. Como o processo administrativo não encerra a lide, não raro, após o trânsito em julgado da decisão administrativa, permanecendo incólume a penalidade aplicada, o prejudicado utilizará as vias judiciais, reiniciando todo o processo de questionamento dos atos da fiscalização.

Nada obsta, entretanto, que, mesmo sem lançar mão da prerrogativa do processo administrativo, o prejudicado recorra, desde logo, à esfera judicial.

III — O PROCEDIMENTO JUDICIAL E A FISCALIZAÇÃO DO TRABALHO

Não havendo recurso administrativo ou havendo transitado em julgado a decisão administrativa mantendo o auto de infração, a multa aplicada, depois de esgotado o prazo para pagamento, será inscrita na dívida ativa não-tributária e passará a integrar os créditos da Fazenda Pública da União.[68] O termo de inscrição na dívida ativa precede e dá sustentação à Certidão de Dívida Ativa da Fazenda Pública que, por sua vez, constitui título executivo extrajudicial, na redação do art. 585, inciso VI do CPC. De outra parte, por força do que dispõe o art. 3º da Lei n. 6.830/80[69], a Dívida Ativa regularmente inscrita goza da presunção de certeza e liquidez, e o art. 204 do Código Tributário Nacional acrescenta que "...tem o efeito de prova pré-constituída". Nesse sentido, ensina RUY BARBOSA NOGUEIRA que o débito tributário, formalizado pelo lançamento e pela inscrição da dívida ativa da Fazenda Pública gera título executivo extrajudicial, que goza de presunção *juris tantum* de liquidez e certeza e concede ao fisco, desde esse momento, a legitimação para propor a execução judicial fiscal (CPC, art. 585. VI).[70]

Até a Emenda Constitucional n. 45, era pacífica a competência da Justiça Federal para processar e julgar as ações decorrentes da aplicação de penalidades administrativas aos empregadores pelas DRTs. Isto porque a Competência da Justiça do Trabalho se restringia às demandas havidas entre "trabalhadores e empregadores" enquanto que, por força do disposto no art. 109, I da Constituição Federal, a presença da União em um dos pólos da lide atrai a competência para a Justiça Comum Federal, excetuando as hipóteses de "...falência, as de acidentes de trabalho e as sujeitas à Justiça Eleitoral e do Trabalho"[71].

---

(68) O art. 39 da Lei n. 4.320/64 — Lei do Orçamento — com redação dada pelo Decreto Lei n. 1.735/79, dispõe sobre os créditos de natureza tributária e não-tributária, incluindo nesse conceito os créditos decorrentes de *"multas de qualquer origem ou natureza, exceto as tributárias..."*. Já o art. 2º da Lei n. 6.830/80 dispõe que *"Constitui Dívida Ativa da Fazenda Pública aquela definida como tributária ou não tributária na Lei n. 4.320 de 17 de março de 1964..."*.

(69) LEF — Lei de Execuções Fiscais.

(70) Cf. *Curso de Direito Tributário*, 14ª ed. São Paulo: Saraiva, 1995, p. 153-154, *apud* PAULSEN, Leandro — *Direito Tributário*, 6ª ed. Porto Alegre: Livraria do Advogado, 2004, p. 1.267.

(71) Art. 109, inciso I da Constituição Federal.

Dentre as inovações trazidas pela citada Emenda Constitucional, que provocou significativas alterações no âmbito processual, está o comando expresso no inciso VII do art. 114 da Constituição, segundo o qual:

"Art. 114. Compete à Justiça do Trabalho processar e julgar:

VII — as ações relativas às penalidades administrativas impostas aos empregadores pelos órgãos de fiscalização das relações de trabalho;"

Daí se depreende que a competência, até então definida em razão da pessoa, no caso a União Federal, passa a ser pautada em razão da matéria. Trata-se de competência absoluta que inclui não só as ações movidas pelos empregadores que sofreram a autuação contra a União Federal como também as Execuções Fiscais que tenham por objeto a cobrança de multa administrativa aplicada pelos órgãos da fiscalização das relações de trabalho.

A norma constitucional em questão tem efeitos *ex nunc* e aplicabilidade imediata, já que nenhum prazo foi fixado pela própria emenda. Atinge as ações ajuizadas após a sua vigência e as demandas em curso que deixam de tramitar na Justiça Federal e passam à Justiça do Trabalho. Trata-se de uma das hipóteses de exceção ao Princípio da *perpetuatio jurisdictionis* expressa ao final do art. 87 do CPC. Sobre a matéria, refere HUMBERTO THEODORO JÚNIOR que, com relação a essas alterações jurídicas, cumpre distinguir entre a competência absoluta e a relativa. Para o citado autor, se a competência já firmada for territorial ou em razão do valor, em nada serão afetadas as causas pendentes. Mas se for suprimido o órgão judiciário perante o qual corria o feito, ou se a alteração legislativa se referir à competência absoluta (*ratione materiae* ou hierarquia), já então os feitos pendentes serão imediatamente alcançados: os autos, em tal caso, terão de ser encaminhados ao outro órgão que se tornou competente para a causa. O mesmo deve ser observado quando se tratar de competência funcional[72].

Nesse passo a Justiça do Trabalho, especializada em razão da matéria de ordem trabalhista, ultrapassa os limites das relações entre empregados e empregadores e passa a dirimir controvérsias que têm como questão de fundo o descumprimento da legislação do trabalho. São Ações de Execução Fiscal, Mandados de Segurança, Ações Ordinárias, contendo normalmente em seu bojo pedidos de antecipação de tutela, que passam a integrar a rotina do foro trabalhista, tão acostumado à apreciação das reclamatórias.

Por meio das Ações Ordinárias, diversas são as pretensões deduzidas pelo empregador autuado. Em geral há o questionamento da legalidade da multa aplicada, buscando-se a suspensão da exigibilidade do crédito e evitando-se a sua inscrição na dívida ativa não-tributária. Busca-se também a obtenção de certidão negativa ou provimento que determine à União que se abstenha de proceder à inscrição no CADIN

(72) Cf. *Curso de Direito Processual Civil*, 39ª ed. Rio de Janeiro: Forense, vol. I, 2003, p. 151.

(Cadastro de Devedores Inadimplentes). Explico: segundo dispõe o art. 205 do CTN, a lei poderá exigir que a prova da quitação de determinado tributo, quando exigível, seja feita por certidão negativa, quer dizer, havendo débito exigível, a certidão será positiva. Embora o artigo faça referência a "tributo", os comandos dos arts. 205 até 208 são direcionados à Procuradoria da Fazenda Nacional, a quem compete a emissão de tais certidões, aplicando-se portanto às hipótese de dívida ativa não-tributária. Ocorre que a existência de inscrição em dívida ativa, seja ela tributária ou não-tributária, com conseqüente positivação de certidões e inclusão no CADIN, causa transtornos de diversas ordens ao inadimplente, pois traduz-se no abalo de crédito (proibição de obter empréstimo em bancos oficiais, por exemplo) e conseqüente restrição de competitividade no mercado.

Se verificada qualquer uma das hipóteses de que trata o art. 206 do CTN[73] terá, o empregador autuado, direito à obtenção de certidão negativa com efeito de positiva. Todavia, cabe advertir que a doutrina não é pacífica quanto à aplicação do art. 151 do CTN, que dispõe sobre as hipóteses de suspensão do crédito tributário, com relação à dívida ativa não-tributária. Pelo contrário, de acordo com uma corrente respeitável, a sua aplicação analógica fugiria à melhor técnica. Não obstante, o que se constata por pesquisa jurisprudencial é a concessão da suspensão da exigibilidade do crédito não-tributário mesmo nas hipóteses previstas no art. 151, com base na utilização do poder geral de cautela quando presentes os requisitos legais, observada ainda a possibilidade de aplicação da regra do § 7º do art. 273 do CPC.

Assim, ao juiz incumbe decidir sobre o cabimento da multa aplicada e a sua consonância com a infração cometida, bem como quanto aos limites do exercício do poder de polícia da fiscalização.

Note-se que em se tratando de ato praticado por autoridade do poder público, caberá, em tese, o Mandado de Segurança para amparar direito líquido e certo. Nesse sentido, importante salientar o inciso IV do art. 114 da Constituição, conforme redação dada pela Emenda Constitucional em tela. No caso, a autoridade coatora será o Delegado Regional do Trabalho que responde pelos atos da fiscalização, e a ação será ajuizada perante o Juiz do Trabalho de Primeira Instância, já que a autoridade impetrada é estranha ao Poder Judiciário.

Não havendo recurso administrativo ou decisão judicial que suspenda a exigibilidade do crédito, incumbe à Procuradoria da Fazenda Nacional ajuizar a competente Ação de Execução Fiscal, perante o juiz de Primeira Instância, regida pelo rito expresso na Lei n. 6.830/80 (LEF). Recebida a petição inicial, o executado será citado para pagar ou garantir a execução no prazo de 5 dias, conforme art. 8º da LEF. Garantida a execução, inclusive pela penhora, se necessário, o executado

---

(73) Art. 206. Tem os mesmos efeitos previstos no artigo anterior a certidão de que conste a existência de créditos não vencidos, em curso de cobrança executiva em que tenha sido efetivada a penhora, ou cuja exigibilidade esteja suspensa.

oferecerá Embargos, no prazo de 30 dias[74] pelo qual deverá alegar toda a matéria útil à defesa, requerer provas e juntar aos autos os documentos e rol de testemunhas, até três, ou a critério do Juiz, até o dobro desse limite[75].

Importante referir que, em geral, a tese de defesa sustentada em Embargos é a mesma invocada na Ação Ordinária o que torna as ações conexas. Com a finalidade de evitar decisões divergentes, a Ação Ordinária deve ser apensada à Ação de Execução para instrução e julgamento em conjunto.

Note-se também o que dispõe o art. 5º da LEF no sentido de que a competência para processar e julgar a execução da Dívida Ativa da Fazenda Pública exclui a de qualquer outro juízo, inclusive o da falência, da concordata, da liquidação, da insolvência ou do inventário.

Não é demais salientar que, não obstante a previsão legal de um processo administrativo, a opção do empregador pela via judicial, com amparo no inciso XXXV do mesmo art. 5º, extingue o recurso administrativo, em face do Princípio da Jurisdição Una. Com efeito, não haveria razão para que o julgador administrativo continuasse despendendo recursos materiais e intelectivos se a decisão administrativa resultante jamais iria preponderar sobre o provimento judicial.

Por fim, cabe abordar a questão relativa ao rito processual a ser adotado nas ações dessa espécie.

O TST, na Resolução 126/2005 que instituiu a Instrução Normativa n. 27, definiu, em face da ampliação da competência da Justiça do Trabalho, que: "As ações ajuizadas na Justiça do Trabalho tramitarão pelo rito ordinário ou sumaríssimo, conforme previsto na Consolidação das Leis do Trabalho, excepcionando-se apenas as que, por disciplina legal expressa estejam sujeitas a rito especial, tais como o Mandado de Segurança, *Habeas Corpus, Habeas Data*, Ação Rescisória, Ação Cautelar e Ação de Consignação em Pagamento.", acrescentando ainda a aplicação das custas processuais e do sistema recursal previsto na CLT.

Assim, às ações ordinárias não resta dúvida quanto à aplicação do processo do trabalho. Já a execução fiscal, como salientado, possui rito próprio, previsto na LEF que também é aplicável de forma subsidiária ao processo do trabalho, por força do que dispõe o art. 889 da CLT. Note-se, entretanto, que o sistema recursal a ser utilizado é sempre o trabalhista, como definido pelo TST na resolução citada.

Por certo, o tema abordado, assim como todo o conjunto da reforma constitucional que ampliou a competência da Justiça do Trabalho, é campo fértil para discussões doutrinárias e divergências jurisprudenciais. Cientes de que o conteúdo desenvolvido não esgota a matéria, pelo contrário, visa a instigar o leitor a questionar as diversas hipóteses que podem ser levadas à apreciação do Juiz do Trabalho, esperamos ter atingido o objetivo visado.

---

(74) Art. 16 da LEF.
(75) Art. 16, § 2º da LEF.

REFERÊNCIAS BIBLIOGRÁFICAS

AGUIAR, Roberto A. R. de. *Direito, Poder e Opressão*, 2ª ed. São Paulo: Alfa-Ômega, 1984.

BOBBIO, Norberto. *A Era dos Direitos*. Rio de Janeiro: Campus, 1992.

———. *Estado, Governo e Sociedade*, 3ª ed. São Paulo: Paz e Terra, 1990.

CAETANO, Marcello. *Manual de Direito Administrativo*, 10ª ed. Coimbra: Almedina, 1991.

CANARIS, Claus-Wilhelm. *Pensamento Sistemático e Conceito de Sistema na Ciência do Direito* Lisboa: Ed. Fund. Calouste Gulbenkian, 1989.

CANOTILHO, J. J. Gomes. *Direito Constitucional*, 5ª ed. Coimbra: Almedina, 1991.

COUTO E SILVA, Almiro do. "Princípios da Legalidade da Administração Pública e da Segurança Jurídica no Estado de Direito Contemporâneo". *Rev. de Dir. Público*, vol. 84, out-dez/87.

CRETELLA Júnior, José. *Curso de Direito Administrativo*. Rio de Janeiro: Forense, 1989.

ENGISCH, Karl. *Introdução ao Pensamento Jurídico*, 5ª ed. Lisboa: Fundação Calouste Gulbekian, 1979.

ENTERRÍA, Eduardo Garcia de e FERNANDEZ, Tomás-Ramon. *Curso de Direito Administrativo*. São Paulo: Rev. dos Tribunais, 1991.

ENTERRÍA, Eduardo García de. "O Princípio da Legalidade na Constituição Espanhola". *Rev. de Direito Público*, n. 86, abr-jun/88.

FARIA, José Eduardo. *Eficácia Jurídica e Violência Simbólica*. São Paulo: Universidade de São Paulo, 1988.

FOUCAULT, Michel. *Microfísica do Poder*, 8ª ed. Rio de Janeiro: Edições Graal, 1989.

———. *Un Dialogo Sobre el Poder*. Madrid: Alianza Editorial, 1988.

GORDILLO, Augustín A. *Tratado de Derecho Administrativo*. Buenos Aires: Ediciones Macchi; 1987.

GRAU, Eros Roberto. "Poder Discricionário". Rev. de Direito Público, n. 93., jan-mar/90, p. 41 e seguintes.

JÚNIOR, Humberto Theodoro. *Curso de Direito Processual Civil*, 39ª ed. Rio de Janeiro: Forense, vol. I, 2003.

HABERMAS, Jürgem. *Mudança Estrutural na Esfera Pública*. Rio de Janeiro: Tempo Brasileiro, 1984.

IRTI, Natalino. "L'Età della Decodificazione". *Rev. de Direito Civil*, vol. 10.

KELSEN, Hans. *Teoria Geral das Normas*. Porto Alegre: Sérgio Fabris Editor, 1986.

———. *Teoria Pura do Direito*, 2ª ed. São Paulo: Martins Fontes, 1987.

KIMMINICH, Otto. "Jurisdição Constitucional e Princípio da Divisão de Poderes". *Rev. de Direito Público*, n. 92, out/dez 89.

LARENZ, Karl. *Metodologia da Ciência do Direito*, 2ª ed. Lisboa: Fundação Calouste Gulbenkian, 1989.

LIMA, Ruy Cirne. *Princípios de Direito Administrativo*, 5ª ed. São Paulo: Rev. dos Tribunais, 1982.

———. "A Relação Jurídica no Direito Administrativo". *Rev. de Direito Público*, n. 85, jan-mar/88.

MEIRELLES, Hely Lopes. *Direito Administrativo Brasileiro*, 16ª ed. São Paulo: Rev. dos Tribunais, 1991.

MELLO, Celso Antônio Bandeira de. "Desvio de Poder". *Rev. Direito Público*, n. 89, jan-mar/89.

———. *Discricionariedade e Controle Jurisdicional*. São Paulo: Malheiros Editores, 1992.

———. *Elementos de Direito Administrativo*. São Paulo: Rev. dos Tribunais, 1984.

PAULSEN, Leandro. *Direito Tributário*, 6ª ed. Porto Alegre: Livraria do Advogado, 2004.

PIETRO, Maria Sylvia Zanella Di. *Direito Administrativo*. São Paulo: Atlas, 1990.

———. *Discricionariedade Administrativa na Constituição de 1988*. São Paulo: Atlas, 1991.

SILVA, José Afonso da. *Direito Constitucional Positivo*, 7ª ed. São Paulo: Revista dos Tribunais, 1991.

EXECUÇÃO DAS CONTRIBUIÇÕES SOCIAIS PELA JUSTIÇA DO TRABALHO. QUESTÕES CONTROVERTIDAS E IMPLICAÇÕES DECORRENTES DA EMENDA CONSTITUCIONAL N. 45/2004

Alcides Otto Flinkerbusch(*)

INTRODUÇÃO

Este estudo tem a preocupação de delinear, de forma ampla, o contexto em que se insere a competência da Justiça do Trabalho para executar as contribuições previdenciárias devidas por trabalhadores e empregadores em favor da Seguridade Social[1], além de explicitar as principais controvérsias que se estabelecem a partir daí.

Tal atribuição de competência certamente não se encaixa sem abalos numa estrutura concebida para se deter na resolução de conflitos sociais bem específicos, separados a ferros do Direito comum à custa do sofrimento e até mesmo da vida de muitos trabalhadores em fins do século XIX e início do século passado. A maior surpresa, no entanto, é que a providência adotada pela Emenda n. 20/98 surgiu em meio ao debate sobre a extinção da Justiça do Trabalho no Brasil, que encontrava eco nos movimentos neoliberais em plena expansão. Portanto, para proporcionar uma visão contextualizada das diferentes implicações da competência trabalhista aqui tratada, a primeira parte do trabalho traz um breve histórico da crise do sistema previdenciário brasileiro (1.1) — diretamente responsável pela diversificação das formas de arrecadação, e também da evolução legislativa que vai ao encontro desse objetivo e tem conseqüências no âmbito da competência da Justiça do Trabalho (1.2).

Embora não se pretenda o aprofundamento na sistemática procedimental, pois não seria possível uma abordagem satisfatória dos seus desdobramentos dentro dos limites deste estudo, não se descuida completamente da temática. A investigação da natureza jurídica das contribuições previdenciárias impõe-se para que se possa observar

---

(*) Juiz do Trabalho. Especialista em Direito e Processo do Trabalho pelo Instituto Brasileiro de Estudos Jurídicos — IBEJ/PR e Mestrando em Direito pela Universidade do Vale do Rio dos Sinos — UNISINOS/RS.

(1) A medida legislativa que definitivamente atribuiu a competência para a Justiça do Trabalho foi a Emenda Constitucional n. 20 de 1998. Para os antecedentes da legislação, ver o item 1.2.

os requisitos necessários ao processamento da execução e, também, em que medida eles podem ser dispensados em razão das características peculiares do novo processo executivo criado pela Emenda n. 20/98 (2.1). A seguir, são traçadas as linhas gerais do procedimento previstas pela Lei n. 10.035/00 (2.2).

A maior controvérsia doutrinária instaurada a partir da atribuição dessa nova competência diz respeito aos seus limites: se alcança ou não as contribuições incidentes sobre os pagamentos feitos no curso do contrato de trabalho e que não tenham sido objeto de condenação no processo do trabalho. Assim, na terceira parte, essa questão é estudada. São revistos os argumentos tradicionalmente levantados em favor da interpretação restritiva (3.1) e defende-se a interpretação ampliativa como a que melhor se harmoniza com o escopo da reforma previdenciária iniciada pela Emenda n. 20/98 (3.2). O principal óbice a essa interpretação, que é a possibilidade de concorrência com a competência da Justiça Federal, é tratado também nesse tópico.

Apesar da Emenda n. 45/04 não ter alterado a redação do texto constitucional inserido pela Emenda n. 20/98[(2)], a notável ampliação da competência para as controvérsias oriundas das *relações de trabalho*, nos termos do inciso I do art. 114, trouxe conseqüências que não podem ser desprezadas na implementação da cobrança desses créditos. As contribuições devidas pelos trabalhadores que se enquadram como segurados individuais da Previdência Social, até a edição da Lei n. 10.666/03, deviam ser recolhidas diretamente aos cofres públicos. A sua execução pela Justiça do Trabalho é conseqüência lógica, mas se coloca em contradição com o sistema de proteção. Em razão desse aumento de complexidade, na quarta parte deste trabalho, dedica-se especial atenção à principal conseqüência da Emenda Constitucional n. 45 (4.1 e 4.2) e trata-se brevemente de alguns elementos da teoria constitucional, apontando para o que se considera a interpretação mais compatível com o sistema de proteção (4.3).

Duas ressalvas terminológicas devem ser feitas. Em primeiro lugar, com exceção do item 2.1 — em que se aborda a natureza jurídica das contribuições sociais executáveis pela Justiça do Trabalho e, por conseqüência, impõe-se o rigor terminológico, a expressão *contribuições previdenciárias* é utilizada como sinônima de *contribuições sociais*, o que se justifica em face do tratamento uniforme dado pela legislação especializada[(3)] e pela doutrina trabalhista[(4)] a esta espécie de contribuição, e também porque as contribuições sociais afetas à competência da Justiça do Trabalho são todas destinadas ao Fundo de Previdência e Assistência Social (FPAS), que financia a Seguridade Social.

Também se utiliza o termo *empregador* para designar genericamente o contratante dos serviços. Não há diferença justificável para a utilização do termo empregador

---

(2) A atual redação é a seguinte: "Art. 114. Compete à Justiça do Trabalho processar e julgar: (...) VIII — a execução, de ofício, das contribuições sociais previstas no art. 195, I, *a*, e II, e seus acréscimos legais, decorrentes das sentenças que proferir".

(3) Conforme alterações da CLT promovidas pela Lei n. 10.035/00.

(4) Neste sentido: GIGLIO, 2002, p. 36-8; LEITE, 2004, p. 146-7; MARTINS, 2001, p. 115-7, entre outros.

apenas para um dos sujeitos do contrato de emprego. É empregador quem *emprega* em seu favor ou em favor do seu empreendimento o trabalho alheio, seja em decorrência de um contrato de emprego ou de outra espécie de contrato de trabalho. Não se desconhece a distinção feita pelo Supremo Tribunal Federal logo após a promulgação da Constituição de 1988 para afastar a competência da Justiça do Trabalho para as demais relações de trabalho[(5)], porém tal distinção não é mais significativa diante da Emenda n. 45/04.

1. ANTECEDENTES HISTÓRICOS

1.1. A Crise da Previdência Social no Brasil

Inicialmente estruturada nas "caixas de aposentadoria e pensão" (CAPs), segmentadas por profissão[(6)], a previdência social no Brasil era baseada no sistema de capitalização. Nessa forma de organização, as aposentadorias e pensões eram custeadas pelos recursos acumulados através de contribuições prévias dos indivíduos participantes, cabendo aos gestores dos fundos a distribuição no curso da aposentadoria ou do benefício.[(7)]

Com as distorções que esse sistema proporcionou, gerando benefícios muito diferentes entre os trabalhadores pertencentes a categorias com maior ou menor poder de representação, em 1945 foi criado o Instituto de Serviços Sociais do Brasil[(8)] (ISSB), como proposta de correção das desigualdades. Contudo, isso só foi alcançado em 1960, com a Lei Orgânica de Previdência Social — LOPS (Lei n. 3.807), que unificou a legislação referente aos Institutos de Aposentadorias e Pensões e estendeu a cobertura previdenciária também aos empregadores e trabalhadores autônomos. O próximo passo foi a criação do Instituto Nacional de Previdência Social — INPS, em 1966 (Decreto-Lei n. 72), que unificou as ações da previdência para os trabalhadores do setor privado. Estava, assim, implementado o sistema de repartição simples, modelo que utiliza as contribuições dos trabalhadores da ativa para financiar os benefícios dos inativos, sem a vinculação entre o valor capitalizado por um contribuinte e os seus benefícios futuros.

Essa foi a base da Constituição de 1988, que ampliou significativamente o acesso à seguridade social, mas não definiu a viabilização de suas fontes de finan-

---

(5) Conflito de Jurisdição n. 6.829-SP, publicado no DOU de 15.3.1989.

(6) A primeira Caixa de Aposentadoria e Pensões criada foi a dos ferroviários, através do Decreto do Poder Legislativo (DPL) n. 4.682/23, que ficou conhecida como Lei Eloy Chaves em razão da iniciativa do projeto. Após, houve extensão desses mesmos benefícios aos portuários (DPL 5.109/26) e aos telegráficos e radiotelegráficos (DEC 19.496/1930).

(7) ARAÚJO, 2003, p. 5.

(8) Instituído pelo Decreto n. 7.526, de 7 de maio de 1945.

ciamento. Os gastos aumentaram, sem contrapartida. Os resultados primários da previdência reduziram-se acentuadamente e, a partir de 1995, seguem uma trajetória de déficits crescentes[(9)]. Além disso, as mudanças demográficas da sociedade fizeram crescer o número de idosos, aumentando a pressão sobre a Previdência. Outro desafio para o sistema foi a crescente evolução do emprego informal[(10)], cujos trabalhadores também se beneficiam dos serviços da Seguridade Social sem contribuir diretamente.[(11)]

Tentou-se minimizar a crise do sistema previdenciário com uma reforma da Previdência Social, levada a termo inicialmente pela Emenda n. 20 de 1998. O problema fundamental a ser resolvido era o desequilíbrio atuarial — que ainda se mantém[(12)] —, alimentado por cinco fatores, segundo GIAMBIAGI[(13)]:

> *a*) a figura da aposentadoria por tempo de serviço, que leva os beneficiados por este mecanismo a ser elegíveis e usufruir do benefício muito cedo em relação ao seu tempo de vida; *b*) o diferencial de cinco anos (para menos) entre as condições exigidas para a aposentadoria da mulher, de um lado, e do homem, de outro, bem como dos trabalhadores rurais de ambos os sexos, de um lado, e urbanos de ambos os sexos, de outro; *c*) o benefício extra concedido aos professores, que podem se aposentar até mesmo com apenas 25 anos de serviço (caso das mulheres); *d*) o cálculo do benefício com base no salário de contribuição dos últimos três anos de serviço, independentemente da história contributiva prévia; e *e*) um teto de comprometimento elevado (cerca de 8,5 salários mínimos), que magnifica a dimensão do desequilíbrio atuarial.

GIAMBIAGI acrescenta que os problemas que este conjunto de fatores criavam eram graves, porque a tendência era de que as contribuições dos trabalhadores na ativa fossem crescentemente insuficientes para sustentar um contingente proporcionalmente cada vez maior de beneficiados.[(14)] A solução que normalmente se apontava passava pelo aumento da arrecadação e/ou pelo achatamento do valor dos benefícios, sob pena da geração de um déficit de caixa tendente a ser insuportável pelo Tesouro Nacional.

As medidas adotadas pela reforma de 1998, no tocante aos critérios de concessão dos benefícios, não são relevantes para este estudo, embora tenham significado uma redução da diferença entre a receita e a despesa da Seguridade Social. Identificada a crise financeira do sistema previdenciário, interessa agora deter-se na repercussão da ampliação das formas de arrecadação no campo da Justiça do Trabalho.

---

(9) Vide nota 12, abaixo.

(10) Segundo dados do IBGE, em 2002, cerca de 52% dos trabalhadores estava no setor informal.

(11) ARAÚJO, 2003, p. 8.

(12) Segundo dados divulgados pela Previdência Social, em 2003, a receita do Fundo de Previdência e Assistência Social (FPAS) foi de 80,8 bilhões, enquanto as despesas com benefícios foram de 119,2 bilhões. BRASIL, 2003.

(13) GIAMBIAGI, 1996, p. 63-78.

(14) *Idem, ibidem.*

1.2. Conseqüências Legislativas no âmbito da Competência da Justiça do Trabalho

A primeira medida legislativa para tentar amenizar o problema da arrecadação do sistema de seguridade social que teve reflexos na competência da Justiça do Trabalho foi implementada pela Lei n. 7.787/89. O art. 12 dispôs que:

> Em caso de extinção de processos trabalhistas de qualquer natureza, inclusive decorrente de acordo entre as partes, de que resultar pagamento de vencimentos, remuneração, salário e outros ganhos habituais do trabalhador, o recolhimento das contribuições devidas à Previdência Social será efetuado incontinenti.

E parágrafo único determinou que o juiz deveria velar pelo fiel cumprimento dessa disposição.

Posteriormente, a Lei Orgânica da Previdência Social (n. 8.212/91) repetiu a redação do art. 12 da Lei n. 7.787/89, no art. 42, substituindo a expressão "vencimentos, remuneração, salário e outros ganhos habituais do trabalhador" por "remuneração ao segurado". Instituiu também, no art. 44, que o Juiz deveria *exigir* a comprovação dos recolhimentos.

A Lei n. 8.620/93 promoveu a alteração da Lei n. 8.212/91 e o art. 43 passou então a exigir(15) que o Juiz do Trabalho *determinasse o recolhimento* imediato das contribuições devidas à Seguridade Social incidentes sobre os pagamentos resultantes de ações trabalhistas. No art. 44, a Lei Orgânica passou a determinar a expedição de notificação ao INSS para que a autarquia tomasse conhecimento da sentença ou do acordo homologado. Nesse primeiro momento, ainda não havia competência para executar as contribuições sociais. Determinado o recolhimento imediato e notificado o INSS, acabava a atividade atribuída ao Judiciário Trabalhista em matéria previdenciária.

Em virtude dessas disposições, a Corregedoria-Geral TST editou o Provimento n. 02/93, que autorizava a retenção, pelo empregador, dos valores devidos ao empregado no caso de condenações, limitando-se a Justiça do Trabalho a comunicar ao INSS a inexistência de comprovação dos recolhimentos quando era o caso.

O passo seguinte veio com a Emenda n. 20/98, que acrescentou o § 3º ao art. 114 da Constituição, com redação idêntica à do atual inciso VIII. Na época, CASTRO e LAZZARI escreviam:

A intenção é clara; fazer das unidades Judiciárias da Justiça do Trabalho mais um órgão de arrecadação das contribuições sociais. Com um corpo de Procuradores e

---

(15) A redação do referido dispositivo é a seguinte: "Art. 43. Nas ações trabalhistas de que resultar o pagamento de direitos sujeitos à incidência de contribuição previdenciária, o juiz, *sob pena de responsabilidade*, determinará o imediato recolhimento das importâncias devidas à Seguridade Social" (sem grifo no original). A ameaça ao Juiz do Trabalho, explícita na Lei, foi alvo de severas críticas doutrinárias. Defendia-se, em última instância, a inconstitucionalidade da disposição em razão da violação do princípio da independência do Judiciário e do livre convencimento racional do Juiz. Neste sentido ver, por exemplo: PINTO, 2002, p. 317 e CASTRO E LAZZARI, 1999, p. 174.

Fiscais de alto nível, mas ínfimo em termos numéricos, e carente de aplicação em recursos materiais, o INSS não tem mãos para segurar os valores das contribuições que jorram das lides trabalhistas. Numerário que os atuários do Governo sequer calculam quanto seja. Assim, a execução de ofício economiza o serviço do corpo jurídico da Autarquia, numa estranha terceirização da função arrecadadora.[16]

Posteriormente, a Lei n. 10.035/00 alterou dispositivos da CLT e fixou procedimentos para a execução das contribuições sociais.[17]

Finalmente, a Emenda Constitucional n. 45, de 8 de dezembro de 2004, aumenta a competência da Justiça do Trabalho para abarcar todas as relações de trabalho, o que também gerará sensível aumento da arrecadação previdenciária.[18]

2. ASPECTOS PROCESSUAIS

2.1. Natureza Jurídica das Contribuições Sociais e Possibilidade Procedimental

No art. 195 a Constituição de 1988 institui as formas de financiamento da Seguridade Social, que abrange as ações nas áreas de saúde, previdência e assistência social (art. 194). Além dos recursos orçamentários da União, dos Estados, do Distrito Federal e dos Municípios, são fontes de financiamento: as contribuições do empregador (inciso I), do trabalhador e dos demais segurados da previdência social (inciso II), do importador (IV) e parte da receita de concursos de prognósticos (III). Há bastante divergência na definição da natureza jurídica dessas contribuições, seja em virtude da adoção de diferentes critérios de classificação, seja em razão da natural controvérsia na fixação conceitual dos limites das figuras jurídicas.[19]

Diante dessa diversidade, o que se afigura é que a expressão *contribuição social* utilizada pela Constituição é ampla e abrange diferentes espécies de aportes financeiros, como típicos tributos (impostos e contribuições sociais autênticas) e simples repasses de receita. Ou seja, não há na Constituição uma definição que encerre todas as contribuições como uma espécie única de tributo ou mesmo que as caracterize como tributo. O que ocorre é a reunião de fontes de receita de diversos matizes em torno de uma finalidade[20], que é a garantia das prestações de saúde, previdência e assistência social (art. 194).

---

(16) CASTRO E LAZZARI, 1999, p. 178.

(17) Vide item 2.2.

(18) Veja-se o item 4.

(19) Para maior aprofundamento, ver TOGNETTI, 2004. A autora observa que a doutrina analisa a natureza das contribuições sociais sob os pontos de vista do tratamento constitucional, da destinação do produto da arrecadação, das hipóteses de incidência e dos princípios informadores, gerando profundas divergências.

(20) Neste sentido, o parágrafo único do art. 194 da Constituição elenca como um dos objetivos da organização da Seguridade Social a diversidade da base de financiamento (inciso VI).

Tem maior relevância, aqui, a investigação da natureza das contribuições previstas nos incisos I, alínea *a*, e II do art. 195 da Constituição, pois são essas as passíveis de execução pela Justiça do Trabalho, por força do inciso VIII do art. 114, com redação dada pela Emenda n. 45 de 2004.

As contribuições a cargo do empregador são de três espécies: incidentes sobre a folha de salários e sobre os demais rendimentos do trabalho, pagos ou creditados a qualquer título a pessoa que lhe preste serviços (alínea *a* do inciso I); sobre a receita ou o faturamento (alínea *b*); e sobre o lucro (alínea *c*). Não há grande divergência sobre a natureza tributária dessas duas últimas, pois ambas consideram determinados fatos geradores (lucro, receita ou faturamento) vinculados exclusivamente à capacidade contributiva do sujeito passivo, são compulsórias e instituídas em favor do Estado(21) e, além disso, não pressupõem qualquer relação necessária entre o contribuinte e os benefícios almejados pelo Estado. Ou seja, são verdadeiros impostos com destinação específica(22). A polêmica é maior quando observada a natureza das contribuições do empregador calculadas sobre a folha de salários e sobre os demais rendimentos do trabalho, pagos ou creditados a qualquer título a pessoa que lhe preste serviços. É que, neste caso, há uma certa relação entre a contribuição e os benefícios garantidos por ela. Se a empresa contribui exclusivamente sobre o lucro — pelo fato de não ter empregados ou prestadores de serviço, por exemplo —, não há tal referência, pois os benefícios da seguridade são assegurados às pessoas físicas, principalmente aos trabalhadores. No entanto, quando a contribuição tem por base a folha de pagamento pelo trabalho, observa-se uma relação indireta entre o contribuinte e as prestações estatais. A contribuição é proporcional ao que é pago aos trabalhadores e estes têm garantias, ainda que não atuais, financiadas por aquela. Enquadram-se mais propriamente, desse modo, a uma *espécie* de tributo, que são as contribuições sociais.

As contribuições dos trabalhadores e dos demais segurados também têm todas as características de contribuições sociais: a) têm em vista benefícios (potenciais, ainda que sejam) garantidos a todos os membros de um certo grupo, e também o custo das prestações estatais gerado por estes mesmos beneficiários; b) não se vinculam à capacidade contributiva; c) relacionam a prestação especial proposta pelo Estado à situação específica do contribuinte.

Em resumo, as contribuições (gênero) passíveis de execução de ofício pela Justiça do Trabalho são espécies de tributo denominadas contribuições sociais. Como

---

(21) Discute-se se a destinação dos recursos a órgãos da administração indireta (como o INSS) não retira o caráter fiscal das contribuições, atribuindo-lhes uma feição parafiscal. Contudo, a Constituição inclui no orçamento anual as contribuições previstas no art. 195 (art. 195, § 5º, III) e destina-as a qualquer ação social do governo (art. 195, § 2º), características típicas de tributos.

(22) A vedação da vinculação da receita de impostos a órgão, fundo ou despesa — na forma do art. 167, inciso IV, da Constituição —, é apenas para os casos de leis infraconstitucionais instituidoras de novos tributos. As contribuições dos empregadores são exceções por estarem previstas na Constituição, verdadeiros impostos com destinação específica, como o que ocorre com parte da receita dos impostos destinados à educação pelo art. 212, por exemplo.

tais, submetem-se ao tratamento tributário, porém com as características próprias definidas pela Constituição, como, por exemplo, a exceção à regra da anterioridade de exercício.[23]

Fixada a natureza tributária das contribuições sociais, qual a razão de não se observar as regras de constituição do débito: notificação, inscrição na dívida ativa do INSS e expedição da certidão de débito (título executivo), previstas nos arts. 33, § 7º, 37 e § 1º, e 39 e § 1º, da Lei n. 8.212/91, para se iniciar a execução? A prevalecer tais requisitos, não haveria possibilidade de execução direta junto à Justiça do Trabalho sem antes se atender aos procedimentos preparatórios no âmbito administrativo, o que exigiria regulamentação infraconstitucional e inviabilizaria a vigência imediata do texto constitucional.

Como lembrado por MOTTA, no caso da competência atribuída à Justiça do Trabalho, diferentemente da competência da Justiça Federal, o fato gerador do tributo decorre da própria sentença em seu efeito anexo ou secundário, e não do momento em que são pagos os créditos reconhecidos na decisão.[24] Portanto, o lançamento do débito na dívida ativa, que objetiva a constatação e liquidação dos créditos previdenciários, além da comunicação ao contribuinte devedor, é substituído pela constituição do crédito no próprio processo trabalhista. Em verdade, a realidade inafastável é que se instituiu, no âmbito da Justiça do Trabalho, um processo novo, *sui generis*, de execução fiscal, autônomo em relação à execução dos créditos trabalhistas principais (pois as partes são diversas) e que se desenvolve paralelamente a esta, dela se desligando, contudo, quando necessário, como na hipótese contida no § 8º do art. 897 da CLT.[25]

Afastada a necessidade dos procedimentos preparatórios de natureza administrativa, a competência da Justiça do Trabalho é plena e imediatamente exercitável.

2.2. Regulação Infraconstitucional

As contribuições previstas no inciso VIII do art. 114 da Constituição de 1988 decorrem da sentença trabalhista, são fruto do seu efeito secundário. Repercutem no mundo jurídico, em relação a terceiros, como conseqüência da eficácia da sentença (art. 467 do CPC). Por isso, a decisão do juiz do trabalho constitui o título executivo que dá início ao processo de execução.[26]

A Lei n. 10.035, de outubro de 2000, alterou diversos dispositivos da Consolidação das Leis do Trabalho para estabelecer os procedimentos de execução das contribuições devidas à Previdência Social no âmbito da Justiça do Trabalho.[27] O princípio

(23) O § 6º do art. 195 da Constituição exclui o requisito previsto no art. 150, III, *b*.
(24) MOTTA, 2005.
(25) *Idem, ibidem.*
(26) *Idem, ibidem.*
(27) Necessária referência deve ser feita ao Provimento n. 01/99, editado em 15 de abril pela Corregedoria Regional do TRT da 3ª Região (MG). As disposições deste Provimento foram quase inteiramente adotadas pela Lei n. 10.035/00.

da simplicidade processual foi atendido pela Lei ao deixar claro que a execução previdenciária se processa, em regra, nos mesmos autos da ação trabalhista.(28)

Por força do § 3º do art. 832 da CLT, devem ficar explícitas as naturezas das parcelas integrantes da condenação ou da conciliação, e delimitada a responsabilidade de cada parte na quitação da dívida previdenciária. Merece especial atenção este dispositivo em face da ampliação da competência promovida pela Emenda n. 45/04, pois é possível que o Juiz do Trabalho especifique, também, a espécie do contrato de trabalho existente e, em decorrência, quais as alíquotas incidentes no caso.

Quando a sentença for simplesmente homologatória de transação, a Lei n. 10.035/00 preserva a possibilidade de recurso da autarquia como forma de proporcionar a participação na formação do título executivo (parágrafo único do art. 831 e § 4º do art. 832 da CLT).

Transitada em julgado a decisão, o art. 879 da CLT prevê a forma de liquidação dos créditos devidos em razão da decisão e também das contribuições previdenciárias. O INSS tem vista dos cálculos apresentados pelas partes ou por contador nomeado pelo Juiz. Após a sentença de liquidação, é facultado ao órgão previdenciário a apresentação de impugnação à sentença de liquidação (art. 844, § 4º, da CLT) e, se não obtiver êxito, agravo de petição (art. 897 da CLT). Neste último caso, havendo discussão exclusivamente quanto aos créditos previdenciários, o processamento deve ser feito em autos apartados (art. 879, § 8º, da CLT), permitindo o andamento da execução do crédito principal.

Liquidada a sentença, e desde que não permaneça pendente a discussão quanto aos créditos previdenciários, processa-se a execução juntamente com os créditos trabalhistas (art. 880 da CLT).

3. CONTRIBUIÇÕES DECORRENTES DO RECONHECIMENTO DO VÍNCULO DE EMPREGO E INCIDENTES SOBRE PARCELAS PAGAS DURANTE A VIGÊNCIA DO CONTRATO

Em relação a esta matéria, o TRT da 9ª Região (Paraná) editou a Orientação Jurisprudencial n. 14, que assim dispõe:

Em se tratando de condenação advinda de vínculo empregatício, o cálculo da dedução previdenciária do crédito do empregado, no limite de sua cota, far-se-á sobre as parcelas reconhecidas, judicialmente, mês a mês, *e sobre valores pagos no período*, de acordo com as tabelas então vigentes, observando-se a incidência sobre as verbas próprias (art. 832, § 3º, da CLT, com redação da Lei n. 10.035/2000). Já as deduções fiscais deverão ser efetuadas ao final, sobre o total, incluídos juros de mora

(28) Neste sentido, vejam-se os arts. 879, §§ 1º-A e 1º-B, 880, 889-A, 897, § 8º, da CLT.

(art. 56 do Decreto n. 3.000/1999), com exceção das verbas não abrangidas pelos respectivos descontos, ou seja, verbas indenizatórias e previdenciárias (sem grifo no original).

Por seu turno, o TRT da 4ª Região (Rio Grande do Sul) posiciona-se em sentido diverso, conforme a sua súmula n. 34:

> CONTRIBUIÇÃO PREVIDENCIÁRIA. INCIDÊNCIA. CONTRATO DE TRABALHO. A Justiça do Trabalho é incompetente para conhecer e julgar acerca de incidência previdenciária sobre parcelas concernentes ao contrato de trabalho e não objeto de provimento condenatório.

Como se vê, a questão é bastante polêmica e deve, em breve, receber tratamento uniforme pelo TST.(29) Não obstante, pretende-se abordar, a seguir, os principais argumentos defendidos pelas duas correntes doutrinárias e demonstrar a pertinência e a juridicidade da interpretação ampliativa. Traça-se também, em linhas gerais, a problemática da competência concorrente.

3.1. Interpretação Restritiva

Defendendo a competência restrita para execução das contribuições incidentes sobre as parcelas pagas em decorrência da sentença trabalhista, argumenta-se que, sendo meramente declaratória, a sentença não cria fato gerador da incidência do tributo. Se a hipótese de incidência é o recebimento de remuneração pelo trabalhador, o mero reconhecimento do vínculo empregatício não poderia implicar a presunção de pagamento de salários.

O Ministro JOÃO ORESTE DALAZEN, um dos maiores expoentes na defesa dessa interpretação, posicionou-se assim no processo TST-E-RR-423.118/98.7, cujo acórdão foi publicado em 3.10.2003:

> Sucede, todavia, que a hipótese dos autos não versa sobre comprovação do recolhimento de contribuições previdenciárias que tenham se tornado devidas em virtude de sentença judicial ou de acordo homologado, mas sim, em decorrência de parcelas salariais já pagas no curso do contrato de emprego. Vale dizer: o fato gerador das contribuições previdenciárias cuja comprovação ora se postula não repousa em título emanado da Justiça do Trabalho, mas de pagamento espontâneo de parcela componente do salário de contribuição efetivado pelo empregador ao longo da execução do contrato. Como se observa, não se trata de litígio de natureza nitidamente

---

(29) Conforme notícia publicada no endereço eletrônico do TST no dia 15 de fevereiro de 2005: "A Seção de Dissídios Individuais I (SDI-I) do Tribunal Superior do Trabalho deverá unificar, em breve, o posicionamento da Corte sobre um tema que está dividindo suas Turmas. Trata-se da competência da Justiça do Trabalho para executar, de ofício, as contribuições devidas à Previdência Social nos casos em que a sentença trabalhista apenas reconhece e declara o vínculo de emprego, determinando a anotação do contrato em Carteira do Trabalho, mas não impõe condenações financeiras". Pesquisa realizada em 18 de fevereiro de 2005, no endereço <http://www.tst.gov.br/noticias/>.

trabalhista, muito embora a pretensão do Reclamante tenha nascedouro no respectivo contrato de trabalho. Isso porque a cobrança judicial de contribuições previdenciárias não recolhidas ao longo do extinto pacto laboral incumbe ao INSS, constituindo, portanto, lide de cunho notadamente previdenciário, somente deduzível perante a Justiça Federal, após inscrição em dívida ativa.

Como a Constituição atribui à Justiça do Trabalho competência exclusivamente para a *execução*, não haveria competência para o processo de conhecimento. Segundo FREITAS, não foi sem finalidade que o legislador constitucional exprimiu esta competência no verbo executar. A intenção teria sido de restringir o âmbito de atuação do Juiz do Trabalho, que não teria competência para processar e julgar as causas que envolvem a lide estritamente previdenciária. A execução das contribuições previdenciárias, nesta esteira, teria lugar no processo trabalhista somente quando fosse objeto da condenação o pagamento de verbas remuneratórias. Quando, porém, a sentença esgota seus efeitos na declaração do vínculo empregatício e, conseqüentemente, na determinação (efeito mandamental da sentença) de anotação da CTPS, a expedição do ofício ao órgão previdenciário se imporia para fins de cobrança, perante a Justiça Federal, das contribuições sonegadas no curso do contrato de trabalho.[30]

3.2. Interpretação Ampliativa e Competência Concorrente

A defesa da competência mais ampla tem na própria legislação seu principal argumento. O art. 276, § 7º, do Decreto n. 3.048/99, com redação dada pelo Decreto n. 4.032/01[31], assim dispõe:

Se da decisão resultar reconhecimento de vínculo empregatício, deverão ser exigidas as contribuições, tanto do empregador como do reclamante, para todo o período reconhecido, ainda que o pagamento das remunerações a ele correspondentes não tenha sido reclamado na ação, tomando-se por base de incidência, na ordem, o valor da remuneração paga, quando conhecida, da remuneração paga a outro empregado de categoria ou função equivalente ou semelhante, do salário normativo da categoria ou do salário mínimo mensal, permitida a compensação das contribuições patronais eventualmente recolhidas.

Neste sentido têm sido as decisões da 4ª Turma do TST, como se vê na seguinte Ementa, publicada em 11 de fevereiro de 2005:

RELAÇÃO DE EMPREGO RECONHECIMENTO EM JUÍZO — CONTRIBUIÇÕES PREVIDENCIÁRIAS — COMPETÊNCIA DA JUSTIÇA DO TRABALHO ALCANCE DO ART. 114, § 3º, DA CONSTITUIÇÃO FEDERAL. A Emenda Constitucional n. 20/98, que deu a atual redação ao § 3º do art. 114 da Constituição Federal, criou nova e típica hipótese de lançamento fiscal, no que tange às contribuições sociais, para

(30) FREITAS, 2002.

(31) Embora se alegue a inconstitucionalidade desse dispositivo (por exemplo: GARCIA, 2003), não houve pronunciamento do STF neste sentido, nem há ADIn com tal objeto.

efeito de sua execução no Judiciário Trabalhista. Já a norma ordinária que veio explicitar o alcance do seu comando [Decreto n. 3.048/99], não só define o fato gerador do tributo, ou seja, sentença condenatória ou acordo homologado, ou ainda sentença declaratória do vínculo empregatício, como também ressalta que as contribuições serão exigidas tanto do empregado quanto do empregador. Mais do que isso, por não desconhecer a realidade jurídico-processual que ocorre no dia-a-dia da Justiça do Trabalho, esclarece que a sua competência abrange, inclusive, a cobrança das contribuições sobre o valor total da condenação ou do acordo homologado, mesmo quando a decisão não reconhece o vínculo de emprego, mas declara a existência de prestação de serviços. Recurso de revista provido. Relator Ministro Milton de Moura França.

Além disso, é de extrema relevância notar que a Emenda Constitucional n. 20/98, que ampliou a competência da Justiça do Trabalho para executar de ofício as contribuições sociais decorrentes das sentenças que proferir, alterou também a redação do art. 201, passando a exigir, no § 7º, novo requisito para obtenção de aposentadoria pelo regime geral de previdência social, qual seja, o tempo de *contribuição*.(32)

É lógico pensar, portanto, que o objetivo foi dar maior efetividade às decisões de reconhecimento do vínculo de emprego, possibilitando a repercussão automática da declaração judicial no patrimônio jurídico do trabalhador. Se anteriormente a sentença que reconhecia o tempo de serviço determinando a anotação da carteira de trabalho era suficiente para que se comprovasse o direito ao benefício junto ao órgão previdenciário, agora a Constituição passou a exigir mais, que haja o efetivo recolhimento das contribuições referentes ao período reconhecido.(33) Não seria adequado, então, exigir mais e não facilitar e, de algum modo, também ampliar as formas de arrecadação das contribuições.

O propósito da reforma constitucional levada a efeito pela Emenda n. 20/98 foi adequar as receitas à demanda do sistema previdenciário, notoriamente deficitário, o que resultou na adoção de mecanismos que melhorassem a arrecadação. Ora, reconhecido o vínculo de emprego, é presumido o pagamento de salários durante a vigência do contrato (onerosidade), o que repercute na incidência automática de contribuições, até porque a concessão de benefícios implica necessariamente despesas para o

---

(32) A redação original do art. 202 era a seguinte: "É assegurada aposentadoria, (...) obedecidas as seguintes condições: I — aos sessenta e cinco anos de idade, para o homem, e aos sessenta, para a mulher, reduzido em cinco anos o limite de idade para os trabalhadores rurais de ambos os sexos e para os que exerçam suas atividades em regime de economia familiar, neste incluídos o produtor rural, o garimpeiro e o pescador artesanal; II — após trinta e cinco anos de trabalho, ao homem, e, após trinta, à mulher, ou em tempo inferior, se sujeitos a trabalho sob condições especiais, que prejudiquem a saúde ou a integridade física, definidas em lei; III — após trinta anos, ao professor, e, após vinte e cinco, à professora, por efetivo exercício de função de magistério (...)".

(33) Nesta esteira, extrai-se o seguinte entendimento da decisão proferida pelo STJ no RESP 627472/RS, publicado no DJ de 1º.7.2004: "Com o advento da Emenda Constitucional n. 20 de 1998, o sistema previdenciário tornou obrigatório o recolhimento das contribuições para fins de contagem de tempo de serviço, resguardando, entretanto, as situações já consolidadas." 6ª Turma. Relator: Ministro Paulo Medina.

sistema. Neste passo, remeter a apuração e a execução dessas contribuições a um processo de conhecimento próprio e independente, a ser movido pela autarquia junto à Justiça Federal, não condiz com a buscada efetividade.

Conseqüentemente, novo debate se abre em razão da possível concorrência com a competência material da Justiça Federal, instituída no inciso I do art. 109 da Constituição. Maiores problemas não haveria se a competência se restringisse à execução dos créditos calculados sobre os valores objetos da condenação trabalhista. Neste caso, a constatação do débito e o procedimento executório enquadrar-se-iam perfeitamente no novel processo de constituição da dívida tributária, dispensando o lançamento e afastando desde logo a iniciativa da autarquia na cobrança judicial junto à Justiça Federal.

Entendendo que a competência abarca a execução de parcelas devidas em razão de pagamentos feitos no curso do contrato, a possibilidade de competência concorrente é notável. Pode, o órgão previdenciário, desconhecendo a existência de demanda trabalhista, mover ação junto à Justiça Federal em face do empregador para haver as contribuições devidas em razão da mesma relação de trabalho controvertida na Justiça do Trabalho. Ambos os Juízes podem determinar a execução dos mesmos débitos. Desse modo, não se poderá argumentar que a competência é exclusiva de um ou de outro.

Embora parte da doutrina negue a possibilidade de competência concorrente entre mais de um órgão jurisdicional em relação à mesma matéria, deve-se considerar que cada Juiz é um órgão autônomo (no que respeita ao seu poder jurisdicional). Assim, a divisão horizontal de competência por meio da distribuição de processos entre Juízes com a mesma competência material, ligados ao mesmo ramo do Judiciário, nada mais é do que a explicitação dessa possibilidade.[34] Ora, se é possível a concorrência nesses termos, não há razão para não ser em relação a Juízes ligados a ramos distintos do Judiciário. Os problemas surgidos com o trâmite de ações executórias com o mesmo objeto, simultaneamente na Justiça do Trabalho e na Justiça Federal, podem ser resolvidos pelas regras de modificação da competência por conexão, em razão da prevenção.

Portanto, a parte final do inciso I do art. 109 da Constituição, que exclui da competência da Justiça Federal as causas sujeitas à Justiça do Trabalho, é considerada se houver decisão de mérito transitada em julgada no juízo trabalhista, quando então já se teria iniciado a execução das referidas contribuições neste foro. É certo, por isso, que se a execução iniciar no juízo trabalhista, a conexão entre as demandas determina a competência da Justiça do Trabalho e afasta a competência da Justiça Federal, por força do art. 106 do CPC, combinado com a disposição constitucional já referida.

---

(34) Neste sentido, por exemplo, é facultado ao autor escolher o foro nos casos dos §§ 1º a 4º do art. 94 do CPC e no caso do § 3º do art. 651 da CLT. Nesses casos a competência se fixa por critérios de anterioridade (litispendência — art. 301, V, do CPC —, conexão ou continência (art. 106 do CPC).

4. CONSEQÜÊNCIAS DA EMENDA N. 45/04

A ampliação da competência da Justiça do Trabalho para julgar todas as controvérsias decorrentes das mais variadas formas de relação de trabalho, por força da nova redação do art. 114 da Constituição, dada pela Emenda n. 45/04, traz dificuldades ainda maiores para delimitar o alcance da competência para executar as contribuições previdenciárias.

Antes se discutia apenas a possibilidade de execução das contribuições devidas durante a vigência do contrato de *emprego* quando houvesse, em sentença ou homologação de transação, o reconhecimento desta espécie de vínculo. Como a competência do Juiz do Trabalho terminava nos casos em que se excluía a hipótese de relação de emprego, não cabia o pronunciamento sobre qual a espécie de relação de trabalho existente nem sua duração, forma ou montante da remuneração pactuada. Conseqüentemente, a execução das contribuições sociais incidentes sobre a remuneração paga durante a vigência do contrato de trabalho (e não de emprego), que não fosse objeto de condenação, não poderia ser determinada, mesmo que prevalecesse a interpretação ampliativa. Nessa hipótese, não era possível a fixação dos parâmetros determinantes do montante das contribuições devidas e sequer se podia presumir que tais parâmetros existissem. Mesmo nos casos de transação sem o reconhecimento do vínculo de emprego pelas partes, em que é pacífica a incidência das contribuições sobre o valor transacionado como conseqüência lógica de uma presumível relação de trabalho, não podia o Juiz do Trabalho lançar seu olhar ao passado e processar a execução de quaisquer outras contribuições em favor da Seguridade Social.

Agora, com as alterações promovidas pela Emenda n. 45/04, as limitações que a competência restrita às relações de emprego impunham não existem mais. Todas as relações de trabalho em sentido amplo são examinadas pela Justiça do Trabalho. O Juiz especializado tem competência para dizer qual espécie de contrato de trabalho se estabeleceu entre as partes e quais seus elementos constitutivos (objeto da prestação, duração, remuneração etc.). Logo, prevalecendo o entendimento no sentido de que a competência se estende também para a execução das contribuições devidas no curso do contrato, como defendemos, o Juiz deverá determinar, de ofício, a execução dessas contribuições, mesmo no caso de contratos de trabalho sem vínculo de emprego.

À primeira vista, essa tese poderia desencorajar o ajuizamento de ações buscando o reconhecimento do vínculo de emprego, notadamente nos casos em que o trabalhador se enquadra na exceção do § 3º do art. 4º da Lei n. 10.666/03 e nos casos de todos os trabalhadores segurados individuais com contratos anteriores a esta Lei. É que, não reconhecido o contrato de emprego, poderia ser sustentada a hipótese de que o trabalhador pudesse ser condenado a recolher as contribuições sociais incidentes sobre a outra espécie de contrato de trabalho que manteve com o empregador, independentemente de não ter tido êxito em sua pretensão principal. Isso porque a cobrança das contribuições deve ser feita de ofício pelo Juiz do Trabalho.

4.1. Limites

A competência para cobrar as contribuições sobre toda espécie de contrato de trabalho tem limitações. A expressão "decorrentes das sentenças que proferir" exige que se observe se há pretensão de declaração de existência de uma determinada relação jurídica continuada e se essa declaração — de procedência, portanto — resulta em necessária presunção de incidência de contribuições sociais.

Quando alguém busca o Judiciário para cobrar um certo crédito, fá-lo baseado numa certa relação jurídica que dá suporte à pretensão. A relação jurídica é presumida se a discussão ficar restrita ao crédito, ou seja, se não houver resistência da parte contrária no tocante à existência da relação. Por exemplo, se um trabalhador pede o pagamento pela execução de um determinado serviço e o contratante não contesta a pactuação da execução desse serviço, mas apenas a existência do débito, a relação jurídica existente não é controvertida. Logo, nesse caso, a sentença não declarará necessariamente os limites da duração do contrato e os seus outros elementos, ficará restrita, tão-só, à condenação ou não do contratante do serviço ao pagamento do crédito do autor.(35)

Portanto, se a relação jurídica não é controvertida, não haverá discussão sobre a incidência de contribuições sociais durante a vigência do contrato, porque sequer é dado ao Judiciário o conhecimento de elementos indispensáveis à caracterização do fato gerador. No caso da condenação ao pagamento do serviço, como no exemplo, a incidência das contribuições só poderá ser calculada sobre o valor da condenação. E assim é, porque, segundo o princípio dispositivo (art. 128 do CPC), o Juiz não pode conhecer questões não discutidas pelas partes, o que leva à conclusão de que todas as obrigações decorrentes da relação jurídica, que não tenham sido discutidas no processo, foram atendidas pelas partes.

Já nos casos em que há pretensão de reconhecimento de uma certa relação jurídica continuada e há resistência a esta pretensão, a presunção é no sentido contrário, quer dizer, de que não houve o cumprimento das obrigações decorrentes da espécie desta dita relação jurídica. Essas obrigações podem ser de várias espécies: a do empregador de relacionar o empregado na Relação Anual de Informações Sociais (RAIS), a do trabalhador de declarar anualmente ao fisco a sua renda, a do profissional liberal de manter a regularidade do registro profissional junto ao órgão de classe etc. Dessas obrigações, o Juiz deve decidir sobre as controvertidas e sobre as que a lei determina que sejam conhecidas de ofício, como no caso das contribuições sociais decorrentes das sentenças proferidas pelo Juiz do Trabalho. Portanto, havendo pretensão de reconhecimento de uma dita relação jurídica e havendo controvérsia, a sentença de procedência deve determinar o recolhimento das contribuições sociais para que se concretize a pretensão de formalização da relação.

---

(35) É necessário ressalvar, como já alertava PONTES DE MIRANDA (1998), que todas as sentenças contêm eficácias distintas com intensidades variáveis.

Um trabalhador que entende ter existido uma relação de emprego e busca a tutela jurisdicional para o reconhecimento dessa relação, quer, evidentemente, a formalização dela com as conseqüências decorrentes, como contagem de tempo de serviço, recolhimento das contribuições previdenciárias, depósitos do fundo de garantia e inúmeras outras possíveis. As contribuições sociais são devidas, neste caso, independentemente de formulação da pretensão e de pedido expresso de condenação, pois há comando constitucional determinando que sejam executadas de ofício em razão da sentença de procedência. No mesmo sentido, se houver a pretensão de um trabalhador autônomo, por exemplo, de reconhecimento de um contrato de prestação de serviços continuados que não tenha sido formalizado, havendo controvérsia sobre essa base contratual, a decisão de procedência reconhecerá uma espécie de relação de trabalho e executará, de ofício, as contribuições sociais incidentes sobre toda a remuneração paga durante a vigência do contrato, ainda que não sejam objeto de controvérsia, isso porque estará concretizando a pretensão de formalização da relação.

Nos casos em que a conciliação é celebrada sem o reconhecimento da existência do vínculo de emprego, não ficam afastadas as demais hipóteses de prestação de trabalho mediante remuneração. Antes, pelo contrário, a onerosidade é regra, ainda mais quando a conciliação é levada a efeito mediante o pagamento de valores. Cabe, então, no momento da conciliação, fixar qual a modalidade de contratação, se serviço autônomo, se avulso, se eventual, se de representação comercial, se doméstico, se de parceria etc., e aí então determinar a comprovação dos recolhimentos incidentes sobre os valores pagos durante a vigência do contrato. Trata-se de dar efetividade ao comando constitucional e fazer valer, para o trabalhador, a contagem de tempo de contribuição para a previdência social. Quer dizer, a Justiça do Trabalho não tem competência apenas para executar as contribuições sociais incidentes no caso de vínculo de emprego, mas também nos demais casos de prestação de trabalho.

4.2. Contribuições Previdenciárias devidas pelo Trabalhador Segurado Individual

Novo problema se apresenta em razão da ampliação da competência da Justiça do Trabalho, que é a execução das contribuições devidas pelo trabalhador, parcialmente solucionada pelo art. 4º da Lei n. 10.666/03.

No caso das contribuições a cargo dos trabalhadores empregados, empregados domésticos e avulsos, o recolhimento sempre coube ao empregador, que tem obrigação de arrecadá-las descontando-as das remunerações pagas (inciso I, alíneas *a* e *b*, do art. 30 da Lei n. 8.212/91). Portanto, ao reconhecer o vínculo de emprego, o Juiz do Trabalho deve presumir, porque o § 5º do art. 33 da Lei n. 8.212/91 é expresso nesse sentido, que os descontos das contribuições dos salários foram feitos e pode determinar que a execução das incidentes sobre as remunerações pagas durante a vigência do contrato (não incluídas na condenação) — devidas tanto pelo empregador quanto pelo trabalhador — se proceda exclusivamente às expensas do empregador.

A partir da promulgação da Lei n. 10.666, de 8.5.2003, esse caso é o mesmo dos trabalhadores segurados da previdência social como contribuintes individuais, com exceção dos enquadrados na hipótese do § 3º do art. 4º. Embora haja diferença da alíquota devida por esses trabalhadores em relação ao trabalhador empregado, o contratante dos serviços é obrigado a arrecadar a contribuição do segurado contribuinte individual a seu serviço, descontando-a da respectiva remuneração, e a recolher o valor arrecadado juntamente com a contribuição a seu cargo até o dia dois do mês seguinte ao da competência (art. 4º). Ou seja, a partir de 8.5.2003, as contribuições decorrentes do reconhecimento de uma relação jurídica de trabalho continuada, em que se pressuponha a onerosidade e a continuidade da prestação, os valores devidos pelo trabalhador à Previdência, durante a vigência do contrato, devem ser arcados pelo empregador que tinha o dever de proceder aos descontos na época própria.

Contudo, no período anterior à Lei n. 10.666/03, os trabalhadores segurados enquadrados como contribuintes individuais — caso dos trabalhadores eventuais e dos autônomos (alíneas *g* e *h* do inciso V do art. 12 da Lei n. 8.212/91) — deviam fazer o recolhimento das contribuições diretamente ao INSS. Do mesmo modo, os segurados individuais contratados por outro contribuinte individual e os enquadrados na exceção do § 3º do art. 4º, bem como os segurados especiais — (art. 12, VII da Lei n. 8.212/91) como os parceiros, os meeiros, os arrendatários, os pescadores artesanais etc., continuam com a obrigação de recolher diretamente as suas contribuições.

O empregador não pode ser responsabilizado por esses débitos, pois o inciso II do art. 30 da Lei n. 8.212/91 dispõe genericamente que "os segurados, contribuinte individual e facultativo estão obrigados a recolher sua contribuição por iniciativa própria, até o dia quinze do mês seguinte ao da competência".

Considerando que a competência da Justiça do Trabalho inclui a execução das contribuições devidas pelos trabalhadores (inciso II do art. 195 da CF) e que não se pode atribuir a responsabilidade pelo seu pagamento ao empregador nesses casos específicos, a conclusão lógica é que se deve executar de ofício as contribuições devidas diretamente pelo empregado.

Essa conclusão tem conseqüências mais ou menos drásticas conforme se considere a competência para executar as contribuições devidas no curso do contrato e que não decorram diretamente dos valores objeto de condenação.

Evidentemente, se a competência ficasse restrita à execução das contribuições incidentes sobre os valores da condenação, o que é devido pelo trabalhador poderia ser descontado dos seus créditos reconhecidos, como normalmente acontece na execução dos créditos trabalhistas (assim entendidos os devidos em conseqüência do contrato de emprego), e a repercussão patrimonial seria menos sentida em razão do montante menos expressivo do débito. Por outro lado, estendendo-se a competência à execução das parcelas devidas durante toda a vigência do contrato, os trabalhadores cujos contratos não obrigavam o empregador a reter suas contribuições poderão ter sérios problemas em quitar seus débitos, que poderão ser superiores, inclusive, aos que lhe sejam porventura reconhecidos.

Estamos diante de um dilema. A efetividade que queremos dar à norma constitucional para proporcionar o acesso dos trabalhadores aos benefícios da seguridade social traz conseqüências aparentemente inexigíveis de uma parte dos trabalhadores que normalmente se encontra — e se encontrava — à margem de toda proteção estatal. Como segurados obrigatórios, eles têm sua parcela de responsabilidade e devem contribuir com o custeio do sistema, mas, em muitos casos esse tipo de trabalho mostra-se aviltado e esses trabalhadores encontram-se em dificuldades maiores do que os trabalhadores empregados. É claro que tal argumento não pode ser levantado em favor do afastamento da competência, pois a existência do débito do trabalhador independe da distribuição da competência e pode ser executado na Justiça do Trabalho, de ofício, ou na Justiça Federal, por iniciativa da autarquia. O problema é que em lugar de proteger o trabalhador firmando-se como uma justiça social, a Justiça do Trabalho corre o risco de priorizar a arrecadação de tributos.

4.3. O Aumento da Complexidade pela Emenda n. 45/04 e a Interpretação Compatível com o Sistema de Proteção

Na tentativa de trazer uma contribuição à reflexão, tendo claro que não é possível que o intérprete se desprenda do contexto social e, conseqüentemente, só decide tendo consigo os condicionantes, conscientes ou não, do seu meio, visitamos a teoria constitucional resgatando algumas premissas que julgamos importantes. Justificamos esse caminho com a perplexidade de STRECK:

> (...) de um lado, temos uma sociedade carente de realizações de direitos e, de outro, uma Constituição que garante estes direitos da forma mais ampla possível. *Este é o contraponto.* Daí a necessária indagação: *qual é o papel do Direito e da dogmática jurídica neste contexto?*

A Constituição brasileira é primordialmente uma Constituição dirigente, segundo CANOTILHO(36), uma Constituição que enuncia fins, programas e diretrizes que pautam a atuação do Estado no sentido de transformar a ordem política, econômica e social.(37)

Analisando a problemática da efetividade da Constituição programática, HESSE afirma:

> A Constituição não configura apenas expressão de um ser, mas também de um dever ser; ela significa mais do que o simples reflexo das condições fáticas de

---

(36) CANOTILHO, 1982.

(37) Embora CANOTILHO tenha revisto seu posicionamento quanto à defesa da Constituição dirigente (conforme CANOTILHO, 1998), principalmente em face das características da Constituição portuguesa e do processo de comunitarização da União Européia (para maior aprofundamento da questão, ver KRELL, 2002, p. 67-70 e STREK, 2003, p. 188-91), "é possível afirmar a continuidade da validade da tese da Constituição dirigente (uma vez adequada a cada país, com ênfase em países como o Brasil, em que o coeficiente de promessas da modernidade incumpridas é extremamente elevado)" (STRECK, 1998, p. 195).

sua vigência, particularmente as forças sociais e políticas. Graças à pretensão de eficácia, a Constituição procura imprimir a ordem e conformação à realidade social e, ao mesmo tempo, determinante em relação a ela, não se pode definir como fundamental nem a pura normatividade, nem a simples eficácia das condições sócio-políticas e econômicas. Embora a Constituição não possa, por si só, realizar nada, ela pode impor tarefas. A Constituição transforma-se em força ativa se essas tarefas forem efetivamente realizadas, se existir a disposição de orientar a própria conduta segundo a ordem nela estabelecida (...).[38]

Consentânea com essa concepção, a sistemática de interpretação que CANOTILHO chama de "método hermenêutico-concretizador" parte da idéia de que a tarefa de interpretar a Constituição é uma compreensão de sentido, um preenchimento de sentido juridicamente criador, em que o intérprete efetua uma atividade prático-normativa, concretizando a norma para e a partir de uma situação histórica concreta.[39] Daí se extrai o princípio da máxima efetividade da norma constitucional, segundo o qual se deve dar à Constituição a interpretação que lhe possibilite o maior alcance transformador, que concretize o potencial interventivo na realidade social, de modo a atribuir maior eficácia aos direitos fundamentais (entre eles, os direitos sociais, conforme ensina KRELL[40]). Nessa perspectiva, o Judiciário não pode continuar a assumir uma postura passiva diante da sociedade, deve ter uma nova inserção no âmbito das relações dos poderes de Estado, mediante uma atuação que leve em conta a prevalência dos valores constitucionais.[41] Quer-se, assim, a superação da tradição baseada na regulamentação infraconstitucional[42] que poderá proporcionar a realização dos déficits da modernidade[43]: concentração de renda, diferenças sociais, condições precárias de trabalho, exclusão social etc.

O fim institucional da Justiça do Trabalho é a proteção dos direitos do trabalhador. Neste contexto é que ela foi criada pela Constituição de 1934 e instalada em 1941. No percurso histórico até nossos dias, houve significativa transformação no mundo do trabalho, muita complexidade se agregou às tradicionais relações trabalhistas e praticamente metade da população economicamente ativa ficou afastada da proteção que se pretendia.

A alteração da Constituição pela Emenda n. 45/04, que alarga a competência da Justiça do Trabalho para todas as relações de trabalho, promove um rearranjo no sistema jurídico de proteção aos trabalhadores. As relações de trabalho informal, que ao

---

(38) HESSE, 1991.
(39) CANOTILHO, 2002, p. 1198.
(40) O autor escreve: "*Os Direitos Fundamentais Sociais não são direitos* contra *o Estado, mas sim direitos* através *do Estado, exigindo do poder público certas prestações materiais. São os Direitos Fundamentais do homem social dentro de um modelo de Estado que tende cada vez mais a ser social, dando prevalência aos interesses coletivos antes que os individuais*". KRELL, 2002, p. 19.
(41) STRECK, 2004, p. 201.
(42) Neste sentido ver o capítulo "Sintomas da inefetividade da Constituição: a 'baixa constitucionalidade' e os pré-juízos inautênticos" *in* STRECK, 2004, p. 208-16.
(43) Sobre esse assunto consultar SANTOS, 2002, p. 68-73.

longo do tempo ficaram à margem da estrutura normativa de garantias próprias dos empregados, ficaram, ao mesmo tempo, também afastadas da legislação não-especializada em razão do tratamento liberal-individualista próprio do Direito comum. Se o trabalhador não era reconhecido como empregado, ou mesmo se assim ele mesmo não se via, terminava por não buscar a proteção social e a defesa dos seus direitos junto à Justiça do Trabalho. Do mesmo modo, não via possibilidades de sucesso junto à Justiça comum. Embora não seja possível avaliar agora se efetivamente ocorrerá a diminuição ou a eliminação desse déficit, é certo que permanece inalterada, ou melhor, é renovada a tradição institucional da Justiça do Trabalho de uma justiça eminentemente social.

Por conseguinte, a interpretação adequada da norma constitucional no âmbito da Justiça do Trabalho só pode ser conseguida se observada a sua finalidade, dentro de um contexto *inclusivo* de proteção aos trabalhadores, o que coincide com a promoção da máxima eficácia dos direitos sociais.

Numa leitura contextualizada, observa-se que na época da promulgação da Constituição de 1988 não se tinha em vista preponderantemente a proteção dos trabalhadores informais. Na década de 80, esse tipo de ocupação estava em declínio, caindo de 40% em 1984 para 34% em 1990, a partir de quando se iniciou um aumento, que alcança, hoje, mais de 50% da força de trabalho.[44] Portanto, os direitos sociais eram garantias dos trabalhadores *empregados*, numa forma de incentivar a formalização das relações de trabalho. Não se podia pensar, diante do declínio da informalidade, na possibilidade de extensão desses direitos ao setor informal. Com a Emenda n. 45 e a "inclusão" dos trabalhadores informais no âmbito de proteção social, não há mais como lhes negar o alcance máximo dos direitos sociais, na medida, é claro, em que possam ser compatibilizados com a espécie de contratação. Assim, se não é possível garantir o seguro-desemprego e o Fundo de Garantia por Tempo de Serviço (incisos II e III do art. 7º da Constituição) ao trabalhador autônomo, porque incompatíveis com as características próprias dessa espécie de contrato, não quer dizer que não se deva reconhecer-lhe o direito à aposentadoria ou à proteção da remuneração (incisos XXIV e X).

A alteração promovida pela Emenda n. 20 de 1998 só previa a cobrança pela Justiça do Trabalho das contribuições sociais que deveriam ter sido retidas pelo empregador durante a vigência do contrato de emprego e aquelas, devidas pelo empregado, incidentes sobre os créditos resultantes da sentença. Aumentado o âmbito de incidência da norma constitucional pelo aumento da competência, surge então a possibilidade, já discutida, de cobrança das contribuições dos contratos de trabalho (não de emprego) anteriores à Lei n. 10.666/03 e dos trabalhadores segurados especiais. Como se disse, a solução que se pretende dar deve ser compatível com a finalidade social da Justiça do Trabalho, o que afasta a hipótese de desconto desses

(44) Segundo dados do IBGE, na década de 80 a informalidade decresceu paulatinamente até atingir 34% em 1990. A partir daí iniciou-se um aumento que atinge, hoje, mais de 50% da força de trabalho.

débitos do montante dos créditos reconhecidos na sentença, pois, em muitos casos, seria inviabilizado o pagamento ao trabalhador de parcelas de natureza alimentar (remuneração pelo trabalho prestado) em prol da quitação de débitos de natureza fiscal. Neste caso, se estaria ferindo, institucionalmente, o princípio da intangibilidade salarial (que se pode estender à remuneração em sentido lato), causando uma contradição no sistema de proteção.

A interpretação consentânea com a máxima efetividade da Constituição deve considerar que a Emenda n. 45 foi promulgada quando já estava vigorando a Lei n. 10.666/03, ou seja, quando já cabia ao tomador dos serviços a retenção das contribuições devidas pela maioria dos segurados individuais. Conseqüentemente, a exigibilidade da execução, na Justiça do Trabalho, só alcança as contribuições devidas pelos trabalhadores que deveriam ser retidas pelo empregador após a edição da Lei e, nos casos de contratos que iniciaram antes disso e dos segurados cujos contratos não exigem a retenção pelo empregador, a competência é exclusiva da Justiça Federal.

REFERÊNCIAS BIBLIOGRÁFICAS

ARAÚJO, Wagner Frederico Gomes de. *A reforma da previdência social no Brasil enquanto mudança institucional*: Uma abordagem sobre políticas públicas e a formação de consensos políticos e sociais. Caracas: 2003. Disponível em <http://www.clad. org.ve/fulltext/0046406.pdf>. Consultado em 23.3.2005.

BRASIL. Ministério da Previdência Social. *Anuário Estatístico da Previdência Social.* Rio de Janeiro: DATAPREV, 2003. Disponível em <http:// www.previdenciasocial.gov.br/aeps2003/12_01.asp>.

CANOTILHO, J. J. Gomes. *Constituição Dirigente e Vinculação do Legislador.* Coimbra: Coimbra Editora, 1982.

_______. *Direito Constitucional e Teoria da Constituição.* Coimbra: Almedina.

CASTRO, Carlos Alberto Pereira de. LAZZARI, João Batista. "Contribuição à Seguridade Social em razão de decisões proferidas pela Justiça do Trabalho e sua Execução". *In Revista LTr.* São Paulo: LTr, 1999, n. 2.

FREITAS, Jonatas Rodrigues de. *A execução das contribuições sociais na Justiça do Trabalho.* 2002. Disponível no endereço eletrônico: <http://www1. jus.com.br/doutrina/texto.asp?id=3152>. Consultado em 20.3.2005.

GARCIA, Gustavo Filipe Barbosa. "Inconstitucionalidade e ilegalidades do art. 276, § 7º, do Regulamento da Previdência Social (acrescentado pelo Decreto n. 4.032/2001)". *In*: *RDT — Revista de Direito do Trabalho.* Brasília: Consulex, 2003, n. 01, p. 21-4.

GIAMBIAGI, Fábio. *Alternativas de reforma da Previdência Social*: *uma proposta.* Rio de Janeiro: DEPEC, 1996, n. 50.

GIGLIO, Wagner. *Direito Processual do Trabalho.* São Paulo: Saraiva, 2002.

HESSE, Konrad. *A Força Normativa da Constituição.* Porto Alegre: Sérgio Antonio Fabris, 1991.

LEITE, Carlos Henrique Bezerra. *Curso de Direito Processual do Trabalho*. 2ª ed., São Paulo: LTr, 2004.

MARTINS, Sérgio Pinto. *Direito Processual do Trabalho*. São Paulo: Atlas, 2001.

MOTTA, José Carlos Lima da. *A competência da Justiça do Trabalho na execução das contribuições previdenciárias*. Emenda Constitucional n. 20/98; art. 114, § 3º da Constituição Federal e Lei n. 10.035/2000. Disponível no endereço eletrônico <http://www1.jus.com.br/doutrina/texto.asp?id=3378>. Consultado em 10.3.2005.

PINTO, José Augusto Rodrigues. *Execução Trabalhista*. São Paulo: LTr, 2002.

PONTES DE MIRANDA, F.C. *Tratado das Ações*. São Paulo: Bookseller, 1998.

ROMAGNOLI, Umberto. *El derecho, el trabajo y la historia*. Madrid: CES, 1997.

SANTOS, Boaventura de Souza. *A Crítica da Razão Indolente. Contra o desperdício da experiência*. São Paulo: Cortez, 2002.

STRECK, Lênio. *Jurisdição Constitucional e Hermenêutica*. Rio de Janeiro: Forense, 2004.

TOGNETTI, Silvania Conceição. *Contribuições para o Financiamento da Seguridade Social: Critérios para Definição de sua Natureza Jurídica*. Rio de Janeiro: Renovar, 2004.

EMENDA CONSTITUCIONAL N. 45: ESTUDO SOBRE A COMPETÊNCIA PARA O JULGAMENTO DE AÇÕES INDENIZATÓRIAS ENVOLVENDO ACIDENTES DE TRABALHO E DOENÇAS PROFISSIONAIS MOVIDAS CONTRA O EMPREGADOR

Júlio Cesar Goulart Lanes[(*)]

1. CONSIDERAÇÕES INICIAIS

Dentre as principais reformas legislativas que estavam sendo aguardadas, merece especial atenção a recente publicação da Emenda Constitucional n. 45, que trata da polêmica reforma do Judiciário.

Em que pesem inúmeras divergências, parece-nos incontroverso ser benéfico o aprimoramento do texto constitucional, o qual, em qualquer hipótese, deve ter como norte a proteção do Estado Democrático de Direito.

Este, ao que tudo indica, foi o espírito da Comissão responsável pela reforma, pois, passada mais de uma década, foram introduzidas, no seio da sociedade, importantes modificações, dentre as quais a súmula vinculante e o Conselho Nacional de Justiça.

Tal reforma também repercutiu na competência material[(1)] da Justiça do Trabalho, de tal forma que estão surgindo intensas divergências quanto ao real alcance do novo art. 114 da Constituição Federal.

As dúvidas são absolutamente naturais, uma vez que o intérprete está diante de um dispositivo completamente modificado, conforme atesta sua atual redação:

(*) Advogado. Especialista em Direito do Trabalho pela UNISINOS. Especialista em Contratos pela UFRGS. Mestrando em Direito Processual Civil pela PUC-RS. Professor de Direito Processual Civil no CETRA — Centro de Estudos do Trabalho.

(1) Acerca do tema, refere CÂNDIDO RANGEL DINAMARCO: "Dos conceitos manipulados pela doutrina antiga, o de *competência material* mantém significativa utilidade no sistema moderno, desde que tomado com a consciência de que representa um *conjunto de critérios* e não uma *espécie de competência*. Ao longo da Constituição e da lei, depara o observador com uma quantidade significativa de regras sobre competência, fixadas segundo o critério da natureza do fundamento jurídico-substancial da demanda, ou seja, regras de competência *ratione materiae*." (DINAMARCO, Cândido Rangel. *Instituições de Direito Processual Civil,*. v. 1. São Paulo: Malheiros, 2004, p. 438).

"Art. 114. Compete à Justiça do Trabalho processar e julgar:

I — as ações oriundas da relação de trabalho, abrangidos os entes de direito público externo e da administração pública direta e indireta da União, dos Estados, do Distrito Federal e dos Municípios;

II — as ações que envolvam exercício do direito de greve;

III — as ações sobre representação sindical, entre sindicatos, entre sindicatos e trabalhadores, e entre sindicatos e empregadores;

IV — os mandados de segurança, *habeas corpus* e *habeas data*, quando o ato questionado envolver matéria sujeita à sua jurisdição;

V — os conflitos de competência entre órgãos com jurisdição trabalhista, ressalvado o disposto no art. 102, I, *o*;

VI — as ações de indenização por dano moral ou patrimonial, decorrentes da relação de trabalho;

VII — as ações relativas às penalidades administrativas impostas aos empregadores pelos órgãos de fiscalização das relações de trabalho;

VIII — a execução, de ofício, das contribuições sociais previstas no art. 195, I, *a*, e II, e seus acréscimos legais, decorrentes das sentenças que proferir;

IX — outras controvérsias decorrentes da relação de trabalho, na forma da lei."

E sobre tal modificação no texto constitucional, merecem atenção as respectivas repercussões da ampliada competência da Justiça do Trabalho, isso porque, indiscutivelmente, têm despertado intensa polêmica entre os operadores do Direito.

Aqui, desde já, importante termos em conta que competência é o limite de jurisdição legalmente atribuído a cada órgão.(2)

Já segundo a clara lição de PONTES DE MIRANDA, "competência é critério de repartir a jurisdição."(3)

Em tal contexto é que se insere nossa proposta de estudar o novo texto constitucional, respondendo à seguinte questão: A Emenda Constitucional n. 45 retirou da

---

(2) Sobre o tema, ensina ATHOS GUSMÃO CARNEIRO: "Ante a multiplicidade e a variedade das demandas proponíveis em juízo, tornou-se necessário encontrar *critério* a fim de que as causas sejam adequadamente *distribuídas* aos juízes, de conformidade não só com o superior interesse de uma melhor aplicação da Justiça, como, também, buscando na medida do possível atender ao interesse particular, à comodidade das partes litigantes.
Todos os juízes exercem jurisdição, mas a exercem *numa certa medida*, dentro de *certos limites*. São, pois, "competentes" somente para processar e julgar determinadas causas. A "competência", assim, "é a medida da jurisdição", ou, ainda, é a jurisdição na medida em que pode e deve ser exercida pelo juiz." (CARNEIRO, Athos Gusmão. *Jurisdição e competência,* 13ª ed. São Paulo: Saraiva, 2004, p. 61).
(3) MIRANDA, Pontes de. *Comentários ao Código de Processo Civil,* v. 2. Rio de Janeiro: Forense, 1979, v. 2: arts. 46 a 153, p. 248.

Justiça comum a competência material para processar e julgar as ações envolvendo acidentes do trabalho e doenças profissionais, quando movidas contra o empregador?

Para tanto, faremos inicialmente uma rápida abordagem dos principais conceitos e fundamentos legais que envolvem a matéria em apreço, cientes de que a controvérsia sobre a competência para julgar tais demandas não é nova, aliás, a mesma, há muito tempo, vem deflagrando verdadeira batalha jurídica entre os operadores do Direito.

Posteriormente, ainda que brevemente, tentaremos enfrentar assuntos correlatos ao tema, os quais, direta ou indiretamente, acabam sendo influenciados pela definição da competência em exame, sempre tendo em foco o eterno conflito entre celeridade processual e segurança jurídica.

Apresentaremos, ao final, a resposta ao questionamento antes indicado, na tentativa de sistematizar, em tal aspecto, nossa posição acerca do alcance da Emenda Constitucional n. 45.

Tratemos de, desde já, vencer nossa proposta.

2. QUAL O OBJETO DAS CHAMADAS AÇÕES ACIDENTÁRIAS MOVIDAS CONTRA O EMPREGADOR?

Apenas para fins de situar o leitor, firmando com o mesmo um ajuste semântico, iremos, ainda que de forma singela, traçar alguns conceitos importantes para o deslinde do tema.

Acidente do trabalho é a lesão física ou psicológica suportada por determinado empregado, por força de sua atividade laboral.

Já a doença profissional é a patologia provocada pelo trabalho.

São infindáveis as hipóteses de doenças profissionais, por isso, desejando fazer rápida ilustração, citaremos apenas alguns exemplos: disacusia neurossensorial, artrite reumatóide, leucopenia, lombalgia de esforço, etc.

Com efeito, há de se ter em conta que a doença profissional é espécie do gênero acidente do trabalho.(4) CELSO RIBEIRO BASTOS, ao comentar o art. 7º, inciso XXVIII, da Constituição Federal, já referia:

(4) Sobre o tema, referem DINÁ A. ROSSIGNOLLI SALEM e LUCIANO ROSSIGNOLLI SALEM: "Acreditamos que sempre tenha existido doença relacionada com o trabalho. Mas não se pode negar que a automação e informatização das últimas décadas vêm acompanhadas de uma mudança, também, no perfil da saúde do trabalhador. Não são somente os poluentes, agentes químicos, agentes insalubres que podem causar patologia no trabalhador, mas também as patologias advindas da automação e da informática. O art. 20 da Lei n. 8.213/91 relaciona as doenças profissionais equiparadas a acidente do trabalho. Para que se considere doença profissional equiparada a acidente do trabalho, não basta que a doença tenha se desencadeado pelo exercício da profissão, mas é necessário que conste da relação elaborada pelo Ministério do Trabalho e da Previdência Social." (SALEM, Diná A. Rossignolli; SALEM, Luciano Rossignolli. *Acidente do trabalho*. Campinas: Millennium, 2001, p. 19).

O conceito de acidente do trabalho compreende o de moléstia ou doença profissional, também denominadas doenças do trabalho, que são as contraídas pelo empregado em decorrência do exercício da sua atividade laboral na empresa. É importante assinalar que a legislação não faz distinção entre o acidente do trabalho e a doença profissional, para efeito de responsabilidade do empregador.(5)

Ainda sobre o conceito de acidente do trabalho, ensina JOSÉ DE OLIVEIRA: "É um acontecimento relacionado com o trabalho, capaz de determinar a morte, perda ou redução da capacidade laborativa."

Segue dizendo referido autor: "Integram o conceito de acidente o fato lesivo à saúde física ou mental, o nexo causal entre este e o trabalho e a redução da capacidade laborativa."(6)

A legislação também oportuniza clara conceituação, conforme se extrai do art. 20 da Lei n. 8.213/91, *verbis*:

> Art. 20 — Considera-se acidente do trabalho, nos termos do artigo anterior, as seguintes entidades mórbidas:
>
> I — doença profissional, assim entendida a produzida ou desencadeada pelo exercício do trabalho peculiar a determinada atividade e constante da respectiva relação elaborada pelo Ministério do Trabalho e Previdência Social.
>
> II — doença do trabalho, assim entendida a adquirida ou desencadeada em função de condições especiais em que o trabalho é realizado e com ele se relacione diretamente, constante da relação mencionada no inciso I.
>
> [...]

Já a Lei n. 6.367/76, art. 2º:

> Acidente do trabalho é aquele que ocorrer pelo exercício do trabalho a serviço da empresa, provocando lesão corporal ou perturbação funcional que cause a morte, ou perda, ou redução, permanente ou temporária, da capacidade para o trabalho.

Como se vê, a simples leitura dos dispositivos acima nos conduz ao conceito de acidente do trabalho e, ao mesmo tempo, permite a compreensão do que seja a doença profissional.

Fixado o que seja acidente do trabalho, devemos ter em mente que, nas demandas envolvendo tal matéria, são comuns os pedidos envolvendo danos patrimoniais e extrapatrimoniais (por exemplo, danos morais e estéticos), sendo que, dentre os danos materiais, compreende-se vasto rol de possibilidades como, por exemplo, pensão mensal vitalícia, tratamentos médicos e psicológicos, ressarcimento de despesas, etc.

Como sabido, em tal espécie de litígio, é de capital importância o chamado nexo causal entre o dano sofrido e a atividade laboral. Sobre este requisito, sem dúvida

---

(5) BASTOS, Celso Ribeiro; MARTINS, Ives Gandra. *Comentários à Constituição do Brasil: promulgada em 5 de outubro de 1988*. São Paulo: Saraiva, 1988-1989, p. 490.
(6) OLIVEIRA, José de. *Acidentes do trabalho*. São Paulo: Saraiva, 1997, p. 1.

alguma, está pautada a controvérsia, sendo que sua ausência, automaticamente, afasta a responsabilidade reparatória do empregador.

Aqui também é fundamental fazermos um corte metodológico, referindo que não nos debruçaremos sobre as ações acidentárias movidas contra o Instituto Nacional de Seguridade Social, uma vez que tal matéria não desperta polêmica. É que, por expressa definição do art. 129, inciso II, da Lei n. 8.213/91, está fixada a competência da Justiça comum para dirimir tais controvérsias, sendo, por isso, desnecessárias maiores ponderações.

Dita o referido dispositivo:

> Art. 129. Os litígios e medidas cautelares relativos a acidentes do trabalho serão apreciados:
>
> [...]
>
> II — na via judicial, pela Justiça dos Estados e do Distrito Federal, segundo o rito sumaríssimo, inclusive durante as férias forenses, mediante petição instruída pela prova de efetiva notificação do evento à Previdência Social, através da Comunicação de Acidente do Trabalho — CAT.

3. O ELUCIDATIVO CONTEXTO CONSTITUCIONAL ACERCA DA COMPETÊNCIA: DA CONSTITUIÇÃO FEDERAL DE 1946 ATÉ A CONSTITUIÇÃO FEDERAL DE 1988

A competência da Justiça comum para julgar as ações envolvendo acidente do trabalho já estava fixada na Constituição Federal de 1946, mais precisamente no art. 123, § 3º, que assim dispunha:

> Art. 123. Compete à Justiça do Trabalho conciliar e julgar os dissídios individuais e coletivos entre empregados e empregadores, e as demais controvérsias oriundas de relações de trabalho regidas pela legislação especial.
>
> § 1º Os dissídios relativos a acidentes do trabalho são de competência da Justiça ordinária.

Posteriormente, a Constituição Federal de 1967, regrou a matéria através do art. 134, § 2º, sendo claríssima ao fixar a competência da Justiça comum para o julgamento de dissídios relativos a acidente do trabalho.

Tal fixação foi confirmada pela Emenda Constitucional n. 01, promulgada em 1969, a qual deu a seguinte redação ao art. 142 do texto constitucional:

> Art. 142. Compete à Justiça do Trabalho conciliar e julgar os dissídios individuais e coletivos entre empregados e empregadores, e, mediante lei, outras controvérsias oriundas da relação de trabalho.
>
> [...]

§ 2º Os litígios relativos a acidente do trabalho são da competência da Justiça Ordinária dos Estados, do Distrito Federal ou dos Territórios.

A Constituição Federal de 1988, por sua vez, também indica a Justiça comum como competente para julgar as ações acidentárias. É o que se depreende da interpretação sistemática dos arts. 109 e 114 da Constituição Federal.

Dispõe o art. 109:

Art. 109. Aos juízes federais compete processar e julgar:

I — as causas em que a União, entidade autárquica ou empresa pública federal forem interessadas na condição de autoras, rés, assistentes ou oponentes, exceto as de falência, as de acidentes de trabalho e as sujeitas à Justiça Eleitoral e à Justiça do Trabalho.

Já o antigo art. 114 declarava:

Art. 114. Compete à Justiça do Trabalho conciliar e julgar os dissídios individuais e coletivos entre trabalhadores e empregadores, abrangidos os entes de direito público externo e da administração pública direta e indireta dos Municípios, do Distrito Federal, dos Estados e da União, e, na forma da lei, outras controvérsias decorrentes da relação de trabalho, bem como os litígios que tenham origem no cumprimento de suas próprias sentenças, inclusive coletivas.

§ 1º Frustrada a negociação coletiva, as partes poderão eleger árbitros.

§ 2º Recusando-se qualquer das partes à negociação ou à arbitragem, é facultado aos respectivos sindicatos ajuizar dissídio coletivo, podendo a Justiça do Trabalho estabelecer normas e condições, respeitadas as disposições convencionais e legais mínimas de proteção ao trabalho.

§ 3º Compete ainda à Justiça do Trabalho executar, de ofício, as contribuições sociais previstas no art. 195, I, *a*, e II, e seus acréscimos legais, decorrentes das sentenças que proferir.

A leitura destes dois últimos artigos conduz à seguinte conclusão: não sendo as ações de acidentes de trabalho de competência da Justiça Federal e tampouco da Justiça do Trabalho, automaticamente, já era competente a Justiça comum para processá-las e julgá-las.

4. A DEFINIÇÃO DO SUPREMO TRIBUNAL FEDERAL E DO SUPERIOR TRIBUNAL DE JUSTIÇA ATÉ A REFORMA DO JUDICIÁRIO

Por mais refratários que sejam alguns intérpretes, era incontroversa a pacificação da matéria no Supremo Tribunal Federal, o qual, sem qualquer sinal de vacilo, por força do art. 109, inciso I, da Constituição Federal, fixou a competência da Justiça comum para processar e julgar as ações fundadas em acidentes de trabalho, estejam no pólo passivo a autarquia seguradora ou o empregador.

Em tal sentido, sempre foram precisas as decisões do Supremo Tribunal Federal:

EMENTA: 1. Competência: Justiça comum: CF, art. 109, I: ação de indenização fundada em acidente do trabalho, ainda quando movida contra o empregador: precedente (RE 349.160, 1ª T., Pertence, DJ 14.3.03). 2. Agravo regimental manifestamente infundado: aplicação da multa de 5% (cinco por cento) sobre o valor corrigido da causa (C.Pr.Civil, art. 557,§ 2º).[7]

EMENTA: Competência: Justiça comum: ação de indenização fundada em acidente de trabalho, ainda quando movida contra o empregador. 1. É da jurisprudência do STF que, em geral, compete à Justiça do Trabalho conhecer de ação indenizatória por danos decorrentes da relação de emprego, não importando deva a controvérsia ser dirimida à luz do Direito comum e não do Direito do Trabalho. 2. Da regra geral são de excluir-se, por força do art. 109, I, da Constituição, as ações fundadas em acidente de trabalho, sejam as movidas contra a autarquia seguradora, sejam as propostas contra o empregador.[8]

RECURSO EXTRAORDINÁRIO. PROCESSO CIVIL. DEMANDA SOBRE ACIDENTE DE TRABALHO. COMPETÊNCIA. ART. 109, I DA CONSTITUIÇÃO. 1. Esta Suprema Corte tem assentado não importar, para a fixação da competência da Justiça do Trabalho, que o deslinde da controvérsia dependa de questões de Direito Civil, bastando que o pedido esteja lastreado na relação de emprego (CJ 6.959, rel. Min. Sepúlveda Pertence, RTJ 134/96). 2. Constatada, não obstante, a hipótese de acidente de trabalho, atrai-se a regra do art. 109, I da Carta Federal, que retira da Justiça Federal e passa para a Justiça dos Estados e do Distrito Federal a competência para o julgamento das ações sobre esse tema, independentemente de terem no pólo passivo o Instituto Nacional do Seguro Social — INSS ou o empregador. 3. Recurso extraordinário conhecido e improvido.[9]

Mas merece atenção o disposto na Súmula n. 501 do C. Supremo Tribunal Federal:

501. Compete à Justiça ordinária estadual o processo e o julgamento, em ambas as instâncias, das causas de acidente do trabalho, ainda que promovidas contra a União, suas autarquias, empresas públicas ou sociedades de economia mista.

Em sintonia com o Supremo Tribunal Federal, a Súmula n. 15 do Superior Tribunal de Justiça, esclarece: "15. Compete à Justiça Estadual processar e julgar os litígios decorrentes de acidente de trabalho."

Apropriada, aqui, a lição do Ministro ATHOS GUSMÃO CARNEIRO: "Não se cuida, outrossim, de dissídio individual entre empregado e empregador, e destarte (salvo se lei futura vier a incluir tais lides como "decorrentes da relação de trabalho" inseridas na

(7) BRASIL. Supremo Tribunal Federal. RE 388227 AgR/SP — SÃO PAULO, AG.REG.NO RECURSO EXTRAORDINÁRIO Relator: Min. Sepúlveda Pertence. Julgamento: 18 maio 2004. *DJ* 08 out. 2004, p. 00006.

(8) BRASIL. Supremo Tribunal Federal. RE 403832 / MG — MINAS GERAIS, RECURSO EXTRAORDINÁRIO. Relator: Min. Sepúlveda Pertence. Julgamento: 11 nov. 2003. *DJ* 12 mar. 2004, p. 00043.

(9) BRASIL. Supremo Tribunal Federal. RE 345486/SP — SÃO PAULO, RECURSO EXTRAORDINÁRIO, Relator: Min. Ellen Gracie. Julgamento: 07 out. 2003. *DJ* 24 out. 2003, p. 00030.

jurisdição especializada) persiste a competência da Justiça comum, aliás já aparelhada para dirimir tais conflitos."[10]

5. A EMENDA CONSTITUCIONAL N. 45: AS MUDANÇAS E CONSEQÜÊNCIAS PARA AS AÇÕES ACIDENTÁRIAS

Indiscutivelmente a polêmica sobre a competência para o julgamento das ações acidentárias ganhou força com o advento do inciso VI do art. 114 da Constituição Federal, no qual está fixada a competência da Justiça do Trabalho para processar e julgar as demandas de indenização por dano moral ou patrimonial, decorrentes da relação de trabalho.

Independentemente do novo dispositivo, aqueles que sustentam ser da Justiça do Trabalho a competência para julgar as ações envolvendo acidentes do trabalho promovidas contra o empregador argumentam que:

a) a discussão apresenta conteúdo eminentemente trabalhista, consubstanciada na relação de emprego;

b) não importa o fundamento do direito vindicado, sendo irrelevante a solução da lide estar atrelada ao Direito Civil;

c) o Tribunal Superior do Trabalho vem reconhecendo a competência da Justiça do Trabalho para o julgamento de ações envolvendo indenizações decorrentes de acidentes do trabalho em face do empregador;

d) mesmo antes da promulgação da Emenda Constitucional n. 45, a interpretação lógico-sistemática da Constituição Federal de 1988 não conduz à Competência da Justiça comum, uma vez que o art. 109, I, da Constituição Federal, apenas excetua a competência da Justiça Federal ordinária para ações acidentárias movidas contra a entidade autárquica de previdência;

e) a Súmula n. 736[11] do Supremo Tribunal Federal;

Além de tudo isso, alegam que, com o advento da Emenda Constitucional n. 45, a Justiça especializada passou a ser competente para processar e julgar as ações de acidentes do trabalho e doenças profissionais, pois, segundo entendem, isso está claro pelo fato de haver menção expressa sobre indenização por dano moral ou patrimonial.

Pois bem. Por uma questão didática, sem apego à ordem acima citada, pretendemos enfrentar ponto a ponto os argumentos referidos, além de inserirmos outras idéias na presente discussão.

---

(10) CARNEIRO, 2004, p. 138.

(11) "A mencionada súmula diz: "compete à Justiça do Trabalho julgar as ações que tenham como causa de pedir o descumprimento de normas trabalhistas relativas a segurança, higiene e saúde dos trabalhadores.""

Em primeiro lugar, as ações indenizatórias decorrentes de acidentes de trabalho e doenças profissionais não envolvem típicas verbas de natureza trabalhista, mas sim um suposto ilícito com respectiva responsabilização indenizatória imputável ao empregador, o que, por si só, exige análise das questões envolvendo o instituto da responsabilidade civil.

Em segundo lugar, a insistência daqueles que pretendem transferir à Justiça do Trabalho o julgamento das ações acidentárias, sempre esbarrou e continua esbarrando na cristalina redação do art. 643, § 2º, da CLT[(12)], que expressamente diz ser da Justiça ordinária a competência para dirimir as controvérsias decorrentes de tal espécie de litígio.

Em terceiro, além do art. 643, § 2º, da CLT, o art. 129 da Lei n. 8.213/91, integrante da legislação ordinária sobre acidente do trabalho, também estabelece a competência da Justiça Estadual para dirimir litígios que se referem a indenizações decorrentes de acidente do trabalho e doença profissional.

Outro argumento diz respeito ao possível conflito de decisões, que desaguará na indesejada insegurança jurídica. É que, sendo incontroversa a competência de um juiz integrante da Justiça comum para enfrentar as ações acidentárias movidas contra o Instituto Nacional de Seguridade Social — INSS, haveria, por obviedade, maior possibilidade de conflito entre a decisão proferida em tal demanda e aquela que fosse prolatada por um juiz do trabalho, responsável, em tese, pelo julgamento de uma ação movida contra o empregador, muito embora as duas demandas tivessem em foco o mesmo infortúnio.

Isso fica claro através do seguinte exemplo: um determinado empregado, ao sofrer um acidente do trabalho, acaba perdendo um membro, e, legitimamente, após não ver atendidas suas pretensões, acaba postulando judicialmente o respectivo benefício previdenciário, em ação obviamente movida contra o Instituto Nacional de Seguridade Social — INSS, bem como uma ação indenizatória contra seu empregador. Supondo que seja da Justiça do Trabalho a competência para processar e julgar a segunda demanda, poderá o empregador ser condenado ao pagamento da indenização postulada. E, ao mesmo tempo, ser o Instituto Nacional de Seguridade Social, diante do mesmo evento, vencedor, ficando, automaticamente, frustrado o benefício previdenciário pretendido pelo trabalhador autor da demanda.

E não se diga que tal situação é impossível, na medida em que demandas envolvendo acidente do trabalho têm como ponto culminante a prova, a qual, por

---

(12) "Art. 643. Os dissídios, oriundos das relações entre empregados e empregadores, bem como de trabalhadores avulsos e seus tomadores de serviços, em atividades, reguladas na legislação social, serão dirimidos pela Justiça do Trabalho, de acordo com o presente Título e na forma estabelecida pelo processo judiciário do trabalho.
[...]
§ 2º As questões referentes a acidentes do trabalho continuam sujeitas à justiça ordinária, na forma do Decreto n. 24.637, de 10 de julho de 1934, e legislação subseqüente.
[...]"

inúmeras razões, dentre as quais procedimentais[13], poderá ser desprovida de semelhança nos mencionados conflitos (ação movida contra o empregador ou ação movida contra o INSS).

É certo que esta indesejada circunstância poderá ser real, independentemente de a Justiça comum acumular a competência para processar e julgar ambos os litígios. Mas, não demanda grande exercício intelectual a conclusão de esta hipótese ficar mais esporádica, quando não há disparidade de julgadores (juiz da Justiça comum e juiz do trabalho).

Em suma: sendo preservada a competência da Justiça comum, a freqüência de decisões conflitantes encontrará terreno menos fértil.

O quinto argumento leva em consideração a seguinte constatação: a Emenda Constitucional n. 45 manteve intacto o inciso I do art. 109 da Constituição Federal, o qual, independentemente de qualquer técnica interpretativa, é olimpicamente claro ao afastar da competência da Justiça Federal a responsabilidade pelo julgamento das causas envolvendo acidentes de trabalho.

É verdade que houve a tentativa de ser transferida para a Justiça do Trabalho, através da reforma, o processamento e o julgamento das ações envolvendo acidentes de trabalho.

Ocorre que tal intenção foi rechaçada pela Comissão da Reforma, conforme está elucidado no relatório da deputada federal ZULAIÊ COBRA, no qual constou:

> Art. 115 (114) — Compete à Justiça do Trabalho processar e julgar:
>
> [...]
>
> IV — as ações relativas a acidentes de trabalho, doença profissional e de adequação ambiental para resguardo da saúde e da segurança do trabalhador.

Tal vedação é sintomática, na medida em que a redação acima apontada não foi recebida, assim como não há qualquer menção explícita no inciso VI, acerca de acidente de trabalho ou doença profissional.

Considerando que o legislador não utiliza palavras e expressões em vão, obviamente o fato de a Comissão ter resistido à utilização das expressões acima apontadas, tem finalidade e interpretação[14] incontestes, qual seja: não retirar da Justiça comum a responsabilidade pelo julgamento das ações acidentárias.

---

(13) Ainda no presente ensaio enfrentaremos tal questão com maior vagar.

(14) Sobre a adequada interpretação sistemática, ensina JUAREZ FREITAS: "Deve o intérprete sistemático realizar o exame da íntegra dos fatos coletados e efetuar, a partir daí, um diagnóstico seguro, para, a seguir, no bojo do sistema, encontrar o melhor e mais conciliatório tratamento para as controvérsias, no sentido de superá-las e, ao mesmo tempo, de conservar sua sistematicidade. "Interpretar" supõe *bem diagnostiar, avaliar os bens que estão em jogo*, ponderando sobre possíveis resultados, e, então, eleger soluções, rentes aos fatos, naturalmente sem cair em conseqüencialismos divorciados da imperatividade dos comandos normativos." (FREITAS, Juarez. *A interpretação sistemática do Direito,* 4ª ed. rev. e ampl. São Paulo: Malheiros, 2004, p. 180).

Disso se depreende que, fosse intenção da Comissão transferir à Justiça do Trabalho a competência aqui em debate, bastaria alterar a redação do inciso I do art. 109 da Constituição Federal, suprimindo a vedação lá especificada.

Sabemos, contudo, que os debates acerca de um futuro texto legal não representam um critério seguro para a sua correta interpretação, mas, por outro lado, podem, sim, representar importante indício ao intérprete.

E aqui é preciso que fique claro: o atual art. 114 da Constituição Federal não apresenta qualquer conflito com o disposto no inciso I do art. 109.

Não se ignora, em hipótese alguma, a ampliação da competência que foi garantida às cortes trabalhistas, que não só julgarão as relações de emprego como também as relações de trabalho.

A intensidade da referida ampliação é bem elucidada pelo magistério de FRANCISCO ROSSAL DE ARAÚJO: "Sabe-se que a EC n. 45/04 inverteu o paradigma para a competência em razão da matéria da Justiça do Trabalho, fixando a competência desse órgão jurisdicional como competência geral, em se tratando de relações de trabalho (em sentido lato), e não mais residual dependente de lei expressa."(15)

Os incrementos garantidos pela Emenda Constitucional n. 45 refletem, indubitavelmente, alguns dos pontos mais ambicionados pelos juízes do trabalho, pois, ao que tudo indica, a manutenção desta Justiça especializada depende de seu crescimento e aprimoramento.

Isso porque, não faz muito, todos lembramos, nas discussões acerca da Reforma do Judiciário, a hipótese de extinção da Justiça do Trabalho chegou a ser cogitada. Felizmente, esta intenção não prosperou, tendo sido desarmada uma verdadeira armadilha, pois, no nosso entender, estariam sendo comprometidas importantes conquistas de uma sociedade democrática que comemora 20 anos.

Na verdade, o oposto venceu, a Emenda Constitucional n. 45 preconiza uma nova era para a Justiça do Trabalho, que ressurge revigorada, devendo, agora, adequar-se às novas competências que lhe foram conferidas, a fim de demonstrar à sociedade seu novo e ampliado papel, capaz de superar os preconceitos e distanciamentos, que estão sendo erigidos, de uma Consolidação com mais de meio século de vida.

Neste contexto, absolutamente útil o referido inciso VI, independentemente de contemplar as ações envolvendo acidentes de trabalho, uma vez que garante à Justiça especializada, de forma positivada, o julgamento de importantes questões como, por exemplo: a imputação caluniosa contra um trabalhador; a ofensa aos direitos humanos; o trabalho escravo; dentre tantas outras.

---

(15) ARAÚJO, Francisco Rossal. "A natureza jurídica da relação de trabalho: novas competências da justiça do trabalho — emenda constitucional n. 45/04". *In*: COUTINHO, Grijalbo Fernandes; FAVA, Marcos Neves (Coords.) *Nova competência da Justiça do Trabalho*. São Paulo: LTr, 2005, p. 121.

Em que pese não ser, de forma alguma, determinante, outro pequeno aspecto favorável à Justiça comum pode ser percebido no fato de as ações de acidente do trabalho movidas contra os empregadores serem dirimidas à luz das normas legais que tratam da responsabilidade civil.

Também é correto afirmar que o fato das ações de acidentes de trabalho tramitarem da Justiça comum não significa qualquer desrespeito ao disposto na súmula n. 736, até porque a mesma tem preocupação com a segurança do ambiente de trabalho em sentido *lato*.

Além disso, esquecem os que sustentam existir contradição, o fato da referida ter sido publicada em 9.12.2003, sendo que, após tal data, inúmeros julgados do Supremo Tribunal Federal seguiram confirmando a competência da Justiça comum para apreciar as demandas indenizatórias envolvendo acidentes do trabalho e doenças profissionais.

Também em apoio à falta de contradição, basta unirmos a súmula n. 736 e o novo inciso VII do art. 114 da Constituição Federal[(16)] (concebido pela Emenda Constitucional n. 45), permitindo a seguinte constatação: as Delegacias Regionais do Trabalho e o Ministério Público do Trabalho, têm como uma de suas principais prerrogativas a fiscalização das normas trabalhistas relativas a segurança, higiene e saúde dos trabalhadores.

Ainda entre os argumentos relevantes, merece atenção a decisão do Plenário do Supremo Tribunal Federal, a qual, no último dia 09 de março, por maioria de votos, confirmou a competência da Justiça dos Estados e do Distrito Federal, para o julgamento de ações de indenização resultantes de acidente do trabalho, o que foi amplamente divulgado.

Tal definição foi proferida no recurso extraordinário n. 438.639, interposto no processo movido por Adão Carvalho dos Santos contra a empresa Mineração Morro Velho Ltda., tendo sido relator o ministro Carlos Ayres Brito. Em tal oportunidade, apenas o relator e o ministro Marco Aurélio de Mello entenderam ser da Justiça do Trabalho a competência de apreciar as ações acidentárias aqui comentadas.

Em direção oposta, o ministro Cezar Peluso conduziu a divergência, tendo seu voto sido acompanhado pelos ministros Eros Grau, Joaquim Barbosa, Ellen Gracie, Gilmar Mendes, Sepúlveda Pertence, Celso de Mello e Nelson Jobim.

Note-se que a discussão acerca do alcance do atual inciso VI do art. 114 da Constituição Federal no que diz respeito aos feitos envolvendo acidentes do trabalho, estaria supostamente solvida pelo Supremo Tribunal Federal, tendo sido, conseqüentemente, refreado o entusiasmo daqueles que estavam atribuindo à Justiça do Trabalho tal competência.

---

(16) "Art. 114 Compete à Justiça do Trabalho processar e julgar:
[...]
VII — as ações relativas às penalidades administrativas impostas aos empregadores pelos órgãos de fiscalização das relações de trabalho;"

Por tais motivos, algumas conclusões resultantes de encontros de juízes do trabalho, foram questionadas, o que intensificou ainda mais a polêmica acerca do tema.

Após a referida decisão do Supremo Tribunal Federal, supostamente indicando estar superada qualquer dúvida acerca do debate em apreço, a Quarta Turma do Tribunal Superior do Trabalho, no último dia 21, em processo movido contra o Banco Rural S/A, declarou a incompetência da Justiça do Trabalho para julgar ação por dano moral e material fundados em acidente de trabalho.

A decisão teve como fundamento a orientação do Supremo Tribunal Federal, conforme referiu o relator, ministro IVES GANDRA MARTINS FILHO, o que fica claro na respectiva ementa:

> "INDENIZAÇÃO POR DANOS MORAL E MATERIAL DECORRENTES DE ACIDENTE DE TRABALHO — LESÃO POR ESFORÇO REPETITIVO (LER) — INCOMPETÊNCIA ABSOLUTA DA JUSTIÇA DO TRABALHO CONFIGURADA. Na esteira da jurisprudência cediça do Supremo Tribunal Federal, a qual se adota por disciplina judiciária, tem-se que a Justiça do Trabalho é absolutamente incompetente para julgar pedido de indenização por danos moral e material decorrentes de acidente de trabalho, oriundo de lesão por esforço repetitivo (LER), adquirida no ambiente de trabalho em razão do desempenho da função de caixa bancária, que executava tarefa de digitação de documentos. Recurso de revista conhecido e provido." [17]

Quando todos acreditavam estar pacificada a celeuma, em uma brusca reviravolta o Supremo Tribunal Federal em decisão plenária, reformulou seu entendimento e declarou que a competência para processar e julgar as ações por dano material e moral fundadas em acidente de trabalho é da Justiça do Trabalho.

A decisão unânime foi proferida no conflito de competência n. 7204, suscitado pelo Tribunal Superior do Trabalho contra o Tribunal de Alçada de Minas Gerais, no último dia 29 de junho.

Essa drástica mudança foi capitaneada pelo Ministro AYRES BRITO que, inconformado com a derrota amargada no julgamento do Recurso Extraordinário n. 438.639, decidiu provocar nova discussão plenária, tendo, desta vez, obtido o reconhecimento da Justiça especializada como responsável pelo julgamento das ações indenizatórias fundadas em acidentes de trabalho.

Do voto do Ministro CARLOS AYRES BRITO, optamos por extrair os seguinte trechos:

> Nada obstante, valendo-me do art. 6º do Regimento Interno da Casa, trago o presente conflito ao conhecimento deste colendo Plenário para rediscutir a matéria. É que, a meu sentir, a norma que se colhe do inciso I do art. 109 da *Lei das Leis* não autoriza concluir que a Justiça comum estadual detém competência para apreciar as ações que o empregado propõe contra o seu empregador,

(17) BRASIL. Supremo Tribunal Federal. NÚMERO ÚNICO PROC: RR — 50260/2002-900-03-00. *DJ* 08 abr. 2005.

pleiteando reparação por danos morais ou patrimoniais decorrentes de acidente do trabalho. É dizer: quanto mais reflito sobre a questão, mais me convenço de que a primeira parte do dispositivo constitucional determina mesmo que compete aos **juízes federais** processar e julgar *"as causas em que a União, entidade autárquica ou empresa pública federal* ***forem interessadas na condição de autoras, rés, assistentes ou oponentes ...".*** Mas esta é apenas a regra geral, plasmada segundo o critério de distribuição de competência em razão da pessoa. Impõe-se atentar para a segunda parte do inciso, assim vocalizada: "... *exceto as de falência,* ***as de acidente de trabalho*** *e as sujeitas à Justiça Eleitoral e à Justiça do Trabalho*". E esta segunda parte, como exceção que é, deve ser compreendida no contexto significante daquela primeira, consubstanciadora de regra geral. Em discurso quiçá mais elucidativo: à luz da segunda parte do inciso I do art. 109 da Constituição Federal, tem-se que as causas de acidente do trabalho em que a União, entidade autárquica ou empresa pública federal forem interessadas, na condição de autora, ré, assistente ou oponente, **não são da competência dos juízes federais**.

Segundo o Ministro CARLOS AYRES BRITTO:

Como de fácil percepção, para se aferir os próprios elementos do ilícito, sobretudo a culpa e o nexo causal, é imprescindível que se esteja mais próximo do dia-a-dia da complexa realidade laboral. Aspecto em que avulta a especialização mesma de que se revestem os órgãos judicantes de índole trabalhista. É como dizer: órgãos que se debruçam cotidianamente sobre os fatos atinentes à relação de emprego (muitas vezes quanto à própria existência dela) e que por isso mesmo detêm melhores condições para apreciar toda a trama dos delicados aspectos objetivos e subjetivos que permeiam a relação de emprego. Daí o conteúdo semântico da súmula n. 736, deste Excelso Pretório, assim didaticamente legendada: *"Compete à Justiça do Trabalho julgar as ações que tenham como causa de pedir o descumprimento de normas trabalhistas relativas a segurança, higiene e saúde dos trabalhadores.*

Ainda do comentado voto:

Nesse rumo de idéias, renove-se a proposição de que a nova redação do art. 114 da *Lex Máxima* só veio aclarar, expletivamente, a interpretação aqui perfilhada. Pois a Justiça do Trabalho, que já era competente para conciliar e julgar os dissídios individuais e coletivos **entre trabalhadores e empregadores, além de outras controvérsias decorrentes da relação trabalhista**, agora é confirmativamente competente para processar e julgar **as ações de indenização por dano moral ou patrimonial, decorrentes da relação de trabalho** (inciso VI do art. 114).

E conclui o Ministro Relator:

Por todo o exposto, e forte no art. 114 da Lei Maior (redações anterior e posterior à EC 45/05), concluo que não se pode excluir da competência da

Justiça Laboral as **ações de reparação de danos morais e patrimoniais decorrentes de acidente de trabalho, proposta pelo empregado contra o empregador**. Menos ainda para incluí-las na competência da Justiça comum estadual, com base no art. 109, inciso I da *Carta de Outubro*.

Salvo grave engano, os pontos apresentados no voto acima abordado não refletem qualquer novidade, razão pela qual reiteramos todos os argumentos já apresentados no sentido de ser competente a Justiça comum para processar e julgar as ações de reparação de danos morais e patrimoniais fundadas em acidentes de trabalho, quando propostas contra o empregador.

De qualquer forma, imprime preocupação a guinada que foi patrocinada pelo Supremo Tribunal Federal, o qual, sem se deparar com qualquer modificação dos argumentos que antecedem a Emenda Constitucional n. 45, bem como com os que a sucedem, alterou seu já solidificado entendimento sobre a matéria, tendo, inclusive, contrariado a decisão plenária proferida há não mais do que quatro meses.(18)

Aqui ainda julgamos importante o seguinte desabafo: Pode o jurisdicionado ficar à mercê de tamanha insegurança?

Ao nosso ver, é certo que não. Aliás, a Emenda Constitucional n. 45, fonte de importantes modificações do nosso judiciário, não pode ser recepcionada com tamanhas incertezas. É que, a segurança jurídica tem clamado por atenção, sendo que o respectivo socorro é determinante para o próprio crescimento do País. Sem dúvida alguma, devemos encorajar a evolução do Direito, fazendo presente temas como a boa-fé, a função social dos contratos, dentre tantos outros. Mas, isso tudo, sem perdermos de vista a relevância da Corte Maior sinalizar com segurança o caminho a ser percorrido.

De mais a mais, até mesmo por atenção ao propósito da Reforma, a qual consagrou a súmula vinculante, parece-nos importante sejam evitadas decisões que possam ser compreendidas como prova de turbulência e incerteza. E, sendo benéfica ou não a súmula vinculante, questão da qual não trataremos por ser estranha ao propósito já anunciado, temos como incontroverso o fato de as mesmas consagrarem uma realidade com a qual os operadores do Direito terão que ajustar um convívio profícuo.

Evidentemente, não estamos sustentando que alguma das duas decisões plenárias acima comentadas tenha a força de uma súmula vinculante, mas, por outro lado, representam a resposta do Supremo Tribunal Federal às dúvidas que pipocaram em todo o País. Ou seja, o julgamento do Recurso Extraordinário n. 438.639, bem como do conflito de competência n. 7204, tem, sim, o propósito de elucidar qual a melhor leitura da Emenda Constitucional n. 45, no que diz respeito à competência aqui debatida. E, como visto, os referidos julgamentos são antagônicos, estando, exatamente por isso, autorizada a seguinte pergunta: Daqui a seis meses será da Justiça Laboral a compe-

(18) Julgamento do Recurso Extraordinário n. 438.639.

tência para julgar ações indenizatórias decorrentes de acidentes de trabalho movidas contra o empregador? Só o tempo dirá.

Mas, de pronto está claro o impacto da última decisão, a qual influenciará sobremaneira o sistema jurídico nacional, até porque, ao que tudo indica, a Justiça do Trabalho exigirá nova estruturação, a fim de ser possível a absorção de todos os processos indenizatórios decorrentes de acidentes de trabalho movidos contra o empregador.

6. QUESTÕES PROCESSUAIS: EFETIVIDADE X SEGURANÇA JURÍDICA

Sem sombra de dúvida, a maioria dos litígios, independentemente da respectiva natureza, orbita em torno da prova[19], mas, no caso das ações acidentárias, verifica-se especial incidência, pois, inevitavelmente, a controvérsia será reduzida à análise de um determinado fato e suas repercussões.

Em tal perspectiva, a prova[20] é a grande protagonista da discussão que será travada entre o empregado e o empregador, ficando em segundo plano as chamadas discussões de "direito". Obviamente não negamos que inúmeras questões são, sim, solucionadas com apropriadas teses jurídicas (matéria de Direito), como, por exemplo, a aplicação do instituto da prescrição ou, até mesmo a constatação de uma falha de natureza processual.

De qualquer sorte, é de conhecimento corriqueiro que as ações acidentárias, em sua absoluta maioria, exigem a produção de prova pericial médica, bem como de prova testemunhal.

Embasados em tal premissa, além de todos os argumentos já apresentados, no intuito de aprofundarmos o debate, ousamos sustentar, independentemente da decisão proferida no conflito de competência n. 7204, que a Justiça do Trabalho, em razão de seu aparelhamento e de suas regras processuais, encontrará maior dificuldade para propiciar o correto deslinde de uma ação indenizatória por acidente de trabalho.

---

(19) LUIZ GUILHERME MARINONI e SÉRGIO CRUZ AREHART definem prova nos seguintes temos : "prova é todo meio retórico, regulado pela lei, dirigido a, dentro dos parâmetros fixados pelo Direito e de critérios racionais, convencer o Estado-juiz da validade das proposições, objeto de impugnação, feitas no processo" (MARINONI, Luiz Guilherme, ARENHART, Sérgio Cruz. *Manual do processo de conhecimento,* 3ª ed. rev., atual. e ampl. São Paulo: Revista dos Tribunais, 2004, p. 313).

(20) Sobre a apreciação da prova, ensina CARLOS ALBERTO ALVARO DE OLIVEIRA: "Por fim é importante ressaltar que a livre apreciação da prova encontra-se ligada à valorização do próprio juiz e de seus julgamentos. Essa constatação conduz a uma insuprimível dialética entre lei e juiz, no fundo incapaz de ser resolvida em termos meramente abstratos e cuja solução só pode ser encaminhada levando-se em conta concretos parâmetros históricos, sociais e econômicos. De tal sorte, o legalismo pode constituir um freio contra o despotismo ou degenerar em autoritarismo do Estado; a ampla liberdade do juiz no exame da prova ou conduz a uma decisão mais próxima possível da verdade ou redunda num arbítrio exasperado e incontrolável, chancelador de uma imagem equivocada e falsa." (OLIVEIRA, Carlos Alberto Alvaro. "Problemas atuais da livre apreciação da prova". *In*: OLIVEIRA, Carlos Alberto Alvaro (Org.) *Prova civil.* Rio de Janeiro: Forense, 2005, p. 62).

Antes de qualquer outra ponderação, sabemos que a Justiça comum já está aparelhada para atender às exigências de uma ação indenizatória movida contra o empregador, o que é comprovado pelo dia-a-dia de qualquer Departamento Médico Judiciário.

Na mesma linha, verifica-se a existência de vara especializada em muitas comarcas, o que é absolutamente salutar, pois há aumento da produtividade e maior acerto das decisões judiciais, fruto do conhecimento mais detalhado do julgador que se acostuma a tratar de um único assunto, tornando-se, exatamente por isso, um especialista.

Referidos aspectos, em um País carente como o nosso, não podem ser postos em plano secundário, uma vez que, sabidamente, a reprodução de tal realidade na Justiça do Trabalho dependerá de significativos investimentos, que, ao certo, poderiam ter destinação mais apropriada, tendo-se em conta que as ações acidentárias não estavam desamparadas.

Retomando à preocupação com a prova, merece atenção o fato de as regras processuais trabalhistas barrarem a interposição de recurso contra decisões interlocutórias, conforme se depreende da leitura do art. 893 da Consolidação das Leis do Trabalho[21], cuja redação é taxativa, esgotando as possibilidades recursais.

Tanto é assim, que o Tribunal Superior do Trabalho editou a súmula n. 214, revisada pela Res. 121/03, com a seguinte definição:

> Na Justiça do Trabalho, as decisões interlocutórias somente ensejam recurso imediato quando suscetíveis de impugnação mediante recurso para o mesmo Tribunal ou na hipótese de acolhimento de exceção de incompetência, com a remessa dos autos para Tribunal Regional distinto daquele a que se vincula o juízo excepcionado, consoante disposto no art. 799, 2º, da CLT.

Considerando tal regra processual, denota preocupação o fato de as decisões interlocutórias, sabidamente responsáveis pela condução da produção da prova, apresentarem possibilidade de revisão unicamente quando da sentença terminativa.

Ora, tais ações indenizatórias, exatamente pela relevância das questões probatórias, exigem a possibilidade de recorribilidade imediata, uma vez que, em uma decisão futura, pouco ou quase nada será recuperável, sem a presença de uma indesejada e agravada morosidade.

---

(21) "Art. 893. Das decisões são admissíveis os seguintes recursos:
I — embargos;
II — recurso ordinário;
III — recurso de revista;
IV — agravo.
§ 1º Os incidentes do processo são resolvidos pelo próprio Juízo ou Tribunal, admitindo-se a apreciação do merecimento das decisões interlocutórias, somente em recursos da decisão definitiva.
§ 2º A interposição de recurso para o Supremo Tribunal Federal não prejudicará a execução do julgado."

Na verdade, as presentes considerações são de fácil compreensão, basta o leitor imaginar o indeferimento do retorno dos autos ao especialista médico responsável pela apuração da existência ou não de determinada doença profissional. Em tal exemplo, tramitando esta ação na Justiça do Trabalho, eventual requerimento contrário ao decidido somente será apreciado quando e se julgado o respectivo recurso ordinário. E, sendo reformado o decidido, apenas muito tempo depois, mediante a declaração de nulidade dos atos praticados até o referido indeferimento, será reaberta a instrução do processo, a fim de ser garantido o retorno dos autos em perito responsável.[22]

Ou seja, em que pese seja a irrecorribilidade imediata natural ao processo do trabalho, tal traço processual traz significantes prejuízos às demandas em que são discutidos acidentes de trabalho e doenças profissionais, pois, como visto, o cerne da questão (matéria probatória), ficará retardado. E não se diga que tal situação é semelhante no processo civil em razão do disposto no § 4º do art. 523[23], uma vez que o agravo somente será retido, nos casos em que não haja dano de difícil e de incerta reparação.

Por outro lado, no exemplo acima lançado, caso tal demanda tramite na Justiça comum, o indeferimento aqui analisado pode, sem qualquer dificuldade, ser dirimido pelo julgamento de um agravo de instrumento. E, além disso, para que não fossem praticados atos passíveis de desconstituição futura, viável, o desembargador relator responsável pela análise do referido recurso, atribuindo efeito suspensivo ao mesmo[24], conforme disciplina o art. 558 do Código de Processo Civil.[25]

É bem verdade que tais ponderações parecem conduzir-nos ao eterno conflito existente entre celeridade processual e garantia jurídica. Mas, ao nosso ver, referidos princípios, no caso em comento, não estão sendo debatidos. É que, no final das

---

(22) Sobre o tema, ensina VALENTIN CARRION: "As sentenças interlocutórias simples somente são recorríveis quando da sentença terminativa; não há uma norma expressa que determine se consigne o inconformismo da parte, por intermédio do *protesto nos autos*; este vem a ser como que o antigo agravo no auto do processo do anterior CPC, lá substituído pelo agravo de instrumento, que permanece ou não nos autos (art. 522, § 1º). Mas o silêncio da parte, ausência de qualquer requerimento contrário ao decidido, implica concordância tácita, acarretando preclusão e impossibilidade de justificar a reforma na instância superior, pelo que o protesto tem juridicidade e razão de ser." (CARRION, Valentin. *Comentários à Consolidação das Leis do Trabalho*, 29ª ed. São Paulo: Saraiva, 2004, p. 751).

(23) "Art. 523. Na modalidade de agravo retido o agravante requererá que o tribunal dele conheça, preliminarmente, por ocasião do julgamento da apelação.

(...)

§ 4º Será retido o agravo das decisões proferidas na audiência de instrução e julgamento e das posteriores à sentença, salvo nos casos de dano de difícil e de incerta reparação, nos de inadmissão da apelação e nos relativos aos efeitos em que a apelação é recebida."

(24) Sobre a questão, define CÂNDIDO RANGEL DINAMARCO: "O efeito suspensivo, de que alguns recursos são dotados e outros não, consiste em impedir a pronta consumação dos efeitos de uma decisão interlocutória, sentença ou acórdão, até que seja julgado o recurso interposto. Esse efeito não incide sobre a decisão judicial recorrida, como ato processual sujeito a ser cassado e eventualmente substituído por outro, mas propriamente sobre os *efeitos* que eles se destinam a produzir." (DINAMARCO, Cândido Rangel. *Nova era do processo civil*. São Paulo: Malheiros, 2004, p. 137).

(25) "Art. 558. O relator poderá, a requerimento do agravante, nos casos de prisão civil, adjudicação, remição de bens, levantamento de dinheiro sem caução idônea e em outros casos dos quais possa resultar lesão grave e de difícil reparação, sendo relevante a fundamentação, suspender o cumprimento da decisão até o pronunciamento definitivo da turma ou câmara."

contas, a possibilidade de a decisão interlocutória proferida em uma ação de acidente do trabalho, ser passível de ataque imediato, preserva, tanto a celeridade processual quanto a garantia jurídica. Isto porque, a chance de modificação futura de tal decisão, já em momento avançado do processo, em muitíssimas oportunidades, corresponderá ao símbolo máximo de atraso na possível entrega do bem da vida em discussão.

Enfatizando a importância da efetiva entrega do chamado bem da vida, refere CARLOS ALBERTO ALVARO DE OLIVEIRA:

> "quando se estatui no art. 5º, LIV, da Constituição brasileira que ninguém poderá ser privado de sua liberdade ou de seus bens sem o devido processo legal, pretende-se claramente abranger qualquer tipo de processo em que haja risco de perda de algum direito, pois, à evidência, expressão "bens" foi aí empregada em sentido larguíssimo, compreendendo qualquer situação de vantagem integrante do patrimônio jurídico do sujeito de direito." (26)

A efetividade clama por maior observância, mas, em momento algum, podemos abrir mão da realidade forense, sob pena de estarmos diante de um processo concebido unicamente para os bancos acadêmicos, alheio às peculiaridades das demandas acidentárias.

Disso se depreende ser indispensável a correta adequação da norma processual, conforme elucida KAZUO WATANABE:

> O que se pretende é fazer dessas conquistas doutrinárias e de seus melhores resultados um sólido patamar para, com uma visão crítica e mais ampla da utilidade do processo, proceder ao melhor estudo dos institutos processuais — prestigiando ou adaptando ou reformulando institutos tradicionais, ou concebendo institutos novos, sempre com a preocupação de fazer com que o processo tenha plena e total aderência à realidade sócio-jurídica a que se destina, cumprindo sua primordial vocação que é a de servir de instrumento à efetiva realização dos direitos.(27)

Ainda em sintonia com o que está aqui sendo defendido, verificamos que as questões envolvidas nas provas, nas ações de indenização por acidente de trabalho, merecem apreciação ágil, sob pena da coleta de tal prova ser frustrada pelo transcorrer do tempo. Isso porque, normalmente, determinadas lesões acabam consolidadas, sem deixar os vestígios necessários ao minucioso estudo.

Sobre o assunto, o Ministro TEORI ALBINO ZAVASCKI, refere que o direito de acesso à justiça ou direito à ordem jurídica justa, compreende, em suma, não apenas o direito de provocar a atuação do Estado, mas também, e principalmente, o de obter, em prazo adequado, uma decisão justa e com potencial de atuar eficazmente no plano dos fatos.(28)

---

(26) OLIVEIRA, Carlos Alberto Alvaro. *Do formalismo no processo civil.* 2ª ed. revista e acrescida de apêndice. São Paulo: Saraiva, 2003, p. 85.

(27) WATANABE, Kazuo. *Da cognição no processo civil,* 2ª ed. Campinas: Bookseller, 2000, p. 20-21.

(28) ZAVASCKI, Teori Albino. "Antecipação da tutela e colisão de direitos fundamentais". *Revista AJURIS*, v. 22, n. 64, jul. 1995, p. 399.

E, por estarmos tratando de assunto tão relevante (danos provocados pelo trabalho), parece-nos incontroverso que o esgotamento de todas as possibilidades acerca do infortúnio laboral é das principais obrigações daqueles que lidam com a matéria.

Nesta linha, há outra vantagem do processo civil, o qual garante a cada parte a indicação de 10 (dez)(29) testemunhas, enquanto no processo do trabalho o número máximo é de 03 (três).(30)

As ponderações acima têm como propósito questionar a opção que passou a ser defendida pelo Supremo Tribunal Federal, a qual, ao nosso ver, também deveria ter levado em conta tais aspectos.

7. QUAIS OS REMÉDIOS PROCESSUAIS DISPONÍVEIS PARA SOLUCIONAR CONTROVÉRSIAS ACERCA DA COMPETÊNCIA

No presente tópico, nosso propósito reside na resposta das seguintes indagações: (a) Qual o remédio processual disponível contra a decisão de um juiz cível acerca de sua competência para julgar uma ação indenizatória de acidente do trabalho movida contra o empregador? (b) Qual a solução processual para atacar a decisão de um juiz do trabalho acerca de sua competência para julgar uma típica ação indenizatória por acidente do trabalho proposta contra o empregador?(31)

As respectivas respostas não demandam grandes reflexões, mas, sem dúvida alguma, indispensável enfrentarmos tais pontos, até mesmo para não nos distanciarmos da desejada utilidade prática do presente estudo.

Em primeiro lugar, importante lembrarmos que a questão versa sobre incompetência absoluta, podendo a mesma ser alegada de ofício ou argüida, pela parte, em qualquer tempo ou grau de jurisdição, independentemente de exceção.(32)

---

(29) "Art. 407. Incumbe às partes, no prazo que o juiz fixará ao designar a data da audiência, depositar em cartório o rol de testemunhas, precisando-lhes o nome, profissão, residência e o local de trabalho; omitindo-se o juiz, o rol será apresentado até 10 (dez) dias antes da audiência.
Parágrafo único. É lícito a cada parte oferecer, no máximo, 10 (dez) testemunhas; quando qualquer das partes oferecer mais de 3 (três) testemunhas para a prova de cada fato, o juiz poderá dispensar as restantes."

(30) "Art. 821. Cada uma das partes não poderá indicar mais de três testemunhas, salvo quando se tratar de inquérito, caso em que esse número poderá ser elevado a seis."

(31) Importante referir que entendemos por "típica ação acidentária" aquela em que o empregado busca reparação patrimonial e extrapatrimonial em razão do infortúnio laboral, o que, ao nosso ver, não compreende as questões envolvendo eventual estabilidade e respectiva nulidade de uma rescisão contratual.

(32) É o que dita o art. 113 do Código de Processo Civil, cuja redação segue transcrita: "Art. 113. A incompetência absoluta deve ser declarada de ofício e pode ser alegada, em qualquer tempo e grau de jurisdição, independentemente de exceção.
§ 1º Não sendo, porém, deduzida no prazo da contestação, ou na primeira oportunidade em que lhe couber falar nos autos, a parte responderá integralmente pelas custas.
§ 2º Declarada a incompetência absoluta, somente os atos decisórios serão nulos, remetendo-se os autos ao juiz competente."

Sobre o primeiro questionamento, temos que o ato judicial que declara de ofício a incompetência absoluta, por ser uma decisão interlocutória, deverá ser impugnada pelo recurso de agravo de instrumento.

Também vale lembrar que a decisão que rejeita ou acolhe a argüição de incompetência absoluta é interlocutória, desafiando, conseqüentemente, o mesmo recurso de agravo de instrumento.

Deve ser ressalvado que, uma vez adotado o procedimento do Processo do Trabalho para tais questões, o tratamento recursal será totalmente distinto. O processo trabalhista não possui o recurso de agravo de instrumento a não ser nos casos de despachos que denegam o prosseguimento de recurso, conforme dispõe o art. 897, *b*, da CLT. Nesse sentido, também deve ser lembrado o disposto na Instrução Normativa n. 27, do TST, que dispõe que a sistemática recursal para os processos oriundos das novas competências da Justiça do Trabalho é a mesma prevista na CLT. Dito de outro modo, uma vez definido o rito processual, será definida a sistemática recursal.

Já quanto ao segundo questionamento, a resposta é ainda mais simples, uma vez que, em tal situação, basta a parte alegar a respectiva incompetência material, em qualquer tempo ou grau de jurisdição, também independentemente de exceção. É que, sendo omisso o processo laboral, aplica-se o disposto no Código de Processo Civil, segundo reza o art. 769 da Consolidação das Leis do Trabalho.(33)

8. QUAL É O PRAZO PRESCRICIONAL?

São três as possibilidades envolvendo a prescrição: (1ª) a ação tramita na Justiça comum, e o prazo prescricional é aquele previsto no art. 206, § 3º, V, do Código Civil; (2ª) a ação tramita na Justiça do Trabalho, e o prazo prescricional é o previsto no art. 7º, XXIX, da Constituição Federal; (3ª) a ação tramita na Justiça especializada, e o tempo prescricional é aquele disciplinado pelo Código Civil.

Em razão dos argumentos antes detalhados, acreditavamos que a primeira hipótese deveria prevalecer, o que, por si só, suprime a obrigação de qualquer outro comentário.

Por outro lado, vingando a tramitação da referida ação na Justiça do Trabalho (2ª e 3ª hipóteses), atual opção do Supremo Tribunal Federal, automaticamente, o prazo prescricional a ser observado torna-se tema espinhoso, eis que ausente um consenso acerca da questão.

Em favor da aplicação do art. 7º, XXIX, da Constituição Federal, são apresentados os seguintes argumentos: (1º) trata-se de norma hierarquicamente superior; (2º) o crédito resultante de uma ação acidentária envolve uma relação de trabalho; (3º) o trâmite da ação na Justiça do Trabalho atrai a aplicação de regras laborais.

(33) "Art. 769. Nos casos omissos, o Direito processual comum será fonte subsidiária do Direito processual do trabalho, exceto naquilo em que for incompatível com as normas deste Título."

Mas, no nosso entender, mesmo havendo trâmite da ação na Justiça especializada, ainda assim, a prescrição, que é regra de segurança, seria tutelada pelo Código Civil.(34)

Não obstante deva ser observada a hierarquia das fontes de Direito, no caso em debate, merece aplicação a norma mais específica, ou seja, o prazo prescricional que menciona expressamente a pretensão de reparação civil.

Já quanto ao crédito resultante de tal espécie de demanda, reiteramos que as ações acidentárias têm como causa de pedir um ilícito relacionado ao trabalho, o que não significa tratar-se de uma verba trabalhista.

Por último, em hipótese alguma, o fato de a ação acidentária tramitar na Justiça do Trabalho, tem o condão de repelir normas não-trabalhistas. Até porque, independentemente da Emenda Constitucional n. 45, absolutamente usual a solução de demandas trabalhistas com base em inúmeros dispositivos legais, sejam constitucionais, cíveis, previdenciários, tributários, etc.

Outro importante aspecto diz respeito ao marco de aferição do início do prazo prescricional, sendo que, em tal questão, parece-nos tranqüilo o entendimento que tem aplicado como tal o da ciência do respectivo infortúnio.

Esta orientação, inclusive, está absorvida pelo processo trabalhista, basta verificarmos que a suposta lesão acidentária é ocasionada em razão de determinado ato ou omissão do empregador, sendo que o termo inicial da aferição da prescrição se dá no momento em que a vítima toma conhecimento da violação de seu direito.

9. CONSIDERAÇÕES FINAIS

O presente ensaio, ao analisar a competência para o processamento e julgamento das ações acidentárias movidas contra o empregador, tentou, objetivamente, trazer à tona os principais argumentos envoltos na questão.

Resta agora reiterarmos a resposta ao questionamento que norteou o estudo proposto, qual seja: A Emenda Constitucional n. 45 retirou da Justiça comum a com-

---

(34) Sobre a prescrição, refere o juiz do trabalho JOSÉ HORTÊNCIO RIBEIRO JÚNIOR: "Questão que não demanda maiores ponderações está assentada no prazo prescricional a ser observado para as novas causas sujeitas à competência da Justiça do Trabalho. Falamos que a matéria não demanda maiores considerações, na medida em que a prescrição possui natureza jurídica de direito material. Desta feita, estando a regra do art. 7º, inciso XXIX, da Constituição Federal voltada às relações de emprego, não seria aplicável às novas relações jurídicas inseridas no espectro da competência da Justiça do Trabalho. Para estas causas, teremos que observar os prazos prescricionais previstos para as relações jurídicas materiais, podendo, portanto, reclamar incidência das regras dos arts. 205 e 206 do Código Civil." (RIBEIRO JÚNIOR, José Hortêncio. "Competência laboral — Aspectos processuais. A natureza jurídica da relação de trabalho, novas competências da justiça do trabalho — Emenda Constitucional n. 45/04" *In*: COUTINHO, Grijalbo Fernandes; FAVA, Marcos Neves (Coords.) *Nova competência da Justiça do Trabalho*. São Paulo: LTr, 2005, p. 247-248.

petência material para processar e julgar as ações envolvendo acidentes do trabalho e doenças profissionais, quando movidas contra o empregador?

A resposta, ao nosso ver é negativa, sendo, a toda evidência, competente a Justiça comum para processar e julgar tais demandas.

Tal resposta tem como justificativa os seguintes argumentos:

1. As ações indenizatórias decorrentes de acidentes de trabalho e doenças profissionais não envolvem verbas tipicamente trabalhistas, mas sim um suposto ilícito com respectiva responsabilização indenizatória do empregador.

2. A Emenda Constitucional n. 45 manteve intacto o inciso I do art. 109 da Constituição Federal, que é transparente ao afastar da competência da Justiça Federal a responsabilidade pelo julgamento das causas envolvendo as demandas aqui comentadas.

3. A intenção de ser estendida à Justiça do Trabalho a competência para julgar as ações de acidente de trabalho foi impedida pela Comissão da Reforma do Judiciário.

4. A Quarta Turma do Tribunal Superior do Trabalho, no último dia 21, em processo movido contra o Banco Rural S/A, declarou a incompetência da Justiça do Trabalho para julgar ação por dano moral e material fundados em acidente de trabalho, tendo como fundamento a orientação do Supremo Tribunal Federal.

5. A súmula n. 501 do Supremo Tribunal Federal, bem como a súmula n. 15 do Superior Tribunal de Justiça.

6. A claríssima redação do art. 643, § 2º, da CLT, que dispõe ser da Justiça ordinária a competência para dirimir as controvérsias decorrentes de tal espécie de litígio.

7. O art. 129 da Lei n. 8.213/91, integrante da legislação ordinária sobre acidentes do trabalho.

Não obstante, considerando que o presente artigo está sendo escrito dias após a recente decisão do Plenário do Supremo Tribunal Federal que julgou o conflito de competência n. 7.204, entendemos que somente o tempo poderá definir com segurança a competência aqui debatida.

De qualquer sorte, tamanha a relevância da questão, que a mesma tem sido apontada como ideal à concepção da primeira súmula vinculante.[35]

---

(35) Conforme referido pelo ministro CEZAR PELUSO: "É para esses casos que serve a súmula vinculante. O cidadão fica quatro ou cinco anos na Justiça. Aí, quando chega ao Supremo, anula todo o processo e começa do zero porque a ação tramitava na Justiça errada. Essa dúvida é prejudicial para todo mundo." (PELUSO, Cezar. "STF ensaia 1ª súmula vinculante". *Jornal Valor Econômico*, 22 mar. 2005, p. E1).

REFERÊNCIAS BIBLIOGRÁFICAS

ARAÚJO, Francisco Rossal. "A natureza jurídica da relação de trabalho: novas competências da justiça do trabalho — Emenda Constitucional n. 45/04". *In:* COUTINHO, Grijalbo Fernandes; FAVA, Marcos Neves (Coords.) *Nova competência da justiça do trabalho.* São Paulo: LTr, 2005.

BASTOS, Celso Ribeiro; MARTINS, Ives Gandra. *Comentários à Constituição do Brasil: promulgada em 5 de outubro de 1988.* São Paulo: Saraiva, 1988-1989.

CARNEIRO, Athos Gusmão. *Jurisdição e competência,* 13ª ed. São Paulo: Saraiva, 2004.

CARRION, Valentin. *Comentários à Consolidação das Leis do Trabalho,* 29ª ed. São Paulo: Saraiva, 2004.

DINAMARCO, Cândido Rangel. *Instituições de Direito processual civil,* v. 1. São Paulo: Malheiros, 2004.

______. *Nova era do processo civil.* São Paulo: Malheiros, 2004.

FREITAS, Juarez. *A interpretação sistemática do Direito,* 4ª ed. rev. e ampl. São Paulo: Malheiros, 2004.

MARINONI, Luiz Guilherme, ARENHART, Sérgio Cruz. *Manual do processo de conhecimento.* 3ª ed. rev., atual. e ampl. São Paulo: Revista dos Tribunais, 2004.

MIRANDA, Pontes de. *Comentários ao Código de Processo Civil,* v. 2. Rio de Janeiro: Forense, 1979, Arts. 46 a 153.

OLIVEIRA, Carlos Alberto Alvaro. "Problemas atuais da livre apreciação da prova". *In:* OLIVEIRA, Carlos Alberto Alvaro (Org.) *Prova civil.* Rio de Janeiro: Forense, 2005.

OLIVEIRA, José de. *Acidentes do trabalho.* São Paulo: Saraiva, 1997.

PELUSO, Cezar. "STF ensaia 1ª súmula vinculante". *Jornal Valor Econômico,* 22 mar. 2005, p. E1.

RIBEIRO JÚNIOR, José Hortêncio. "Competência laboral — Aspectos processuais. A natureza jurídica da relação de trabalho, novas competências da justiça do trabalho — emenda constitucional n. 45/04" *In:* COUTINHO, Grijalbo Fernandes; FAVA, Marcos Neves (Coords.) *Nova competência da justiça do trabalho.* São Paulo: LTr, 2005.

SALEM, Diná A. Rossignolli; SALEM, Luciano Rossignolli. *Acidente do trabalho.* Campinas: Millennium, 2001.

WATANABE, Kazuo. *Da cognição no processo civil,* 2ª ed. Campinas: Bookseller, 2000.

ZAVASCKI, Teori Albino. "Antecipação da tutela e colisão de direitos fundamentais". *Revista AJURIS,* v. 22, n. 64, jul. 1995.

UM NOVO PARADIGMA PARA A INTERPRETAÇÃO CONSTITUCIONAL DA RELAÇÃO DE TRABALHO

Luiz Alberto de Vargas(*)

I — APRESENTAÇÃO DO TEMA

Dentre várias significativas modificações constitucionais introduzidas pela aprovação da Emenda Constitucional n. 45 de 2004, chama a atenção a alteração de competência da Justiça do Trabalho, pela nova redação dada ao art. 114 da Carta Magna.

Parece inequívoco que a intenção do reformador constitucional foi ampliar consideravelmente a competência da Justiça do Trabalho, que passa a albergar não apenas demandas restritas à relação de emprego, mas outras controvérsias decorrentes da relação de trabalho, entendendo-se este como o gênero, do qual a relação de emprego é espécie. De fato, tradicionalmente, na doutrina, tem-se o trabalho como "atividade profissional, prestado com subordinação jurídica a empregador ou, na forma autônoma, por determinadas categorias sujeitas a regulamentações especiais"(1). A partir de agora, o conceito de relação de trabalho passa a ser essencial para a fixação da competência do Judiciário Trabalhista. A mudança do paradigma "relação de emprego" para o paradigma "relação de trabalho" representa, muito mais do que uma mera mudança semântica, um considerável aumento do universo de relações jurídicas que passa a ser analisado pela Justiça do Trabalho(2).

Tão substanciais e extensas alterações, todas no sentido do fortalecimento da competência material, permitem antever um cenário inédito para esta Justiça espe-

---

(*) Juiz do Trabalho. Doutorando em Direito do Trabalho (Universidade Pompeu Fabra — Barcelona). Pesquisador do CETRA — Centro de Estudos do Trabalho (POA).

(1) SÜSSEKIND, Arnaldo, MARANHÃO, Délio e VIANNA, Segadas. *Instituições de Direito de Trabalho* vol. 1. 2ª ed., atualizada, São Paulo: LTr, 2003, p.109.

(2) A Justiça do Trabalho passa a ter competência para ações envolvendo, além da relação de trabalho, direito de greve, representação sindical, Mandado de Segurança, *Habeas Corpus* e *Habeas Data*, conflitos de competência entre órgãos de jurisdição trabalhista, indenizações por dano moral ou patrimonial decorrentes da relação de trabalho, fiscalização do trabalho, execuções de contribuições sociais e outras controvérsias decorrentes da relação de trabalho (art. 114, da Constituição Federal, com a redação dada pela EC n. 45/04).

cializada neste início de século que, reciclada, obtém bases institucionais para se tornar uma verdadeira Justiça Social para todos os conflitos do mundo do trabalho. Sabe-se que as intenções originais do legislador não têm decisiva importância na interpretação das normas por ele produzidas. Entretanto parece significativo, em uma interpretação histórica da recente alteração constitucional, trazer à colação o fato de que, na origem de tal proposição, está uma sugestão da Anamatra apresentada no bojo da Reforma do Judiciário. Na ocasião, a entidade nacional representativa dos Juízes do Trabalho contrapunha-se, exatamente, às propostas que visavam justamente à restrição da competência da Justiça do Trabalho apenas às relações de emprego (excluindo, mesmo, a tradicional competência para a pequena empreitada, por exemplo). Assim, pode-se dizer que a aprovação da Emenda Constitucional n. 45 representou, politicamente, uma vitória de um movimento tendente a fortalecer o Judiciário Trabalhista, antepondo-se às idéias que, há pouco tempo, preconizavam o seu enfraquecimento ou mesmo a sua extinção(3).

No presente estudo será feita a tentativa de estabelecer o verdadeiro alcance das modificações realizadas, bem como problematizar a nova realidade com a qual vai se deparar o Judiciário Trabalhista em sua missão de cumprir os desígnios da Constituição, na perspectiva de uma Justiça Social do Trabalho.

II — A PERSPECTIVA DA ALTERAÇÃO DE COMPETÊNCIA

O texto anterior da Constituição, ao fixar a competência material, dispunha que a Justiça do Trabalho era competente para "conciliar e julgar os dissídios individuais e coletivos entre trabalhadores e empregadores...", centralizando a questão na definição dos entes envolvidos na relação laboral (trabalhador e empregador)(4).

Concretamente, a mudança mais importante trazida pela Emenda Constitucional n. 45/04 constituiu-se na supressão, no texto do art. 114, da expressão "empregadores" e "trabalhadores", substituindo-a pela expressão "compete à Justiça do Trabalho processar e julgar: I — as ações oriundas da relação de trabalho". Portanto, não há mais a limitação em razão das pessoas, tornando-se a competência originária para todos os conflitos decorrentes da relação de trabalho, que deve ser interpretada de maneira mais ampla, superando-se a visão limitada anterior. Em outras palavras, na medida que tal restrição não mais existe, a competência do Judiciário Trabalhista deve ser interpretada como a mais ampla, para conhecer e julgar, de forma originária, todos os conflitos decorrentes da relação de trabalho.

---

(3) Nesse sentido, ver o relatório do Dep. Aluísio Ferreira Nunes, no projeto de Reforma do Poder Judiciário.

(4) Nesse sentido, a doutrina criticava a fixação de competência em razão das pessoas, ao invés da matéria. Conforme WAGNER GIGLIO, tal fixação era "inconveniente, inconclusa e falaciosa" porque o critério correto deveria ser fixar a competência em razão da matéria. Cf. GIGLIO, Wagner, *Direito Processual do Trabalho*, 8ª ed. São Paulo: LTr, 1993, p. 74.

Por relação de trabalho, a doutrina[(5)] tem entendido que toda energia humana, física ou mental, utilizada na produção de um bem corpóreo ou incorpóreo ou na realização de um serviço, é trabalho. Para ARNALDO SÜSSEKIND, trabalhador é aquele que a utiliza. Trabalhador é, assim, o artista que compõe uma sinfonia; o cientista que descobre a vacina contra determinada enfermidade; o advogado que defende o réu; o condutor que dirige um transporte coletivo; o mecânico que conserta uma máquina; o operário que manufatura uma utilidade; o jornalista que escreve um comentário; o bancário que confere as assinaturas dos cheques, etc. Porém, nem todo trabalhador é um profissional e nem todo trabalhador profissional é um empregado. Qualquer indivíduo que faz de sua atividade-trabalho sua profissão, dela usufruindo os meios necessários à sua manutenção é um trabalhador profissional. Se essa atividade for executada de forma continuada, em virtude de um contrato de trabalho subordinado, será ele também um empregado daquele que comandar a prestação de seus serviços e lhe pagar, em troca, os salários ajustados. Caso contrário, o profissional será um trabalhador autônomo, realizando sua atividade-trabalho por conta própria ou por meio de contrato de serviços, de empreitada, de mandato etc.[(6)].

Relação de trabalho em sentido amplo é um contrato *intuitu personae*, oneroso, com característica autônoma ou subordinada, contínua ou eventual, em que uma parte se compromete a prestar trabalho para outra. Nas relações de trabalho subordinado existe uma tendência de maior intervenção(regulação) do Estado na vontade das partes, enquanto que nas relações de trabalho autônomo, a intervenção é menor[(7)].

Tão importante como fixar corretamente a competência da Justiça do Trabalho, em acatamento aos novos ditames constitucionais, é perceber o exato significado de tal mudança, que transcende de uma simples alteração de competências, a transferir processos de um ramo do Judiciário a outro por razões de especialidade ou conveniência processual, mas que, em realidade, atende a uma intenção mais profunda e ambiciosa do legislador originário de 1988: a de aproximar o tratamento jurisdicional de todos os conflitos decorrentes da relação de trabalho, na perspectiva de uma solução mais abrangente e equânime quanto possível de todas as situações que envolvessem a prestação pessoal de serviços a terceiro.

A tendência de ampliação de competência tem raízes históricas, sendo apoiada por grande parte da doutrina nacional. Pode-se dizer que o aumento gradativo de competência tem marcado a linha evolutiva da Justiça do Trabalho desde sua instituição, pois esta, desde sua origem, mostrou sua vocação genética para abarcar todas as questões relativas ao mundo do trabalho.

Esse o posicionamento doutrinário de vários autores como ANTÔNIO ÁLVARES DA SILVA (relativamente às causas decorrentes da fiscalização pela violação da norma

---

(5) SÜSSEKIND, Arnaldo. *Direito Constitucional do Trabalho*, 3ª ed. Rio de Janeiro: Renovar, 2003, p. 100.

(6) *Idem*.

(7) ARAÚJO, Francisco Rossal de. "A Natureza Jurídica da Relação de Trabalho", nessa mesma obra.

trabalhista e para os crimes contra o trabalho)[8], AMAURI MASCARO NASCIMENTO[9], WAGNER GIGLIO[10] (sobre matéria previdenciária). Assim, desde antes de 1988, percebe-se a preocupação do legislador em acercar juridicamente a regulação do trabalho avulso da regulação do trabalhador empregado, não apenas assegurando àquele trabalhador vários direitos até então somente reconhecidos aos empregados, mas também claramente definindo a competência da Justiça do Trabalho para conhecer controvérsias decorrentes do trabalho avulso[11].

No mesmo sentido, pode-se indicar a extensão da competência da Justiça do Trabalho para o pequeno empreiteiro[12]. Não surpreende ver, nesses casos, a mesma técnica legislativa de, através da fixação competencial, ampliar o nível de proteção a trabalhadores que, até então, estavam submetidos ao mesmo tratamento geral que a lei destina aos particulares, em geral em situações contratuais em que as partes são essencialmente iguais[13].

O Constituinte de 1988 confirmou tal tendência ao acolher, no próprio *caput* do art. 114, a expressão .. "e, na forma da lei, outras controvérsias decorrentes da relação de trabalho", deixando a porta aberta para futuras alterações legislativas que agregassem outras competências, sempre no âmbito das relações de trabalho. Porém o legislador constituinte deu um passo além no sentido de aproximar a proteção social do trabalhador não empregado da do típico empregado, ao utilizar a expressão "trabalhadores" contida no art. 7º da Carta Magna.

Por certo, a lei a ser aplicada por um diferente ramo do Judiciário não se altera, mas há uma evidente mensagem do legislador de que os trabalhadores não beneficiados pelo manto legal próprio da relação empregatícia devam ter, ao menos, suas demandas apreciadas pela mesma ótica protetiva pela qual o Judiciário Trabalhista resolve as questões relativas ao trabalho que lhe são submetidas, além de beneficiar-se de uma estrutura judicial mais célere e menos formal que a da Justiça Comum. ANTÔNIO ÁLVARES DA SILVA demonstra bem tal circunstância, ao referir-se à competência material para a pequena empreitada : "Evidentemente, não se atribui ao empreiteiro a condição de empregado, nem se poderia fazê-lo, pois os fatos pertencem à realidade —

---

(8) ÁLVARES DA SILVA, Antônio. "Modernização da Justiça do Trabalho no Brasil" *in* vários, *Noções atuais de Direito do Trabalho — Estudos em homenagem ao Professor Elson Gottschalk*, Coord. José Augusto Rodrigues Pinto. São Paulo: LTr, 1995, p. 69.

(9) NASCIMENTO, Amauri Mascaro. *Curso de Direito Processual do Trabalho,* 11ª ed., atualizada, São Paulo: Saraiva, 1990, p. 93.

(10) GIGLIO,Wagner. *Direito Processual do Trabalho*, 8ª ed. ampliada. São Paulo: LTr, 1993, p. 74.

(11) A CLT já disciplinava a competência para as ações envolvendo trabalho avulso no art. 652, V. Originalmente, o trabalho avulso era coordenado pelo sindicato da categoria profissional. Após a Lei n. 8.630/93, com a criação do OGMO(órgão gestor de mão-de-obra), esse trabalho passou a ser coordenado por uma instituição tripartite (trabalhadores, tomadores de serviço e administração portuária). A redação atual do art. 652, V, da CLT foi dada pela Medida Provisória n. 2.164-41/2001.

(12) Art. 652, III, da CLT.

(13) É preciso lembrar que justamente o trabalhador não empregado é o mais desprotegido juridicamente e representa um contingente em contínuo crescimento em face da precarização do trabalho, fenômeno comumente atribuído à globalização.

e não à lei. Esta não os cria, reconhece-os para defini-los. Apenas protege-o no processo, abrindo-lhe a via do processo do trabalho, mais simples e informal, para solucionar-lhe as controvérsias"(14).

Em interpretação constitucional, não se pode entender que o legislador tenha utilizado palavras inócuas ou equivocadas ao determinar o universo de trabalhadores para os quais seriam destinados os direitos sociais contidos na Constituição Federal(15).

Assim, o termo "trabalhadores", contido no *caput* do art. 7º, não pode se resumir aos trabalhadores com vínculo empregatício, excluindo-se dos direitos sociais constitucionais a maioria dos trabalhadores brasileiros que não possuem carteira assinada. Quando o constituinte fala em "trabalhadores", quer se referir ao conjunto dos trabalhadores brasileiros, independentemente da caracterização jurídica da prestação dos serviços que prestam, beneficiando, assim, a totalidade dos brasileiros que dependam da retribuição do trabalho para satisfação de suas necessidades básicas.

Tal interpretação é, sem dúvida, a mais consentânea ao espírito da "Constituição cidadã" que, recorde-se, elenca os direitos sociais no seu segundo capítulo.

III — A ALTERAÇÃO DE COMPETÊNCIA DA JUSTIÇA DO TRABALHO NO CONTEXTO DOS DIREITOS SOCIAIS PREVISTOS NA CONSTITUIÇÃO

Modernamente, deve-se entender uma Constituição como norma jurídica fundamental, não apenas como no sentido de que seja fundamento de validade de todo o ordenamento, mas, principalmente, porque "contém a ordem jurídica básica dos diversos setores da vida social e política, de modo que pré-configura, de forma similar aos programas de partido, um modelo para a sociedade"(16). Assim, formam-se desenhos básicos para a ordem econômica e para a sociedade em seu conjunto em que não se assinala apenas para o Poder Público os limites do permitido, mas que impõe a este também o dever positivo de criar uma ordem. Assim, a Constituição, toda ela, "se transforma em um programa, e a legislação já não é mais o instrumento de uma ação política livre dentro dos limites negativos impostos pela Constituição, mas é o desenvolvimento da Constituição, do programa que ela contém. A Constituição já não incorpora somente a concepção política do que o Estado deve ser, mas sim o programa que ele deve fazer"(17).

---

(14) ÁLVARES DA SILVA, Antônio. *Flexibilização das relações de trabalho*. São Paulo: LTr, 2002, p. 169.

(15) A jurisprudência do STF também tem se destacado por interpretar a competência da Justiça do Trabalho de forma ampla, e não apenas em relação a causas trabalhistas típicas. Assim, por exemplo, o STF decidiu que a Justiça do Trabalho é competente para processar e julgar ações envolvendo indenizações previstas no Direito Civil (RE 238737/SP, 1ª. Turma, Rel. Min. Sepúlveda Pertence).

(16) OTTO, Ignacio de. *Derecho constitucional, sistema y fuentes*. Barcelona: Ariel, 1998, p. 44.

(17) *Idem*.

Referindo-se à Constituição, EROS ROBERTO GRAU denomina-a Constituição dirigente, na medida que contém um conjunto de diretrizes, programas e fins a serem realizados pelo Estado e pela sociedade, que lhe conferem o caráter de um plano global normativo do Estado e da sociedade[18].

Na correta interpretação desse plano global contido na Constituição, é preciso ter em conta os princípios fundamentais que a conformam, ou seja, a dignidade da pessoa humana, como fundamento da República e como fim da ordem econômica; os valores sociais do trabalho e da livre iniciativa (art. 1º, IV) como fundamento da República e a valorização do trabalho humano e da livre iniciativa como fundamento da ordem econômica (art. 170, *caput*) e a construção de uma sociedade livre, justa e solidária como um dos objetivos fundamentais da República (art. 3º, I).[19]

Os direitos sociais, conforme OSCAR OLVERA, são direitos do homem contextualizado (contrapondo-se à concepção abstrata dos direitos humanos), de titularidade individual e coletiva, cuja finalidade é garantir um piso social básico (a satisfação das necessidades mais importantes e relevantes para a vida humana) e de tendência universalista (de caráter evolutivo, destinam-se a albergar a maior quantidade possível de necessitados, mesmo que não cidadãos). Dessa forma, potencialmente, podem ser utilizados por qualquer pessoa em determinadas circunstâncias, embasados na consciência social de viver todos em dignidade (fator de coesão social, com base na solidariedade social).[20]

Há polêmica quanto à eficácia dos direitos sociais, na medida que permitam ou não sua aplicação direta, independentemente da existência de norma de hierarquia inferior que a regulamente. Há quem sustente a natureza meramente programática dos direitos sociais.[21]

Importante destacar que os direitos sociais estão contidos no Título II da Constituição Federal (Dos DIreitos e Garantias Fundamentais) e, assim, têm aplicação imediata, conforme art. 5º, § 1º da Constituição Federal.[22]

Como enfatiza CANOTILHO, tais normas definidoras dos direitos sociais sequer podem ser chamadas de programáticas ou, como prefere o autor "normas diretivas de ação estatal de alcance essencialmente político", pois é certo que "não se limitam a legitimar a pressão política sobre os órgãos competentes, não sendo irrelevantes sob o ponto de vista jurídico-constitucional: por um lado, podem constituir fundamento

---

(18) GRAU, Eros Roberto. *A ordem econômica na Constituição de 1988,* 5ª ed. São Paulo: Malheiros, 2000, p. 199.

(19) Ob. cit., p. 219.

(20) OLVERA, Óscar Rodríguez. *Teoría de los derechos sociales en la Constitución abierta.* Granada: Editorial Comares, 1998, p. 257-261.

(21) A esse respeito cita-se a polêmica entre a aplicabilidade dos direitos sociais descrita nos escritos de *Abendroth, Wolfgang* e *Forsthoff, Ernest* publicados na obra *Estado Social.* Madrid: Ed. Centro de Estudios Constitucionais, 1980.

(22) Art. 5º, § 1º CF: "As normas definidoras dos direitos e garantias fundamentais têm aplicação direta".

constitucional de ações e medidas estatais que, sem elas, poderiam não ser constitucionalmente lícitas; por outro lado, elas consubstanciam valores constitucionais que não podem deixar de ser relevantes em sede de interpretação constitucional (e legais)."[23] Conforme o italiano VEZIO CRISAFULLI, uma Constituição é, sempre e acima de tudo, um ato normativo, não diversamente da lei ordinária, mas dotada de um maior valor. Em conseqüência, as contradições internas devem ser eliminadas, dando-se prioridade às normas postas na Constituição, enquanto fonte superior a qualquer outra lei posterior.[24] Ademais, o autor "reprova o procedimento administrativo e a jurisprudência de superar as contradições, suprimindo praticamente um dos termos (a Constituição nova), aplicando-se o Direito precedente, como se a Constituição não fosse lei (ato normativo), e lei predominante e superior".[25]

Aplicado tal pensamento aos direitos sociais, temos, portanto, que estes "são autênticos direitos fundamentais dos cidadãos. São direitos constitucionais a que correspondem verdadeiras obrigações do Estado, e que devem, à semelhança do que acontece com os direitos e liberdades tradicionais, ser concebidos como direitos subjetivos públicos do cidadão."[26]

No mesmo sentido JOSÉ AFONSO DA SILVA, "pois o fato dos direitos sociais previstos em nossa Constituição depender de providências positivas do Poder Público não lhes retira a natureza de direitos fundamentais. Ainda que a efetivação de muitos desses direitos dependam de instituições, estes se caracterizam como prestações positivas impostas às autoridades públicas pela Constituição (imposições constitucionais)."[27]

Tampouco se pode argumentar que os direitos sociais não obriguem os particulares, vinculando apenas o Poder Público.

É importante recordar que os direitos sociais, assim como os econômicos e os culturais, têm, em geral, o Estado como destinatário, sendo ele o responsável pela sua satisfação ou por criar as condições para tanto. Mas alguns direitos sociais podem vincular os particulares, como é tipicamente o caso dos direitos dos trabalhadores. Assim, toda a sociedade, além do Estado, é o sujeito passivo correspondente aos direitos sociais.[28]

Podem ser discernidas duas situações distintas na aplicação dos direitos sociais: a) para os casos em que a aplicação direta da norma é possível e recomendada, qual seja, situações em que o trabalhador é expressamente contemplado pela norma legal, que lhe atribui determinados direitos subjetivos, como, por exemplo, o caso dos traba-

(23) Ob. cit., p. 113.
(24) LYRIO PIMENTA, Paulo Roberto. *Eficácia e aplicabilidade das normas constitucionais programáticas.* São Paulo: Max Limonad, 1999, p. 151.
(25) *Idem.*
(26) Ob. cit., p. 129.
(27) AFONSO DA SILVA, José. *Aplicabilidade das normas constitucionais.* 4ª ed. São Paulo: Malheiros Editores, p. 151.
(28) CANOTILHO, J.J. Gomes e MOREIRA, Vital. *Fundamentos da Constituição.* Coimbra: Coimbra Editora, 1991, p. 128.

lhadores empregados, a quem se aplica toda a legislação destinada aos trabalhadores com vínculo empregatício; b) para os casos em que a aplicação direta da norma constitucional não é possível, pela inexistência de norma de nível infraconstitucional que regulamente tais direitos.

Na primeira hipótese, trata-se de norma constitucional de eficácia plena. Na segunda, seria um absurdo pensar que uma norma constitucional não tem eficácia. Mesmo que não haja legislação infraconstitucional, a norma constitucional cria obrigações para o Estado, que fica impossibilitado de legislar em sentido contrário ao espírito da Constituição. Além disso, as normas constitucionais de eficácia mínima desempenham um importante papel interpretativo, traçando os rumos dos tribunais, no sentido de promover o bem social e o desenvolvimento do ordenamento jurídico de uma sociedade proporcionando o bem comum. Finalmente, tais normas constituem um verdadeiro balizamento para o legislador ordinário, que tem por obrigação desenvolver as alterações legislativas no sentido de dar mais eficácia às previsões constitucionais.[29]

Conforme a esclarecedora lição de JOSÉ AFONSO DA SILVA, citando ALIOMAR BALEEIRO, tais normas, ainda que denominadas programáticas (no sentido de conterem um programa de ação a ser seguido pelos Poderes Públicos), ainda que prisioneiras da inexistência de uma legislação ordinária, vinculam os legisladores e os juízes.[30]

Enterría adverte que os juízes, como todos os sujeitos públicos ou privados, enquanto vinculados pela Constituição e balizados pelo dever de aplicá-la integralmente, devem aplicar a totalidade de seus preceitos sem possibilidade alguma de distinguir entre artigos de aplicação direta e outros meramente programáticos, que supostamente careceriam de valor normativo. Conforme tal autor, nem todos os artigos da Constituição têm o mesmo alcance e o mesmo significado normativos, mas todos,

---

(29) Conforme JORGE MIRANDA, citado por LYRIO PIMENTA, mesmo normas ditas programáticas têm a força jurídica, dentre outras, de determinar "a cessação da vigência, por inconstitucional, das normas legais anteriores que disponham em sentido contrário", bem como de proibir "a emissão de normas legais contrárias e a prática de comportamentos que venham a impedir a produção dos atos por elas impostos — donde inconstitucionalidade material em caso de violação" (LYRIO PIMENTA, ob. cit., p. 158).

(30) Ob. cit., p. 178. Referindo-se a tais normas, JOSÉ AFONSO DA SILVA aponta a possibilidade de sua aplicação independentemente de lei, mas por outras providências, que lhe dotam, ao menos, de um mínimo de eficácia. Tais normas "regem, até onde possam (por si ou em coordenação com outras normas constitucionais) situações, comportamentos e atividades na esfera do alcance do princípio ou esquema que contém, especialmente condicionando a atividade dos órgãos do Poder Público e criando situações jurídicas de vantagem ou de vínculo". Conforme o autor, em conclusão, mesmo as normas programáticas têm eficácia jurídica imediata, direta e vinculante nos casos seguintes: I — estabelecem um dever para o legislador ordinário; II — condicionam a legislação futura, com a conseqüência de serem inconstitucionais as leis ou atos que as ferirem; III — informam a concepção do Estado e da sociedade e inspiram sua ordenação jurídica, mediante a atribuição de fins sociais, proteção dos valores da justiça social e revelação dos componentes do bem comum; IV — constituem sentido teleológico par a interpretação, integração e aplicação das normas jurídicas; V — condicionam a atividade discricionária da Administração e do Judiciário; VI — criam situações jurídicas subjetivas, de vantagem ou desvantagem (JOSE AFONSO DA SILVA, ob. cit., p. 165).

sem dúvida, enunciam normas jurídicas, independentemente de sua possível imprecisão ou indeterminação.[31]

Mais enfático, EROS ROBERTO GRAU assevera que "assim como jamais se aplica uma norma jurídica, mas sim todo o Direito; não se interpretam as normas constitucionais isoladamente, mas toda a Constituição".[32] A interpretação, conforme a Constituição de todo o ordenamento jurídico impõe-se, não apenas na chamada interpretação declarativa, mas também na indevidamente chamada interpretação integrativa, assim entendida a que "supre insuficiências dos textos legais a aplicar", assim como na proibição implícita "de qualquer construção interpretativa ou dogmática que conclua em um resultado direta ou indiretamente contraditório com os valores constitucionais."[33]

IV — A POSSÍVEL EFICÁCIA DOS DIREITOS SOCIAIS NAS NOVAS DEMANDAS DE RELAÇÃO DE TRABALHO

Tal interpretação diferenciada das normas fundamentais é consentânea com a missão constitucional do intérprete de buscar a mais efetiva e geral aplicação dos direitos fundamentais, ao mesmo tempo em que visa à sua instrumentalidade particular em circunstâncias concretas e contencializadas.[34]

Nessa situação, em geral, estão os trabalhadores não empregados, não contemplados pela normatividade ordinária, que, em relação a estes, não desenvolve os direitos previstos no art. 7º constitucional, como, por exemplo, direito a férias, a 13º salário, aviso prévio ou indenização por rompimento imotivado do contrato de trabalho. O norte constitucional é claro, orientando para a ampliação da tutela até então restrita aos trabalhadores com vínculo empregatício para todos os trabalhadores, seguindo a "tendência expansiva do Direito do Trabalho".[35] Tal tendência mostra-se cada vez mais necessária de um ponto de vista social, na medida que cresce signi-

(31) ENTERRÍA, Eduardo García de. *La Constitución como norma e el Tribunal Constitucional.* Madrid: Editorial Civitas, 1994, p. 68.

(32) GRAU, Eros Roberto. *A ordem econômica na Constituição de 1988.* 5ª ed. revista e atualizada. São Paulo: Malheiros Editores, 2000, p. 179.

(33) Ob. cit., p. 102.

(34) "*La desigualdad material no es producto de la existencia de distintos tipos de hombre, sino de las actividades que ellos realizan; la economía de mercado que engloba todas las facetas económicas desarrolladas por él hombre, no deja de ser un catalizador para la desigualdad social en lo concreto. Por ello la actividad del Estado debe particularizar el nivel de ayuda, de acuerdo al contexto, que cada individuo requiere de manera particular o colectiva*". (OLVERA, Óscar Rodríguez. ob. cit., p. 258).

(35) Conforme ALFREDO MONTOYA MELGAR: "*La acción protectora del Derecho del Trabajo se ha extendido a sujetos que, en términos estrictos, se encuentram en una situación muy diferente de la del típico obrero subordinado a las órdenes del empresario*" (MELGAR, Alfredo Montoya. "Sobre el trabajo dependiente como categoría delimitadora del Derecho del Trabajo" *in* VILALÓN, Jesús Cruz e Outros. *Trabajo subordinado y trabajo autónomo en la delimitación de fronteras del Derecho del Trabajo. Estudios en homenaje al Profesor Jose Cabrera Bazán.* Madrid: Tecnos, 1999, p. 57).

ficativamente o número de trabalhadores informais, normalmente sem carteira assinada e ao desabrigo das normas celetistas. Certamente, este constitui o grande desafio atual do Direito do Trabalho.[36]

Nesse ponto, procurar-se-á realizar projeções dos desdobramentos práticos que podem resultar da aplicação de novos parâmetros interpretativos das normas constitucionais a trabalhadores não empregados a partir da Emenda Constitucional n. 45.

Para tanto, procurar-se-á construir alguns cenários de novas demandas trabalhistas que admitem respostas criativas, com base em um entendimento mais abrangente do art. 7º da Constituição Federal, sempre no sentido de proporcionar aos comandos constitucionais a maior efetividade possível.

Não é objetivo desse trabalho traçar parâmetros interpretativos para causas que sequer ainda ingressaram no Judiciário Trabalhista, pois seria, sem dúvida, uma pretensão descabida antecipar soluções para problemas que ainda não se materializaram em processos judiciais. Somente o trabalho paciente da jurisprudência, adequado ao caso concreto e à realidade social, poderá encontrar os melhores caminhos para as situações aqui exemplificadas. De todo modo, não se deixa de apresentar um esboço de resposta, ainda que necessariamente provisória em função de um debate ainda incipiente.

Os cenários aqui construídos trabalham com a hipótese de um trabalhador não empregado, contratado por tempo indeterminado para tarefas não eventuais, prestadas a um tomador de serviços que os utiliza diariamente por, pelo menos, um ano.

Primeiro cenário — Aviso prévio

Havendo resilição unilateral e imotivada por iniciativa do tomador dos serviços, é possível a invocação do direito do prestador de serviços a um aviso prévio, similar ao assegurado aos trabalhadores com vínculo empregatício, tendo como base o contido no art. 7º , XXI da Constituição Federal?

Antes de tudo, ainda que não se trate de relação de trabalho, havendo um contrato de trato sucessivo por prazo indeterminado, é usual a fixação do dever da parte de comunicar antecipadamente à outra na hipótese da chamada "denúncia vazia" do contrato. Dito de outro modo, em contratos de trato sucessivo, o sinalagma se repete continuamente, sendo que o fundamento para a exigência de adimplemento de uma obrigação por uma das partes é a existência do adimplemento da obrigação por sua

(36) "*El gran desafío del Derecho del Trabajo está hoy en la reordenación de sus instrumentos de tutela y también en dar cumplida respuesta al problema de si puede continuar prescindiendo de la realidad social, dejando desprotegidos a prestadores de trabajo jurídicamente autónomos, en situación socioeconómica similar a los trabajadores, de modo que, dentro del "multiverso" del trabajo autónomo, se pueden concretar situaciones que no pueden dejar por completo a la regulación civil o comercial y a las que deben aplicarse, de algún grado, alguna de las técnicas de tutela propias del Derecho del Trabajo*" (RODRIGUES PIÑERO, Miguel. "Contrato de Trabajo y autonomía del trabajador" *in* VÁRIOS, *Trabajo subordinado y trabajo autónomo en la delimitación de fronteras del Derecho...* ob. cit., p. 38)."

parte (art. 476 do Código Civil). Assim, a parte que quiser romper o contrato deve conceder à outra parte um pré-aviso. Exige-se que essa comunicação prévia seja feita com determinada antecedência, reconhecendo-se que a natureza indefinida dos contratos de trato sucessivo por prazo indeterminado cria, para as partes, uma expectativa de continuidade, não se justificando o rompimento abrupto do contrato por decisão unilateral.(37) No caso de um contrato de trabalho, ainda que não de emprego, tal expectativa de prosseguimento indefinido é ainda mais forte, na medida que, em geral, esses contratos de prestação pessoal de serviços têm caráter assimétrico, representando para a parte mais débil, na maioria dos casos, sua fonte única de subsistência.

Assim, o rompimento brusco do contrato pode ter repercussões profundamente negativas, inclusive alimentares, para o prestador, sendo justificável que este necessite de um tempo razoável para obter uma fonte alternativa de renda. Exatamente esta é a razão axiológica da norma trabalhista que instituiu o aviso prévio para os empregados.

Nesse contexto, o artigo constitucional é um reforço interpretativo de que, em situações similares aos de um empregado, o prestador pessoal de serviços tem direito a um aviso prévio que, por analogia, não deve ser inferior a trinta dias, pois este é o período mínimo de tempo que o legislador constitucional considerou ser razoável para que os trabalhadores, em geral, possam procurar e obter uma nova fonte de renda.

Por outro lado, também parece razoável admitir-se que, nessa mesma linha, reputem-se como nulas eventuais cláusulas contratuais que neguem o direito do trabalhador a aviso prévio ou que a reduzam a tempo insuficiente que tornem não efetiva a norma constitucional.

Assim, se não é possível reconhecer diretamente a um trabalhador autônomo direito a aviso prévio de trinta dias na análise do contrato mantido entre este autônomo e o tomador de seus serviços, a existência de norma constitucional condiciona uma interpretação conforme a Constituição de forma que se possa reconhecer:

— a nulidade de cláusula contratual que abra mão do direito ao aviso prévio;

— a interpretação mais favorável no sentido da extensão máxima do período de aviso prévio;

— a suplementação das lacunas do contrato no sentido de que o aviso prévio tenha, pelo menos, trinta dias.

Segundo cenário — Férias

Um segundo problema, mais complexo, seria cogitar se um trabalhador não empregado teria direito a férias, assim entendido como um período de tempo em que este deixasse de trabalhar, sem rompimento do contrato de trato sucessivo.

---

(37) O instituto do aviso prévio foi contemplado numa das primeiras leis trabalhistas (Lei n. 62 de 1935), mas advém do Direito Comercial, pois já era previsto no Código Comercial de 1850. Também existe expressa previsão do aviso prévio na locação de serviços do Código Civil de 1916 (art. 1.221) e para os representantes comerciais (Lei n. 4.886/65, art. 34).

Sem dúvida, não se pensa, aqui, em férias remuneradas, já que a retribuição ajustada entre as partes não pode ser alterada sem expressa determinação legal ou contratual, não se podendo dar tal alcance ao art. 7º, XVII da Constituição Federal.

Entretanto, pode-se entender que a Constituição Federal pretendeu assegurar a todo trabalhador a possibilidade de descansar, pelo menos uma vez por ano, sem que tal repouso implique risco à manutenção de sua fonte de trabalho.

Se tal é correto, não é absurdo pensar que o tomador dos serviços não pode opor-se, mesmo com base em cláusula contratual, a que o prestador de serviços possa fazer-se substituir por um período de trinta dias por ano, desde que assegurada a continuidade normal dos serviços. Tratar-se-ia de uma suspensão do contrato de trabalho por tempo determinado que se assegura ao trabalhador após a prestação de trabalho por determinado tempo, sem que o fato possa ser utilizado pelo tomador dos serviços como causa de resolução contratual. Nestes termos, a cláusula contratual que proíbe tal substituição é nula, por conter previsão frontalmente contrária à norma constitucional.

Na prática, a solução do prestador de serviços de fazer-se substituir por um período de tempo que lhe assegure um descanso anual é bastante usual, sendo adotada informalmente pelas partes, ainda que o contrato de prestação de serviços exija que estes sejam prestados pessoalmente pelo trabalhador. É o caso, por exemplo, do motorista prestador de serviços a empresas, cujo contrato, em geral, proíbe que ele possa ser substituído sem expressa concordância do tomador dos serviços. Mesmo assim, por acordo entre as partes, tal cláusula é deixada de lado, permitindo-se que o motorista possa se afastar, desde que deixe um substituto que mantenha normalmente a prestação dos serviços contratados.

Em geral, dessa prática resultam benefícios para ambas as partes. Para o prestador de serviços, representa a possibilidade de uma renovação de energias e, para o tomador de serviços, normalmente significa a conservação de um trabalhador mais satisfeito e, assim, mais produtivo.

Aqui, trata-se, portanto, de reconhecer a base normativa constitucional do direito do prestador de serviços, costumeiramente já reconhecido pelos tomadores de serviços.

É possível questionar quanto ao requisito da pessoalidade, também presente na relação de trabalho. Entretanto, é de lembrar que, mesmo no âmbito da relação empregatícia, o requisito da pessoalidade não tem sido tão rigorosamente interpretado pela jurisprudência a ponto de desconfigurar sua existência em caso de substituições ocasionais.

Por outro lado, mais importante será pensar que tal entendimento possa abrir caminho para a extensão ao trabalhador autônomo de outros institutos jurídicos que asseguram ao trabalhador empregado direito a repousos, preparando as bases para um novo sistema de proteção aos trabalhadores não empregados, limitando o poder dos tomadores de exigir serviços além de determinado limite horário (diário, semanal ou mensal).

Ainda que não pense em remuneração pelos repousos, uma interpretação possível de limitação de jornada de trabalho contida no art. 7º, XIII da Constituição como aplicável a todos os trabalhadores, pode constituir, em alguma situação, uma referência para a construção de um limite máximo de volume horário normal de serviços que pode ser exigido em uma relação de trabalho. A partir de tal construção, pode-se passar a pensar, mesmo, na retribuição extraordinária dos serviços prestados além desse limite normal, considerado como o originalmente contratado. Este, aliás, tem sido o raciocínio jurídico que embasa algumas postulações em reclamatórias judiciais de domésticos em que se reivindica o pagamento de salários a partir do trabalho prestado além de oito horas.

Terceiro cenário — Indenização pós-contratual

Um dos pontos mais polêmicos que se pode pensar a partir da leitura do art. 7º da Constituição Federal na perspectiva de uma extensão matizada a todos os trabalhadores, seria a aplicabilidade da proteção contra despedida imotivada, contida no inciso I, que, atualmente, restringe-se ao pagamento pelo empregador de determinada quantia em dinheiro ao final do contrato (no caso, equivalente a 40% do valor depositado no FGTS).

Como já se disse, não se pode pensar, nos marcos de uma eficácia mínima dos direitos sociais, na imposição ao tomador dos serviços de valores pecuniários a título de compensação ao prestador dos serviços pela perda de seu trabalho.

Porém, talvez se possa a partir de uma nova visão dos direitos sociais, da aproximação da situação jurídica contida no contrato de sociedade. Em caso de ruptura unilateral do contrato social, a possível indenização que venha a ser fixada deverá contemplar a participação do sócio retirante nos ganhos acumulados pelo empreendimento ao longo do tempo, inclusive os ganhos futuros para os quais tenham contribuído os esforços do sócio retirante.

Tal pensamento aplicado à relação de trabalho, como, por exemplo, na hipótese de uma relação entre um representante comercial e uma empresa, não raro, leva à fixação de uma "indenização de cadastro", onde se reconhece a contribuição do representante comercial na abertura de novos compradores, ampliando o mercado para os produtos vendidos para a empresa.[38]

De fato, existem obrigações derivadas do contrato que persistem ainda depois, do seu término, para que seja integralmente cumprida a obrigação principal. Exemplo

(38) O próprio diploma legal que regulamenta o contrato de representação comercial (Lei n. 4.886/65) prevê, nos casos de rompimento imotivado ("injusto") do contrato, uma indenização não inferior a 1/12 do total da retribuição auferida durante o tempo contratual que o representante exerceu a representação (art. 27, *j*).

típico são as cláusulas de garantia ou de exclusividade. Em caso de não cumprimento das mesmas, a parte poderá acionar o inadimplente, mesmo após o término do contrato. A circunstância de que não tenha sido prevista qualquer indenização não impede que esta seja devida. Tratando-se de indenização não tarifada, esta será fixada pelo juiz, de acordo com a extensão do dano (art. 944, do Código Civil).

Na mesma linha, pode-se imaginar que, em respeito ao art. 7º inciso I da Constituição Federal, uma indenização similar (mesmo que não expressamente prevista no contrato) a todo trabalhador na hipótese de que possa ser reconhecida a este uma participação decisiva nos aumentos de ganhos do tomador, ainda que ocorridos após o término do contrato de prestação de serviços. Trata-se de uma situação em que se reconhecem efeitos pós-contratuais, fundamentando-se na chamada "teoria da imprevisão", já que os ganhos futuros não foram previstos nas condições originalmente contratadas. Tal indenização, em obediência à norma constitucional, deve ser a mais completa possível, não apenas em consonância ao princípio de valorização do trabalho humano (art. 1º, IV da Constituição Social), mas também porque, na prática, tal indenização desempenha a função social de proteção ao trabalhador contra os riscos decorrentes da perda de seu trabalho.

Assim, à guisa de conclusão, lembramos a lição de TARSO GENRO de que "a norma trabalhista deve ser interpretada a partir de um método dialético-teleológico que busque, de acordo com a finalidade protetora e tutelar do Direito do Trabalho, um movimento permanente de concretização do ´princípio do progresso social`, que é o mínimo a ser exigido nos marcos de produção capitalista".(39)

Podemos dizer que um novo tempo se descortina para a Justiça do Trabalho que deverá se mostrar à altura dos novos desafios.

REFERÊNCIAS BIBLIOGRÁFICAS

AFONSO DA SILVA, José. *Aplicabilidade das normas constitucionais.* 4ª ed. São Paulo: Malheiros Editores.

ÁLVARES DA SILVA, Antônio. *Flexibilização das relações de trabalho.* São Paulo: LTr, 2002.

_______."Modernização da Justiça do Trabalho no Brasil" *in* VÁRIOS, *Noções atuais de Direito do Trabalho — Estudos em homenagem ao Professor Elson Gottschalk.* Coord. José Augusto Rodrigues Pinto. São Paulo: LTr, 1995.

ARAÚJO, Francisco Rossal de. *A Natureza Jurídica da Relação de Trabalho*, nessa mesma obra.

CANOTILHO, J. J. Gomes e MOREIRA, Vital. *Fundamentos da Constituição.* Coimbra: Coimbra Editora, 1991.

(39) GENRO, Tarso Fernando. *Direito Individual do Trabalho*, 2ª ed. São Paulo: LTr, 1994, p. 86.

ENTERRÍA, Eduardo García de. *La constitución como norma e el Tribunal Constitucional.* Madrid: Editorial Civitas, 1994.

GENRO, Tarso Fernando. *Direito Individual do Trabalho,* 2ª ed. São Paulo: LTr, 1994.

GIGLIO,Wagner. *Direito Processual do Trabalho,* 8ª ed. ampliada. São Paulo: LTr, 1993.

GRAU, Eros Roberto. *A ordem econômica na Constituição de 1988,* 5ª ed. São Paulo: Malheiros, 2000.

LYRIO PIMENTA, Paulo Roberto. *Eficácia e aplicabilidade das normas constitucionais programáticas.* São Paulo: Max Limonad.

NASCIMENTO, Amauri Mascaro. *Curso de Direito Processual do Trabalho,* 11ª ed., atualizada. São Paulo: Saraiva, 1990.

OLVERA, Óscar Rodríguez. *Teoría de los derechos sociales en la Constitución abierta.* Granada: Editorial Comares, 1998.

OTTO, Ignacio de. *Derecho constitucional, sistema y fuentes.* Barcelona: Ariel, 1998.

SÜSSEKIND, Arnaldo, MARANHÃO, Délio e VIANNA, Segadas. *Instituições de Direito do Trabalho.* 2ª ed. atualizada, vol. 1. São Paulo: LTr, 2003.

VILALÓN, Jesús Cruz e Outros. *Trabajo subordinado y trabajo autónomo en la delimitación de fronteras del Derecho del Trabajo. Estudios en homenaje al Profesor Jose Cabrera Bazán.* Madrid: Editora Tecnos, 1999.

Produção Gráfica e Editoração Eletrônica: **IMOS LASER**
Capa: **MUNDUS MÓBILE**
Impressão: **HR GRÁFICA E EDITORA**